ERP
and Enterprise Management , 2nd Edition

ERP
与企业管理
理论、方法、系统
第2版

周玉清　刘伯莹　周强 / 著

清华大学出版社

北　京

内 容 简 介

本书全面介绍了 ERP 的基本原理、计划功能、效益以及实施和应用 ERP 为企业带来的深层次的变化，详细讨论了销售与运营规划和主生产计划功能及其相关的重要概念和方法，如资源计划、计划物料清单、可承诺量、计划时界和需求时界等，还介绍了一些重要而实用的概念和方法，如 MRP 重排假设、反查物料清单、需求反查等。

此外，本书还讲述了软件系统的选型、ERP 实施和运行管理的方法、国际上广泛使用的 ERP 实施应用的评估方法，以及两个具有代表性的软件产品(用友系统和 SAP 系统)。讨论了和 ERP 相关的诸多论题，包括 JIT、TQM、CIMS、SCM、电子商务、CRM 和 BPR 等。

本书可作为高等院校工商管理专业和计算机应用专业的本科生和研究生，包括 MBA、EMBA 的教材或教学参考书；还可用于企业系统学习 ERP 知识的培训教材，可供企业领导、各级管理人员、ERP 实施和应用人员，以及从事 ERP 研究与实践的教师、科研和工程技术人员学习参考。

图书在版编目(CIP)数据

　　ERP 与企业管理——理论、方法、系统/周玉清，刘伯莹，周强 著. —2 版. —北京：清华大学出版社，2012.12（2019.2 重印）
　　ISBN 978-7-302-30265-0

　　Ⅰ. ①E… Ⅱ. ①周… ②刘… ③周… Ⅲ. ①企业管理—计算机管理系统 Ⅳ. ①F270.7

　　中国版本图书馆 CIP 数据核字(2012)第 233799 号

责任编辑：崔　伟
封面设计：周晓亮
版式设计：思创景点
责任校对：邱晓玉
责任印制：杨　艳

出版发行：清华大学出版社
　　　　网　　　　址：http://www.tup.com.cn，http://www.wqbook.com
　　　　地　　　　址：北京清华大学学研大厦 A 座　　　　邮　　编：100084
　　　　社 总 机：010-62770175　　　　邮　　购：010-62786544
　　　　投稿与读者服务：010-62776969，c-service@tup.tsinghua.edu.cn
　　　　质 量 反 馈：010-62772015，zhiliang@tup.tsinghua.edu.cn
　　　　课 件 下 载：http://www.tup.com.cn，010-62796865
印 装 者：三河市铭诚印务有限公司
经　　销：全国新华书店
开　　本：180mm×250mm　　　印　张：27.75　　　字　数：658 千字
版　　次：2005 年 9 月第 1 版　　2012 年 12 月第 2 版　　印　次：2019 年 2 月第 8 次印刷
定　　价：68.00 元

产品编号：048585-02

第2版前言

本书第 1 版出版于 2005 年，至今已是 7 年过去了。7 年来 ERP 在中国得到了更广泛的应用。为了更好地为读者服务，出版社和作者产生了一个共同的愿望——推出本书第 2 版。

和第 1 版相比，第 2 版最大的增强是在计划的论述方面。作者认为，一个制造企业花了很多钱买了一套 ERP 系统，如果不能把计划功能用起来，那就相当于订了一桌酒席，却只喝了一碗汤。然而，在实践中，只喝到一碗汤的企业的确是存在的。出于责任感，在本书第 2 版中，深化了关于 ERP 计划功能的论述。

第二处增强是把关于生产管理的内容单独作为一章，做了深化的论述，特别是关于流程制造业的生产管理方法，介绍得更详细了。

第三处增强是增加了一章，专门介绍国际上广泛使用的 ERP 实施应用的评估方法——Oliver Wight 优秀企业业绩 A 级检测表(The Oliver Wight Class A Checklist for Business Excellence)，既可满足企业对应用 ERP 状况和业绩进行评估——提高——再评估——再提高的需求，也扩大了读者的视野。

第四处增强是增加了一章，专门介绍 SAP 系统。这样，在新的一版中，介绍了两个系统——用友系统和 SAP 系统，一个是中国最大的，一个是全球最大的，使本书的副标题"理论、方法、系统"显得更为充实。

第五处增强是为第 1 章至第 14 章增加了近 200 多道习题。这些习题可以帮助读者更好地理解书中的基本概念和方法，有助于教学的深化。

除了以上几处较大的增强之外，也对全书文字做了认真的审校、补充和修改。补充和修改的内容涉及计划物料清单、可承诺量(ATP)、MRP 重排假设、反查物料清单、需求反查、安全库存和安全提前期等。

作者认为，任何一个学科领域在其发展过程中，都会积淀下一些基本的概念、理论和方法，它们是学科领域的内涵。在学科领域的不断发展过程中，内涵会变得更丰富、更深刻，但不会有"日新月异"的变化。"日新月异"变化的，只能是学科领域的外延。

换言之，这些基本的概念、理论和方法是相对稳定的。正是这些基本概念、理论和方法的稳定性支持了一个学科领域的存在，也支持了它的发展。它们是这个学科领域的根。ERP 领域也是如此。众多的 ERP 软件系统只是理论的载体和外部表现形式。只有把基本概念、理论和方法与软件的功能相结合，才能真正把握一个 ERP 软件系统。没有理论的指导，对一个软件系统的了解就只能是平面徘徊、支离破碎、胸无全局。

这样的基本认识决定了作者的写作风格。第 2 版的写作风格延续了第 1 版的写作风格——既不追求高瞻远瞩，也不着意高屋建瓴，只以平实的笔触在知识结构的内在联系乃至细枝末节上下工夫，把 ERP 的基本概念、理论和方法讲清楚，以提高读者的职场境界。

本书基本内容如下。

第 1~11 章全面介绍了 ERP 的基本原理、物料管理功能、计划功能、生产和采购管理功能、效益以及实施和应用 ERP 为企业带来的深层次的变化。

第 12 章讨论了软件系统的选型。

第 13 章介绍了 ERP 实施和运行管理的方法，其中融入了作者多年的实践经验。

第 14 章介绍了国际上广泛使用的 ERP 实施应用的评估方法。

第 15 章和第 16 章分别介绍了用友软件系统和 SAP 软件系统。

第 17 章从各种管理思想和方法相互融合的趋势出发，讨论了和 ERP 相关的诸多论题，包括 JIT、TQM、CIMS、SCM、电子商务、CRM 和 BPR 等。

依据最新版本的《APICS 字典》，在附录中给出了常用名词解释，这既有助于读者理解 ERP 的基本概念，也有助于读者扩大视野去阅读 ERP 的英文文献。

本书编写分工如下：周玉清编写了第 1~9 章，改写了第 1 版第 13 章为本书第 15 章；刘伯莹编写了第 11~13 章；周强编写了第 10 章、第 16 章和第 17 章，并设计了全部的习题。孙婉编写了第 14 章，并根据《APICS 字典(第 13 版)》对附录做了校订。

由于作者水平所限，书中难免仍存在错误和缺点，殷切希望读者批评指正。

作　者

2012 年 8 月 8 日

目　　录

第1章

初识ERP

ERP 是 enterprise resource planning 的缩写，中文含义是企业资源计划。它代表了当前在全球范围内应用最广泛、最有效的一种企业管理方法，这种管理方法的理念已经通过计算机软件得到了体现。因此，ERP 也代表一类企业管理软件系统。

1.1 ERP 在中国——曲折的发展和普及时代的到来

自从 1981 年沈阳第一机床厂从德国工程师协会引进了第一套 MRP Ⅱ(manufacturing resource planning，MRP Ⅱ，中文含义是制造资源计划)软件以来，MRP Ⅱ/ERP 在中国的应用与推广已经历了 30 多年的风雨历程。

回顾 ERP 在我国的应用和发展过程，大致可划分为以下 4 个阶段。

第 1 阶段：启蒙期

这一阶段贯穿了整个 20 世纪 80 年代。主要特点是"洋为中用"，软件系统都是从国外引进的。所引进的 MRP Ⅱ 系统的应用范围局限于传统的机械制造业，如机床制造、汽车制造等行业。

当时，中国刚刚进入市场经济的转型阶段，企业的生产管理问题很多。机械制造工业人均劳动生产率大约仅为先进工业国家的几十分之一，产品交货周期长，库存储备资金占用大，设备利用率低……为了改善这种落后的状况，我国机械工业系统中一些企业，如沈阳第一机床厂、沈阳鼓风机厂、北京第一机床厂、第一汽车制造厂、广州标致汽车公司等先后从国外引进了 MRP Ⅱ 软件。作为先驱者，它们开始了实施应用 MRP Ⅱ 的尝试。

当时，企业参与市场竞争的意识尚不具备或不强烈，对于如何应用 MRP Ⅱ 作为一个竞争的工具还缺乏明确的认识。对于 MRP Ⅱ 的原理、实施应用的方法和数据处理的逻辑都缺乏了解，更没有经验。特别是企业的领导，对 MRP Ⅱ 的重视程度远远不够，在当时只是将 MRP Ⅱ 看作一项单纯的计算机技术,对于实施应用 MRP Ⅱ 的困难和可能出现的问题缺乏应有的估计和思想准备。

当时,软件系统也存在许多问题。所引进的国外软件系统大多是运行在大中型计算机上的、相对封闭的专用系统,开放性、通用性差,设备庞大,操作复杂,投资巨大,系统性能提升困难。而且没有完成软件的汉化工作,又缺少相应的配套技术支持与服务。

在这种情况下,MRP Ⅱ 系统的实施和应用不理想也就不奇怪了。从整体来看,企业所得到的效益与巨大的投资以及当初的期望相去甚远。因此也引发了对于 MRP Ⅱ 的许多甚至是很尖锐的批评。但是无论如何,这些企业作为先驱者,启动了 MRP Ⅱ/ERP 在中国的发展历程。

第 2 阶段:导入期

这一阶段大致是从 1990 年至 1997 年。在这个阶段出现了 ERP 的概念。从名称上,人们开始更多地说 ERP,而越来越少地说 MRP Ⅱ。在该阶段,许多国外的软件供应商纷纷涌入中国,国外的软件系统占据了主导地位。

随着改革开放的不断深化,我国的经济体制已从计划经济向市场经济转变,产品市场形势发生了显著的变化。这对传统的管理方式提出了严峻的挑战。中国企业希望革新企业管理制度和方法,希望采用新型的管理手段来增强企业的综合竞争力。我国的财务制度和市场机制也逐渐向国际化靠拢。人们在经过了一段时间的学习和探索之后,在观念上开始转变,实践上也积累了一定的经验。

另外,计算机技术也有了很大的发展,如客户机/服务器体系结构和计算机网络技术的推出和普及、软件系统在 UNIX 小型机/工作站上以及微机平台上的扩展、软件开发趋势的通用性和开放性都使得 ERP 的应用向更深更广的范围发展;在 ERP 软件市场上,一些国外的软件公司对它们的软件产品完成了汉化工作,在开放性和通用性方面也作了许多改善。

在这个阶段,ERP 软件的实施和应用所涉及的领域已突破了机械行业而扩展到航天航空、电子与家电、制药、化工等众多行业。大多数的 ERP 用户都获得了一定的收益,从而以事实说明了 ERP 的有效性。

这一阶段,由于仍然是国外软件占主导地位,产品复杂,实施周期长,成本高。另外,企业管理与信息化基础还比较薄弱。ERP 的用户以及 ERP 的成功用户多为国外独资企业或中外合资企业。在国有企业中,ERP 的用户以及 ERP 的成功用户都比较少。

但是,在这个阶段有一个引人注目的动向,那就是国外 ERP 软件在中国的应用引发了中国 ERP 产业的萌芽和发展。

第 3 阶段:发展期

该时期是从 1997 年到 2004 年。经过了导入期的孕育、萌芽和发展,到了 1997 年,在 ERP 软件市场上出现了中国自己的品牌。特别是一些以前从事开发企业财务电算化软件的主流厂商，发挥了重要的作用。这些公司原本就有着大量的财务电算化用户，当这些用户随着形势的发展而不满足于仅仅做财务管理的时候，这些公司也把它们的财务软件转型为 ERP 产品了。这些公司和它们的用户之间的亲和力使得这些用户继续购买这些公司的 ERP 产品，或者说这些公司继续用它们的 ERP 产品帮助这些用户提升竞争力都是近水楼台、顺理成章的事情。

另外，这些软件公司从它们转入 ERP 领域的那一刻起，就以极大的热情开始了对 ERP 概念、方法、效益以及作为不可或缺的竞争工具的重要性的宣传。其宣传的力度和规模都是国外的软件供应商所不可能做到的。它们以自己的"言和行"推动了 ERP 在中国应用的大面积播种。这也反过来促进了中国 ERP 产业的成长和发展。

由于 ERP 从 MRP Ⅱ 发展而来，所以它最初的应用是在制造业。但是，在这个阶段，ERP 的应用范围已从制造业扩展到分销和服务业；并且由于不断的实践探索，应用效果也得到了显著提高，因而进入了 ERP 应用的发展期。

随着市场经济的发展，中国企业原有的经营管理方式已不适应剧烈竞争的要求。企业面临的是一个越来越激烈的竞争环境。在这种情况下，ERP 受到了企业的青睐。企业可以利用 ERP 作为工具来扩大经营管理范围，紧跟瞬息万变的市场动态，参与国际大市场的竞争，获得丰厚的回报。

随着市场经济的发展，服务业也得到了充分的发展机遇。服务业的发展已成为现代经济发展的显著标志。金融业已成为现代经济的核心，信息产业日益成为现代经济的主导，这些都在客观上要求有一个具有多种解决方案的新型管理软件来计划和控制它们的资源。面对这种新的需求，ERP 顺理成章地把它的触角伸向各个行业，特别是金融业、通信业、高科技产业、零售业等。于是，国外和国内的主要 ERP 软件供应商，都推出了多种行业的解决方案。其中除了传统的制造业外，还有金融业、高科技产业、邮电与通信业、能源行业(电力、石油与天然气、煤炭业等)、公共事业、商业与零售业、外贸行业、新闻出版业、咨询服务业，甚至于医疗保健业和宾馆酒店等行业的解决方案，从而使 ERP 的应用范围大大地扩展。

ERP 应用范围逐渐扩大、不再限于制造业的发展趋势，既非理论家的设计，亦非中国特有的现象，这是一种市场需求驱动的结果。发展到一定的程度，理论界也会接受既成的事实。我们只要注意一下著名的《APICS[1] 字典》的变化就可以看到这一点。

---

1. APICS，最初是美国生产库存管理协会(American Production and Inventory Control Society)的英文缩写。该协会成立于 1957 年。作为一个组织，"APICS"已从 2005 年 1 月 1 日起改名为"APICS 运作管理协会" (APICS The Association for Operations Management)。该协会通过面向个人和企业提供高质量的教育和培训、国际化的认证、综合的资源，以及遍布全世界的由资深的业界专家组成的咨询网络服务，致力于实现卓越的运作管理。

在 1995 年出版的《APICS 字典》(第 8 版)中，对于"企业资源计划系统"的解释是"一种以会计为导向的信息系统，该系统识别和计划企业范围内为接收、制造、发运和解决客户订单问题所需的资源。一个 ERP 系统和典型的 MRP Ⅱ系统的区别在技术上，例如，图形用户接口、关系数据库，在开发中使用第 4 代语言和计算机辅助软件工程工具，客户机/服务器体系结构和开放系统的可移植性。"而且指出"企业资源计划系统"的同义语是"面向客户的制造业管理系统"。在 1998 年出版的《APICS 字典》(第 9 版)中，延续了同样的说法。

从以上定义可以看出，在当时还是认为 ERP 的应用范围仅限于制造业，而 ERP 和 MRP Ⅱ的区别主要是在技术上。从管理理念上来说二者并没有显著的区别，所不同的只是 ERP 明确地强调了客户。换言之，这个定义还是比较模糊的。

但是，在 2002 年出版的《APICS 字典》(第 10 版)中，情况就发生了变化。对"企业资源计划系统"这一词条的解释改成了两条。第 1 条解释和上面的一样；第 2 条解释则是"更一般地来说，是一种在制造、分销或服务业公司中有效地计划和控制为接收、制造、发运和解决客户订单问题所需的所有资源的方法。"而且，删除了上述关于同义语的说法。 另外，除了"企业资源计划系统"这一词条之外，还特别增加了一个词条"企业资源计划"，并以上述的第 2 条解释作为这一新词条的解释。

这个新定义更像 ERP 这个名称字面上所表示的含义——ERP 所计划和控制的是企业所有的资源。而 MRP Ⅱ计划和控制的是制造资源。在另一本重要的书《物料管理导论》(*Introduction to Material Management*)中，也表达了同样的意思。

但是，不管怎么说，ERP 在中国的应用是越来越成熟了。在这种形势下，中国将有越来越多的企业会认同 ERP 并使用它，实现科技与管理双轮并进，企业的管理水平和经济效益将会大为提高。

特别引人注目的是，伴随着 ERP 在中国的深入发展和成熟，中国的 ERP 产业也发展、壮大起来，产品日臻成熟，服务能力快速增长，出现了可以和国外的 ERP 软件供应商相抗衡的局面。特别是在中低端市场上，中国的 ERP 软件厂商已经逐渐显露出超越国际厂商的竞争优势。ERP 系统在越来越多的企业中得到了成功的应用。

第 4 阶段：普及期

经历数轮管理革新浪潮的冲刷后，85%以上的国外企业都用 ERP 武装自身，ERP 已经成为国外企业商业管理利器，成为他们的商业桌面、生意方式和业务拓展最佳平台。

对中国企业来讲，虽然在 20 多年的发展过程中不断进步，经历了建立在劳动力成本优势基础上的体制创新和建立在全球领先的装备现代化基础上的规模化发展，但中国企业大多没有完成信息化建设，在日趋激烈的全球一体化市场竞争中，不仅无法满足外部客户持续增加的服务需求，而且也无法与自己周边的竞争对手抗衡，无法形成持久的竞争力。

成功企业的管理经验总结起来，就是规范、透明、快捷、协同。应用 ERP 软件，可以帮助企业总部与各层次的分支机构之间实现动态、实时的信息交换，从而实现整个企业的纵向集成；应用 ERP 软件实现企业管理功能上的集成，把企业产、供、销、人、财、物等生产经营要素与环节集成为一个有机整体，从而实现企业业务功能的横向集成；应用 ERP 软件，可以帮助企业实现物流、资金流、信息流、工作流的高度集成和统一，使企业逐步走向虚拟、敏捷和互动的高级形态。完成信息化建设的企业，其建立在信息化手段基础上的管理制度与方法更加规范，管理流程更加合理，信息更加透明，客户响应速度更快，组织内部各单元、跨组织之间的业务协调更加顺畅。来自于国内外成功企业的诸多案例都可以证明这一点。

以 ERP 为工具的管理现代化浪潮正席卷而来。中国企业的未来就是已经到来的建立在企业信息化和自主研发能力基础上的国际化。正在加入全球供应链的中国企业需要 ERP，中国企业国际竞争力的形成需要 ERP。

中国企业必须普及 ERP。而 2005 年以来，由于 ERP 概念、应用范围的普及以及价格的降低，使得 ERP 在中国的普及成为可能。因此可以说，ERP 在中国已经进入了一个普及期。

在这一阶段，企业管理与信息化基础普遍提高，国内 ERP 厂商占据了主导地位，产品易学易用，成本低，实施速度加快，成功率大大提高，并由此带动了整个产业链的发展。

1.2　无处躲避的全球竞争

由于现代技术特别是交通和通信技术的发展，地球变得越来越小。一个企业，总部可能在欧洲，原材料要到南美洲去采购，加工在我国的海南，客户却在东南亚、美国和加拿大。这就需要协调每一个环节。但是，一个世界级的企业却可以利用先进的交通和通信技术以及以计算机为工具的有效的计划与控制系统，把这些事情做得很好。

这些世界级的企业和我们有什么关系吗？我国地大物博，人口众多，我们有原料、有市场，我们的企业不出国门就可以生存发展，就可以评为省优、部优……但是，现在情况不同了，关起门来过日子的时代一去不复返了。

如今，在全球化市场竞争中已经没有一块受保护的领地。任何企业要想生存就必须赢得激烈的竞争。而且，所有的企业在竞争中必须面对"优胜劣汰，适者生存"的同一游戏规则。特别是我国加入 WTO 以后，我们的企业已经意识到竞争的残酷。我国企业面对的竞争对手往往就是那些世界级的企业。过去，如果我们的企业不想到"外面的世界"去竞争，那么，在自己的土地上总是容易生存的。然而，今天就要允许人家到我们的"家"

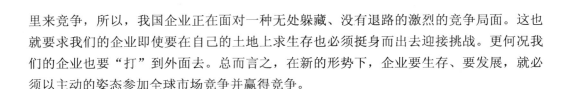

里来竞争，所以，我国企业正在面对一种无处躲藏、没有退路的激烈的竞争局面。这也就要求我们的企业即使要在自己的土地上求生存也必须挺身而出去迎接挑战。更何况我们的企业也要"打"到外面去。总而言之，在新的形势下，企业要生存、要发展，就必须以主动的姿态参加全球市场竞争并赢得竞争。

1.3　企业管理的困惑

中国的企业管理者经常面临这样头疼的问题：

订单忽多忽少，客户需求多变，生产计划不准确，订单无法及时交付；销售网点众多，卖出去多少货、卖出去哪些货说不清，库存积压严重；呆账坏账就像定时炸弹，企业管理者整日战战兢兢；公司经营的利润率经常低于行业平均水平，年年辛苦不赚钱，而且不知道什么地方出了问题……

在这样的困境中，企业的管理者们每天都在思考：

◎　如何满足多变的市场需求？

◎　如何准确及时地做出客户承诺？

◎　如何处理紧急的客户订单？

◎　如何保持均衡的生产计划和活动？

◎　如何准确及时地了解生产情况？

◎　如何管理供应商？

◎　如何避免物料短缺？

◎　如何避免库存积压？

◎　如何提高产品质量？

◎　如何降低产品成本？

◎　如何及时做好财务分析？如何真正地发挥财务管理的计划、控制和分析的作用？

◎　如何使企业的各个职能部门能够以统一的观点和共同的语言来处理问题？

这些问题蕴含着企业运营的一些基本矛盾，正是这些矛盾长久以来困惑着企业的管理者们。

市场需求是多变的，但是人们总是希望生产计划是稳定的。生产计划已经安排好，但是突然接到了紧急订单，这是企业经常遇到的现象。对客户订单的承诺也往往难以兑现。能够以相对稳定的生产计划和活动来应对多变的市场需求吗？

在很多企业中，一方面仓库里积压着价值几千万的库存，而另一方面在生产过程中却还经常出现物料短缺！能不能做到既没有库存积压，又没有物料短缺？

通常人们会认为，低成本和高质量是不可得兼的。要得到高质量的产品，就要付出高成本；反过来，要追求低成本，那么产品的质量就得将就些。那么，能够在实现高质量的同时实现低成本吗？

在一个企业中，有着许多不同的职能部门，这些部门往往有着相互矛盾的目标。为了高水平地满足客户需求，市场营销部门希望保持比较高的库存量。为了保证生产过程的顺利进行，生产部门也希望保持比较高的库存量。但为了降低成本，财务部门则希望库存量尽可能地低，如此等等。能够使企业的各个职能部门以统一的观点和共同的语言来处理问题吗？

要解决这样一些问题，一个以计算机为工具的有效的计划与控制系统是绝对必要的。而 ERP 就是这样的计划与控制系统。

1.4　ERP 能够做什么

这是一个大题目。本书大量的篇幅都在讨论这个问题。按照前面引述的《APICS 字典》(第 10 版)中的解释，ERP 是一种在制造、分销或服务业公司中有效地计划和控制为接收、制造、发运和解决客户订单问题所需的所有资源的方法。其中，在制造业中的应用是 ERP 最经典、最充分的应用。这里，我们通过讨论前面所谈到的企业的困惑(这些困惑大多来自于制造企业)，来粗略地讨论 ERP 能够做什么的问题，以期读者对 ERP 的功能有一个初步的了解。

1. ERP 能够解决多变的市场与均衡生产之间的矛盾

由于企业生产能力和其他资源的限制，企业希望均衡地安排生产是很自然的事情。使用 ERP 系统来计划生产时，要作主生产计划。通过这一计划层次，由主生产计划员均衡地对产品或最终项目做出生产安排，使得在一段时间内主生产计划量和市场需求(包括预测及客户订单)在总量上相匹配，而不追求在每个具体时刻上均与市场需求相匹配。在这段时间内，即使需求发生很大变化，但只要需求总量不变，就可能保持主生产计划不变。从而，可以得到一份相对稳定和均衡的生产计划。由于产品或最终项目的主生产计划是稳定和均衡的，据此所得到的物料需求计划也将是稳定的和均衡的。从而可以解决以均衡的生产应对多变的市场的问题。

2. ERP 使得对客户的供货承诺做得更好

ERP 系统会自动产生可承诺量数据，专门用来支持供货承诺。根据产销两方面的变化，ERP 系统还会随时更新对客户的可承诺量数据。销售人员只要根据客户订单把客户对某种产品的订货量和需求日期录入 ERP 系统，就可以得到以下信息：

(1) 客户需求可否按时满足。

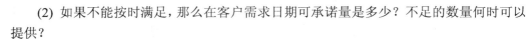

(2) 如果不能按时满足，那么在客户需求日期可承诺量是多少？不足的数量何时可以提供？

这样，销售人员在作出供货承诺时，就可以做到心中有数，从而可以把对客户的供货承诺做得更好。

3. ERP 能解决既有物料短缺又有库存积压的库存管理难题

ERP 的核心部分 MRP 恰好就是为解决这样的问题而发展起来的。MRP 模拟制造企业中物料计划与控制的实际过程。它要回答并解决 4 个问题：

(1) 要制造什么产品？

(2) 用什么零部件或原材料来制造这些产品？

(3) 手中有什么零部件或原材料？

(4) 还应当再准备什么零部件或原材料？

这 4 个问题是制造企业都要回答和解决的问题，可分别由主生产计划、物料清单、库存记录和物料需求计划来表述，并共同构成制造业基本方程。如果用 A、B、C、D 分别表示上述的 4 个问题，那么，这个方程可以表示成一个概念公式：

$$A \times B - C = D$$

有关文献指出：制造业基本方程就像地心引力，我们只能面对它，而不能改变它。

MRP 的执行过程就是对这个基本方程的模拟：它根据主生产计划、物料清单(即产品结构文件)和库存记录，对每种物料进行计算，指出何时将会发生物料短缺，并给出建议，以最小库存量满足需求并避免物料短缺。

了解了 MRP 的基本逻辑就会发现，ERP 可以解决既有物料短缺又有库存积压的库存管理难题。

4. ERP 可以提高质量并降低成本

通过 ERP 系统，人们的工作更有秩序，时间花在按部就班地执行计划上，而不是忙于对出乎意料的情况作出紧急反应。在这种情况下，工作士气提高了，工作质量提高了，不出废品，一次就把工作做好。于是，提高生产率，提高产品质量，降低成本和增加利润都是相伴而来的事情。

5. ERP 可以改变企业中的部门本位观

ERP 强调企业的整体观，它把生产、财务、销售、工程技术、采购等各个子系统结合成一个一体化的系统，各子系统在统一的数据环境下工作。这样，ERP 就成为整个企业的一个通讯系统。通过准确和及时的信息传递，把大家的精力集中在同一个方向上，以工作流程的观点和方式来运营和管理企业，而不是把企业看作一个个部门的组合，从而使得企业整体合作的意识和作用加强了。每个部门可以更好地了解企业的整体运作机制，更好地了解本部门以及其他部门在企业整体运作中的作用和相互关系，从而可以改变企业中的部门本位观。

可以说，任何企业都可以通过 ERP 得到改善，不论一个企业的管理水平多么的高，ERP 可以使它的管理水平更高。

1.5　企业实施 ERP 的常见误区和实施 ERP 的可靠路线

在 ERP 迎来普及时代的今天，我们仍然必须对 ERP 的实施和应用保持足够的清醒。因为普及时代的到来，并没有降低实施应用 ERP 的难度，并没有改变实施应用 ERP 的基本原则。如何才能实施应用好 ERP，仍然是问题的关键。要成功地实施和应用 ERP，就要采取可靠的路线，就要避免陷入误区。为此，让我们先来考察某些企业实施应用 ERP 不成功的原因是什么。

许多专家考察过实施 ERP 不成功的企业，发现下面一些现象几乎是共同的。

◎　基础数据不准确。例如，库存记录不准确，物料清单不准确，工艺路线不准确，等等。于是不能根据这些数据得到有效的计划数据来指导企业的生产经营活动。

◎　企业的广大员工对 ERP 缺乏主人翁的精神和感情。只有少数人在进行 ERP 的实施工作，一般只是 IT 人员在做这项工作，其他职能部门的人员未介入或以向 IT 人员提供帮助的姿态参与部分工作，整个项目推进十分困难。

◎　实施过程缺乏积极进取且切实可行的计划，时断时续，拖延太久，以至于员工对项目实施失去热情。

◎　关键岗位的员工调换工作，新来的员工不了解情况，致使项目受阻。如果这种情况发生在领导岗位，带来的问题将十分严重。

◎　公司的员工不愿意放弃业已习惯的工作方式去使用 ERP 系统，他们经常希望修改 ERP 系统来适应他们原有的工作方式。

◎　教育和培训不足。广大员工对于如何应用 ERP 系统来解决企业的问题缺乏全面和深入的了解。不了解如何维护系统，也不了解如何衡量系统的运行情况。

◎　最严重的问题往往是企业的高层领导，特别是一把手不重视。认为这是 IT 部门的事，支持仅停留在口头上，基本上不亲自过问，更谈不上参与。

不难看出，以上这些问题本质上都是人的问题。其背后的原因还是对 ERP 的原理、处理逻辑、实施和运行管理的方法缺乏深刻的理解和认识。人们往往认为买一套 ERP 软件系统就可以立即轻而易举地解决所有问题。殊不知 ERP 的实施和应用需要进行大量深入细致的工作，要涉及人的思维方式和行为方式的改变，而且是一个没有终点的过程。

经验表明，实施应用 ERP 的关键因素有三：技术、数据和人。其中，人的因素是最重要的。人的因素不论怎样强调都不算过分。关于人，过去只强调企业内部，即企业领导和广大员工。这无疑是最重要的，但还不是全部。经验告诉我们，除了企业内部人员，外部专家，包括 ERP 软件供应商的实施顾问，也是重要的。如果 ERP 软件的实施顾问只了解软件的一个个屏幕，而不能从管理的角度向企业提供服务，也是造成企业实施困难的原因之一。

几十年年来，国内外成千上万家企业实施应用 MRP、MRP Ⅱ、ERP 系统已经取得了丰富的经验，搞清了应当做什么，不应当做什么，已经形成了一条"可靠的路线(Proven path)"。我们将在第 13 章详细地讨论这条可靠的路线。实际上，上述的所有原因都可以在关于"可靠的路线"的论述中找到避免的方法。因此，只要企业的高层领导和广大员工形成一种共识，坚定不移地把 ERP 的实施和应用按可靠的路线进行下去，一定能够获得成功。

1.6 实施应用 ERP，全面提高企业的管理水平

对于实施应用 ERP 的问题，有的企业担心"实施 ERP 会打乱原有的管理秩序"，或者认为"企业的管理基础太差，不适宜上 ERP"，这都是不恰当的。

当今，全球化竞争日趋激烈，企业的外部生存环境在发生着剧烈的变化，企业也必须随之变化。实施应用 ERP 系统，意味着企业要用一套全新的思想、方法和工具来管理企业的运作，这就要求企业的广大员工，包括企业高层领导，改变传统的思维方式和工作方式适应新的要求。一位资深企业家说得好："如果企业组织内部的变化慢于外部的变化，那么失败就在眼前。"因此，实施应用 ERP 肯定会为企业带来变化，事实上，追求变化，是企业生存的需要。但是，如前所述，现在已经有了一条可靠的路线，扎扎实实地按照这条路线做，就不会有风险，也不会造成混乱。

在西方，大多数企业在实施 ERP 之前，已经具有比较高的管理水平，至少都建立了现代企业制度。然后，经过不断探索，找到了 ERP。但是，我们的企业今天所面临的竞争形势和西方国家的企业当初所面临的竞争形势是完全不同的。我国加入 WTO 之后，企业面临的竞争更加剧烈，使得全面提高管理水平的客观要求变得更加迫切。我们没有时间也没有必要去重复西方国家的企业发展的历史。对于 ERP 这样一个有效的工具，我们不必再花时间去探索、去寻找。

面对 ERP 普及时代的到来，我们的企业不要再犹豫，不要再拖延和等待。国内外许许多多企业的实践，已经证明了 ERP 是全面提高企业管理水平的有效工具。

人们常说："如果我们比前人看得远，那是因为我们站在他们的肩上。"还说："如果不能从过去吸取教训，那仍会重复同样的错误。"今天的认识水平和客观条件，都使得我们应当把提高企业管理水平和实施应用 ERP 结合起来，实施应用 ERP 的过程就是全

面提高企业管理水平的过程。

1.7　ERP 及相关名词简析

企业的人士说，为了搞信息化，我们听到的"解决方案"太多了，MRP Ⅱ、ERP、JIT、TQM、CIMS、BPR、SCM、CRM、SRM、LP、PDM、MES……每个都有人说好，到底哪个好？我们应当做什么？

表 1.1 列出了这些缩写词的含义。本书第 17 章将对其中的一些作重点介绍。

表 1.1　ERP 及相关名词的含义

英 文 缩 写	英 文 名 称	中 文 含 义
MRP	material requirements planning	物料需求计划
MRP Ⅱ	manufacturing resource planning	制造资源计划
ERP	enterprise resource planning	企业资源计划
JIT	just in time	及时生产
TQM	total quality management	全面质量管理
CIMS	computer integrated manufacturing system	计算机集成制造系统
DRP	distribution resource planning	分销资源计划
SCM	supply chain management	供应链管理
CRM	customer relationship management	客户关系管理
SRM	supplier relationship management	供应商关系管理
LP	lean production	精益生产
PDM	product data management	产品数据管理
PLM	product lifecycle management	产品生命周期管理
MES	manufacturing execution system	制造执行系统
EAM	enterprise assets management	企业资产管理
BI	business integration	商务智能
EC	electronic commerce	电子商务
BPR	business process reengineering	企业流程重组

我们认为这些都是好东西，都应当做。但是，它们覆盖的范围不同，强调的管理领域不同，适应的管理发展阶段不同，可操作性的程度也不同。它们有的是哲理或思想，有的是方法，有的是工具。我们的建议是，先从 ERP 做起。因为 ERP 是企业信息化最基本的工具，而其他的(除了 MRP 和 MRP Ⅱ)都是 ERP 的延伸或增强。而且，ERP 的哲理已经通过计算机软件得到体现，作为企业信息化的工具，具有最好的可操作性。然后，

在 ERP 的基础上，尽可以把其他哲理和方法加上去。各种管理思想和方法的融合已经是一种趋势，而企业管理水平的提高是无止境的。有一句话说得好："ERP 不是目的地，ERP 是长征。"其实，把这句话中的主语换成上述任何其他一个都是对的。正是在这个长征中可以实现各种管理思想的融合，也正是在这个长征中实现企业管理水平的持续不断的无止境的提高。

▎思考题

1. ERP 在中国的发展经历了哪几个阶段？每个阶段有什么特点？

2. ERP 和 MRP Ⅱ有什么不同？

3. 在我国加入 WTO 之后，我们的企业面临的机遇和竞争形势如何？我们的企业应当如何去赢得竞争？

4. 市场多变和均衡安排生产是制造企业面临的一个基本矛盾，ERP 如何解决这个矛盾？

5. 库存积压和物料短缺同时存在是一种在制造企业中常见和棘手的问题。ERP 能够解决这个问题吗？

6. ERP 如何解决对客户承诺的有效性问题？

7. 能够在提高产品质量的同时降低成本吗？

8. ERP 对于解决企业运作过程中部门本位观的问题能够提供帮助吗？

9. 什么是制造业基本方程？

10. 为什么有些企业实施应用 ERP 未能获得成功？

11. 实施应用 ERP 的可靠路线的基本原则是什么？

12. 实施 ERP 会给企业带来混乱吗？企业提高管理水平和实施 ERP 是什么关系？

13. 现在，我们听到的表示某种管理方法或思想英文字母缩写很多，如 MRP、MRP Ⅱ、ERP、JIT、CIMS、BPR、TQM、SCM、CRM 等，它们的含义各是什么？

▎习 题

1. 按照如下关于 ABCD 的说明，下面哪个公式正确地表示了制造业基本方程？
(   )

　　◎ A 表示要制造什么产品(主生产计划)

　　◎ B 表示用什么零部件或原材料来制造这些产品(物料清单)

　　◎ C 表示现有什么零部件或原材料(库存记录)

　　◎ D 表示还应当再准备什么零部件或原材料(物料需求计划)

A. $A \times C - D = B$　　　　B. $B \times C - A = D$

C. $B \times C - D = A$　　　　D. $A \times B - C = D$

第2章
管理需求推动ERP的发展

自18世纪产业革命以来，手工业作坊向工厂生产的方向迅速发展，出现了制造业。随之而来，所有企业几乎无一例外地追求着基本相似的运营目标，即在给定资金、设备、人力的前提下，追求尽可能大的有效产出；或在市场容量的限制下，追求尽可能少的人力、物力投入；或寻求最佳的投入/产出比。就其外延而言，为追求利润；就其内涵而言，为追求企业资源的合理有效的利用。

这一基本目标的追求使企业的管理者面临一系列的挑战：生产计划的合理性、成本的有效控制、设备的充分利用、作业的均衡安排、库存的合理管理、财务状况的及时分析等。日趋激烈的市场竞争环境使上述挑战对企业具有生死存亡的意义。于是，应付上述挑战的各种理论和实践也就应运而生。在这些理论和实践中，首先提出而且被人们研究最多的是库存管理的方法和理论。人们首先认识到，诸如原材料不能及时供应、零部件不能准确配套、库存积压、资金周转期长等问题产生的原因，在于对物料需求控制得不好。然而，当时提出的一些库存管理方法往往是笼统的、只求"大概差不多"的方法。这些方法往往建立在一些经不起实践考验的前提假设之上，热衷于寻求解决库存优化问题的数学模型，而没有认识到库存管理实质上是一个大量信息的处理问题。事实上，即使在当时认识到这一点，也不具备相应的信息处理手段。

计算机的出现和投入使用，使得在信息处理方面获得了巨大的突破。

在20世纪50年代中期，计算机的商业化应用开辟了企业管理信息处理的新纪元。这对企业管理所采用的方法产生了深远的影响。而在库存控制和生产计划管理方面，这种影响比其他任何方面都更为明显。

大约在1960年，计算机首次在库存管理中得到了应用，这标志着企业的生产管理迈出了与传统方式决裂的第一步。也正是在这个时候，在美国出现了一种新的库存与计划控制方法——计算机辅助编制的物料需求计划(material requirements planning，MRP)。

MRP的基本原理和方法与传统的库存管理理论与方法有着显著的区别。可以说，它开辟了企业生产管理的新途径。

传统的库存管理理论认为，要想减少库存费用，只有降低服务水平，即降低供货率；或者反过来，要想提高服务水平，就必须增加库存费用。有了 MRP，这种信条就不再成立。

成功地运用了 MRP 系统的企业的经验表明，它们可以在降低库存量，即降低库存费用的同时，改善库存服务水平，即提高供货率。于是在企业管理领域发生了一场革命：新的理论和方法逐步建立，而传统的理论和方法乃至整个的传统学派的思想都受到了重新评价。

初期的 MRP，即物料需求计划，是以库存管理为核心的计算机辅助管理工具。而 20 世纪 80 年代发展起来的 MRP Ⅱ，已延伸为制造资源计划(manufacturing resource planning)。它进一步从市场预测、生产计划、物料需求、库存控制、车间控制延伸到产品销售的整个生产经营过程以及与之有关的所有财务活动中。从而为制造业提供了科学的管理思想和处理逻辑以及有效的信息处理手段。到了 20 世纪 90 年代，又出现了 ERP(enterprise resource planning)的概念，进一步发展了 MRP Ⅱ 的理论和方法。

MRP Ⅱ/ERP 的发展经历了 5 个阶段。

(1) 20 世纪 40 年代的库存控制订货点法。

(2) 20 世纪 60 年代的时段式 MRP。

(3) 20 世纪 70 年代的闭环 MRP。

(4) 20 世纪 80 年代发展起来的 MRP Ⅱ。

(5) 20 世纪 90 年代出现的 ERP。

2.1　早期库存管理引发的订货点法

在计算机出现之前，发出订单和进行催货是一个库存管理系统在当时所能做的一切。库存管理系统发出生产订单和采购订单，但是，确定对物料的真实需求却是靠缺料表，这种表上所列的是马上要用，但却发现没有库存的物料。然后，派人根据缺料表进行催货。

订货点法是在当时的条件下，为改变这种被动的状况而提出的一种按过去的经验预测未来的物料需求的方法。这种方法有各种不同的形式，但其实质都是着眼于"库存补充"的原则。"补充"的意思是把库存填满到某个原来的状态。库存补充的原则是保证在任何时候仓库里都有一定数量的存货，以便需要时随时取用。当时人们希望用这种做法来弥补由于不能确定近期内准确的必要库存储备数量和需求时间所造成的缺陷。订货点法依据对库存补充周期内的需求量预测，并保留一定的安全库存储备，来确定订货点。安全库存的设置是为了应对需求的波动。一旦库存储备低于预先规定的数量，即订货点，则立即进行订货来补充库存。

订货点的基本公式是：

订货点＝单位时区的需求量×订货提前期＋安全库存量

如果某项物料的需求量为每周 100 件，提前期为 6 周，并保持 2 周的安全库存量，那么，该项物料的订货点可如下计算：

$$100×6+200＝800$$

当某项物料的现有库存和已发出的订货之和低于订货点时，则必须进行新的订货，以保持足够的库存来支持新的需求。订货点法的处理逻辑如图 2.1 所示。

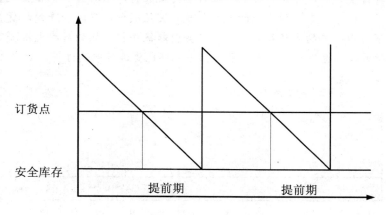

图 2.1　订货点法

订货点法曾引起人们广泛的关注，对它进行讨论的文献也很多，按这种方法建立的库存模型曾被称为"科学的库存模型"。然而，在实际应用中却是面目全非。其原因在于订货点法是在某些假设之下。

下面，我们对这些假设进行讨论。

1. 对各种物料的需求是相互独立的

订货点法不考虑物料项目之间的关系，每项物料的订货点分别独立地加以确定。因此，订货点法是面向零件的，而不是面向产品的。但是，在制造业中有一个很重要的要求，那就是各项物料的数量必须配套，以便能装配成产品。由于对各项物料分别独立地进行预测和订货，就会在装配时发生各项物料数量不匹配的情况。这样，虽然单项物料的供货率提高了，但总的供货率却降低了。因为不可能每项物料的预测都很准确，所以积累起来的误差反映在总供货率上将是相当大的。

例如，用 10 个零件装配成一件产品，每个零件的供货率都是 90%，而联合供货率却降到 34.8%。一件产品由 20 个、30 个甚至更多个零件组成的情况是常有的。如果这些零件的库存量是根据订货点法分别确定的，那么，要想在总装配时不发生零件短缺，则只能是碰巧的事。

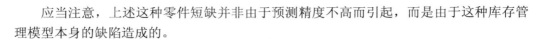
应当注意，上述这种零件短缺并非由于预测精度不高而引起，而是由于这种库存管理模型本身的缺陷造成的。

2. 物料需求是连续发生的

按照这种假定，必须认为需求相对均匀，库存消耗率稳定。而在制造业中，对产品零部件的需求恰恰是不均匀、不稳定的，库存消耗是间断的。这往往是由于下道工序的批量要求引起的。

【例2.1】 我们假定最终产品是活动扳手。零件是扳手柄，原材料是扳手毛坯。活动扳手不是单件生产的，当工厂接到一批订货时就在仓库中取出一批相应数量的扳手柄投入批量生产。这样一来，扳手柄的库存量就要突然减少，有时会降到订货点以下。这时就要立即下达扳手柄的生产指令，于是又会引起扳手柄毛坯的库存大幅度下降。如果因此引起原材料库存也低于订货点，则对扳手毛坯也要进行采购订货，如图2.2所示。

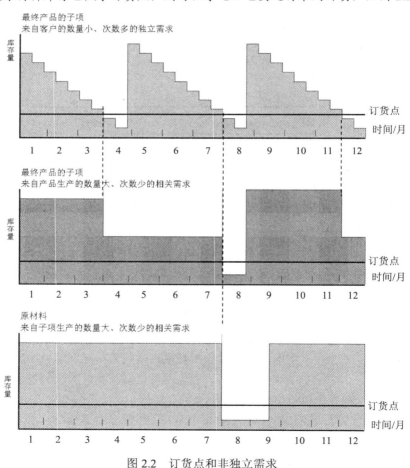

图2.2 订货点和非独立需求

由此可见，即使对最终产品的需求是连续的(可以将图 2.2 中对最终产品的需求近似地看作连续的)，由于生产过程中的批量需求，引起对零部件和原材料的需求也是不连续的。需求不连续的现象提出了一个如何确定需求时间的问题。订货点法是根据以往的平均消耗来间接地指出需要时间，但是对于不连续的非独立需求来说，这种平均消耗率的概念是毫无意义的。事实上，采用订货点法的系统下达订货的时间常常偏早，在实际需求发生之前就有大批存货放在库里造成积压。而另一方面，却又会由于需求不均衡和库存管理模型本身的缺陷造成库存短缺。

3. 库存消耗之后，应被重新填满

按照这种假定，当物料库存量低于订货点时，则必须发出订货，以重新填满库存。但如果需求是间断的，那么这样做不但没有必要，而且也不合理。因为很可能因此而造成库存积压。例如，某种产品一年中可以得到客户的两次订货，那么，制造此种产品所需的钢材则不必因库存量低于订货点而立即填满。

4. 认为"何时订货"是一个大问题

"何时订货"被认为是库存管理的一个大问题。这并不奇怪，因为库存管理正是订货并催货这一过程的自然产物。然而真正重要的问题却是"何时需要物料？"当这个问题解决以后，"何时订货"的问题也就迎刃而解了。订货点法通过触发订货点来确定订货时间，再通过提前期来确定需求日期，其实是本末倒置的。

从以上讨论可以看出，订货点库存控制模型是围绕一些不成立的假设建立起来的。今天看来，订货点法作为一个库存控制模型是那个时代的理论错误。因此不再具有重要的实用价值。但它提出了许多在新的条件下应当解决的问题。从而引发了 MRP 的出现。

2.2 复杂物料需求带来的时段式 MRP

时段式 MRP 是在解决订货点法的缺陷的基础上发展起来的，亦称为基本 MRP，或简称 MRP。

MRP 与订货点法的区别有三点：一是通过产品结构将所有物料的需求联系起来；二是将物料需求区分为独立需求和非独立需求并分别加以处理；三是对物料的库存状态数据引入了时间分段的概念。

如前所述，传统的库存管理方法，如订货点法，是彼此孤立地推测每项物料的需求量，而不考虑它们之间的联系，从而造成库存积压和物料短缺同时出现的不良局面。MRP 则通过产品结构把所有物料的需求联系起来，考虑不同物料的需求之间的相互匹配关系，从而使各种物料的库存在数量和时间上均趋于合理。另外，MRP 还把所有物料按需求性

质区分为独立需求项和非独立需求项，并分别加以处理。如果某项物料的需求量不依赖于企业内其他物料的需求量而独立存在，则称为独立需求项目；如果某项物料的需求量可由企业内其他物料的需求量来确定，则称为非独立需求项目或相关需求项目。如原材料、零件、组件等都是非独立需求项目，而最终产品则是独立需求项目，独立需求项目有时也包括维修件、可选件和工厂自用件。独立需求项目的需求量和需求时间通常由预测和客户订单、厂际订单等外在因素来决定。而非独立需求项目的需求量和时间则由 MRP 系统来决定。

所谓时间分段，就是给物料的库存状态数据加上时间坐标，亦即按具体的日期或计划时区记录和存储库存状态数据。

在传统的库存管理中，库存状态的记录是没有时间坐标的。记录的内容通常只包含库存量和已订货量。当这两个量之和由于库存消耗而小于最低库存点的数值时，便是重新组织进货的时间。因此，在这种记录中，时间的概念是以间接的方式表达的。

直到 1950 年前后，这种落后的方法才有了一些改进，在库存状态记录中增加了两个数据项：需求量和可供货量。其中，需求量是指当前已知的需求量，而可供货量是指可满足未来需求的量。这样，物料的库存状态记录由 4 个数据组成，它们之间的关系可用下式表达：

$$库存量＋已订货量－需求量＝可供货量$$

【例 2.2】 某项物料的库存状态数据如下。

> 库存量：30
>
> 已订货量：25
>
> 需求量：65
>
> 可供货量： － 10

其中，需求量可能来自客户订单，也可能来自市场预测，还可能是作为非独立需求推算出来的。当可供货量是负数时，就意味着库存储备不足，需要再组织订货。这样一个经过改进的库存控制系统可以更好地回答订什么货和订多少货的问题，但却不能回答何时订货的问题。表面上看，当可供货量是负值时即是订货时间，似乎已经回答了这个问题。其实不然。已发出的订货何时到货？是一次到达？还是分批到达？什么时候才是对这批订货的需求实际发生的时间？该需求是应一次满足还是分期满足？什么时候库存会用完？什么时候应完成库存补充订货？什么时候应该发出订货？对于这一系列的问题，传统的库存控制系统是回答不出来的。当时，库存计划员只能凭经验来作出决定。

时间分段法使所有的库存状态数据都与具体的时间联系起来，于是上述关键问题可以迎刃而解。下面，我们通过例 2.3 来说明时间分段的概念。

【例 2.3】　如果把前例中的库存状态数据以周为单位给出时间坐标，则可能如表 2.1 所示。

表 2.1　库存状态数据

周	1	2	3	4	5	6	7	8	9	10
库存量/件	30	30	10	10	− 25	0	0	0	0	0
已订货量/件	0	0	0	0	25	0	0	0	0	0
需求量/件	0	20	0	35	0	0	0	0	0	10
可供货量/件	30	10	10	− 25	0	0	0	0	0	− 10

现在，我们便可以回答前面所提出的各个与时间有关的问题了。从记录中看到，这里有一批已发出的订货，总计 25 件，将在第 5 周到货；在第 2 周、第 4 周和第 10 周分别出现 3 次需求，其数量分别为 20、35 和 10，总数为 65。另外可以看出，库存总储备，即库存量和已订货量之和，在前 9 周是足够用的，但供应与需求在时间上不合拍，第 4 周可供货量出现负值，而已发出订货在第 5 周才到达。如已发出的订货能够提前 1 周到达，则可避免第 4 周的库存短缺。关于这一点，库存计划员可以提前 4 周从库存状态数据得知并采取相应的措施。第 10 周的库存短缺应通过新的库存补充订货来解决，其需求日期为第 10 周。下达日期即可由此根据提前期推算出来。

维护、更新按时间分段的库存状态记录所要进行的数据处理工作量是相当大的。这一方面是由于这类库存状态记录的数据项多；另一方面是由于既要处理数量关系，又要处理时间关系。从上例可见一斑。在给出时间坐标之前只用了 4 个数据项，而在给出时间坐标之后，则用了 40 个数据项。此时，虽然数量关系不变，时间关系却要重新处理。在一个典型的企业中，如果对 25 000 项物料按周划分时间段，在计划期为一年的情况下，就要处理多达 500 万个基本数据，这样大量的信息处理只有计算机才能胜任。

目前，人们建立和使用的 MRP 系统已经成了一种标准的形式。这种标准形式包含着系统运行所依据的某些前提条件和基本假设。

MRP 系统的第一个前提是要求赋予每项物料一个独立的物料代码，这些物料包括原材料、零部件和最终产品。这些物料代码不能有二义性，即两种不同的物料不得有相同的代码。下面要谈到的主生产计划、物料清单和库存记录都要通过物料代码来描述的。

第二个前提就是要有一个主生产计划。也就是说，要有一个关于生产什么产品和什么时候产出的权威性计划。该计划只考虑最终项目，这些项目可能是产品，也可能是处于产品结构中最高层次的装配件，这些装配件可根据总装配计划装配成不同的产品。主生产计划考虑的时间范围，即计划展望期，取决于产品的累计提前期，即产品所有零部件的生产提前期和采购提前累计之和。计划展望期的长度应当等于或超过产品的累计提前期，通常为 3~18 个月。主生产计划的形式通常是一个按时区列出的各最终项目产出数量的矩阵。

主生产计划是 ERP 的一个非常重要的计划层次，以后我们还将详细讨论。

MRP 系统的第三个前提是在计划编制期间必须有一个通过物料代码表示的物料清单 (bill of material，BOM)。BOM 是产品结构文件，它不仅罗列出某一产品的所有构成项目，同时也要指出这些项目之间的结构关系，即从原材料到零件、组件，直到最终产品的层次隶属关系。

MRP 系统的第 4 个前提是要有完整的库存记录。也就是说，所有在 MRP 系统控制下的物料都要有相应的库存记录。

除了以上 4 个前提条件外，实施 MRP 系统还要满足以下几种隐含的假设条件。

(1) 要想使系统能够有效地工作，就必须保证 BOM 和库存记录文件的数据完整性。确切地说，这个要求不是针对系统运行而言的。因为即使输入数据不正确，系统也能输出技术上"正确"的报告。然而，正如计算机人员常讲的那样，"进去的是垃圾，出来的也是垃圾"。这样的垃圾数据当然不能实现有效的管理。因此，保证文件的数据完整性是针对管理效果而提出的要求。

(2) MRP 系统还要求所有物料的订货提前期是已知的，至少是可以估算的。一般情况下，在编制计划时，每项物料的提前期都应该是一个固定的值。虽然提前期的值可以更改，但不允许一项物料的提前期同时具有两个或两个以上的数值。MRP 系统无法处理订货提前期未定的物料。

(3) MRP 系统要求所有受其控制的物料都要经过库存登记，从而有一个入库状态(即使是短暂的)，然后，才可以为满足某项订货而发放出去。这样，生产过程的每个阶段实质上是通过库存信息来监控的。

(4) MRP 系统在计算物料需求时间时，假定用于构成某个父项的所有子项都必须在下达父项的订货时到齐。因此，子项的需求均在父项的订货下达时发生。

(5) MRP 系统还假定每项物料的消耗都是间断的。例如，某父项物料由 50 个子项构成，那么，MRP 在进行计算时就恰好分配出 50 个，并假定它们被一次性地消耗掉。

MRP 系统的目标是确定每项物料在每个时区内的需求量，以便能为正确地进行生产和库存管理提供必要的信息。虽然，这并非 MRP 的唯一目标(例如，MRP 还为能力需求计划提供输入等)，但这却是最主要的目标。从人们的主观愿望来说，这个目标同其他非 MRP 库存控制系统的目标并没有什么差别。MRP 系统与其他库存控制系统的差别仅仅反映在如何实现这种愿望的能力上。例如，用订货点法很难做到在恰当的时间对一项物料按恰当的数量订货，而要确定正确的到货期则更成问题。对于已发出的订货作业进行修改，用订货点法则基本上办不到。

MRP 系统从主生产计划、独立需求预测以及厂际订单的输入可以确定"我们将要生产什么？"通过 BOM 可以回答"用什么来生产？"把主生产计划等反映的需求沿各产品的 BOM 进行分解，从而得知"为了生产所需的产品，我们需要用些什么？"然后和库存记录进行比较来确定出物料需求，即回答"我们还需要再得到什么？"通过这样的处理过程，使得在 MRP 系统控制下的每项物料的库存记录都总能正确地反映真实的物料需求。这一过程如图 2.3 所示。

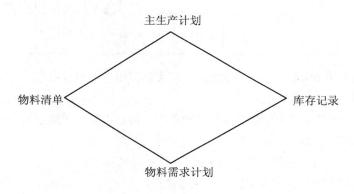

图 2.3　MRP 数据处理逻辑

下面讨论具体的数据处理过程。

MRP 系统对每项物料的库存状态按时区进行分析，自动地确定计划订单的数量和时间。物料的库存状态数据包括：库存量、计划接收量、毛需求量和净需求量。

其中，库存量也称为预计可用量(projected available balance，PAB)，是指某项物料在某个时区的库存数量。计划接收量是指在某时区之前的各时区中的已下达、预计可以在该时区之内入库的订单数量。毛需求量是为满足市场预测、客户订单的需求或 BOM 中上层物料项目的订货需求(可以是多项订货需求)而产生的对该项物料的需求量。净需求量则是从毛需求量中减去预计可用量和计划接收量之后的差。在计算上，净需求量可以通过预计可用量的变化而得到。方法是首先按下面的公式求各时区的预计可用量：

某时区预计可用量＝上时区预计可用量＋该时区计划接受量－该时区毛需求量

当预计可用量出现负值时，就意味着出现净需求，其值等于这个负值的绝对值。物料的净需求及其发生的时间指出了即将发生的物料短缺。因此，MRP 可以预见物料短缺。为了避免物料短缺，MRP 将在净需求发生的时区内指定计划订单量，然后考虑订货提前期，指出计划订单的下达时间。表 2.2 表达了上述处理过程。

表 2.2　MRP 的数据处理过程

提前期：4

初始库存量　23

时区	1	2	3	4	5	6	7	8
毛需求量		20		25		15	12	
预计入库量			30					
库存量	23	3	33	8	8	- 7	- 19	- 19
净需求量						7	12	
计划订货量						7	12	
计划订单下达		7	12					

表 2.2 只是表明 MRP 的数据处理原理，在实际应用中，对订货数量可以根据所选择的订货策略不同而有不同的做法。

MRP 系统之所以能成为生产库存管理的得力工具，主要由于以下原因：

(1) 可使库存投资减少到最小限度。

(2) 可对生产中的变化作出灵敏的反应。

(3) 可以对每项物料提供未来的库存状态信息。

(4) 库存控制是面向生产作业的，而不是面向台账登记的。

(5) 强调需求、库存储备和订货作业的时间性。

上述几条原因相辅相成，使得 MRP 系统的输出信息能够成为其他生产管理子系统的有效输入信息。这些子系统包括能力需求计划、车间作业管理、采购作业管理等。

2.3　物料与生产管理集成的闭环 MRP

2.2 节所介绍的 MRP 只局限在物料需求方面，一般称为基本 MRP。物料需求计划还仅仅是生产管理的一部分。物料需求计划要通过车间作业管理和采购作业管理来实现，而且还必须受到生产能力的约束。因此，只有基本 MRP 还是不够的。于是，在基本 MRP 的基础上，人们又提出了闭环 MRP 系统。所谓闭环有两层意思：一是指把能力需求计划 (capacity requirements planning，CRP)、车间作业计划、采购作业计划和 MRP 集成起来，形成一个封闭系统；二是指在计划执行过程中，必须有来自车间、供应商和计划人员的反馈信息，并利用这些反馈信息进行计划的调整平衡，从而使生产计划方面的各个子系统得到协调统一。其工作过程是一个"计划—实施—评价—反馈—计划"的过程，如图

2.4 所示。

其中，经营规划是企业的战略规划，确定企业的经营目标和战略。

销售与运营规划(sales & operations plan)确定每一个产品族的生产率，通常按月表示，展望期为 1~3 年。

主生产计划对销售与运营规划作进一步的分解，按产品(或最终项目)确定生产量。一般以周为时区单位，展望期为 3~18 个月。

物料需求计划对主生产计划作进一步的分解，确定物料清单各个层次上的物料需求的数量和时间。

能力需求计划平衡和调整由物料需求计划所产生的能力需求与企业的实际生产能力之间的关系。由于企业的生产能力是有限的，所以物料需求计划要受能力需求计划的约束。

能力需求计划的逻辑和物料需求计划的逻辑极其相似，如图 2.5 所示。

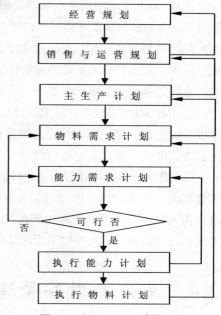

图 2.4　闭环 MRP 系统

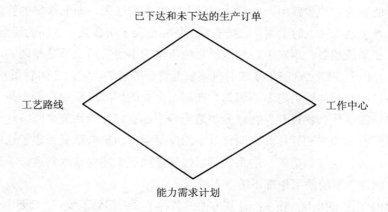

图 2.5　CRP 处理逻辑

对已下达和未下达的生产订单，要通过工艺路线和工作中心来加以分解。工艺路线说明自制件的加工顺序和标准工时定额，其作用恰如物料清单对于物料需求计划的作用。工作中心用来说明生产资源，包括机器设备和人，其作用恰如生产能力的库存。分解的结果是按工作中心产生以标准工时表示的能力需求计划，指出为执行物料需求计划所需要的能力。

闭环 MRP 系统中的各个环节是相互联系、相互制约的。如果一个企业通过自己的制造设备、合同转包以及物料外购的努力仍不能得到为满足物料需求计划所需的生产能力，则应修改物料需求计划，甚至主生产计划。当然，这只是一种不得已的办法，因为制定能力需求计划的目标无疑是要使物料需求计划乃至主生产计划得以实现。

在计划执行过程中，也要有一系列的信息反馈以及相应的平衡调整。

在闭环 MRP 系统中，反馈功能是非常重要的。无论是车间还是供应商，如果意识到不能按时完成订单，则应给出拖期预报，这是重要的反馈信息。如果系统不曾收到这样的报告，即认为可以满足计划的需求。这里遵循的是"沉默即赞成"的原则。

以上所有计划及其执行活动之间的协调和平衡、信息的追踪和反馈都必须借助计算机才能实现。在 20 世纪 70 年代以前，计算机的能力尚不能满足使计划随时平衡供需的要求，而人们在当时也未理解如何真正地驾驭计划来做到这一点，所以很难发现任何闭环系统。只有高速度、大存贮的现代计算机的出现才使闭环 MRP 成为可能。

2.4　生产与财务管理一体化的 MRP Ⅱ

1. MRP Ⅱ的形成和特点

在长期的企业管理实践中，人们认识到一条基本的法则，即低水平的管理常常是五花八门的管理子系统滋生的土壤。这些子系统往往是为了堵塞某一方面的漏洞而建立的，漏洞越多，子系统越多。事实上，许多子系统所做的事情实质上都是相同的，只不过角度不同而已。由于在建立这些子系统的时候缺乏统一的规划，它们之间联系甚少。因此，子系统越多，矛盾和问题也越多。例如，在制造企业的生产过程中，一个基本的问题是"在什么时候需要什么物料？"在许多制造企业中都有好几个系统来回答这个问题。订单发放系统所发出的采购订单和车间订单中均有日期，而缺料单又否定了这些日期，还有催货单等。由于没有一个统一的系统可以很好地回答上述的基本问题，于是就产生好几个系统。而这些系统的工作都不能令人满意。

闭环 MRP 系统的出现，使生产计划方面的各种子系统得到了统一。只要主生产计划真正地制定好，那么，闭环 MRP 系统就可以回答上述的基本问题。但这还不够，因为在企业管理中，生产管理只是一个方面，它所涉及的是物流，而与物流密切相关的还有资金流。这在许多企业中是由财会人员另行管理的，这就造成了重复，甚至冲突(数据不一致)。

在更高的管理层次上也有类似的问题。用于最高层管理的经营规划要回答以下三个问题：**我们要销售些什么？我们有些什么？我们必须制造什么？**销售与运作规划也是用来回答上述问题的。

问题在于，经营规划和销售与运营规划是分别制定的。在许多企业中，制定销售与运营规划的人甚至不曾意识到经营规划的存在，制定经营规划的人也从不去了解销售与运营规划。而事实上，经营规划就其基本形式来说，如果不考虑研究开发以及其他不与生产直接相关的部分，那么不过是把销售与运营规划的总和用货币单位来表示。

于是，人们想到，能否建立一个一体化的管理系统，砍掉不必要的重复，减少冲突，提高效率呢？

凡是已经成功地实现了用闭环 MRP 系统进行生产管理的企业都会认为，这是可以做到的。甚至认为不这样做未免可惜：既然库存记录的精确度足以支持 MRP 系统，为什么不能进而用于财会核算呢？既然 MRP 系统中的生产计划的确反映了实际情况，为什么不能进而用货币单位来表示它，从而使经营规划也总能反映实际情况呢？

众所周知，在自然科学的研究中，人们认识越深刻，问题就变得越简单，就会在不同的现象中找到同一规律。对管理科学，也同样如此。

把财务子系统与生产子系统结合为一体，使闭环 MRP 向 MRP Ⅱ前进了一大步。

从把主生产计划视为 MRP 的关键输入之时开始，人们就意识到市场预测将是主生产计划的关键输入。但在当时的许多企业中，市场销售部门并不关心 MRP，而只是把它看作一种生产控制技术。虽然这些部门有时也提供市场预测，但只是按要求行事，并非真正了解主生产计划的功能。只有在闭环 MRP 得到成功应用的企业中，市场销售部门的管理人员才认识到 MRP 系统不但与他们有关系，而且是他们的"好帮手"。因为只有借助于 MRP 系统，才能在各种生产约束条件下制定出合理可行的销售计划。反过来，也只有依靠 MRP 系统，才能使生产迅速地适应销售方面的变化。

对于工程技术，人们也已认识到它在整个管理系统中的作用。特别是那些生产复杂产品，或引入新产品而需要在生产中解决一系列工程技术问题的企业，更加需要把工程技术管理与生产管理、销售管理、财务管理等有机地结合起来，更加需要把工程技术准备计划与生产制造计划、财务计划等各种有关的计划合理地衔接起来。例如，由工程技术部分提供的物料清单，在过去只是生产管理的参考文件，而在 MRP 系统中已成为一个控制文件，即用它来控制物料需求的分解路径。

把生产、财务、销售、工程技术、采购等各个子系统结合成一个一体化的系统，称为制造资源计划(manufacturing resource planning)，英文缩写还是 MRP，为了区别于基本 MRP 而记为 MRP Ⅱ。

MRP Ⅱ有如下特点。

(1) MRP Ⅱ把企业中的各子系统有机地结合起来，形成一个面向整个企业的一体化的系统。其中，生产和财务两个子系统关系尤为密切。

(2) MRP II 的所有数据来源于企业的中央数据库。各子系统在统一的数据环境下工作。

(3) MRP II 具有模拟功能，能根据不同的决策方针模拟出各种未来将会发生的结果。因此，它也是企业高层领导的决策工具。

MRP II 由闭环 MRP 系统发展而来，在技术上，它与闭环 MRP 并没有太多的区别。但它包括了财务管理和模拟的能力，这是本质的区别。

2. MRP II 的适用性

MRP II 对于制造业是普遍适用的。关于这一点，经常有人发生疑问。由于制造业有着众多的行业和数不清的产品，所以，发生这样的疑问是不奇怪的。要回答这个问题必须从制造业生产管理的本质规律出发。这个本质规律就是前面提到的制造业基本方程。制造业基本方程对于所有的制造企业均是相同的，因此是一种标准逻辑。有关文献指出："这是制造企业中普遍存在的本质规律，正如地心引力，只能面对它，而不能改变它。"

MRP II 以现代计算机为工具，通过对大量的数据进行及时的处理来模拟制造企业的生产经营过程——亦即上述的制造业基本方程。由于制造业基本方程的普遍存在，MRP II 也是普遍适用的。

对 MRP 的适用性产生疑问的另一个原因是由于早期的 MRP 工作者所使用的习惯术语。在计算机时代的早期，制造业的标准逻辑尚未被普遍认识。特别是由于 MRP 起源于机械制造业，其早期工作者使用"零件"、"部件"等术语。因此，虽然在制造业的不同行业中都存在着制造业基本方程，然而，人们却往往只看到不同，认为他们面临的是与众不同的生产环境。当时只有专职的财务人员认识到有标准的财务管理工具，如应收账款、应付账款、总分类账、明细分类账、预算、标准成本等。一位专职的财务人员离开一家企业进入另一家企业，他不会看到"与众不同"的财务系统；而在制造业的其他环节上，则没有标准的工具。

现在 MRP II 已向人们提供了制造业管理的标准工具和标准的知识体系，而且已被广泛地应用于实践。制造企业的各级管理人员可以而且应当使用诸如销售与运营规划、主生产计划、物料需求计划、能力需求计划等工具来控制和管理自己的企业，这正如财务人员早已有的标准财务工具一样。

2.5 集成企业内外部信息的 ERP

ERP 是企业资源计划(enterprise resource planning)的英文缩写，作为新一代 MRP II，其概念由美国 Gartner Group 于 1990 年初首先提出。经过短短几年时间，ERP 已由概念发展到应用。目前，MRP Ⅱ软件供应商已普遍宣布自己的集成系统是 ERP 产品。在制造系统市场上，ERP 成了一个流行的名词。究竟什么是 ERP？它的功能特点是什么？它是什么背景下提出来的？它的发展状况如何？本节围绕这些问题进行讨论。

1. Gartner Group 关于 ERP 的定义

Gartner Group 是通过一系列功能标准来界定 ERP 系统的。Gartner Group 提出的 ERP 功能标准包括以下 4 个方面。

(1) 超越 MRP Ⅱ范围的集成功能

主要包括质量管理、实验室管理、流程作业管理、配方管理、产品数据管理、维护管理、管制报告和仓库管理。

(2) 支持混合方式的制造环境

既可支持离散型制造环境，又可支持流程型制造环境；按照面向对象的业务模型重组业务过程的能力以及在国际范围内的应用。

(3) 支持能动的监控能力，提高业务绩效

在整个企业内采用计划和控制方法、模拟功能、决策支持能力和图形能力。

(4) 支持开放的客户机/服务器计算环境

要求客户机/服务器体系结构；图形用户界面(GUI)；计算机辅助软件工程(CASE)；面向对象技术；关系数据库；第四代语言；数据采集和外部集成(EDI)。

以上 4 个方面分别从软件功能范围、软件应用环境、软件功能增强和软件支持技术上对 ERP 作了界定。这 4 个方面反映了至 20 世纪 90 年代，对制造系统在功能和技术上的客观需求。

2. ERP 的功能特点

上述功能标准(1)所列的 8 项扩展功能均是相对于标准 MRP Ⅱ系统来说的，这些扩展的功能仅是 ERP 超越 MRP Ⅱ范围的首要扩展对象，并非 ERP 的标准功能清单。由于 ERP 的发展尚未达到 MRP Ⅱ那样的标准和规范，目前尚不能像“MRP Ⅱ标准系统”那样形成一个“ERP 标准系统”。事实上，像质量管理、实验室管理、流程作业管理等许多不包括在标准 MRP Ⅱ系统之内的功能，在目前的一些软件系统中已经具备，但是还缺少标准化和规范化。

关于管制报告(regulatory reporting)功能的扩展，是由于各国政府对制造业强制执行的环境控制、就业安全及消费者保证等法律法规越来越严格，从而引起大量处理各种遵循法律法规情况报告的需求。对于管制报告方面的需求，发达国家更为迫切。由于不同的国家可能有不同的法规，这方面的功能不可避免地存在客户化的问题。

上述功能标准(2)所说的“混合方式的制造环境”可以包括三种情况。

① 生产方式的混合。这首先是指离散型制造和流程式制造的混合。由于企业的兼并

与联合，企业多元化经营的发展，加之高科技产品中包含的技术复杂程度越来越高，使得无论是纯粹的离散型制造环境还是纯粹的流程式制造环境在一个企业中都很少见，通常是二者不同程度的混合。其次是指单件生产、面向库存生产、面向订单装配以及大批量重复生产方式的混合。

② 经营方式的混合。这是指国内经营与跨国经营的混合。由于经济全球化、市场国际化、企业经营的国际化，使得纯粹的国内经营逐渐减少，而各种形式的外向型经营越来越多。这些外向型经营可能包括原料进口、产品出口、合作经营、合资经营、对外投资直到跨国经营等各种形式的混合经营方式。

③ 生产、分销和服务等业务的混合。这是指多种经营形成的技、工、贸一体化集团企业环境。

为了支持混合方式的制造环境，ERP 系统必须在两方面突破 MRP Ⅱ 的局限。

一是在标准 MRP Ⅱ 系统中，一直未专门涉及流程工业的计划与控制问题。这和传统 MRP 奉行的简单化原则有关。在标准 MRP Ⅱ 系统中，是以行业普遍适用的原则来界定所包含的功能的。例如，制药行业对批号跟踪与管理的需求来自于法律法规的特殊管制，而不是所有的行业都需要这些功能，如洗衣机行业就不需要，因为没有这方面的法规要求。但是，随着质量保证的需求和为消费者服务的需求的发展，洗衣机行业也有了批号跟踪与管理的需求。因此，行业普遍适用的原则标准也发生了变化。ERP 扩展到流程行业，把配方管理、计量单位的转换、联产品和副产品流程作业管理等功能都作为 ERP 不可缺少的一部分。值得注意的是，以上所说在标准的 MRP Ⅱ 系统中没有包含流程行业的问题，并不意味着所有的 MRP Ⅱ 软件都不适用于流程行业。标准 MRP Ⅱ 系统和具体的 MRP Ⅱ 软件并非同一件事情。

传统的 MRP Ⅱ 软件系统往往是基于标准的 MRP Ⅱ 系统、同时面向特定的制造环境开发的。因此，即使通用化的商品软件在按照某一用户的需求进行业务流程的重组时，也会受到限制。目前，具有这种有限能力的软件对于满足用户的特定需求是用剪裁和拼装的方式通过不同的产品模块配置来实现的。但是，这很难满足用户在瞬息万变的经营环境中，根据客户需求快速重组业务流程的足够的灵活性要求。这种功能正是 ERP 所追求的。实现的方法不是剪裁拼装式的，而是企业业务流程的重组(Reengineering)。实现这个目标的技术是计算机辅助软件工程和面向对象的技术。

上述功能标准(3)是 ERP 能动式功能的加强。与能动式功能相对的是反应式功能。反应式功能是在事务发生之后记录发生的情况。能动式功能则具有主动性和超前性。ERP 的能动式功能表现在它所采用的控制和工程方法、模拟功能、决策支持能力和图形能力。例如，把统计过程控制的方法应用到管理事务中，以预防为主，就是过程控制在 ERP 中应用的例子。把并行工程的方法引入 ERP 中，把设计、制造、销售和采购等活动集成起来，并行地进行各种相关作业，在产品设计和工艺设计时，就要考虑生产制造问题；在制造过程中，如有设备工艺变更，则要及时反馈给设计。这就要求 ERP 具有实时功能，并与工程系统(CAD/CAM)集成起来，从而有利于提高产品质量，降低生产成本，缩短产品开发周期。

决策支持能力是 ERP "能动" 功能的一部分。传统的 MRP Ⅱ 系统是面向结构化决策问题的，就它所解决的问题来说，决策过程的环境和原则均能用明确的语言(数学的或逻辑的，定量的或定性的)清楚地予以描述。在企业经营管理中，还有大量半结构化或/和非结构化的问题，决策者往往对这些问题有所了解，但不全面；有所分析，但不确切；有所估计，但不准确。如新产品开发、企业合并、收购等问题均是如此。ERP 的决策支持功能则要扩展到对这些半结构化或非结构化问题的处理。

上述功能标准(4)是关于 ERP 的软件支持技术的。为了满足企业多元化经营以及合并、收购等活动的需求，用户需要具有一个底层开放的体系结构，这是 ERP 面向供应链管理，快速重组业务流程，实现企业内部与外部更大范围内信息集成的技术基础。

3. ERP 的产生背景

20 世纪 90 年代，由于经济全球化和市场国际化的发展趋势，制造业所面临的竞争更趋激烈。以客户为中心，基于时间、面向整个供应链成为在新的形势下制造业发展的基本动向。

实施以客户为中心的经营战略是 20 世纪 90 年代企业在经营战略方面的重大转变。

传统的经营战略是以企业自身为中心的。企业的组织形式是按职能划分的层次结构；企业的管理方式着眼于纵向的控制和优化；企业的生产过程是由产品驱动的，并按标准产品组织生产流程；客户对于企业的大部分职能部门而言都被视为外部对象，除了销售和客户服务部门之外的其他部门都不直接与客户打交道；在影响客户购买的因素中，价格是第一位的，其次是质量和交货期，于是，企业的生产目标依次为成本、质量、交货期。

以客户为中心的经营战略则要求企业的组织为动态的、可组合的弹性结构；企业的管理着眼于按客户需求形成的增值链的横向优化；客户和供应商被集成在增值链中，成为企业受控对象的一部分；在影响客户购买的因素中，交货期是第一位的，企业的生产目标也转为交货期、质量和成本。

实施以客户为中心的经营战略就要对客户需求迅速作出响应，并在最短的时间内向客户交付高质量和低成本的产品。这就要求企业能够根据客户需求迅速重组业务流程，消除业务流程中非增值的无效活动，变顺序作业为并行作业，在所有业务环节中追求高效率和及时响应，尽可能采用现代技术手段，快速完成整个业务流程。这就是基于时间的含义。而基于时间的作业方式的真正实现又必须扩大企业的控制范围，面向整个供应链，把从供应商到客户的全部环节都集成起来。

实施以客户为中心的经营战略涉及企业流程重组。企业流程重组是对传统管理观念的重大变革，在这种观念下，产品不再是定型的，而是根据客户需求选配的；业务流程和生产流程不再是一成不变的，而是针对客户需求，以减少非增值的无效活动为原则而重新组合的；特别是企业的组织也必须是灵活的、动态可变的。显然，这种需求变化是传统的 MRP Ⅱ 软件所难以满足的，而必须转向以客户为中心、基于时间、面向整个供应链为基本特点的 ERP 系统。这就是 ERP 产生的客观需求背景。而面向对象的技术、计算机辅助软件工程以及开放的客户机/服务器计算环境又为实现这种转变提供了技术基础。于是，ERP 应运而生了。

4. 尚不能形成"ERP 标准系统"

以上，我们围绕 Gartner Group 的定义对 ERP 进行了讨论。我们讨论了 ERP 的 4 项功能标准以及以客户为中心、基于时间和面向供应链的基本特点。Gartner Group 关于 ERP 的概念一经提出，立即引起人们高度和广泛的关注。时至今日，ERP 已经成为制造系统领域中流行的名词，但是，并不能因此而认为，当人们谈论 ERP 时都有相同的理解。

事实上，当人们谈论 ERP 时，他们的理解可以有很大的差别。例如，很多人把 ERP 理解为 MRP Ⅱ 在多工厂企业环境中的推广，持这种理解的人包括许多软件供应商和实施顾问。还有的人只是简单地把 ERP 作为 MRP Ⅱ 的一个新名称。在美国，MRP Ⅱ 或 MRP 的名称叫得太久了，于是，当 ERP 这个名称出现时，人们喜欢用它来代替 MRP Ⅱ。对于供应商来说，当一个名称变得流行时，为了市场的目的，他们会用它来标榜自己的产品。而实际上，软件供应商、实施顾问和用户对 ERP 的理解有很大差别。

1997 年 3 月发表在 *APICS— The Performance Advantage* 杂志上的一篇题为 *Defining Enterprise Resource Planning* 的文章反映了人们对 ERP 概念的理解的差异以及人们对这种现象的关注。在 1996 年于新奥尔良召开的 APICS 年会上，应 *APICS—The Performance Advantage* 杂志的邀请，5 位分别代表软件系统供应商、实施顾问和制造业用户的专家讨论了 ERP 的有关问题。

报道一开始便说："ERP 是指企业资源计划。但它的含义究竟是什么呢？关于这个问题，有多少 ERP 软件供应商，就有多少答案。"

从报道可以看出，在软件供应商和实施顾问之间，有比较多的一致意见，而在软件供应商和企业用户之间，则意见差别较大。

比较一致的意见：

"建议将它看作制造资源计划(MRP Ⅱ)的'增强版'，其经过改进和强化的功能可以帮助制造商面对 20 世纪 90 年代竞争的挑战。但二者之间也有很大的差别。ERP 将客户放在了主导者的位置上。真正地实现 ERP，的确能实现由客户驱动需求，而不是让生产部门去满足销售预测。"

"ERP 支持在世界上具有多个工厂、零件和原材料来源于全球各地、产品进行国际分销的企业环境。例如，一个公司的美国销售中心可以负责英国装配的产品的市场、销售和服务工作，而这种产品的零件是德国和新加坡生产的。对于这种面向全球经营、在多个国家和地区进行分销、生产和服务活动的企业，ERP 可以帮助它们提高效率、改善业绩。"

报道中介绍了用户的意见：

"ERP 的概念和它在现实世界中的应用是不同的两件事情。作为用户，我们在寻找能帮助我们解决问题的工具，使我们能更好、更快、更节约地生产产品。而这种渴望使我们容易受到时髦用语和承诺的误导。其实，供应商应当用功能术语来定义他们的系统，而不是使用新的字母缩写。"

代表软件供应商的专家则有不同的意见：

"其实，即使对于什么是制造商，也并没有一个明确的定义。因此，对 ERP 的定义取决于企业的具体情况。"

"如果一家工厂打算把生产活动与财务管理连接起来，并进行分销活动，那么这就是 ERP。但这种情况与全球性多工厂企业环境下的 ERP 显然有本质的区别。作为软件供应商，我们在使用 ERP 这个术语时，要了解每个制造商的情况：你们的企业是干什么的？有多大规模？你们目前的问题是什么？"

从这篇报道可以看出，ERP 是一个发展中的概念。即使到目前为止，也未达到可以提出"ERP 标准系统"的阶段。因此，当企业选择软件系统时，不必拘泥于它叫什么名称以及软件供应商说它是什么，而应当从企业的实际需求出发，考查软件的实际功能，以决定取舍。

5. ERP 的进一步发展

2000 年 10 月 4 日，Gartner Group 公司发布了以亚太地区副总裁、分析家 B. Bond 等 6 人署名的报告 *ERP is Dead—Long Live ERP II*，提出了 ERP II 的概念，并认为到 2005 年，ERP II 将逐渐取代 ERP。

但是，国外对于 ERP II 的定义有不少争论，认为对 ERP II 所下的定义都是 ERP 已经包含的内容。认为"许多问题 ERP 已经解决了"，"ERP II 只是 ERP 的扩充，不是替代，ERP 并没有死"等等。事实上，分析 Gartner Group 公司关于 ERP II 的定义，可以发现其大部分内容确实都是当初赋予 ERP 的内容。惟"协同商务(collaborative commerce)"的内容有新意。

协同商务是一种各个经济实体之间的实时、互动的供应链管理模式。通过信息技术的应用，强化了供应链上各个经济实体之间的沟通和相互依存。它不再局限于生产与供销计划的协同，而且包含产品开发的协同。人们经常谈到的电子商务也是指在因特网基础上所有相关经济实体之间的信息沟通和业务运作，完整地集成前端和后端的业务流程。ERP II 提出的协同商务和电子商务的概念是相通的。所以，可以简单地说，协同商务就是企业内部人员、企业与业务伙伴、企业与客户之间的电子化业务交互过程。要做到协同，不但要实时分享信息，还要共同制定战略规划，有效地分享资源，消除非增值作业，同步运行。这种思想实际上早已存在于 ERP 中，只是限于条件而一直未能实现。

综观 ERP 的发展，从订货点法到 MRP，到 MRP II，到 ERP 以及 ERP II 的新概念，每个阶段的发展与完善都是与当时的市场环境需求、企业管理模式的变革和技术条件紧密联系在一起的，而且集成的范围越来越大。

因此，未来 ERP 的发展在整体思想体系上必将实现更大范围的集成，支持以协同商务、相互信任、双赢机制和实时企业为特征的供应链管理模式，实现更大范围的资源优化配置，降低产品成本，提高企业竞争力。

在软件产品功能上将支持集团管理模式、客户关系管理、产品协同研发、敏捷制造、价值链管理、企业效绩评价、电子商务、物流配送、业务模式重组和系统集成等，满足企业发展的需要。

至于未来的 ERP 叫什么名称，我们以为 ERP 这个名称就很好。从字面上来说，ERP 涵盖的内容已经相当宽泛，应当相对地稳定。这个领域需要一个稳定的名称来涵盖，而不应当每有新意就提出一个新的名称，而且伴随着对原有名称的否定。ERP II 也是要发展的，那么如何表示？ERP III？还是 ERP IV？这种现象是这个领域发展不成熟和浮躁的表现。试想如果在数学的几千年的发展中采用同样的方式，每有新的思想或方法出现就提出一个新的名称而且否定原来的名称，并用罗马数字加标号，那么要表示一种现代数学方法该用多么烦琐的字符串？还是数学家聪明，在"数学"这个大的名称下，新概念、新思想、新方法层出不穷，新分支不断出现，多么的自然，多么的和谐，多么的宽松，多么的心平气和！尽管加下标的方法是数学家常用的方法，但是他们却没有用这种方法来标识数学发展中的阶段性成果。尽管现代数学的丰富多彩已远非加减乘除所能概括，但是没有任何一位数学家声称"加减乘除已经过时"。相信我们这个领域也是这样的，随着学科领域的不断发展，繁琐和浮躁必然会被人们抛弃。

▍思考题

1. 什么是订货点法？订货点法有什么局限性？今天，订货点法还有应用价值吗？

2. MRP、MRP II、ERP 的含义是什么？

3. MRP 与订货点法有什么区别？

4. MRP 的前提条件是什么？

5. MRP 系统可以为企业提供哪些输出信息？

6. 什么是独立需求和相关需求？

7. 什么是毛需求？什么是净需求？

8. MRP 是如何进行计算的？

9. 闭环 MRP 和基本 MRP 的区别是什么？

10. MRP Ⅱ 与闭环 MRP 的区别是什么？

11. MRP Ⅱ 的特点是什么？

12. 什么是 ERP？

13. 未来的 ERP 将有什么特点？

▌习题

1. 以下哪些关于 ERP 发展历史阶段的陈述是正确的？（　　）

   A. ERP 的发展先后经历了订货点法、闭环 MRP、时段式 MRP、MRP Ⅱ 和 ERP 等阶段

   B. ERP 的发展先后经历了 ERP、时段式 MRP、闭环 MRP、MRP Ⅱ 和订货点法 等阶段

   C. ERP 的发展先后经历了订货点法、时段式 MRP、闭环 MRP、MRP Ⅱ 和 ERP 等阶段

   D. ERP 的发展先后经历了订货点法、闭环 MRP、MRP Ⅱ、时段式 MRP 和 ERP 等阶段

2. 下面哪一项关于订货点法的表述是正确的？（　　）

   A. 订货点＝单位时区的需求量×安全库存量＋订货提前期

   B. 订货点＝安全库存量×订货提前期＋单位时区的需求量

   C. 订货点＝单位时区的需求量×订货提前期＋安全库存量

   D. 订货点＝单位时区的需求量＋订货提前期＋安全库存量

3. 一项物料提前期为 6 周，平均需求量为每周 150 件，安全库存量为 300 件，订货 批量为 2 000 件。订货点是多少？（　　）

   A. 300 件　　　　　B. 900 件　　　　　C. 1 200 件　　　　　D. 2 000 件

4. 在使用 ERP 的制造企业中，下面哪种物料的库存管理可以使用订货点法？（　　）

   A. 原材料　　　　　　　　　　　B. 维护、维修与操作物料

   C. 产成品　　　　　　　　　　　D. 在制品

5. 下面哪一项关于非独立需求物料的举例是最好的？（　　）

   A. 产成品　　　　　　　　　　　B. 维修件

   C. 市场价格很敏感的产品　　　　D. 原材料、子项零件和子装配件

6. 在下面的图中,物料 E 可以作为备用件。哪些物料是具有独立需求的物料?( )

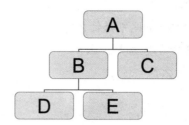

A. A 和 B   B. A,B 和 C   C. B,D 和 C   D. 只有 A 和 E

7. 在什么情况下将出现对一个子项物料的独立需求?( )

    A. 该子项物料有多个父项   B. 该子项物料的用量很小

    C. 该子项物料是采购物料   D. 该子项物料可以用作备用件

8. 以下哪项陈述最好地表达了 MRP Ⅱ 系统的特点?( )

    A. 把企业中的各子系统有机地结合起来,实现供应链的集成;各子系统在统一的数据环境下工作;能根据不同的决策方针模拟出各种未来将会发生的结果。

    B. 各子系统在统一的数据环境下工作;具有模拟功能,能根据不同的决策方针模拟出各种未来将会发生的结果;实现供应链的集成。

    C. 把企业中的各子系统有机地结合起来,能根据不同的决策方针模拟出各种未来将会发生的结果;实现供应链的集成。

    D. 把企业中的各子系统有机地结合起来,形成一个面向整个企业的一体化的系统;各子系统在统一的数据环境下工作;具有模拟功能,能根据不同的决策方针模拟出各种未来将会发生的结果。

9. 在以下关于 MRP、MRP Ⅱ 和 ERP 集成范围的论述中,哪些是正确的?( )

    A. MRP 实现企业物流和资金流的集成,MRP Ⅱ 实现企业物料信息的集成,ERP 实现供应链的集成

    B. MRP 实现供应链的集成,MRP Ⅱ 实现企业物流和资金流的集成,ERP 实现企业物料信息的集成

    C. MRP 实现企业物料信息的集成,MRP Ⅱ 实现企业物流和资金流的集成,ERP 实现供应链的集成

    D. MRP 企业实现物料信息的集成,MRP Ⅱ 实现供应链的集成,ERP 企业实现物流和资金流的集成

第3章

ERP为企业带来的效益

因为 MRP 最初是作为减少库存和改善客户服务水平的方法而提出的,所以,这方面的效益在大多数企业中首先引起了关注。随着 ERP 的发展,它为企业带来的多方面的效益已显现出来。

ERP 起源于美国,中国的国情与美国的国情有明显的差别。但是,就物质生产经营活动本身来说,中国企业和美国企业有着许多相似之处。

它们有相似的过程。都要从企业外部采购原材料或零部件,在企业内部组织生产,制造出适销对路的产品,销售到国内外市场。

它们有同样的追求,如最低的库存,最短的生产周期,最合理的资源利用,最高的生产率,最低的生产成本,准确的交货日期,最强的市场适应能力,等等。

正因为这些共性,才使得我们有可能去学习和采纳 ERP 这一科学管理的先进方法。因此,本章所提供的数据和资料有着重要的参考价值。

本章将从两方面讨论 ERP 为企业带来的效益(即定量的效益和定性的效益,后者实际上是更深层次的效益),然后给出一些来自用户的信息。

3.1 定量的效益

1. 降低库存投资

1) 降低库存量

使用 ERP 系统之后,由于有了好的需求计划,使得可以在恰当的时间得到恰当的物料,从而可以不必保持很多的库存。根据统计数字,在使用 ERP 系统之后,库存量一般可以降低 20%~35%。

2) 降低库存管理费用

库存量降低还导致库存管理费用的降低。其中包括仓库维护费用、管理人员费用、保险费用、物料损坏和失盗等。库存管理费用通常占库存总投资的25%。

3) 减少库存损耗

一方面，由于库存量减少，库存损耗也随之减少；另一方面，MRP 对库存记录的准确度有相当高的要求，为了保证库存记录的准确性，就要实行循环盘点法。因而能够及时发现造成库存损耗的原因，并及时予以消除，从而可以使库存损耗减少。

下面，我们通过数字计算说明降低库存投资的效益。

【例 3.1】　假定某企业年产值为 10 000 000 元，库存成本占年产值的 75%，库存维护费用占库存投资的 25%，使用 ERP 之后，每年库存周转次数提高 1 次(其中，未计库存损耗减少所产生的效益)。

总产值	10 000 000 元
库存成本——75%	7 500 000 元
库存投资——每年周转 2 次	3 750 000 元
库存投资——每年周转 3 次	2 500 000 元
库存投资降低	1 250 000 元
库存维护费用——25%	× 0.25
库存投资降低产生的利润	312 500 元

2. 降低采购成本

ERP 把供应商视为自己的外部工厂。通过供应商计划法与供应商建立长期稳定、双方受益的合作关系。这样，既保证了物料供应，又为采购人员节省了大量的时间和精力。使他们可对采购工作进行有价值的分析。

供应商计划法既提高了采购效率，又降低了采购成本。有资料表明，使用 ERP，可以使采购成本降低 5%。

【例 3.2】　接上例，假定该企业采购原材料及运输费用为年产值的 1/2，使用 ERP 之后，采购成本降低 5%，则可算得如下结果：

总产值	10 000 000 元
采购原材料及运输费用	5 000 000 元
采购成本降低 5%	×0.05
采购成本降低产生的利润	250 000 元

3. 提高生产率

1) 提高直接劳力的生产率

使用 ERP 之后,由于减少了生产过程中的物料短缺,从而减少了生产和装配过程的中断,使直接劳力的生产率得到提高。有资料表明,生产线生产率平均提高 5%~10%,装配线生产率平均提高 25%~40%。

2) 提高间接劳力生产率

以 ERP 作为通讯工具,减少了文档及其传递工作,减少了混乱和重复的工作,从而提高了间接劳力的生产率。有资料表明,间接劳力生产率可以提高 25%。

3) 减少加班

过多的加班会严重降低生产率,还会造成过多的库存。使用 ERP,可以提前作出能力需求计划,从而减少加班。有资料表明,加班时间可以减少 50%~90%。

【例 3.3】　假定生产率提高用一个统一的数字来表示,即 10%,且假定直接劳力成本占产值的 10%,间接劳力成本占产值的 5%,则可算得如下结果:

总产值	10 000 000 元
增加产值	1 000 000 元
直接劳力成本占产值的 10%,节约[1]	×0.10=100 000 元
间接劳力成本 5%,节约[2]	×0.05=50 000 元

利润将会提高 150 000 元!

4. 提高客户服务水平

要提高市场竞争力,既要有好的产品质量,又要有高水平的客户服务。要提高客户服务水平,就必须有好的产销配合。ERP 系统作为计划、控制和通讯的工具,使得市场销售和生产制造部门可以在决策级以及日常活动中有效地相互配合。从而可以缩短生产提前期,迅速响应客户需求,并按时交货。

客户服务水平的提高将带来销售量的提高。

假定因此提高销售量 10%,

那么,提高的销售收入为 10 000 000 元×10% = 1 000 000 元

假定利润率为 10%,则增加的利润为 1 000 000×10% =100 000 元

---

1. 由于生产率提高而增加产值 1 000 000 元,这部分产值没有再付出 10%的直接劳力成本,所以相当于节约了 100 000 元。

2. 由于生产率提高而增加产值 1 000 000 元,这部分产值没有再付出 5%的间接劳力成本,所以相当于节约了 50 000 元。

5. 增加利润

根据以上的分析，我们可以计算出增加的全部利润：

库存投资降低产生的利润	312 500 元
采购成本降低产生的利润	250 000 元
生产率提高(直接劳力成本节约)产生的利润	100 000 元
生产率提高(间接劳力成本节约)产生的利润	50 000 元
提高客户服务水平增加的利润	100 000 元
增加的利润总和	812 500 元

6. 现金总收益

根据以上分析，我们可以计算出全部的现金收益，即增加的流动资金：

库存投资降低	1 250 000 元
库存投资降低产生的利润	312 500 元
降低采购成本	250 000 元
提高生产率	150 000 元
提高销售量	100 000 元
至此得到的现金总收益为	2 062 500 元

由于客户服务水平的提高，可以减少应收账款；由于信息准确、情况明确，可以使得对应付账款的管理更加精确。

如果假定这两项产生的现金收益分别为 500 000 元和 150 000 元的话，那么，现金总收益将增加到 2 712 500 元！

3.2 定性的效益——更深层次的效益

第 3.1 节我们对使用 ERP 为企业带来的某些定量的效益进行了讨论。下面，我们将讨论定性的效益。其实，后者是更深刻的。前者更多地反映企业的业绩表现，而后者更多地反映企业的行为实践。二者有密切的关系，但又并非总是完全一致的。有时，企业虽然没有好的行为实践作为支持，但是，也可能有好的业绩表现。不过，这种好的业绩表现肯定是脆弱的和暂时的。而反过来，如果一个企业有好的行为实践，其业绩表现则必定会越来越好。 我们将从提高工程开发效率和促进新产品开发、提高产品质量、提高管理水平、为科学决策提供依据、充分发挥人的作用、提高企业生活质量、潜在的影响和提供更多的就业机会等 8 个方面进行讨论。

1. 提高工程开发效率和促进新产品开发

由于使用统一的数据库，所以很容易获取工程开发所需的数据。而且，数据恢复和维护所花的时间也大大减少。又由于诸如"模块化物料清单"技术的使用，可以从根本上减少生成和维护物料清单的时间，对于客户定制的产品更是如此。由于提高了工程开发的效率，也有助于新产品的开发。这在引入新产品较多的企业可以大有作为。

有企业反映，过去 85% 的产品具有 10 年以上的生产历史，而使用 ERP 之后，85% 以上的产品是投产不到 3 年的新产品。明显加快了产品更新换代的步伐。

2. 提高产品质量

在 ERP 环境下，企业的员工在自己的岗位上按部就班地按统一的计划做着自己的工作。使得企业的生产摆脱了混乱和物料短缺，井井有条地进行着。企业的工作质量提高了，产品质量肯定可以得到提高。事实上，ISO 9000 系列所认证的正是企业的工作质量。对于标准 MRP Ⅱ 系统来说，并不要求有质量管理模块，但是，MRP Ⅱ 可以和 ISO 9000 相辅相成却是不争的事实。而对于 ERP 来说，质量管理则是必要的功能。因此，质量管理更有了技术上的保证。

3. 提高管理水平

通过 ERP 系统，使信息的传递和获取更准确、更及时，使管理人员提前看到企业运营的发展趋势，从而赢得了时间，可以去做他们该做的事情，使管理更有效。

把 ERP 作为整个企业的通讯系统，使得企业整体合作的意识和作用加强。通过准确和及时的信息传递，把大家的精力集中在同一个方向上，以工作流程的观点和方式来运营和管理企业，而不是把企业看作是一个个部门的组合。在这种情况下，特别是在市场销售和生产制造部门之间可以形成从未有过的、深刻的合作，共同努力满足客户需求，赢得市场。

有资料表明，很多企业的工长们平均要花 60% 的时间去忙于"救火"，即处理那些出乎意料而突然出现的紧急事件。精力和时间大部分被零零碎碎地消耗掉了。使用了 ERP 后，工长们可以把精力集中于他们应当做的监督管理工作，从而使劳动力的监督管理工作更有成效。

4. 为科学决策提供依据

通过 ERP，把经营规划和销售与运作规划这样的高层管理计划分解转换为低层次上的各种详细的计划。这些计划要由企业的每个员工去遵照执行。因此，合在一起，企业的所有员工执行的是一个统一的计划。以统一的计划指导企业的运作，上层的变化可以灵敏地传递到下层，而下层的情况也可以及时地反馈到上层。通过 ERP，使得有计划、有控制的管理成为可能。

某些企业应用 ERP 系统，已经取得了前述多方面的效益，如降低了库存投资，提高了客户服务水平，提高了生产率，等等。但是，在企业的高层管理人员看来，更重要、更深刻的效益却是获得了经营和控制企业的有效工具。企业的高层管理人员认为，以 ERP 系统为工具运行一个企业，和过去的情况相比恰如白天和黑夜。表现在控制的程度、花费的时间以及方式上都和过去大为不同。例如，过去经常必须在市场销售部门和生产制造部门之间做出仲裁，而这占去了相当多的时间。现在则很少纠缠于这类问题。在几个月的时间内，只须花一天的时间去检查计划。一旦计划决定了，问题就解决了。因此，可以有更多的时间和精力去考虑和做更重要的工作。一位公司总裁说："我们已经创造了理论家多年来梦寐以求的结果。通过 ERP，我们得到了一个企业的计算机模型。现在，我们几乎可以模拟企业的任何一部分，并可以测试新的计划或任何改变所产生的影响。"因此，ERP 为企业的科学决策提供了工具。

5. 充分发挥人的作用

生产率的最大提高来自于充分利用人的资源。充分发挥人的作用，这是从当今世界级的企业得出的最重要的启示。

应用 ERP 系统，为全面提高企业管理水平提供了工具，而同时也为全面提高员工素质提供了机会。二者相辅相成、相互促进。这已被国内外许多企业的经验所证明。生产率的提高，从根本上说，不是来自于工具，而是来自于使用这些工具更有效地工作的人。ERP 系统只有和对其有充分理解并努力工作的人相结合，才能提高生产率。从根本上说，ERP 的成功来自于企业全体员工的理解和努力。因此，生产率的提高应归功于使 ERP 系统很好地运转起来的人。

6. 提高企业生活质量

每一个成功的 ERP 用户都反映他们企业的生活质量得到了明显的改善。这方面的收益，几乎是出乎预料的。其实原因很简单：好的运营计划使公司的整体工作协调起来；执行一个协调的运营计划当然要比被一个混乱的计划所驱使要愉快得多。就拿生产部门来说，通过 ERP 系统，生产部门可以轻松自如地对市场需求作出响应。在生产过程中，人们的工作更有秩序。时间花在按部就班地执行计划上，而不是忙于对出乎意料的情况作出紧急反应。从而，人们体验到了企业生活质量的改善。

改善企业的生活质量意味着最佳的工作士气和工作态度。于是，提高生产率、提高产品质量、降低成本、增加利润都将是相伴而来的事情。

7. 潜在影响

美国的汽车制造企业常常花费大量的航空运费，其中大部分是由于计划调度问题而造成的。

一个汽车制造企业不能因零件短缺而承受关闭生产线的损失，因此，往往发出紧急订货并空运提货。于是，作为一个糟糕的计划和不准确的库存记录的代价就从进货运费单上表现出来。当一个企业的生产已经落后于计划，而相应的合同中又有着误期罚款的条款时，为了保证按时交货，可能只好不惜重金空运交货。

上述运费问题，通过 ERP 的应用得到了解决。这是人们开始不曾预料和期望的。

这样的潜在影响还存在于其他许多方面。例如一家制药公司使用 ERP 系统之后，减少报废达 80%，减少分销成本(包括运输成本)达 15%。其实原因只在于有了好的计划和控制工具。

一家公司的总裁说：“当管理人员有时间去为解决真正的问题而工作，而不是忙于‘救火’时，企业的各个方面都能得到改善。”

8. 提供更多的就业机会

最好的就业前景是在生产率提高最快的产业之中。ERP 在提高制造业生产率、促进制造业发展的同时，也为社会带来了更多的就业机会。而每 1 000 个制造业的就业机会就能增加 700 个非制造业的就业机会。当然，这已经是为社会而不仅仅是为一个企业带来的效益了。

3.3　来自用户的信息

下面给出两个实例，用来说明企业应用 ERP 获得的效益。

【例 3.4】　表 3.1 中所列数据来自一家美国公司。该公司使用 ERP 系统后各项成本得到降低。

表 3.1　某公司使用 ERP 系统前后成本对比　　　　　单位：美元

成 本 项 目	安装前成本	安装后成本	每 年 节 省
(1) 计算机支持、运行和维护	94 000	38 000	56 000
(2) 计算机硬件	62 000	7 000	55 000
(3) 计算机开发	74 000	30 000	44 000
(5) 采购／物流	525 000	210 000	315 000
(6) 制造费用	729 000	120 000	609 000
(7) 地区服务费用	1 260 000	840 000	420 000
(8) 库存费用	299 000	117 000	182 000
年成本总和	3 043 000	1 362 000	1 681 000

【例 3.5】以下信息摘自一家国有企业实施应用 ERP 系统的报告。

(1) 运用 ERP 管理思想和计算机系统，使管理和业务流程得到了规范和优化。

(2) 夯实了管理基础，规范和统一了基础数据，实现了数据共享。

(3) 实现了物流、资金流、信息流的统一。使物料变化的同时，资金形态的变化也随之得到反映。

(4) 使物料管理的透明度大大增加，从而压缩了库存资金，减少了采购费用；规范了生产计划管理，理顺了物流，使计划细化到了日节拍。

(5) 为管理人员摆脱简单、重复劳动提供了工具，为管理人员从事更高层次的管理活动创造了条件。

(6) 培养和锻炼了一批既懂计算机知识，又懂管理的专业人才，使职工素质得到了明显提高。

(7) 为企业持续不断的改进提供了工具。

(8) ERP 项目的实施，绝不仅仅是实施一个计算机系统，最重要的是通过引进、消化、吸收 ERP 管理思想和原理，全面提高企业的管理水平，使企业在竞争中立于不败之地。

■ 思考题

1. ERP 会给企业带来哪些可以定量计算的效益？
2. ERP 会给企业带来哪些可以定性的效益？
3. 为什么 ERP 可以为企业带来效益？

■ 习题

1. ERP 产生于美国。中国企业可以应用 ERP 来提高自己的管理水平，这是因为(　　)
   A. 全球市场竞争日趋激烈
   B. "中国制造"的产品已经出现在世界各地
   C. 中国企业和美国企业的物质生产经营活动有相似的过程和目标
   D. ERP 进入中国已经很长时间了

2. 在满足需求的前提下降低库存投资可以为企业直接产生利润，其原因在于(　　)
   A. 减少了库存维护费用和库存损耗　　　B. 减少了物料短缺
   C. 及时满足客户需求　　　　　　　　　D. 以上说法都不对

3. 企业使用 ERP 可以提高产品质量。根本原因在于(　　)
   A. 通过 ERP，降低了产品的成本　　　B. 通过 ERP，改善了企业的生活质量
   C. 通过 ERP，更好地满足了客户需求　D. ERP 系统的质量管理模块起了作用

4. 如果一个企业应用 ERP 获得了显著的效益，那是因为(　　)
   A. ERP 是一个好的工具　　　　　　　B. 企业领导决策正确
   C. 企业员工理解并愿意使用 ERP　　　D. 以上全部

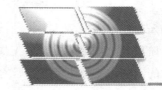

第4章
基础数据——企业运营的关键

ERP 作为计划与控制信息系统，要进行大量的信息处理。任何一个制造企业都有大量的生产与技术数据。数据必须经过加工、处理才能产生有用的信息供决策者使用。因此，这些原始数据如何准确、及时、快速可靠地送入计算机系统是至关重要的。人们常用"进去的是垃圾，出来的也是垃圾"来形容由于原始数据不准确而产生错误信息的现象。经验证明，数据不准确是许多企业实施应用 ERP 失败的重要原因。因此，在实施应用 ERP 的过程中，一定要下决心采取必要的措施，保证各项数据的完整性和准确性。

ERP 系统的运行需要如下几类基础数据：物料主文件、物料清单、工作中心、工艺路线、提前期和库存记录。其中库存记录数据是动态数据，其他是静态数据。当然，静态也是相对的，因为事物总是处于运动变化之中，而变化是绝对的。因此，即使是静态数据也必须定期维护，以保证数据的完整性和准确性。

此外，为了支持 ERP 采购管理和需求销售管理的功能，还要有供应商主文件和客户主文件。

4.1　物料主文件

ERP 系统中，"物料"一词有着广泛的含义，它是所有产成品、半成品、在制品、原材料的总称。

物料主文件的作用是标识和描述用于生产过程中的每一物料的属性和信息。它是 ERP 系统的最基本的文件之一。物料主文件中的数据项有物料代码以及同工程设计管理、物料控制和计划管理有关的信息。现分述如下：

(1) 物料代码是物料的标识，因此，它是对每种物料的唯一编号。物料代码是人和计算机使用所有其他数据元素的基础。这主要用于记录在生产活动中运动的物料。生产控制要求每项生产活动和库存变化都记入计算机，由于处理数量很大，物料代码应尽量简

短，以防止或减少输入和处理的错误。

企业在数据准备阶段的一项非常重要的工作就是确定物料代码的编码原则和编码方法。不但要考虑当前的需求，而且要考虑今后的变化。

物料代码的位数有一定限制，各个软件规定的位数也不相同，但一般不超过 20 位。位数过长会增加录入时间且容易出错。

物料代码应是无含义的顺序数字编号。其优点是：简短、存储量少(6 位数可满足 100 万种物料的编码需求)，保证唯一性，不影响发展变化，全部用数字可防止数字同字母的混淆(如 0 与 O，2 与 Z，1 与 I)，减少差错。

但是，在手工管理的环境下，人们往往采取如下方案：用开头的 2 位数字代表产品，然后用 2 位数字代表规格，再用 4 位数字代表材料，等等。然而，不管初始设计者如何富于远见，随着时间的推移，总会有一些情况出人意料。例如，本来认为第二部分需要用 2 位数字就够了，现在却需要 3 位，因此，有含义的物料编码系统很快就失败了。另外，有含义的编码也往往过于复杂。例如，HO-14325-64-17458911A 是一个物料代码，由人来处理这样的代码，恐怕必须有一本专门的手册。所以，即使在手工管理的环境下，有含义的编码思想也不尽合理。在使用现代计算机系统的环境下，物料代码的功能只是作为唯一的标识符，而不是描述符。没有理由认为诸如产品及其物料属性的描述如不纳入物料代码，在计算机系统中就无法处理。因此，在 ERP 系统中物料代码应是无含义的。

物料编码应遵循以下原则：每项物料均应有唯一的物料代码；要简明，不要太长；没有含义，只是标识符而不是描述符。

(2) 除物料代码之外，每一种物料还有许多其他的属性。在物料主文件中，系统通过以下几方面的信息描述这些属性。

◎ 同工程设计管理有关的信息——如图号、物料名称、重量、体积、版次、生效日期和失效日期等。

◎ 同物料管理有关的信息——如来源类型(自制或外购)、采购与存储的计量单位及转换系数、损耗率、分类码、订货批量、存放位置(仓库、货位)、批号、安全库存量、订货策略及订货量的调整因素、采购员代码等。对外购件来讲，还应有物料在供方的代码。

◎ 同计划管理有关的信息——如各种提前期(运行、准备、检验、累计等)、需求时界与计划时界、预测代码、独立需求或相关需求、计划员代码、分组码等。

◎ 同成本管理有关的信息——如账号、材料费、人工费、外协费、间接费、累计成本和计划价格等。

4.2　物料清单

4.2.1　物料清单概述

物料清单(bill of material，BOM)是产品结构文件，它不仅列出某一产品的所有构成项目，同时还要指出这些项目之间的结构关系，即从原材料到零件、组件、直到最终产品的层次隶属关系。每个制造企业都有物料清单。在化工、制药和食品行业可能称为配方、公式或包装说明，但说的都是同样的事情，即如何利用各种物料来生产产品。

表 4.1 所列的是某企业物料代码为 WA01 的绞车零件清单。这不是 BOM，因为它未表明构成产品 WA01 的零件之间的层次关系。

表 4.1　零件清单(WA01 绞车)

物料代码	说　　明	每台量	计量单位
1000	轴　　1 英寸×4 英寸	4	件
1100	轮　　6 英寸	4	件
1200	滑车架	1	件
1300	钢丝绳　　1/4 英寸	50	英尺
1400	吊钩 2 吨	1	件
D100	轮鼓	1	件
G100	齿轮箱	1	件
M100	5 千瓦电机	1	件
1500	电线——3 线	15	英尺
1600	控制盒	1	件
S100	传动轴　　1 英寸×24 英寸	1	件

注：1 英寸=2.54 厘米。

图 4.1 表明了 WA01 绞车的层次结构。这是一个三层的树状结构，第 0 层是最终产品 WA01 本身，第 1 层是它的直接组件，第 2 层是组成直接组件的零件。在以后的讨论中，有时将使用"父项"、"子项"这样的术语来说明不同的物料在产品结构中的层次关系。例如，在图 4.1 中，WA01 作为父项，第一层上的所有物料均是其子项；如果把 A100 作为父项，则 1000、1100 和 1200 是其子项。括号中的数字指明构成一个父项所需的该子项的数量。

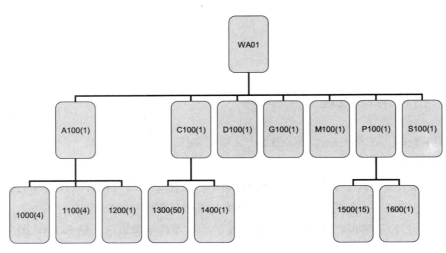

图 4.1　多级产品结构层次

表 4.2 是 WA01 的单级 BOM，其所以称为单级是因为只列出了构成产品的直接组件。如果该公司决定采用外购组件来生产绞车，那么使用单级 BOM 就可以了。如果该公司决定自己生产组成这些直接组件的零件，则应当使用表 4.3 所示的多级 BOM。

表 4.2　WA01 的单级物料清单

物料代码：WA01

物料代码	说　明	每台量	计量单位
A100	滑车组件	1	件
C100	钢丝绳吊钩	1	件
D100	轮鼓	1	件
G100	齿轮箱	1	件
M100	5 千瓦电机	1	件
P100	悬挂控制盒	1	件
S100	传动轴	1	件

表 4.3　WA01 的多级缩排式 BOM

物料代码：WA01

物料代码	说　明	每台量	计量单位	层次
A100	滑车组件	1	个	1
1000	轴 1 英寸×4 英寸	4	个	2
1100	轮 6 英寸	4	个	2
1200	滑车架	1	个	2

（续表）

物料代码	说　　明	每台量	计量单位	层次
1100	轮 6 英寸	4	个	2
1200	滑车架	1	个	2
C100	钢丝绳吊钩	1	个	1
1300	钢丝绳 1/4 英寸	50	英尺	2
1400	吊钩	1	个	2
D100	轮鼓	1	个	1
G100	齿轮箱	1	个	1
M100	5 千瓦电机	1	个	1
P100	悬挂控制盒	1	个	1
1500	电线—3 线	15	英尺	2
1600	控制盒	1	个	2
S100	传动轴 1 英寸×24 英寸	1	个	1

注：1 英寸=2.54 厘米，1 英尺=0.3048 米。

ERP 环境下，作为 MRP 系统计算物料需求过程中的控制文件，物料清单是非常重要的。物料清单的准确度至少应达到 98%，才能满足要求。

物料清单用来描述产品的结构，凡是在产品的生产过程中需要用到、需要进行计划和调度的物料项目，均应作为产品结构不同层次上的子项而置于物料清单之中。换言之，如果一个物料项目的需求要根据产品或最终项目的独立需求进行计算，则应当把它包含在物料清单中。

下列项目应当包含在物料清单之中：原材料、半成品、子装配件、辅件(如螺钉、螺母、垫圈等)、消耗品、工具、包装材料、参考材料(图纸、说明等)、副产品(by-product)、联产品(co-product)等。其中，副产品如冲剪过程中出现的边角料，联产品如提取汽油过程中出现的煤油或反之。

物料清单是在零件清单的基础之上形成的。后者用来指明制造一项产品需要什么零部件和物料项目，所以，上述所列的项目中有些容易想到，如原材料、半成品和子装配件，而其他则未必。然而事实上，即使这些物料不全在物料清单中，也必须有人以手工的方法来对它们进行计划和调度，以满足生产过程的需求。区别仅在于使用手工的方法难以得到合理的计划。

一般来说，在实际应用中的物料清单应当包括如下数据项，如父项物料代码和描述、子项物料代码和描述、使用点和工序号、子项类型、子项数量和数量类型、自制还是外购、有效日期、子项提前期偏置、损耗率等。

其中，使用点指出在制造父项时子项应到达的工作中心。

子项类型指明子项是作为普通物料消耗在父项的制造过程中，还是作为工具、图纸、副产品、联产品等。

数量类型用来说明所给出的数量是用于一个单位的父项还是一份订单。多数情况下，子项数量类型是用于一单位父项的，但对于工具、图纸以及生产过程的消耗品，其数量则应是用于一份订单的。

子项提前期偏置指出该子项物料相对于其父项的提前期可以延迟到位的时间。因为如果生产某个父项需要多个子项，而父项的生产是一个比较长的过程，那么，在父项生产开始时未必需要所有子项均到位，例如，父项为 A，其子项为 B、C 和 D，假设 A 的提前期为 10 天，而 A 的生产先从对 B 和 C 的加工开始，4 天以后才用到 D，那么，子项 B 和 C 提前期偏置为 0，而 D 的提前期偏置为 4 天。这对于 D 及其子项的计划管理是很有意义的。

损耗率也称为残料率，用来指明当把一项物料作为子项用于其父项的生产过程中时，其损耗的程度，用百分数表示。这有助于计划该项物料的准确需求数量。例如，A 是父项，B 是 A 的子项，且制造一个 A 需求一个 B，但是，B 的损耗率为 10%。那么，如果要生产 100 个 A，只提供 100 个 B 是不够用的。此时 MRP 系统会根据所指明的残料率自动地把对 B 的需求量调整为 111。

4.2.2　物料清单的准确性

物料清单是一个制造企业的核心文件。各个部门的活动都要用到物料清单，生产部门要根据物料清单来生产产品，库房要根据物料清单进行发料，财务部门要根据物料清单来计算成本，销售和订单录入部门要通过物料清单确定客户定制产品的构形，维修服务部门要通过物料清单了解需要什么备件，质量控制部门要根据物料清单保证产品正确生产，计划部门要根据物料清单来计划物料和能力的需求，等等。

为了使 ERP 系统正常运行，物料清单必须完整和准确。否则，就不能做到在正确的时间以正确的数量生产或采购正确的物料。这将引起一系列严重后果：

◎　交货期得不到保证，客户服务水平低下。

◎　增加库存，积压资金。由于物料清单不准确，为了保证生产的正常进行，唯一所能采取的措施就是多存物料了。

◎　生产率降低。生产车间不能在正确的时间按正确的数量得到正确的物料，生产时时受阻。

◎　成本增加。额外的钱花在不必要的库存上，催货人员东奔西跑寻找物料解决短缺问题，物料清单的维护成本增加。

◎　企业内各部门协调困难，因为物料清单是企业内部联系和协调的基础。

◎ 影响员工的士气。

◎ 浪费资源。关键的资源包括人、物料、能力、资金和时间。任何一个企业内的资源都是有限的，正确的物料清单是有效地利用资源的基础。

多种物料清单并存是制造企业中常见的现象。工程清单和生产部门所使用的物料清单不同，领料单和计算成本的文件不同，计划部门所用的又是另外一套。工程部门制定和修改物料清单，其他部门也更新物料清单。在车间里，每位工长口袋中都有一个小本记载着实际用于构成产品的清单。每个部门都按自己的需要维护着自己的清单，这些清单都是"真实"的，但相互不一致，其结果是企业很混乱。

事实上，各部门所使用的这些物料清单只不过是整个企业统一的物料清单的各种分类形式。这种统一的物料清单称为主物料清单(Master BOM)，主物料清单是企业关于一项产品或产品族的数据库——因为要存放在计算机中，所以称之为数据库。

主物料清单是企业中唯一有效的物料清单，它能满足各个部门的需求。当主生产计划员需要一份计划清单或车间需要一份领料单时，这两份不同的文件均可由主物料清单产生出来。如果企业内外有人问什么产品中使用了什么零件、组件或成分，主物料清单也能回答这样的问题。

建立主物料清单的好处是非常大的。既便于维护，又为各部门的通讯协调奠定了基础。

由于企业很多部门都依据统一的物料清单进行工作。所以，在所有的数据中，物料清单对企业的影响最大，系统对它的准确性要求也最高。在一个成功地使用 ERP 系统的企业中，物料清单的准确度应在 98%以上。物料清单如果不准确，运行 ERP 的结果会完全失去意义。

为了保证物料清单的准确性，应有一定的检测方法。下面是一些常用的检测方法。

(1) 现场审查：让产品工程师到装配现场去，把实际的装配情况和物料清单进行比较。这些工程师们要和工长以及装配工密切合作，发现错误立即纠正。

(2) 办公室审查：组成一个由工程师、工长、物料计划员以及成本核算人员组成的小组，共同审查物料清单。发现错误立即纠正。

(3) 产品拆零：把一件最终产品拆开，把零件及其件数和物料清单所列出的进行比较，并校正所发现的错误。这可能是一种好方法。但是，如果产品过于庞大且复杂，如喷气式飞机，这种方法可能就不适用了。另一个缺点是难于识别子装配件。

(4) 非计划的出入库：当生产人员返回库房去领取更多零件时，可能是由于他们出现了某些废品，也可能是由于他们开始时就没有领足。如果是后一种情况，则可能是物料清单有错，引起领料单出错。如果在一项产品装配完毕之后又把某些零件送回库房，很可能开始就不应把这些零件领走。同样，是由于物料清单的错误引起了领料单的错误。在这两种情况下，一旦发现错误，都要立即纠正。这种方法对于物料准确性的继续维护也是一个好方法。

4.2.3 物料清单的报告形式

物料清单的报告形式就是把产品结构显示在计算机屏幕上的形式。

单层物料清单和多层物料清单是两种不同的报告形式。单层物料清单只列出一项物料的所有子项；而多层物料清单则不但列出所有的子项，还要列出所有子项的子项，直到最低层次的外购件。

所有的单层物料清单都是要存储在计算机中的，但多层物料清单只是物料清单的一种报告形式，它并不存储在计算机中。当需要显示一项物料的多层物料清单时，则利用存储在计算机中的单层物料清单信息，把相关的单层物料清单组合起来。这个过程从该项物料的单层物料清单开始，首先列出该项物料的所有子项，然后检查每一个子项，看一看它是否也有物料清单，如果有，则以同样的方式列出子项的子项。继续这个展开过程，直到达到最低层次的物料，从而构成多层物料清单，自顶向下地显示整个产品(或最终项目)的结构。

除了单层物料清单和多层物料清单之外，ERP 系统还提供两种用于在相反方向上显示产品(或最终项目)结构的物料清单报告形式，即单层反查物料清单(single-level where used list)和多层反查物料清单(multi-level where used list)。

单层反查物料清单只列出一项物料的所有父项。而多层反查物料清单不但列出一项物料的父项，还要列出每个父项的父项，直到最终产品(或最终项目)。这个过程和构造多层物料清单的过程是类似的，只是方向相反。

在实践中用得比较多是前三种，即单层物料清单、多层物料清单和单层反查物料清单，这三种物料清单报告形式是至关重要的。至于多层反查物料清单则用得不多，因此不甚重要。

4.2.4 计划物料清单

在有些情况下，在产品以下的层次上做主生产计划是更为有效的。此时，主生产计划员必须首先确定主生产计划物料的预测需求。这就需要一种技术，把市场部门提供的关于产品族的预测或生产规划转换成主生产计划物料的需求预测。这就需要用到计划物料清单。

构造和维护计划物料清单是主生产计划员的责任。计划物料清单和普通物料清单有以下区别：

(1) 计划物料清单包含基于历史统计数据的百分比关系，所以也称为百分比清单。

(2) 计划物料清单把物料按某种方式分组表示，这种表示仅仅为了计划的方便而不是为了设计和生产制造产品。

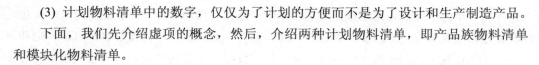

(3) 计划物料清单中的数字，仅仅为了计划的方便而不是为了设计和生产制造产品。

下面，我们先介绍虚项的概念，然后，介绍两种计划物料清单，即产品族物料清单和模块化物料清单。

1. 物料清单中的虚项

虚项是构造计划物料清单的基本元素，是简化物料清单的一种工具。它使得物料清单既能够反映产品的制造方法，又有助于简化预测和计划的过程，从而能够满足各种不同用户的需求。

下面讨论使用虚项的几种情况。

1) 标识通常不入库，但偶尔入库的物料项目

例如，在电机生产厂，电机最终在装配线上完成。装配工在装配线上把各种子装配件装配在一起。同时，在子装配线上，装配工装配着线圈、开关等子装配件。

线圈和开关等子装配件很快消耗在最终装配过程中，成为父项的一部分，作为独立形态的存在，仅仅是一个瞬间的事情，所以通常没有入库的必要。换言之，不应当把它们送入仓库、登记入账，再立即取出并销账，然后再送到装配线上。因为这既增加了不必要的工作，又不反映实际的生产过程。由于不入库，所以没有必要用物料代码来识别这些瞬时存在的子装配件。

但是也有例外。有时在电机生产过后，有剩余的线圈或开关等子装配件。这可能是由于有些机壳不合格，使产品减少了 10%，或者为了补偿损耗率，而多生产了一些线圈或开关等子装配件，但却没有出现那么多的损耗。于是出现了一个难题：这些子装配件没有物料代码，如何用 ERP 系统来控制它们？把它们拆成原来的零件或原材料再送回库房？太可惜了。把它们暂时堆在装配工身旁，让他们记着下次再用？这样可能会越堆越多，而且脱离了 ERP 系统的控制。

最好的办法是把这些子装配件送入库房，下次生产电机时再取出来使用。这样一来，就必须识别这些子装配件，为它们分配物料代码，并且编入物料清单中。但是它们的确又不同于普通的物料。为了使 ERP 系统能够以不同的逻辑来处理这些子装配件，所以把它们标记为虚项。

这种瞬时子装配件的出现也会由客户退货引起。拆开所退回的产品，某些子装配件，如线圈、开关等，还是好的，还可以用。于是也应当将它们置于 ERP 系统的控制之下，按虚项来处理。

2) 标识一种预测和主生产计划处理的对象

虚项用来标识一种预测和主生产计划处理的对象的应用，出现在模块化物料清单的构造中。当产品具有多个可选特征时，由于可选特征的组合，最终产品的种类可能会成千上万。此时，对为数如此众多的最终产品进行预测和计划往往都是不可能的。解决这

个问题的一个方法是以可选特征而不是以最终产品作为预测和主生产计划的对象，使预测和计划的项目数极大地减少。但同时，物料清单也必须重构，以支持这种方法。把和某种具体的可选特征相关的零部件划分成一组，分配一个物料代码。由于它们根本不可能装配在一起，所以作为虚项来处理。这样就可以按可选特征对相关的零部件进行预测和计划。

这为预测、计划和物料清单的维护提供了极大的方便。例如，把所有的公用件放在一起，作为一个虚项。当公用件有变化时，只需修改一份物料清单，即公用件的虚项物料清单，而无须修改成千上万份最终产品的物料清单。

3) 实现在物料清单中对某种物料的用光替换

在一种产品的生产经营过程中，由于各种原因，有时要对其某个子项进行替换。有时是由于法律禁止某项物料的使用，如在食品或药品行业会有这种情况；有时是企业自身为了改善产品质量或降低产品成本而采用某种新物料。

如果物料的替换需要立即执行，则立即在物料清单中删除原物料且增加新物料即可。如果指定了替换日期，则可把新物料和旧物料都作为子项写入物料清单中，并通过子项的生效日期和失效日期来控制新旧两种物料在物料清单中的有效性。具体说来，以指定的物料替换日期作为旧物料的失效日期和新物料的生效日期即可。

但是，有时采用的替换策略是，先把旧物料用光，一旦旧物料用光，就替换使用新物料。此时自然可以采用人工方式每日监控旧物料的使用情况，一旦用光，立即修改物料清单。这是一种很累的工作方式。使用虚项可以为实现这种策略提供方便，只需要把旧物料在物料清单中的子项类型指定为虚项，而把新物料指定为旧物料的子项，就可以实现一旦旧物料用光，就用新物料来替换旧物料的策略。

要把虚项像其他子项一样加到物料清单中。它可以出现在物料清单的任何层次上，但是需要采用特殊的处理方法。

当把虚项添加到主生产计划以下的层次上时，应采用以下步骤：

(1) 在把虚项加入物料清单时，要指明其子项类型为虚项。

(2) 置提前期为零，订货策略为按需订货(lot for lot)。

(3) 当进行物料需求计划展开时，如果虚项的库存余额为零，则越过该虚项直接计算其下属物料项目的需求；如果虚项的库存不为零，则先用毛需求减去库存余额，求得净需求，再展开其子项的需求。所以，不会对虚项产生生产订单。

虚项一般不出现在领料单上，除非其库存余额大于零。所以，在大多数情况下，出现在物料清单上的仅仅是它的子项。这也正是使用虚项可以实现用光替换策略的原因。

当虚项作为主生产计划的对象时，则按上述步骤①和②来处理。

2. 产品族物料清单

产品族物料清单，也称为预测物料清单或百分比清单，用于把产品族的预测分解为产品族中各个产品的预测。

图 4.2 给出了一个产品族物料清单的例子。其中，已经对圆珠笔产品族作出了预测，圆珠笔产品族由三种产品组成，即普通圆珠笔、中档圆珠笔和高档圆珠笔。根据历史数据，计划员确定，市场对圆珠笔的需求有 50% 是普通圆珠笔，30% 是中档圆珠笔，20% 是高档圆珠笔。在产品族物料清单中显示了这些百分比。

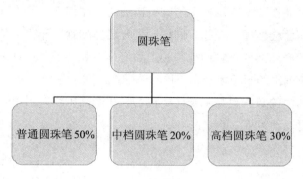

图 4.2　产品族物料清单

假定对圆珠笔产品族在某个特定时区的预测是 300 支，那么计划员将通过产品族物料清单得到每种圆珠笔的需求预测如下：

$$普通圆珠笔 = 50\% \times 300 = 150 \text{ 支}$$
$$中档圆珠笔 = 20\% \times 300 = 90 \text{ 支}$$
$$高档圆珠笔 = 30\% \times 300 = 60 \text{ 支}$$

这里，使用产品族物料清单对产品族的需求做了展开，这个展开过程类似于 MRP 的需求展开过程，目的是把对于产品族的总的预测分解到具体的产品中。在产品族物料清单中，所有产品的百分比之和应当等于 100%。

3. 模块化物料清单

当在最终产品以下的层次上做主生产计划时，则使用模块化物料清单，也称为公用件和选项物料清单。

有些公司生产的产品和选项密切相关。在这种情况下，模块化物料清单非常有用。这种物料清单组织公用件和选项的方式，可以使所要预测和计划的项目数极大地减少。

下面我们考虑一个使用模块化物料清单的例子。某公司生产的个人计算机系统有两种不同的配置，普通型配置包括液晶显示器、激光打印机和两个磁盘驱动器，经济型配置包括普通显示器、点阵打印机和一个磁盘驱动器。

图 4.3 表示了个人计算机系统的模块化物料清单。首先，由历史数据可知，40%的个人计算机系统是经济型配置，60%的个人计算机系统是普通型配置。两种不同配置的计算机系统有一些公用件，例如键盘、内存储器、连接线。图中"基本计算机系统"的名称之下，列出公用件，即键盘、内存储器和连接线。在"普通型配置"的名称之下所列出的是液晶显示器、激光打印机和两个磁盘驱动器；在"经济型配置"的名称之下所列出的是普通显示器、点阵打印机和一个磁盘驱动器。

"基本计算机系统"并不表示一个能够被构造的产品部件，而是一个虚项。所列出的子项要在总装阶段才会装配在一起。同样，"普通型配置"和"经济型配置"也不表示一个能够被构造的产品部件，它们也都是虚项，只是表示了客户订单的一种选择。仅仅在总装配阶段，所列出的子项才会和公用件装配在一起，形成产品。

模块化物料清单中的数据也是基于历史数据。和产品族物料清单不同的是，它所使用的各个数字之和可以不等于100%。

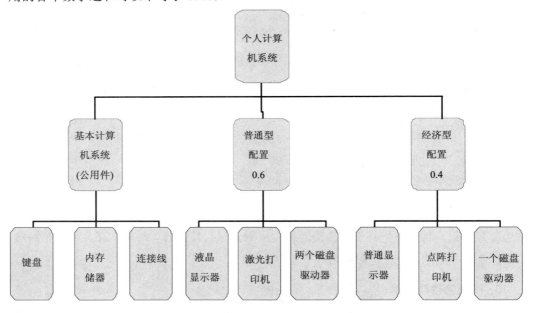

图 4.3　个人计算机系统的模块化物料清单

于是，对于"个人计算机系统"这个产品族的预测就可以通过上述的模块化物料清单分解为对"基本计算机系统"、"经济型配置"和"普通型配置"三个模块的预测。然后，主生产计划员仅对这三个模块做计划就可以了。

4.3 工作中心

工作中心是用于生产产品的生产资源，包括机器、人和设备，是各种生产或者加工单元的总称。工作中心属于能力的范畴即计划的范畴，而不属于固定资产或者设备管理的范畴。一个工作中心可以是一台设备、一组功能相同的设备、一条自动生产线、一个班组、一块装配面积或者是某种生产单一产品的封闭车间。对于外协工序，对应的工作中心则是一个协作单位的代号。

除此之外，工作中心还可以反映成本范畴的概念。一个加工件的工艺路线报告中一般每一道工序对应一个工作中心，但有些情况，也可以几个连续工序对应同一个工作中心(这种情况往往出现在装配工作中心)。工件经过每一个工作中心要发生费用，产生成本。这可通过工作中心的成本数据和工艺路线中相应的工时定额来计算。

1. 工作中心的内容

工作中心的内容应包括工作中心的编码、名称和所属部门，此外还应有以下两类数据项。

1) 说明生产能力的各项数据

工作中心的能力用一定时间内完成的工作量即产出率来表示。工作量可表示为标准工时(以时间表示)、米(以长度表示)、件数(以数量表示)等，本书为讨论方便一律以工时表示。工作中心包括如下数据项：每班可用的人员数、机器数、机器的单台定额、每班可排产的小时数、一天开动的班次、工作中心的利用率、工作中心的效率、是否关键资源、平均排队时间等。由此，可计算出

工作中心的额定能力＝ 每日工作班次数×每班工作小时×工作中心效率
　　　　　　　　　　×工作中心利用率(工时/日)

其中：

$$利用率 = \frac{实际投入工时数}{计划工时数}$$

$$效率 = \frac{完成定额工时数}{实际投入工时数}$$

式中效率与工人技术水平和设备使用年限有关。利用率与设备的完好率、工人出勤率、停工率等因素有关，均是统计平均值。工作中心的额定能力应是能持续保持的能力。为使工作中心的额定能力可靠有效，需要经常与实际能力比较，用实际能力来修正。工作中心的实际能力也称历史能力，是通过记录某工作中心在几个时区内的产出求平均值的方法计算的。

2) 计算成本用的各项数据

计算成本用的各项数据包括单位时间的费率(工时或机时费率、间接费率等)、工人人数、技术等级等。

2. 工作中心的作用

工作中心有三个作用。

(1) 作为平衡任务负荷与生产能力的基本单元。运行能力需求计划(CRP)时以工作中心为计算单元。分析 CRP 执行情况时也是以工作中心为单元进行投入/产出分析。

(2) 作为车间作业分配任务和编排详细进度的基本单元。派工单是按每个工作中心来说明任务的优先顺序的。

(3) 作为计算加工成本的基本单元。计算零件加工成本,是以工作中心数据记录中的单位时间费率(元/工时或台时)乘以工艺路线数据记录中占用该工作中心的时间定额得出的。

3. 工作中心的定义

定义工作中心是一项细致的基础工作,定义工作中心的关键是确保工作中心的划分与管理本企业所需的控制程度及计划能力相适应。因此,划分的原则应能使工作中心起到上述三个作用。对一些可能形成瓶颈工序的工作中心必须单独标识。对那种可能有多个工序在一个固定工作地点同时工作的情况,如焊接装配,要慎重研究工作中心的划分。同一型号的机床若新旧程度不同并影响工作效率时,应有所区别,不要划为一个工作中心。对工艺路线中的外协工序,如前所述,要将相应的外协单位作为一个工作中心来处理,并建立相应的记录。采用成组技术,若干机床组成一个成组单元,有利于简化工作中心的划分和能力计划。

工作中心的数据通常要求尽量减少变更,但有时变更也是必要的。如新的工艺路线、生产过程以及对效率和利用率的调整都是引起工作中心数据调整的因素。

4.4 工艺路线

工艺路线是说明各项自制件的加工顺序和标准工时定额的文件,也称为加工路线。工艺路线是一种计划文件而不是工艺文件。它不详细说明加工技术条件和操作要求,而主要说明加工过程中的工序顺序和生产资源等计划信息。

工艺路线文件主要包括如下数据项:工序号、工作描述、所使用的工作中心、各项时间定额(如准备时间、加工时间、传送时间等)、外协工序的时间和费用。还要说明可供替代的工作中心、主要的工艺装备编码等,作为发放生产订单和调整工序的参考。表 4.4 是一份工艺路线。

表 4.4 工艺路线

物料代码： 80021——定位栓

操作	部门	工作中心	描述	准备时间/小时	每件加工时间/小时
10	08	1	下料	0.5	0.010
20	32	2	粗车	1.5	0.030
30	32	3	精车	3.3	0.048
40	11	1	检验		

工艺路线是重要的文件，它代表着一项作业在工厂里的运行方式。如果说物料清单用于描述物料是按怎样的层次结构连在一起的，那么工艺路线则是描述制造每一种物料的生产步骤和过程，并且用于确定详细的生产进度。工艺路线的作用如下。

(1) 计算加工件的提前期，提供运行 MRP 的计算数据。系统根据工艺路线和物料清单计算出最长的累计提前期，这相当于网络计划中关键路径的长度。企业的销售部门可以根据这个信息同客户洽谈交货期限。

(2) 提供能力需求计划(CRP)的计算数据。系统根据工艺路线文件中每个工作中心的定额小时、工序的开始和完工日期，计算各个时区工作中心的负荷。

(3) 提供计算加工成本的标准工时数据。

(4) 跟踪在制品。

对工艺路线数据准确性的要求和物料清单一样，也应在 98%以上，如果工序顺序错误，工时定额不准，必将直接影响 MRP 和 CRP 的运算结果，造成生产订单过早或过迟下达，或下达数量不准。如果一项作业出现在发到某部门的派工单上，而事实上该作业并不在该部门，或一项作业在该部门却不在发来的派工单上，工艺路线都可能是错误的根源。工艺路线错误还会引起工作中心负荷不均衡，在制品积压，物流不畅以及加工成本计算错误等问题。通过计算每周下达到车间的工艺路线数和每周工长反馈的错误路线数，可以测出工艺路线准确度。

对许多企业来说，MRP 投入运行之前的一个极大的障碍就是校正工艺路线。大多数工艺路线文件与 80/20 原理相符，即 80%的活动发生在 20%的工艺路线上。如果在安装 MRP 之前要将所有的工艺路线都进行校正，对许多企业来说，将是困难的，然而在 MRP 的帮助下，有了切实可行的办法。

(1) 在 MRP 试点前，检查并校正占有 80%活动的 20%的工艺路线。

(2) 当 MRP 逐渐投入运行时，使用计划下达订单提前几周指明哪条工艺路线将必须检查和校正。

(3) 在编制能力计划和派工单的早期，应确保在最近将用到的工艺路线是正确的。

工艺路线和物料清单一样，通常由工程设计部门负责建立和维护，如所使用的工作中心、设备安装时间、单件生产时间定额等都由工程设计部门确定。同时还应经常比较实际工作和工艺路线的执行情况，对生产过程进行详细审核。有多种原因可引起工艺路线的变更，如产品和生产过程可能改变，设备安装时间和单件生产时间标准可能需要根据新的操作数据加以调整，新的产品和新的组件可能需要新的工艺路线。

工艺路线由工程设计部门建立和维护，由生产部门使用。当 MRP 投入运行之后，让工长根据派工单随时报告所发现的工艺路线错误，从而不断对工艺路线加以维护。对于工艺路线的变更，应由两个部门协商进行。

4.5　提前期

任一项目从完成日期算起倒推到开始日期这段时间，称为提前期。对制造项目而言，提前期可分为设计提前期、采购提前期、加工提前期、装配提前期等，总计称为总提前期。

对加工装配阶段来讲，提前期分为 5 类时间。

(1) 排队时间(queue time)：指一批零件在工作中心前等待上机器加工的时间。在加工件种类很多、各自的加工周期又有很大差别时，排队时间(尤其是后续工序)往往很难避免。一般说，大批生产，各工作中心的加工周期比较接近时(节拍均衡)，排队时间可以少些。换句话说，在面向库存生产情况下，排队时间可能少些，而在面向订单生产情况下则会长些。此外加工批量大小也会影响排队时间。一般软件把平均排队时间作为工作中心文件中的一个数据项，根据投入/产出分析随时维护。

(2) 准备时间(set-up time)：熟悉图纸及技术条件，准备工具及调整的时间。为了使每个零件平均占用的准备时间少些，往往希望有一定的加工批量，比如，换一次工具至少连续生产一个班次。可以通过成组加工，改进工装设计，改善工作地组织，采取并行准备(即在一批工件尚未完成前，就开始准备下批工件的工装)等措施来减少准备时间。

(3) 加工时间(run time)：在工作中心加工或装配的时间，同工作中心的效率、工装设计、人员技术等级有关。它是一种可变提前期，即每批零件加工时间=零件数量×单个零件加工时间。

(4) 等待时间(wait time)：加工完成后等待运往下道工序或存储库位的时间。等待往往是由于搬运设施调配不当或下道工序能力不足造成的，也同传送批量有关。因此，一些软件把等待时间合并到传送时间中去。

(5) 传送时间(move time)：工序之间或工序至库位之间的运输时间，若为外协工序则包括的内容更广。同车间布置、搬运工具能力效率有关。

上述 5 类时间之和形成了加工件的生产提前期。即从下达任务开始到加工完成为止的时间。众所周知，一个零件在机床上的时间，即上述准备时间与加工时间之和，往往仅占生产提前期的 5%~10%，而 90%以上的时间消耗在排队、等待和传送上。这样划分时间类别，有助于分析原因并采取措施以缩短生产提前期。就管理而言，应把重点放在压缩这 90%的无效时间上，如改善车间布置和物流，改进计划减少库存积压，合理确定生产节拍和批量等。其中有些内容正是我们常说的期量标准，需要认真研究。通常将与加工件数有关的提前期称为变动提前期，如加工时间；把与加工件数无关的提前期称为固定提前期，如准备时间。采购、加工、装配提前期的总和称为累计提前期(cumulative lead time)。

在运用提前期概念时，应当看到它不是一个固定不变的数值。由于批量或能力的变化，或由于作业进度安排上的问题，提前期往往也会变化。

4.6 库存记录

库存记录是 ERP 系统的主要数据之一。这里的库存指的是各种物料的库存。库存记录中要说明现有库存余额、安全库存量、未来各时区的计划接收量和已分配量。已分配量指虽未出库但已分配了某种用途的计划出库量。在库存记录中既要说明当前时区的库存量，又要预见未来各时区库存量及其变化。为运行 ERP 系统，库存记录的准确度要求达到95%以上。在第 5 章讨论物料管理的部分，还将详细地讨论库存记录准确度的问题。

4.7 供应商主文件和客户主文件

1. 供应商主文件

供应商主文件中包括如下信息：供应商代码、名称、地址、电话、联系人；所供应的商品名称、规格、供方物料代码；商品价格和批量要求；折扣和付款条件、货币种类、结算方式；发货地点、运输方式；此外，还有供应商的信誉记录，包括按时交货情况、质量及售后服务情况；供应商技术水平、设备和能力；等等。

2. 客户主文件

客户主文件中包括如下信息：客户代码、名称、地址、电话、联系人；所需产品名称、规格、客户方物料代码；价格、折扣、付款条件、货币种类、结算方式；收货地点、结算地点；客户信誉记录，等等。

4.8 初始数据环境的建立

实现 ERP 系统是一个昂贵、费时的项目，需要投入大量时间和精力。周密计划、定义、装入和维护基础数据是成功的先决条件。基础数据由系统和人用于企业的日常管理，在实现计划和进度编排行动以前，基础数据必须准确无误，基础数据有错误会导致整个系统失效。为保证基础数据的质量，要采取几个重要的步骤。

(1) 定义关键的数据元素，如物料代码、工艺路线、物料清单、工作中心、订货策略、项目类型和损耗率等。

(2) 开始数据装入之前，将计算机系统的信息需求与信息使用者的需求进行核对。使每个人提前知道什么信息是可用的，报告是什么样子。假如有问题，应予解决。

(3) 定义要装入计算机系统的全部信息和信息来源。有些信息是不可缺省的，而有些是可选择的。例如，和一项物料有关的信息可能有 15~20 个不同的数据项，仅要求其中的 4~5 项装入计算机系统，其他数据项可以以后再装入或者根本不用。所以，要确定哪些数据项是要求的，哪些是可选的但以后要装入，哪些可能永远不用。还要指定负责确定所用数据项的人或部门。

(4) 指定适当的人将数据装入计算机，限定完成任务的时间，并进行审核。

(5) 有些数据元素不是常数，时常会变化，其变化情况必须在计算机系统里得到反映。要定期检查，如果必要的话，修改这些数据。

操作数据是管理和控制企业动作的基础。将这些数据装入计算机的先后次序，由计划使用它们的时间来确定。一般来说，物料代码应当首先装入，然后是物料清单，工艺路线应在装入物料清单期间或恰在其后装入。工作中心是工艺路线信息的一部分，应在用到它们之前装入。

■ 思考题

1. 物料主文件中包括哪些信息？
2. 什么是物料清单？在 ERP 环境下，物料清单的准确度至少应为多少？
3. 物料清单不准确会造成什么问题？
4. 为什么要使用模块化物料清单？使用模块化物料清单有什么好处？
5. 如何构造模块化物料清单？
6. 工艺路线的内容和作用是什么？工艺路线的准确度至少应为多少？如何维护工艺路线？
7. 工作中心的内容和作用是什么？如何维护工作中心？
8. 加工提前期由哪几类时间构成？

9. 建立初始的数据环境一般经过哪些步骤？

■ **习题**

1. 一个公司完成生产控制所需的数据准确度最低是(　　　)

　　A. 80%　　　　　　B. 85%　　　　　　C. 90%　　　　　　D. 95%

2. 物料代码的作用是(　　　)

　　A. 在工艺路线文件中识别工作中心　　B. 物料的唯一标识符

　　C. 作为产品物料清单的一部分　　　　D. A 和 B

3. 在公司中哪个部门应当负责发行新的物料代码和物料清单？(　　　)

　　A. 生产部门　　　B. 市场部门　　　　C. 生产控制部门　　D. 工程设计部门

4. 一个自制的物料项目提前期是(　　　)

　　A. 在物料主文件中为该物料项目指定并用于 MRP 系统中的时间

　　B. 在工艺路线文件中完成所有的工序所用的时间

　　C. 完成该物料项目实际使用时间

　　D. 上述说法都对

5. 如下哪一项可以指出制造一件产品所需要的子项物料及其数量？(　　　)

　　A. 工艺单　　　B. 物料需求计划　　　C. 物料清单　　　D. 物料请购单

6. 下面哪一项陈述是正确的？(　　　)

　　A. 类似的产品可以用同样的物料代码来标识

　　B. 一项物料有一个而且只有一个物料代码

　　C. 相同的零件用在不同的物料清单中则有不同的零件号

　　D. 一项物料可以是父项，也可以是子项，但不能同时是二者。

7. 根据下图，如下哪一项陈述是正确的？(　　　)

　　A. 物料 A 是物料 B 的父项

　　B. 物料 C 是物料 A 的父项

　　C. 物料 A 是物料 D 的父项

　　D. 物料 D 和 E 是物料 A 的子项

8. 如下哪一项关于物料代码的陈述是正确的?(　　　)

　　A. 将工作中心与工艺路线联系在一起

　　B. 将产品与物料清单联系在一起

　　C. 将产品与工作中心联系在一起的

　　D. 物料的唯一的标识符

9. 如下哪一项关于多层物料清单的陈述是正确的？(　　　)

　　A. 多层物料清单是多个单层物料清单连接在一起得到的

B. 多层物料清单用来描述最终产品

C. 多层物料清单用于确定装配产品的选项与特征

D. 多层物料清单用于描述车间作业的工艺路线

10. 在以下物料清单的报告形式中，哪些是至关重要的？( )

　　A. 单层物料清单，多层物料清单，单层反查物料清单和多层反查物料清单都是
　　　　至关重要的

　　B. 只有单层物料清单和多层物料清单是至关重要的

　　C. 只有多层物料清单和多层反查物料清单是至关重要的

　　D. 只有单层物料清单，多层物料清单和单层反查物料清单是至关重要的

11. 在一个使用 ERP 的企业中，以下哪些关于数据准确性的陈述是正确的？( )

　　A. 库存记录准确度达到 95%以上，物料清单准确度达到 98%以上，工艺路线准
　　　　确度达到 98%以上

　　B. 库存记录准确度达到 95%以上，物料清单准确度达到 95%以上，工艺路线准
　　　　确度达到 95%以上

　　C. 库存记录准确度达到 98%以上，物料清单准确度达到 95%以上，工艺路线准
　　　　确度达到 95%以上

　　D. 3 项数据中至少有两项数据的准确度应当达到 95%以上，另一项数据准确度
　　　　达到 90%以上

12. 在工艺路线中，通常要包括如下哪些数据元素？( )

　　A. 准备时间和每件加工时间

　　B. 准备时间和平均排队时间

　　C. 每件加工时间和平均排队时间

　　D. 准备时间，每件加工时间和平均排队时间

13. 如下哪一项可以起到缩短提前期的作用？( )

　　A. 缩小加工批量

　　B. 缩小加工批量并缩短排队队列

　　C. 频繁变更生产的产品并缩短排队队列

　　D. 频繁变更生产的产品，缩短排队队列，提高工作中心利用率

14. 下面哪一项定义了制造件的工序执行顺序？( )

　　A. 物料主文件　　　B. 物料清单　　　C. 工艺路线　　　　D. 车间日历

15. 下面哪一项陈述最好地描述了物料清单在计划系统中的作用？( )

　　A. 工程设计　　　　　　　　　　　B. 确定订货批量

　　C. 用于制造物料的过程　　　　　　D. 用于表述产品的结构

16. 如果一份采购件的订单误期了，应当通过如下哪一项来确定哪些客户订单将要

受到影响？（　　）

    A. 物料清单　　　　B. 反查物料清单　C. 工艺路线　　　D. 需求反查报告

17. 工作中心是（　　）

    A. 具体的机器　　　B. 一组机器　　　C. 人　　　　　　D. 以上全部

18. 工作中心是（　　）

    A. 由 MRP 需求系统定义

    B. 由生产设施具体限制所决定

    C. 由能力管理所希望达到的控制程度所决定

    D. 以上说法都不对

19. 物料代码与工作中心的关系通过什么来定义？（　　）

    A. 工艺路线　　　　B. 物料清单　　　C. 产品　　　　　D. 生产订单

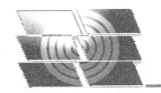

第5章

物料管理——企业运营的基础

5.1 物料管理概述

"物料管理"这个名称是 20 世纪六七十年代出现并逐步得到广泛应用的。在 ERP 系统中，"物料管理"与通常所说的"库存管理"的含义是不尽相同的，物料管理具有更广泛、更深刻的含义。

任何一个制造企业的生产活动，都是先从厂外购买各种物料，然后在厂内使用这些物料组织生产，形成产品，销售出厂。在各个环节中的所有各种物料相互之间具有联系，都属于 ERP 系统物料管理的范畴。

任何一种物料都是由于某种需求而存在，因此必然处于经常流动的状态，而不应当在某个存储点长期滞留。不流动的物料是一种积压和浪费。如果仓库内某种物料长期积压，可能是由于产品设计已经修改不再需要这种物料，或者由于其他物料出现短缺，使得不能配套装配。

一个制造企业的生产过程实质上是一个物流过程。所谓生产计划，实际上是物料流动的计划。计划的对象是物料，计划执行的结果也要通过对物料的监控来考核。生产计划完成后，必定伴随有物料数量、形态和存储位置的改变。任何物料都必定存放在一定的空间位置上，这些存储位置就是对物料的监控点。对计划执行情况的监控，对物料状况的反馈信息，主要来自这些监控点。计算机终端或数据采集装置往往就设在这里。物料管理强调对物料的存储、传送、数量和状态的变化等信息的管理。

如果说计划管理是 ERP 系统的主线，那么物料管理就是 ERP 系统的基础，因为它提供了计划管理的监控和保证手段。

对物料管理来讲，物料就是资金。而资金是有时间价值的。使用了资金，就要体现利润。在机械产品成本中，物料成本占 45%~75%。因此，要强调库存物料的价值，要缩短生产周期，加速库存周转以降低成本，提高资金利用率。对库存管理水平常用库存周转次数(inventory turnover)来考察。库存周转次数是一个重要的概念，用来反映一年中库存流动的速率。常用的计算方法如下：

$$库存周转次数 = \frac{年售出货物成本}{库存平均价值}$$

提高库存周转率对于公司的运作具有重要的意义。

【例 5.1】　假定每年库存周转次数提高一次，计算由此对公司利润和现金产生的影响。

总产值	10 000 000 美元
库存成本——75%	7 500 000 美元
库存投资——每年周转 2 次	3 750 000 美元
库存投资——每年周转 3 次	2 500 000 美元
库存降低	1 250 000 美元
库存维护费用——25%	×　　0.25
节约库存投资	312 500 美元
提高的利润	312 500 美元
增加的现金	1 250 000 美元

这里不用全部流动资金来计算，只是用其中库存资金所占的部分，因为这个指标主要考察物料管理水平。国外机械工业的库存周转次数一般为 2~6 次/年，JIT 生产条件下则还要高得多。

物料管理就是要保证物料流动畅通，物料在正常流动说明计划在正常执行。一般来说，企业的效益是随物流量和物流速度的增大而提高。保证物料正常流动，直接体现了企业的效益。

任何物料的存在都是由于某种需求，这是 MRP 的基本点。一种物料的消耗量受另一种物料需求量的制约。购进原材料是为了加工成零件，而生产零件又是为了装配成产品。从大范围来讲，一个企业的产品，可能是另一个企业的原料。这种相关需求不但有品种、规格、性能、质量和数量的要求，而且有时间的要求。在不需要某种物料的时候，要避免或减少过早地保留库存；在需要的时刻，又必须有足够的库存来满足需求。所以，物料管理的目标就是在降低库存成本、减少库存资金占用的同时，保证物料按计划流动，保证生产过程中的物料需求，保证生产的正常运行，从而使产品满足市场需求。从表面上看，这似乎是两个互相矛盾的目标，而物料管理的任务就是要处理好这一对矛盾。在 ERP 环境下，这是完全可以做到的。

过去，在非正规系统的环境下，关于谁应当对完成用户发货计划负责的问题经常争

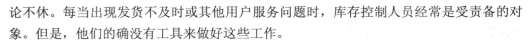

论不休。每当出现发货不及时或其他用户服务问题时，库存控制人员经常是受责备的对象。但是，他们的确没有工具来做好这些工作。

今天，ERP 系统提供了有效的工具，ERP 系统可以使库存控制功能专业化。物料管理人员和市场销售人员及生产活动控制人员协同工作，向后者提供真正有用的信息；他们根据计划来检测实际执行的情况，向负责人员报告对计划的偏离；他们的计划既用物料单位表示，也用货币单位表示，向企业高层领导提供可供选择的切实可行的方案。

在有些使用 ERP 系统的企业中，物料管理发挥了充分的作用，物料管理部门不但管库存控制，而且管物料采购和运输，真正成了整个企业组织的基础和重要的组成部分。物料管理人员也不再被简单地看作库管人员和催货人员，他们的工作受到了高度的重视。

5.2 库存目的和费用

库存是为了保证生产和客户服务正常进行的一切存储的物料，包括原材料、在制品(WIP)、最终产品、在途产品以及用于维护、修理和日常运作的物料(MRO)。

库存是对生产的支持，又是生产的结果。库存量如同一个大湖的水量，水位高了会淹没湖下的"礁石"，这些"礁石"如同管理工作中的问题，如计划不周、质量不高、设备保养差等。水位高了，虽然有利于通航，但这些被掩盖的问题却不能暴露出来，也不能得到彻底的解决，以至于随时可能出现问题。因此，库存量过大被喻为"众弊之源"。因此，控制库存量是物料管理的一项重要内容。

5.2.1 库存目的

任何物料的库存总是有某种目的。通常可把库存的目的归纳为五种类型。

1. 安全库存

需求和供应都可能出现偏离计划或预测的情况。为了不中断生产，在计划需求量之外经常保持一定量的库存作为安全储备。安全库存量不是不变的，更不是所有物料都需要有安全库存。对物料清单上层的物料，确定其安全库存时要特别慎重，处理不当会造成连锁反应，使库存失控。应当注意，预测的准确性、市场和供应的稳定性、生产率的高低、提前期的长短都会影响安全库存量。因此，要随情况的变化调整安全库存量。

2. 预期库存

受季节供应影响的外购物料，受季节市场变化影响的产品，或为工厂节假日以及设备检修事先做好储备，统称预期库存。

3. 批量库存

受供应、加工、运输、包装或者达到一定批量可以享受折扣优惠等因素的影响，在实际需求的基础上调整订货批量所形成的库存。

4. 在途库存

对厂内来说，在途库存指在工序之间传送、等待、缓冲而形成的在制品库存；对厂外来说，在途库存指为保持连续向用户供货而保有的在运输途中的物料。

5. 囤积库存

针对通货膨胀或市场物料短缺的趋势而储备的生产必需物料。

总之，如果没有目的就没有储存物料的必要，这是控制库存的原则。有的 ERP 软件可以根据用户的规定，把超过一定时间而未发生任何事务处理的物料报告出来，称为超储报告，供用户用于分析库存呆滞的原因，以便采取必要的措施。

5.2.2　库存费用

库存费用要考虑的因素有 4 个方面。

1. 物料本身的价值

即物料的单位标准成本或计划价格。

2. 订货费用

指为获取物料所要支付的费用，如准备订单、洽商、运输、搬运、验收、办公管理等费用。订货费用同订货批量和次数有关。

3. 保管费用

指为保存物料而支付的费用，如利息、折旧、损耗、财产税、保险等。现代管理把库存占用资金的机会成本也计入保管费中，而机会成本占保管费的比例在 40%以上。保管费用往往用占库存价值的百分比来表示。保管费用可占到库存价值的 20%~35%。

4. 短缺损失

指由于物料短缺造成的损失。例如，非正常的补充订货比正常订货要增加额外的开支，为补足短缺造成加班加点的额外支出，未按期交货引起客户索赔、撤销合同甚至丧失市场等经济损失。

以上几项费用相互影响，比如，库存量大可能短缺损失小，但订货和保管费用高；订货次数多，每次批量小，则保管费用低但订货费用高。控制库存就是要权衡这些费用，使总费用最低，以达到降低成本的目的。

5.3 订货批量

5.3.1 确定订货批量的方法

确定订货批量的目标有两个方面，即使得所涉及的成本之和最小，使客户服务水平最高。

关于订货批量，如今人们的兴趣已经从经济订货批量的经典问题转移到离散需求环境下的订货批量问题上来了。这个变化是由于 MRP 的出现而引起的。因为 MRP 系统是通过计算按时间分段的总需求量和净需求量，并以间断的时间序列来表达对物料的需求。

常用的确定订货批量的方法有如下几种：固定订货批量法、经济订货批量法、按需确定批量法、根据固定时区的需求确定批量法、时区订货批量法、最小单位费用法、最小总费用法、Wagner-Whitin 法。其中，前两种方法是面向需求率的，特别是第二种方法，是基于需求连续、需求率稳定这一前提的。这两种方法都是确定一个固定的批量，每次都按这个批量订货。其余方法则是所谓间断批量确定方法。这些方法的订货批量是变动的，根据一个或几个后续计划时区内的净需求量来确定批量，使订货批量与净需求量相等，因此，不会产生剩余物料又不足以满足下一个计划时区的需求的情况。

下面我们分别讨论这些确定订货批量的方法。

1. 固定订货批量法

固定订货批量法(fixed order quantity，FOQ)可用于 MRP 控制下的所有物料，但在实践中，通常只限于订货费用比较大的部分物料。对这些物料，根据净需求量的大小变化而不断发出订货是不上算的。所以，常采用固定批量的形式订货。订货的数量可以根据经验来决定。

在表 5.1 中给出了例子。其中，9 个时区的净需求量数值将沿用于以下对各种订货量方法的讨论中。

表 5.1 固定订货批量法

时区	1	2	3	4	5	6	7	8	9	总计
净需求	35	10		40		20	5	10	30	150
计划订货量	60			60					60	180

2. 经济订货批量法

经济订货批量法(economic order quantity，EOQ)是一种早在 1915 年就开始使用的批量方法，它假定需求均匀发生，从而平均库存量是订货批量的一半。其基本出发点是使订货费用和保管费用之和最小，如图 5.1 所示。

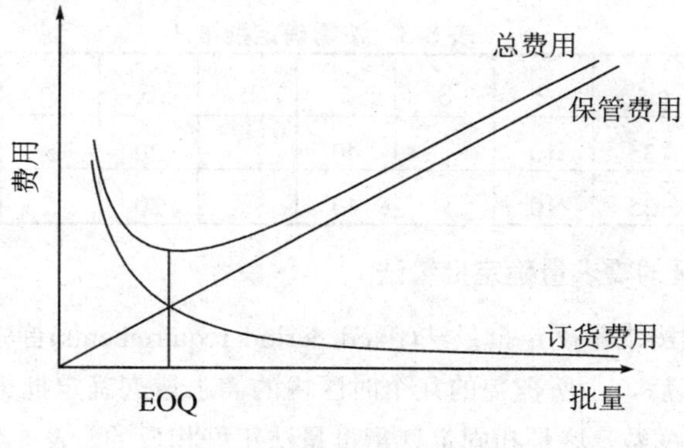

图 5.1　经济订货批量(EOQ)

确定经济订货量 EOQ 的公式如下：

$$EOQ = \sqrt{\frac{2RS}{IC}}$$

式中：R 为年需求量，S 为一次订货费用，I 为年保管费用占平均库存值的百分比，C 为物料单价。

假定例中的时区单位是月，并假定各种有关的费用数据为：$S=100$，$C=50$，$I=0.24$。年需求量可从 9 个月的需求量推算出来，即 9:150=12:R，求得 $R=200$。

将这些数据代入上式，求得

$$Q = \sqrt{\frac{2 \times 200 \times 100}{0.24 \times 50}} = 58$$

表 5.2 表示了用 EOQ 方法确定批量的结果。

表 5.2　经济订货批量法

时区	1	2	3	4	5	6	7	8	9	总计
净需求	35	10		40		20	5	10	30	150
计划订货量	58			58				58		174

3. 按需确定批量法

按需确定批量法(lot for lot)是根据各时区的净需求量来决定订货量，需要多少订多少，也称为直接批量法。每当净需求量改变时，相应的订货量也随之动态地调整。采用这种方法也可以降低物料存储费用，因而常用于价值较高和需求极不连续的外购件及制造件，参考表 5.3。

表 5.3　按需确定批量法

时区	1	2	3	4	5	6	7	8	9	总计
净需求	35	10		40		20	5	10	30	150
计划订货量	35	10		40		20	5	10	30	150

4. 按固定时区的需求量确定批量法

按固定时区的需求量确定批量法(fixed period requirements)首先要确定每批订货所要覆盖的时区数。然后，由所覆盖的几个时区内的需求量来确定批量。在这里，时间间隔是常数，而批量是变数，这是和固定订货批量法正好相反的。表 5.4 是按覆盖 2 个时区的需求量来确定批量。

表 5.4　按固定时区需求量确定批量法

时区	1	2	3	4	5	6	7	8	9	总计
净需求	35	10		40		20	5	10	30	150
计划订货量	45			40		25		40		150

5. 时区订货批量法

时区订货批量法(period order quantity，POQ)是一种为适应间断性需求环境而在 EOQ 的基础上修改而得的方法。这种方法首先根据各时区已知的净需求量数据，用标准的 EOQ 方法算出每年的订货次数。然后，用一年的总时区数除以订货次数，即得到订货的时间间隔。而每次订货覆盖此间隔内的所有需求，如表 5.5 所示。

表 5.5　时区订货批量法

时区	1	2	3	4	5	6	7	8	9	总计
净需求	35	10		40		20	5	10	30	150
计划订货量	85					35			30	150

EOQ=58

一年的时区数=12

年需求量=200

$\dfrac{200}{58} = 3.4$ (每年订货约 3.4 次)

$\dfrac{12}{3.4} = 3.5$ (订货间隔为 3.5 个月)

6. 最小单位费用法

最小单位费用法(least unit cost，LUC)与后面要讨论的两种方法有一些共同点。它们都允许订货批量和订货时间间隔有变动，它们都吸取了 EOQ 中关于使订货费用与保管费用之和最小的思想,但各自采用的手段多少有点不同。这里要介绍的最小单位费用法(LUC)实际上是一种试探法。为了研究室订货批量，LUC 首先提出这样的问题：该批订货应该等于第 1 进区的净需求量呢？或是应该等于第 1、第 2 两个时区的净需求量之和呢？还是应该等于第 1、第 2、第 3 这三个时区的净需求量之和？为解决这个问题，LUC 要算出以上三种批量对应的"单位费用"(即单位订货费用加上单位保管费用)。单位费用最小的那个批量将作为订货批量。表 5.6 说明了第 1 时区订货批量(45)的计算过程，以后的订货批量可类似地计算。其结果如表 5.7 所示。

表 5.6　最小单位费用计算

订货费用：100
保管费用：每单位物为每时区 1 元

时区	净需求	存放时区数	可能的批量	保管费用 整批	保管费用 单位	单位订货费用	单位费用
1	35	0	35	0	0	2.86	2.86
2	10	1	45	10.00	0.22	2.22	2.44
3	0	2					
4	40	3	85	130.00	1.53	1.18	2.71

表 5.7　最小单位费用法

时区	1	2	3	4	5	6	7	8	9	总计
净需求	35	10		40		20	5	10	30	150
计划订货量	45			60			45			150

7. 最小总费用法

最小总费用法(least total cost，LTC)所依据的原理是，当计划期内的订货费用越接近于保管费用时，这个计划期内的所有批量的订货费用与保管费用之和也越小。这与 EOQ 方法所依据的原理是相同的。为了达到使总费用最小的目的，LTC 的具体做法就是选取尽可能使单位订货费用与单位保管费用相接近的订货批量。按这样的观点再来看表 5.6 就会发现，按 LUC 方法所选择的批量(45)所对应的单位订货费用(2.22)，大大超过了单位保管费用(0.22)。

由于 LTC 方法的目的是使两种费用尽可能接近，所以，可以避免像 LUC 方法那样繁杂的计算过程。在进行 LTC 计算时，要用到一个经济单位库存时区量(economic part period，EPP)概念。单位库存时区是一个度量单位，类似于"人年"的概念，是指一单位物料在仓库中存放一个时区。EPP 则是指存贮一个时区时使订货费用与保管费用相等的库存量。这个数量可以直接用订货费用除以单位时区内存贮单位物料的保管费用来求得。在我们的例子中：

$$EPP = \frac{S}{IC/12} = \frac{100}{0.24 \times 50/12} = 100$$

在 LTC 方法中，选择单位库存时区量最接近 EPP 的订货批量。表 5.8 列出了 LTC 的计算过程。

表 5.8   最小总费用的计算

时区	净需求量	存放的时区数	可能的批量	单位库存时区(累计)
1	35	0	35	0
2	10	1	45	10
3	0	2		
4	40	3	85	130

于是，应选 85 为第一个订货批量，这是因为其对应的单位库存时区值 130 比较接近于 EPP 的值 100，这批订货可以满足第 1 至第 5 时区的需求。用同样的方法可以确定第二个订货批量为 65，可以满足第 6 至第 9 时区的需求，如表 5.9 所示。

表 5.9   最小总费用法

时区	1	2	3	4	5	6	7	8	9	总计
净需求	35	10		40		20	5	10	30	150
计划订货量	85					65				150

8. Wagner-Whitin 算法

这种方法包含根据动态规划原理制定的一系列优化步骤。这些步骤涉及许多数学问题。概括地说，这种方法的出发点是逐一评审能满足计划期内每个时区净需求量的所有可能的订货方案，以便找出对于整个净需求量日程表总体最优的订货方案。Wagner-Whitin 算法的确能使订货费用与保管费用之和最小，所以可用作衡量其他针对间断性需求的批量确定方法的标准。这种方法的缺点，就是计算工作量太大，原理也比较复杂。其具体计算结果如表 5.10 所示。

表 5.10　Wagner-Whitin 算法

时区	1	2	3	4	5	6	7	8	9	总计
净需求	35	10		40		20	5	10	30	150
计划订货量	45			65				40		150

5.3.2　批量调整因子

不管计划订货批量是采用哪一种方法确定的，在实际执行时，都会由于某些因素而必须加以调整。这时主要考虑下列几个因素：订货的上限和下限(或最大订货量和最小订货量)、报废率、批量倍数。

前面介绍的任何一种批量确定方法在确定批量时都可能受到订货数量的下限和上限的约束。其中一种下限在前面已经提到过，这就是计算出的订货批量至少应该等于这批订货覆盖区间的净需求量总和。下限和上限可用绝对的数字来表示，也可以用所要覆盖的时区数来表示。订货的上限和下限通常由管理部门加以限定。

报废率，又称为损耗系数。在决定订货批量时，要按这个系数增加一定的余量，以便弥补在加工过程中可能会发生的报废或损失，从而保证有足够数量的完好成品满足需求。报废率既可以用数量来表示，也可以用相对于订货量的百分比来表示。

批量倍数，可能是出于加工工艺方面的考虑，也可能是出于包装方面的考虑，使得必须把按批量算法求得的批量向上调整到某一个数的倍数。例如，批量算法本身是不考虑原材料的下料方式的，因此，所确定的批量可能会在下料时产生问题。如果在为某种制造项目下料时，一定尺寸的钢板恰好切成 9 块料，而由批量算法算出的订货批量是 30，那么在下料时第 4 块钢板就会出现零头。为了避免这种情况，则应把订货批量调整为 36(此时的最小订货量是 9)。又如，在采购的情况下，对于我们要采购的某项物料，供应商是装箱卖的，25 件装一箱，最少买两箱。于是，批量倍数为 25，最小订货量是 50。

在需要对一项物料的订货进行多种调整的情况下，这些调整是按一定的逻辑性顺序进行的。举例来说，如果某批订货按批量算法确定的批量为 173，这个批量可以满足 5 个时区的需求。但是，管理部门提出每批订货最多覆盖 3 个时区。此外，还要考虑报废率以及批量倍数(每单位的原材料可下料 20 件)。这样一来，最初确定的 173 件的批量就要按下面的顺序进行调整：

初步算出的订货量	173
减少到只覆盖 3 个时区的需求	121
考虑报废率，增加 11 件，得到	132
向上调整到 20 的倍数，得到最后确定的批量	140

采用批量调整因子会增加问题的复杂程度。我们以最小订货量来说明这个问题。假定生产产品 A 要用到物料 B、C、D,其中,物料 B 是产品 A 的子项,每个 A 用到 1 个 B;物料 C 是物料 B 的子项,每个 B 用到 1 个 C;物料 D 是物料 C 的子项,每个 C 用到 1 个 D。A、B、C、D 的最小订货量分别是 100、400、600 和 1000。如果接到产品 A 的客户订单为 200 件,且 A、B、C、D 的库存量均为 0,那么,对 A、B、C、D 的生产订单量分别为 200、400、600 和 1000。满足客户需求后,A、B、C、D 的库存量分别为 0、200、200、400。

如果下一个客户订单数量为 100 件,那么,只对产品 A 下达生产订单 100 件即可。满足客户需求后,A、B、C、D 的库存量分别为 0、100、200、400。

如果这份客户订单的数量不是 100 件而是 300 件,则情形就大不相同了。这时必须对 A、B、C、D 分别下达生产订单,数量分别为 300、400、600 和 1 000。满足客户需求后,A、B、C、D 的库存量分别为 0、300、400、800。

由此可以看出,当考虑批量因子时,不但会导致库存剩余,而且使得库存的管理变得复杂。因此,以手工作业的方式是很难做好的。换言之,在这种情况下,MRP 系统是不可或缺的管理工具。MRP 系统不但很容易把这些数据计算清楚,而且可以很快把库存剩余分配给后面接踵而来的毛需求量。所以,虽然由于考虑批量造成的库存剩余是难免的,但不必担心它们会越积越多。

在确定批量规则和调整因子时,还应当注意物料是处于物料清单的上层还是下层。对处于上层的物料,要特别慎重,以免形成连锁反应,造成太多的库存剩余。这同确定安全库存的道理是一样的。

5.4　安全库存和安全提前期

由于大量不确定因素的存在,需求和供应总是难免有不平衡的情况。为了弥补可能出现的不平衡,需要在供需之间增加缓冲的手段:一种是安全库存,靠增加一定的库存量来起到缓冲的作用;另一种是安全提前期,靠供应时间上的余量来起到缓冲的作用。两种安全参数都是为了提高客户服务水平。

5.4.1　安全库存和安全提前期概述

安全库存是一个按照计划总是要保持在库房中的库存数量,以便于在意外的情况下使用。例如,保存某种物料 500 件作为安全库存。安全提前期则是要求一项物料在其实际需求发生之前完成采购交货或完成生产的一种方法。例如，要求一项采购物料在其实际需求发生之前 2 周交货，则说安全提前期为 2 周。

但是，无论是安全库存还是安全提前期，都改变了一项物料在 MRP 系统中的需求日期，使 MRP 对现实世界的模拟失真。所以，在使用安全库存或安全提前期的时候，应当注意以下 5 个问题：

1. 应当简单

过去，通常要使用相当复杂的数学方法来计算安全库存。但是，所有关于安全库存的精确的数学计算都掩盖了一个基本的事实，那就是所处理的不过是一个猜测。

关于安全库存的数学计算都有两项假设。

一项假设设是未来将和过去一样。具体说来，就是出现在过去的统计偏差也会以同样的方式出现在未来。然而在许多情况下，并非如此；在某些情况下，也只不过是一个聊胜于无的猜测而已。

另一项假设是提前期是已知的和固定的。然而在实践中，提前期依赖于物料需求的紧急程度，而固定的提前期不过是一个粗略的近似值。

于是，我们的结论是，只要离不开猜测，数学的精确性就没有太大的意义。实际上，经过一番精确的数学计算得到"精确的"安全库存量 537，或许还不如指定安全库存为 400 更有实际意义。

2. 应当易于理解

MRP 是一个人机交互的系统，它依赖于人对系统逻辑的理解。使用安全库存 300，或 2 周的安全提前期，都是容易理解的。人们可以对事情的状态进行评估来确定一个安全库存或安全提前期。这要比计算安全库存的数学方法容易理解得多。

3. 应当易于更新

一般来说，安全提前期更容易更新。计划员可以某种物料使用 1 周或 2 周作为安全提前期，其后，也可以"忘掉"它。如果对该物料的需求增加，那么，2 周的安全提前期则意味着库存量将会增加，但这不会引起该物料需求的改变。而使用安全库存则不同了，计划员将必须定期地重新计算并更新安全库存。

使用安全提前期，也容易处理促销等临时的需求变化。由于促销而引起的大的需求变化，将引起在促销期间更多的库存量，而在促销之后，将回落到正常的数量。

4. 仅仅用于特定的情况

安全库存和安全提前期在 MRP 系统中的使用和在通常的库存管理中的使用是不同的。通常认为，为一项物料设置一个安全库存并没有什么不好。但是，在 MRP 中，情况就不同了。MRP 的价值在于真实地指明物料何时需要，而安全库存或安全提前期却在物料并无需求时要求物料存在。因此，仅当某些事情极可能发生，但是又没有其他的方法去识别的情况下，才去使用安全库存或安全提前期。这就是存在需求的不确定性或供应的不确定性的情况。

需求的不确定性可以对许多不同类型的物料存在，既可以是独立需求物料，也可以是非独立需求物料。

独立需求物料可以是主生产计划物料、备用件，以及其重要性不足以在主生产计划中进行控制的物料(例如，采购来又作为商品出售的物料)。

上述的后两种物料都是在 MRP 中处理的。对这些物料，需求的非确定性是容易理解的。因为，预测的需求在很多时候是错的，有时太低，有时又太高。在需求高于预测的时段里，使用安全库存或安全提前期是合理的。

主生产计划的物料也有需求的非确定性。主生产计划员的应对方法是，在主生产计划中计划出比预测的销售量更多的生产量，然后，随着时间的推移，主生产计划员还有机会再做出调整。但是，这种做法将使 MRP 失真，而不再是对真实情况的模拟；而随后对主生产计划的调整，则不可避免地要付出物料和产能的代价。

非独立需求的物料的需求的不确定性，常由物料清单的数量改变引起。让我们看一个例。

【例 5.2】 一家公司生产奶制品，牛奶是其产品的主要成分。但是每一批次牛奶的含糖量(当然，也可以是其他的指标)都可能是不同的。有时，牛奶的含糖量比较高，有时又比较低，而产品的含糖量是确定的。那么，在生产的过程中加糖的量就要随牛奶的不同批次而发生变化。但是，在接到牛奶并进行检测之前，没有办法知道需要多少糖。产品的物料清单中糖的数量仅仅是一个平均值，而围绕这个平均值可以出现很大的变化。

在这个例子中，糖的需求存在不确定性，所以，使用安全库存或安全提前期是有意义的。

供应不确定性的存在是使用安全库存或安全提前期的另一种情况。供应的不确定性不是指供应商偶尔的未能按时交货，而是指某些问题持续存在、需要采取特别的度量措施的情况。一般来说，交货的可靠性和缺货所产生影响的大小决定了是否要采用安全库存或安全提前期。让我们再看一个例。

【例 5.3】 一家公司所需要的轴承要从海外发运，距离远且涉及不同的承运人、不同的海关等，所以，交货的可靠性很差。而且，这些轴承要用在这家公司所生产的大多数产品中。所以，轴承的任何短缺都将会造成工厂的停产。在这种情况下，使用安全库存或安全提前期也是有意义的。

5. 二者都使得物料需求优先级失真

无论一项物料是独立需求物料或非独立需求物料，安全库存或安全提前期都使得物料需求的优先级失真。MRP 将不能真正地指出何时需要这些物料。于是，除非存在不确定的供应或不确定的需求，则不应当使用安全库存或安全提前期。而在使用安全库存或安全提前期的情况下，计划员应当仍然能够看到订单的实际需求日期，也就是在不考虑安全库存或安全提前期的情况下，物料短缺将会出现的日期。

5.4.2　安全库存的设置和使用

主生产计划员和计划员必须理解为什么要使用安全库存以及安全库存对主生产计划和物料需求计划的影响。

设置安全库存无疑要增加库存管理的成本，所以在物料清单的那个层次上设置安全库存应当慎重考虑。以下是一些可供选择的策略。

对于提前期很长的物料设置安全库存。这样可以缩短产品的累积提前期。

对选项设置安全库存。有时在一个产品族中有很多产品，这些产品是由基本配置和众多的不同选项构成的。在这种情况下，对产品族作预测往往要比对具体的产品作预测更准确。而对产品族作预测本质上是对产品的基本配置作预测，所以意外情况多出现在选项上。因此，对选项设置安全库存是适当的。

对于用户希望随时都有的产品设置安全库存。在很多情况下，客户希望生产商的某些产品随时都有，如果没有，客户会感到失望和不可接受。但是，对另外一些产品，如果客户买不到则不会产生强烈的不满。

【例5.4】　在一个汽车维修站，客户希望汽油以及某些汽车配件，如风扇皮带、滤油器等，随时都有，而不愿意等待；如果要更换电池或者火花塞，客户或许愿意等一天或两天；但是，如果客户要求为一辆 1975 年生产的福特牌汽车更换零件，如果维修站没有，客户则不会感到强烈的不满。所以，对于用户希望随时都有的产品，应当设置安全库存。

关于安全库存的具体使用方法，要涉及和净需求的关系，让我们回忆一下在第 2 章介绍的计算净需求的方法。

按下面公式求各时区的预计可用量：

某时区预计可用量＝上时区预计可用量＋该时区计划接受量－该时区毛需求量

当预计可用量出现负值时，就意味着出现净需求，其值等于这个负值的绝对值。

但是，如果对相应的物料设置了安全库存，最后的结论就应当改成"当预计可用量低于安全库存时，就意味着出现净需求，其值等于安全库存与预计可用量的差"。

由此可以看出，在 ERP 系统中，对安全库存的处理逻辑与对毛需求的处理逻辑是相

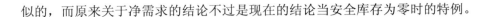

似的，而原来关于净需求的结论不过是现在的结论当安全库存为零时的特例。

5.4.3　安全提前期和安全库存的比较

安全提前期和安全库存的作用是类似的，都是为了缓冲供需的不平衡性。安全提前期的效果是保持一个最小库存量。这个最小库存量是安全提前期内的毛需求量之和。

一般来说，安全库存是针对供需数量不确定性比较大的物料，如备品备件以及面向订单装配产品的公用件和可选件。对供需时间的不确定性，如受运输或其他因素影响，不能如期抵达的采购件或完工产品，则会采用安全提前期。

同安全库存相比，安全提前期占用资金比较少。在库存资金占用相近的情况下，安全库存对满足客户服务水平更有保证，系统的处理也更简单。

另外，正如在前面提到的，安全提前期比安全库存更容易更新。而对于促销等临时的需求变化，使用安全提前期也比安全库存更容易处理一些。

5.5　库存准确度

5.5.1　库存准确度的概念

在 MRP 环境下，计算机中的库存记录数据(现有库存)准确度必须至少达到 95%。达不到这个准确度，是不能实现主生产计划和运行 MRP 的。由于库存记录数据是编制物料需求计划的启动数据，所以非常重要。如果对某项物料的库存记录数据不准确，那么，该项物料的计划也将是不正确的。由此产生的订单也是错误的，根据订单展开所得到的所有下层物料项目的毛需求也是错误的。正所谓"进去的是垃圾，出来的也是垃圾"。垃圾数据当然不能用来指导生产。因此计划的编制失去了意义。

那么，95%意味着什么呢？其含义是，计算机中所存的现有库存数据和库房中实际存于货架上的项目相匹配的程度达到 95%。人们往往认为，这是不可能的。如螺栓、螺母之类非常细小、价格便宜的零件在仓库中成千上万，无法使计算机记录和实际库存相匹配。

这里需要引入计数容限的概念。诸如螺母、螺栓之类的物料项目通常不采用清点计数的方法，而采用测量计数的方法。例如称重计数的方法，是将库存物料称重，然后通过一个转换因子转换成件数。如果测量是准确的而且零件重量也是准确的，显然不必要求物料项目的实际数量和计算机记录完全匹配。类似地对液体物料可以采用量体计数的方法。对于每个测量计数的物料项目都确定一个计数容限。如果计数容限是±3%，任何实际的计数如果和计算机记录的相对误差不超过 3%，则可以作为准确数据来接受。

现在可以重新解释"准确度为 95%"的含义：对 95%的库存物料来说，计算机中所存的库存余额数据和库房中存于货架上的实际数量在计数容限内相匹配。

确定库存记录准确度的方法是：以一项物料的实际盘点数为分母，以实际盘点数与库存记录数之差的绝对值作分子，得到一个分数。将此分数化为百分数，如不超过计数容限，则认为此项物料的库存记录是准确的，否则认为是不准确的。然后，以物料总数为分母，以库存记录数据准确的物料数为分子，又得到一个分数，再将此分数化为百分数即是库存记录数据准确度的百分比。

关于计数容限，还有一些问题需要考虑。关于一项物料的计数方法不是使用计数容限的唯一准则，还有其他一些，列举如下。

◎ 项目的价值：一般来说，低值的物料项目可以比高值的物料项目有更高的计数容限。

◎ 提前期：提前期越长，计数容限越低。

◎ 项目在产品中的关键程度：越是关键的物料，其计数容限越低，甚至为零。例如，一项物料处于物料清单的高层则应有较低的计数容限。

计数容限的使用应保证物料计划的有效性。其范围应反映它们对企业按时生产和发运产品的影响。经验表明，成功的 ERP 用户所用计数容限的范围为 0%~5%，而没有超过5%的。

5.5.2　如何达到必要的库存准确度

这个问题涉及一些基本的管理原则，要向有关人员提供恰当的工具去做好工作，通过教育和培训教会人们去使用这些工具，并明确人们的职责。这些基本的管理原则包括一丝不苟的工作态度，受限访问的库房，好的事务处理系统和循环盘点制度。

(1) 一丝不苟的工作态度是指人在获得和维护库存记录准确性方面的作用。库房人员必须理解库存记录准确性是非常重要的，因此，他们本身的工作是非常重要的。企业必须让库房管理人员知道：

◎ ERP 对企业的未来是十分重要的。它将使企业更兴旺，使我们的工作更可靠。

◎ 物料需求计划是使 ERP 正常工作的关键部分。

◎ 库存记录准确性是使物料需求计划正常工作的关键部分。

◎ 负责库存记录准确性的人员是非常重要的，他们工作的好坏有着重大的影响。

(2) 受限访问的库房是确保库存记录准确性的"硬件"部分。在大多数情况下，受限访问的库房是指有一个物理上的可靠区域围起来而且上锁。这主要涉及责任问题。 为了让库房的工长真正能够对库存准确性负起责任，必须向他提供必要的工具，其中之一就是控制进出库房的能力。也就是说，除了工作需要应限制其他人员访问仓库。然后，库房工长可以理所当然地对库存准确性的结果负责。

(3) 好的事务处理系统是获取库存记录准确性的"软件"部分。记录库存事务和更新库存余额数据的系统应当是简明的和反映实际情况的。

简明是指容易理解和容易使用。这样,事务处理类型不应太多。物料的进库和出库是两种事务处理类型。这些事务处理有计划内的,也有计划外的,这样就成了 4 种类型,再加上从一个库房到另一个库房的物料转移,以及其他库存调整。这样,所需要的事务处理类型不超过 10 种。有些软件包含许多不必要的事务处理类型,造成系统不必要的麻烦,难于操作,于是也难于获得和维护库存记录的准确性。应当记住使用这些工具的是库房人员,而不是计算机科学的博士,所以越简明越好。

事务处理系统还应有效地反映库房里出现的真实情况。例如,每当有物料项目进出库时,库存余额记录应当随之更新。库存记录的更新虽然不需要实时处理,但也是相当频繁的,而且应在实际事务发生后立即来做,绝不允许超过 24 小时才进行处理。

(4) 循环盘点制度是得到并保持库存记录准确性的有效途径,我们在 5.6 节详细讨论。

5.6 ABC 分析和循环盘点

5.6.1 ABC 分析

物料的 ABC 分类的依据是帕累托定律。帕累托是 19 世纪意大利一位经济学家,他发现当时意大利 80%的财富集中在 20%的人手里。后来人们发现很多场合都服从这一规律,于是称之为帕累托定律。

在一个企业中有很多库存物料。在 ERP 环境下,这些物料的库存记录都必须是准确的。为了保持物料的库存记录准确性,必须做大量的盘点工作。但是,这些物料对于企业生产运作的重要性并非都是一样的,它们也服从帕累托定律。换言之,一定有大部分的物料价值集中在少数的物料上,这些物料是 A 类物料;还会有大量的物料只占少量的价值,这类物料是 C 类物料;处于中间状态的是 B 类物料。于是,我们应当更严格地关注 A 类物料,对其采用比较高的盘点频率和比较低的计数容限进行循环盘点。而对于 B 类物料和 C 类物料的关注则可以相对宽松一些。通过这样的方法,既可达到 ERP 系统对库存记录准确度的要求,又降低了相关的成本。

ERP 软件一般都有对物料进行 ABC 分类的功能。做法很简单。假定 A、B、C 三类物料分别占全部物料总价值的 80%、15%和 5%,那么只需将所有物料按使用价值(用量×单位成本)排序,然后按所排次序逐项累加,累加到占总价值 80%所涉及的物料属于 A 类,再继续累加到占总价值 95%所涉及的物料属于 B 类，其余物料属于 C 类，如图 5.5 所示。

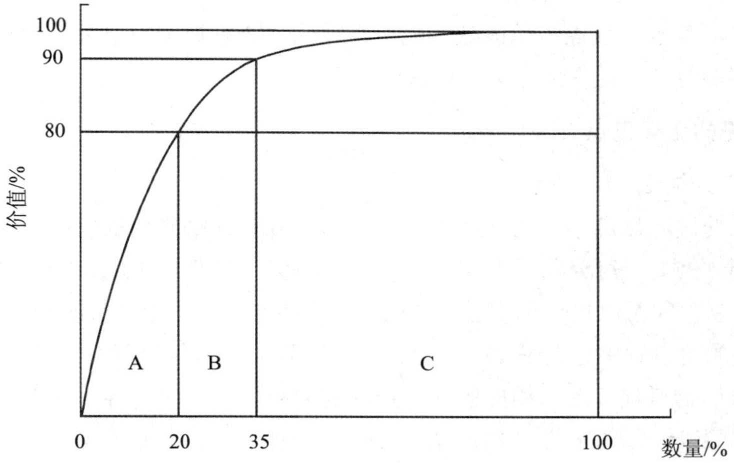

图 5.5 物料的 ABC 分类

5.6.2 循环盘点

循环盘点是得到并保持库存记录准确性的有效途径，是指每天对库存中的部分物料项目进行盘点，从而使一年中对所有物料项目的盘点次数达到预定的值。对一项物料进行盘点的时间间隔称为该项物料的盘点周期。一年中对某项物料进行盘点的次数，称为该项物料的盘点频率。

1. 循环盘点的目标

1) 发现出错原因，并消除之

每当发现库存错误，就要校正库存记录，同时找出原因。这些原因可能是库存安全没有得到切实保证，软件故障或不合理的规程，对库房人员培训不足，等等。一旦发现，应立即纠正，避免错误再次出现。

2) 检测系统运行结果

循环盘点可以对工作现状作出评价。定期地给出关于库存准确度的百分数，可以使人们知道库存记录是否足够准确。

3) 校正不准确的记录

当循环盘点的结果和计算机中的记录不相匹配时，应当重新清点有关项目。如果两次清点的结果相同，则应校正计算机中所存的库存余额记录。

4) 取消年度库存盘点

年度库存盘点一般是出于财务审查的目的。由于库存记录的准确度已达到了 95%，

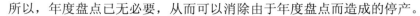

所以，年度盘点已无必要，从而可以消除由于年度盘点而造成的停产。

5) 提高循环盘点人员的素质

通过循环盘点，盘点人员能熟练地识别零件，获得精确的记录，调整偏差，找到解决系统错误的方法，使得库存记录更精确。

2. 常见的循环盘点方法

1) ABC 分类法

最常见的循环盘点方法是依据 ABC 分类法。ABC 三类物料的库存记录准确性计数容限不应相同，例如，可分别设为 1%、2%、5%。盘点周期也不应相同，例如，A 类物料每月盘点一次，B 类物料每季度盘点一次，C 类物产每半年盘点一次。于是得到 A、B、C 三类物料的盘点频率分别是 12、4 和 2。每天盘点的物料项目数可按如下方法求得：先按类分别求出物料项目数与相应的盘点频率的乘积，再求出所有这些乘积之和，然后把所得到的和除以一年的工作日数。按上面设定的盘点频率，我们给出一个例子如表 5.13 所示。

表 5.13　基于 ABC 分类的循环盘点

物 料 类 别	物料项目数	盘 点 频 率	盘点物料项目数
A	250	12	3 000
B	1 500	4	6 000
C	4 000	2	8 000
总计			17 000
每年工作日			250
每天盘点物料项目数			68

2) 分区分块法

分区分块法是将库存项目按所在的区域分组，以提高盘点的效率。这种方法常用于分区存放系统以及在制品或中间库存的盘点。分区管理员以一个固定周期进行盘点，每次对一个区整个盘查一次，并与库存记录相比较。

3) 存放地点审查法

通常每个库房内都有很多库位。如果物料放错了地方，正常的循环盘点就不能进行，存放地点审查法用于准确地确定物料的有效的存放地点。使用这种方法时，所有的库位都做了编号，每个盘点周期对特定的物料进行检查，通过对每个库位上的物料代码与库存记录进行比较，核实每项物料所在的库位，这种方法是容易实施的，因为它只需要核查物料代码而不需要检查物料的数量。

盘点方法的选择取决于库存系统的实际情况，对于快速周转的物料项目，分区分块法是有效的方法；对于有许多库位的库房，ABC 分类方法和存放地点审查法结合在一起将会更有效。

循环盘点可以当作一项制度，同时也允许在特别需要时做一次特别盘点。

在循环盘点之后，应产生一份循环盘点报告。报告中包括所盘点的物料的代码、存放地点、度量单位、原记录数量、盘点数量、库存记录准确度百分比等重要信息。如果盘点结果与库存记录之间出现偏差，则要进行分析。如果偏差在计数容限范围之内，则将库存记录调整为盘点结果。如果偏差超出了计数容限，则作出标记，留待进一步处理，其中包括查找出错原因并消除之。

■ 思考题

1. 物料管理的内涵和目标是什么？
2. 库存的目的有哪些？库存管理要发生哪些费用？
3. 确定订货批量的方法有哪些？
4. 为什么要使用批量调整因子？批量调整因子有哪些？
5. 什么是安全库存？什么是安全提前期？
6. 在 ERP 环境下，库存记录的准确度至少应当达到多少？如何达到所要求的准确度？
7. 在物料管理过程中，为什么要对物料进行 ABC 分类？它的原理和方法是什么？
8. 循环盘点有哪些方法？各如何进行？

■ 习题

1. 从库存投资方面来考虑，最好的生产计划环境是哪一种？（　　）
   A. 面向订单装配　　　　B. JIT　　　　C. 面向库存生产　　　D. 面向订单生产
2. 下面那些库存事务应当在计算机中进行处理？（　　）
   A. 当一些物料从一个库位移到另一个库位时
   B. 当从某供应商那里接受货物时
   C. 当一些物料从一道工序移到下一道工序时
   D. 上面说的各种情况
3. 下面哪一项是物料管理的主要目标？（　　）
   A. 提供充足的劳力供应　　　　　　B. 提供所要求的客户服务水平
   C. 减少库存周转支持成本核算　　　D. 提供制定经营规划的信息
4. 如何计算库存周转率？（　　）
   A. 平均库存量除以总资产　　　　　B. 年售出货物成本除以平均库存价值
   C. 平均库存量除以所有者权益　　　D. 销售额除以销售成本
5. 根据如下信息：销售额=1 600 万元，售出货物成本=1 000 万元，综合管理费用

=400 万元，平均库存价值=250 万元。求库存周转率是多少？（　　）

  A. 1.5   B. 1.6   C. 4.0   D. 6.4

  6. 某公司年总产值为 80 000 000，库存成本占总产值的 75%。假定库存保管成本占库存价值的 25%。如果库存周转率从 2 提高到 3，那么增加的现金和利润各是多少？（　　）

  A. 10 000 000；2 000 000   B. 12 000 000；3 000 000

  C. 8 000 000；1 500 000   D. 10 000 000；2 500 000

  7. 下面哪种类型的库存用于应对供需波动？（　　）

  A. 周转库存   B. 普通库存   C. 安全库存   D. 季节库存

  8. 如下哪一项库存为季节性需求提供了缓冲？（　　）

  A. 批量库存   B. 波动库存   C. 预期库存   D. 供应商管理的库存

  9. 如下哪一项表述了由于所采用的订货批量大于所需要的数量而形成的库存？（　　）

  A. 波动库存   B. 批量库存   C. 在途库存   D. 计划接受量

  10. 按照经济订货批量法，如果一项物料的订货成本增加，将产生什么影响？（　　）

  A. 订货量将增加   B. 订货点将增加

  C. 订货量将减少   D. 订货点将减少

  11. 如果订货数量增加，而年需求量不变，如下哪种情况将会出现？（　　）

  A. 保管成本增加，订货成本也增加

  B. 保管成本增加，而订货成本减少

  C. 保管成本和订货成本都不变

  D. 保管成本减少，订货成本也减少

  12. 某企业关于一项原材料有如下净需求数据：

周	净需求
2	350
5	1 200
7	1 000
11	1 500

  假定提前期为 1 周，单位成本为 1 元，订货准备成本为 30 元，每周保管成本为库存价值的 0.5%。那么，如下哪项订货计划是最经济的？（　　）

  A.

周	1	4	6	10
订货量	350	1 200	1 000	1 500

B.

周	1	6
订货量	1 550	2 500

C.

周	1	4
订货量	350	3 700

D.

周	1	4	10
订货量	350	2 200	1 500

13. 如果物料的保管成本提高，而其他参数保持不变，经济订货批量将有什么变化？（　　）

　　A. 仅在一个订货周期稍有降低

　　B. 将增加，且直到保管成本再次调整之前保持不变

　　C. 将减少，且直到保管成本再次调整之前保持不变

　　D. 没有影响

14. 根据经济订货批量的原则，如果增大订货批量，下面哪一项成本将增加？（　　）

　　A. 年库存保管成本　　　　　　　B. 订货成本

　　C. 生产运作成本　　　　　　　　D. 客户服务成本

15. 供应商对一项物料建立的最小供货量是 50 件，订货倍数是 10 件。如果某公司要采购该物料 10 件，应当如何做？（　　）

　　A. 按订货倍数，订货 10 件

　　B. 按最小供货量订货 50 件

　　C. 按订货倍数和最小供货量之和，订货 60 件

　　D. 订货 50 件，收到并检验以后拒收 40 件

16. 如下哪种物料最适合于应用按需订货的批量策略？（　　）

　　A. 成本价值高的物料　　　　　　B. 准备成本高的物料

　　C. 具有均衡而连续需求的物料　　D. 固定批量的物料

17. 如下哪一项关于 MRP 和安全库存的陈述是正确的？（　　）

　　A. MRP 使用安全库存来满足需求

　　B. MRP 在它的计算中忽略安全库存

　　C. MRP 产生计划订单来维护安全库存水平

　　D. MRP 对所有的物料在所有的层次上提供安全库存

18. 在需求相对连续的情况下，增加安全提前期和如下哪一项效果相同？（　　）

    A. 以更大的批量订货　　　　　　　　B. 降低订货点

    C. 增加库存水平　　　　　　　　　　D. 从本地区的供应商那里订货

19. 准确的库存记录必须有如下哪些信息？（　　）

    A. 物料的代码、描述、数量和位置

    B. 物料成本、订货点和安全库存

    C. 销售记录、预测和生产计划

    D. 订货点、数量和成本

20. 如下哪一项最好地表述了物料的 ABC 分类和控制的本质特征？（　　）

    A. 对所有物料应当有同样水平的控制

    B. 有少量的物料占了年物料使用价值的大部分

    C. 物料需要紧密的控制

    D. 库存记录准确性是重要的

21. 库存的 ABC 分类是根据如下哪一项进行的物料分类方法？（　　）

    A. 物料功能　　　B. 物料类型　　　C. 存储要求　　　　　D. 年使用价值

22. 如下哪一项关于 ABC 分类法的陈述是正确的？（　　）

    A. 每年 A 类物料的盘点次数要比 B 类物料的盘点次数多 3 次

    B. 是一个最实用的方法

    C. 需要计算机去决定 ABC 各类物料的价值

    D. 强调关注高价值的物料

23. 循环盘点是（　　）

    A. 在每个财务年度检测库存准确度的一种方法

    B. 通过每天选择一部分物料进行盘点来检测库存准确度的一种方法

    C. 通过记录一年中的库存调整来检测每年实际库存的一种方法

    D. 以上说法都不对

24. 循环盘点主要目的是（　　）

    A. 减少直接劳力成本　　　　　　　　B. 减少每年的盘点次数

    C. 补充库存　　　　　　　　　　　　D. 发现库存错误的原因，并消除之

25. 假定一个公司有 10 000 个物料代码，其中 7 500 项物料是活动的，同时假设其中有 750 项 A 类物料，2 000 项 B 类物料。如果每年计划盘点 A 类物料 3 次，B 类物料 2 次，C 类物料 1 次，那么每年需要作多少次盘点？（　　）

    A. 11 000　　　　　B. 9 000　　　　　C. 13 000　　　　D. 以上说法都不对

26. 如下哪项活动不是循环盘点的活动？（　　）

    A. 选择被盘点的物料

B. 盘点物料

C. 把一些物料搬运到易于存取的库位

D. 调整库存记录

27. 根据下面的循环盘点表，如下哪项关于 ABC 三类物料的库存准确度的表述是正确的？（　　）

物料代码	物料描述	ABC 分类	容差	盘点		计算机中	
				数　量	位　置	数　量	位　置
123	发动机	A	0	96	4D6	98	4D6
133	铸件	A	0	81	2S2	81	2S2
137	离合器	A	0	41	8C1	41	8C1
304	排挡	A	0	320	3AC	320	3AC
541	小齿轮	B	2%	0	7X3	21	7X3
610	螺栓 3/4	C	3%	616	4D3	600	4D3
773	轴衬	C	3%	480	8E0	500	8E0

A. 75%，0%，50%　　　　　　B. 78%，20%，50%

C. 85%，10%，40%　　　　　　D. 75%，30%，40%

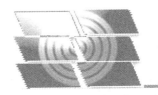

第6章

需求管理——企业运营的源头

一个公司的最主要目标是在满足客户需求的过程中获取利润。市场和销售部门关注于满足客户的需求，而生产部门必须提供相应的产品来实现市场和销售部门的目标。这两个领域的计划协调就是需求管理(demand management)。

生产计划和活动是由需求驱动的。需求管理是识别和管理对产品的所有需求的功能。需求管理分为短期需求管理、中期需求管理和长期需求管理。从长远来说，企业经营规划需要对工厂设施等进行需求预测；从中期来说，需求管理的目的是为生产规划预测总需求；短期来说，需求管理适用于所制造的产品，它与主生产计划息息相关。我们这里关心的主要是短期需求管理。

需求管理帮助主生产计划员认识需求。为了有效地计划物料和能力资源，首先必须识别所有需求的来源。这些来源包括国内及国外的客户、同一企业的其他工厂、分公司的仓库、备用件需求、促销、分销系统库存以及存放在客户仓库的库存。

需求是销售与运营规划以及主生产计划的输入之一。将对产品族或物料项目的需求与人的判断和评估结合起来，从而产生有效的销售与运营规划以及主生产计划。

需求管理的目的在于建立关于未来需求的最合理的计划，并且当有变化时及时更新这个计划。通过有效地管理不同的需求流，可以避免对销售与运营规划以及主生产计划的无意义的改变，并尽早发现有意义的市场变化，从而可以采取相应的应对措施。

在制造业企业中，预测和客户订单是制定经营规划、销售与运营规划以及主生产计划过程的起点，而分销则是确保满足客户需求的过程。

有效的需求管理的本质是好的交流、迅速的反馈和明确的责任。计算机作为有效的需求管理系统的工具，用来支持这些重要的行动。

6.1　预测

6.1.1　为什么要预测

预测是计划的前奏。在制定计划之前，必须预测未来一段时间内的需求。如果没有一定形式的预测，计划则很难进行。

大多数公司都不能等收到客户的订单时才开始计划生产。在激烈的竞争环境中，客户所要求的交货提前期往往短于产品的生产提前期。于是，在接到客户订单之前必须进行预测，并根据预测先把一些工作做好，以便缩短交货时间来满足需求。

制造标准产品的制造商一般采用面向库存生产的方式。这些公司需要做好准备，使产品马上能够用于销售。

面向订单生产的制造商不能在接到客户订单之前先进行生产，但是他们必须准备好人力资源和机器设备，以满足可能的需求。有时，一些采购提前期很长的原材料或零部件也必须根据预测做好准备。

面向订单装配的制造商应当在接到客户订单前准备好基本组件，以便于在短时间内装配成产品来满足需求。

以上的讨论如图 6.1 所示。

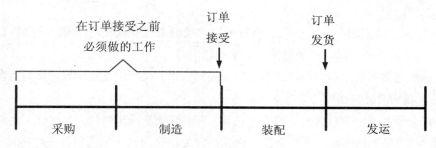

图 6.1　为什么要预测

许多因素可以影响对一个公司产品和服务的需求。虽然不可能发现所有这些因素，或者它们对需求的准确性的影响，但是考虑以下一些重要的因素是有帮助的。

◎　总体的业务和经济状况

◎　竞争因素

◎　市场需求趋势

◎　公司自身的广告、促销、定价及产品变更计划

需求预测取决于将要做什么。企业经营规划、生产规划和主生产计划都必须有预测

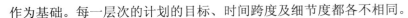

作为基础。每一层次的计划的目标、时间跨度及细节度都各不相同。

企业经营规划关注的是，未来 2~10 年或更长时间内的总体市场和经济发展方向。其目的是提供足够的时间来规划那些需要较长时间才能改变的东西。对生产来说，企业经营规划应该提供足够的时间来进行资源的规划，如扩建工厂、购买大型生产设备以及其他购买周期较长的设施。企业经营规划的明细程度不高，预测的对象通常是销售量、销售额，或者能力。预测和计划可以以季度或年度为基础进行检查。

生产规划关心的是未来 1~3 年的生产制造活动。对于生产规划来说，要预测那些制定生产规划所需要的对象，例如资金预算、人力资源规划、长提前期的部件采购和总体库存水平。预测的对象是产品族，而不是特定的产品。预测和计划可以以月度为基础进行检查。

主生产计划关心的是从现在开始未来几个月的生产活动。预测的对象是单个产品，以及单个产品的库存水平或未完成客户订单的水平、原材料和部件、人力资源规划等等。预测和计划可以以周为基础进行检查。

只有独立需求需要预测。这些通常都是最终产品，但是也可以包括备用部件，以及供应给同一公司其他工厂的部件(公司内部使用)。对非独立需求不需要进行预测，而是从对独立需求产品的计算中得到。

6.1.2　预测的特征

预测有 4 个主要特征。理解这些特征可以使我们更有效地应用预测。这些特征都是简单的，从某种意义上说，甚至都是一些常识。

(1) 预测通常都会出错。预测试图了解未知的未来。除非运气特别好，预测错误是不可避免的，我们对此应当有心理准备。

(2) 每个预测都应该包含一定的误差估计。既然预测会出现错误，那么真正的问题在于"错多少"?每个预测都应该包含误差估计，误差估计通常表示为百分比(正和负)。对误差的估计可以通过研究需求与平均需求之间的变化，应用统计学的方法来完成。

(3) 对产品族的预测更加准确。即使产品族有很稳定的特征，其中单个产品的行为也可以是随机的。例如，在一个班级中，预测每个学生的考试分数总是比预测一个班级的平均分数更困难。类似地，对产品族的预测要比对产品族中单个产品的预测更加准确。

(4) 时间越近，预测越准确。眼前的未来比长远的未来更具有确定性。大多数人对预测下个星期要做什么比预测一年以后要做什么更有信心。因为在很多情况下，人们对明天的预期会与今天差不多。同样，对一个公司来说，近期的需求比远期的需求更容易预测。所以，任何可以缩短提前期的措施都将改善预测的准确性。

6.1.3   收集和准备数据

预测通常是基于以某种方式，或者是判断，或者是统计方法处理过的历史数据。因此，预测要准确，预测所使用的数据首先要准确。为了取得可靠的数据，了解数据收集的 3 个原则是很重要的。

(1) 使用与预测需要同样的术语记录数据。这涉及以下 3 方面的问题。

◎ 预测要基于需求的数据，而不是发货的数据。发货数据表明发货的数量和时间，它与客户需求的数量和时间并不总是一致的。因此，发货数据并不一定给我们真实的需求指标。

◎ 预测时区是用周、月还是季度，应该与生产排产的时区相同。如果生产排产是以周为时区单位，那么预测也应该以周为时区单位。

◎ 部件预测应该与制造部门所控制的相同。例如，如果某一产品的构成有不同的部件选项，那么对该产品以及每个部件选项的需求都应该进行预测。

假设某公司生产自行车。自行车有 3 种不同规格的车架，3 种不同的车轮尺码，3 速、5 速或 10 速的变速器，配置或不配置高级钢圈。这样，该公司共有 54(=3×3×3×2)种不同型号的自行车可供销售。如果对每种不同的自行车都进行预测的话，就需要预测 54 种不同的自行车。一个更好的预测方式是预测对自行车的总需求和预测对每种车架尺码、每种车轮尺码、每种变速器以及配备或不配备高级钢圈等选项需求的百分比。用这种方法只需要做 12 种预测 (3 种车架、3 种车轮、3 种变速器、2 种高级钢圈配置和自行车本身)。

在这个例子中，自行车部件的生产提前期会比组装自行车的提前期要长得多。制造部门可以根据部件预测来生产自行车部件，然后根据客户订单组装自行车。

(2) 记录与数据相关的情况。需求受特定事件的影响，这些事件应该与需求数据一起记录。例如，人为的需求起伏可能由促销、价格变化、气候变化，或者竞争者工厂事故而引起。将这些因素与相关的需求数据联系在一起至关重要，以便在制定生产计划时把这些因素考虑在内或去除这些因素。

(3) 分别记录不同客户群的需求。许多公司通过不同的分销渠道分销产品，而每一个渠道都有自己的需求特征。例如，一个公司可能将产品卖给多个批发商，而这些批发商经常以小批量购买产品；公司也可能将产品卖给一个大型的零售商，而这个零售商每年两次以大批量采购产品。在这样的情况下，对平均需求的预测将是没有意义的，而应该把两个渠道的需求分开进行预测。

6.1.4 预测技术

有许多种预测的方法，通常分为定性预测技术和定量预测技术；又可以根据所使用的数据或信息的来源分为外部预测技术和内部预测技术。

定性预测和定量预测既可以基于内部信息来进行，也可以基于外部信息来进行。

1．定性预测技术和定量预测技术

1）定性预测技术

定性预测技术(qualitative forecasting techniques)是基于直觉、经验和某些知识进行判断的预测技术。从本质上说，定性预测是主观的，它常用于预测业务走势，以及在未来较长时区内对大产品族的潜在需求。因此，这种方法主要是被高层管理人员使用。生产和库存预测通常关心的是对特定产品的需求，定性预测技术很少适用于这种情况。

当试图对一个新产品进行预测时，由于没有任何历史资料可以作为预测的基础，在这种情况下，市场调查方法及历史类比方法可能会使用到。

市场调查是一种系统的、规范的和有意识地对客户观点和意向进行了解与确定的方法。

历史类比方法是基于对同类产品的市场导入及成长的比较分析，由此希望新产品也走同样的路。另一个方法则是用产品去测试市场。

还有其他一些定性预测方法。例如，德尔菲(delphi)法，即组织一些专家对可能会发生什么发表各自的意见和看法。

2）定量预测技术

定量预测技术(quantitative forecasting techniques)所依据的前提是过去的需求是未来需求的好的指标。定量预测技术依赖于数学公式来分析历史的需求模式并预测未来的需求。定量预测技术有多种类型，最常用的是移动平均、指数平滑和回归分析等技术。

2．外部预测技术和内部预测技术

1）外部预测技术

外部预测技术(extrinsic forecasting techniques)是根据对一个公司产品需求相关的外部指标所进行的预测。例如，从建筑物开工率高，可以预测出建筑材料需求增长；从婴儿出生率高，可预测出婴儿用品需求增长；从居民可支配收入增加，可预测出旅游或高档消费品需求增长；汽油的消费量随着汽车销售量的增长而增长……

这里，建筑物开工率、婴儿出生率、居民可支配收入、汽车销售量等都称为外部指标。通过对于这些外部指标的预测，可以得到我们所需要的预测。

建筑物开工率和汽油消费量都是经济指标(economic indicators)，它们显示在某一特定时区的主要经济状况。其他常用的经济指标还有建筑合同、汽车生产、农产品收获、钢铁生产以及国民总收入等。这类数据由不同的政府部门、金融报刊杂志、贸易协会及银行等机构编撰发表。

使用外部预测技术，重要的问题在于找到与所关注的需求相关的指标，最好是引导需求的指标，也就是在需求发生之前具有提示性的指标。例如，在一个时区准许的建筑合同数量或许决定了下一个时区建筑材料的销售量。如果找不到引导需求的指标，也可以使用政府部门或机构预测的非引导指标。从某种意义上来说，这是根据一种预测来作另一种预测。

在对一个公司产品的总需求或产品族需求进行预测时，外部预测是很有用的工具。因此，外部预测经常用于企业的经营规划和生产规划，而不是用来预测单个的最终产品。

2) 内部预测技术

内部预测技术(intrinsic forecasting techniques)应用历史数据进行预测。这些数据经常是记录在公司内部，并且随时可供使用。内部预测技术的基本假设是，过去发生的将来还会发生。

在主生产计划的计划展望期内，需要对最终产品的需求进行预测。此时经常使用内部预测的方法。

下面介绍一些重要的内部预测技术。

(1) 一些简单的内部预测技术

假设在过去一年中，对某一特定产品的月需求量如表 6.1 所示。

表 6.1　过去一年 12 个月的历史需求数据

月份	1	2	3	4	5	6	7	8	9	10	11	12
历史需求数据	92	83	66	74	75	84	84	81	75	63	91	84

假设现在是 12 月底，我们想对明年 1 月份的需求进行预测，可以使用以下几个规则：

◎　这个月的需求等于上个月的需求

于是，1 月的需求预测将是 84，等于 12 月的需求。这好像看起来太简单，但是如果月与月之间的需求没有太多的变化，这一规则或许还是很有用的。

◎　这个月的需求等于去年同期的需求

于是，1 月的需求预测将是 92，与去年 1 月的相同。如果需求是季节性的，并且没有什么需求变化的趋势，这一规则是相当适用的。

这些规则都是基于过去某一个月或某一个时间段的需求数据，如果需求有明显的随机变化，那么这些规则的作用就相当有限了。

通常，将历史需求平均化是一种好的方法，因为这样可以减少随机变化的影响。

(2) 移动平均

这是一个简单的预测方法，使用最近几个时区的平均需求作为对下一个时区的预测。在下一个时区末，去除最近几个时区的第 1 个时区的需求，增加最近一个时区的需求，然后算出新的平均需求用作下一个时区预测。预测总是基于某一特定数量的时区内的实际需求的平均数得到的。

例如，假设我们决定使用 3 个月的移动平均，数据来源于表 6.1。根据 10 月、11 月和 12 月的需求数据，1 月份的需求将是：

$$\frac{63 + 91 + 84}{3} = 79$$

现在假设 1 月份的需求是 90 而不是 79，那么 2 月份的预测计算如下：

$$\frac{91 + 84 + 90}{3} = 88$$

在以上的讨论中，1 月份的预测值是 79，2 月份的预测值是 88，预测值上升了。这是因为加上了 1 月份较高的需求值，而去掉了 10 月份较低的需求值。如果使用更多的时区，例如 6 个月，预测值就不会变化得如此迅速。移动平均所包括的月数越少，最后的信息所占的权重就越大，预测对需求变化趋势的反映越灵敏。然而，移动平均预测对需求变化趋势的反应总是滞后的。例如，参看以下过去 5 个时区的历史需求数据：

时区	需求
1	1 000
2	2 000
3	3 000
4	4 000
5	5 000

从中，我们看到了一个上升的趋势。如果我们使用 5 个时区移动平均，第 6 个时区的预测是(1 000＋2 000＋3 000＋4000＋5 000)÷5＝3 000。预测看起来不很准确，因为预测大大地落后于实际需求。然而，如果使用 3 个时区移动平均，预测是(3 000＋4 000＋5 000)÷3＝4 000。仍不是完美的，但是好一些。这里应当指出的是，移动平均总是滞后于需求变化的趋势，移动平均包括的时区越多，滞后越多。

另一方面，如果需求没有变化的趋势，而只是随机地变化，那么移动平均所使用的时区数越少，则越反映出需求的随机波动，而不是反映平均需求。参看以下历史需求数据：

时区	需求
1	2 000
2	5 000
3	3 000

4	1 000
5	4 000

需求没有变化趋势，只是随机的变化。如果使用 5 个时区的移动平均，那么对第 6 个时区的需求是 3 000。而如果使用两个时区平均，则对第 3 个时区、第 4 个时区、第 5 个时区和第 6 个时区的预测分别是：

第 3 个时区的预测＝(2 000＋5 000)÷2＝3 500

第 4 个时区的预测＝(5 000＋3 000)÷2＝4 000

第 5 个时区的预测＝(3 000＋1 000)÷2＝2 000

第 6 个时区的预测＝(1 000＋4 000)÷2＝2 500

可以看出，使用两个时区的移动平均，预测快速地反映最近的需求，因而稳定性较差。

移动平均最适合于具有稳定需求的产品，这样的产品几乎没有需求变化的趋势或季节性变化。同时，移动平均也可以用来过滤随机的变化。因为一般来说，高需求期过后往往跟随着低需求期。

使用移动平均的一个缺点是，需要对每一个预测产品保留多个时区的历史需求数据。这将需要大量的计算机存储或人工努力，而且计算也很繁琐。

(3) 指数平滑

经常使用的另一项预测技术叫做指数平滑(exponential smoothing)。要得到移动平均，其实不必保留那么多个时区的历史需求数据。因为在计算以前的预测时，这些数据已经起了作用。因此，可以基于以前的预测及新的实际需求数据来得到新的预测。

指数平滑需要知道两个参数，即预测初值和平滑因子，然后用迭代的方法计算出各个时区的预测。指数平滑所依据的公式是：

$$本期预测＝上期预测＋校正因子 \tag{6.1}$$

【例 6.1】　指数平滑预测初值 $F=74$(由其他方法得出)，平滑因子 $\alpha=0.25$，于是可以得到表 6.2 所示的迭代过程。

表 6.2　指 数 平 滑

时　区	预测(F)	实际需求(V)	偏差($V-F$)	校正因子 $\alpha^*(V-F)$
1	74	70	-4	-1
2	73	81	+8	+2
3	75	85	+10	+2.5
4	78			

指数平滑法的基本原理是强调近期销售数据对预测值的影响，但并未完全忽视远期数据的影响。可以将式(6.1)写成如下形式：

$$F_{t+1}= F_t +\alpha\,(V_t - F_t)= \alpha V_t+(1-\alpha)\,F_t \qquad\qquad (6.2)$$

其中，平滑因子 α 的值介于 0 与 1 之间($0<\alpha<1$)；F_t 和 F_{t+1} 分别表示第 t 时区和第 $t+1$ 时区的预测值；V_t 是第 t 时区的实际销售量。如果按递推关系将式(6.2)展开，则可以得到

$$F_{t+1}=\alpha V_t+\alpha(1-\alpha)V_{t-1}+\alpha(1-\alpha)^2 V_{t-2}+\cdots \qquad\qquad (6.3)$$

可以看出，近期数据 V_t 在式(6.3)中起着主要作用，其余各项历史数据的作用按等比级数(公比为 $1-\alpha$)迅速降低。因此，这种方法是加权移动平均方法的一种改进，它可以通过选择 α 的值来调节近期的数据。在实际应用中，α 值的选择可以根据经验来确定，如果数据波动不大，α 的值应当取得小一些，反之，α 的值应当取得大一些。

指数平滑方法的优点在于它所要求的数据比移动平均法所要求的数据少得多。

指数平滑提供了一个经常性更新产品预测的常用方法。对于需求稳定的产品来说效果是好的。一般来说，对短期的预测它能提供满意的结果。在需求较低或需求表现为间断性的时候，效果不太令人满意。

指数平滑方法可以检测市场需求的趋势，但预测要滞后于实际需求。如果 α 的值选得大一些，则预测能更好地反映市场趋势。

(4) 调焦预测

人们已对预测进行了多年的研究。长期以来存在两种错误的观点：一种观点是认为通过构造越来越复杂深奥的预测算法，可以算出正确的数字；另一种观点是可以用一种预测技术对所有物料项目进行预测。

多年来，关于预测的大多数研究集中在复杂的数学方法上，以期找到一种万能的预测技术，可以对所有的物料项目进行预测。但遗憾的是，复杂程度的每次增加都伴随着人们评估和使用预测方法的能力的降低，而预测准确性则几乎没有提高。经验表明，如果人们不理解为什么一个系统会产生某些数字和建议，人们就不能有效地应用该系统。因此，在多数情况下，预测技术的推进反而使得它更难于理解和使用。

今天的趋势是离开数学优化而转向模拟选择。人们不再试图找到某个"正确"的公式去产生正确的预测，而是使用计算机去模拟不同的预测策略并评估它们的有效性，然后从中选择用于建立预测的最有意义的技术。

有一种近年来发展起来的预测方法称为调焦预测(focus forecasting)。这种方法特别适用于有多项产品需要预测的情况。调焦预测不是一种技术，而是一个可以运用多种预测技术的系统，它可以模拟并评估一系列不同的技术，然后从中选择已被证明对于最近的过去所作的预测最为有效的预测技术，用于预测未来。调焦预测系统所用的典型预测方法往往是一些简单的技术，如上面介绍的移动平均方法，或一些简单的策略，如"未来 3 个月的销售额和过去的 3 个月一样"等，当然，也可以使用一些复杂的数学方法。

下面举例说明调焦预测的工作原理。

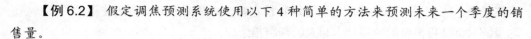

【例 6.2】　假定调焦预测系统使用以下 4 种简单的方法来预测未来一个季度的销售量。

A: 下个季度的销售量和去年同期一样

B: 下个季度的销售量比去年同期多 10%

C: 下个季度的销售量和本季度一样

D: 下个季度的销售量是过去 6 个月的一半

假定现在是 6 月份，要预测 7—9 月份的销售量。历史数据如表 6.3 所示。

表 6.3　销售量历史数据

月份	1	2	3	4	5	6	7	8	9	10	11	12
去年	18	12	10	3	8	6	16	18	29	12	15	13
今年	2	18	21	4	9	2						

调焦预测采用一种迭代的方法来选取适当的预测方法，并使用这种方法取得预测值。先假定现在是 3 月份，用上述四种方法中的每一种对 4—6 月份的销售量进行预测，并将预测结果和实际情况相比较，从中选择得到最好预测结果的预测方法来预测 7—9 月份的销售量。

用上述 A、B、C、D 四种方法得到的预测值分别是 17、18.7、41 和 40.5，实际值是 15，于是选择方法 A 作为对 7—9 月份的销售量进行预测的方法，得到的预测值为 63。

因为易于理解和使用，大多数使用调焦预测系统的人最终都选择简单的预测方法或策略。此外，调焦预测的效益来自于使用计算机和模拟多种可供选择的方法，而不是来自于某种复杂的技术去得到"正确的答案"。

预测系统必须提供一种方法把季节因素考虑在内，从而使得系统能够处理在每年的一定时间定期重复的规律模式。例如，夏季时装和节日食品都是高度季节性的。这种季节性可以分析并对每个时区建立权重编号，用来把全年总预测分配到月或季。

预测系统还必须提供按仓库、结构配置、包装大小等因素分解和分配产品族预测的方法。例如，在分销资源系统中，必须按物料项目和分销中心建立销售预测。许多企业选择建立全国范围的预测，然后分解为单个物料项目和分销中心的预测。这种分解的典型方法是使用历史百分比。同样的方法也可用于按产品配置或包装规模把产品族预测进行分解。

预测系统还必须提供对产品族内单项物料项目的预测进行汇总和调整的方法。在某些情况下这可能意味着调整累计的预测。在另外一些情况下可能使用累积预测的某个百分比重新计算单项的预测。

最后，也许是最重要的，一个预测系统必须有一个对预测进行检查的方法。在预测产生之后，在使用之前必须由人对其进行检查修改，从而人可以对所使用的预测负责。这里的关键是将简单的预测技术和人的判断相结合。

预测和许多经营活动一样，是一个具有特定责任的管理过程。计算机可以在建立和更新预测方面提供有意义的帮助，但是最终由人评价和批准预测，并建立销售计划实现预测。换言之，批准和实现预测的责任在于人。

6.2 客户订单管理

6.2.1 客户订单录入

在收到客户订单时，销售部门必须把客户订单录入 ERP 系统。如果产品从仓库直接发货，将会产生发货单，准许商品从仓库发出。如果产品需要加工或是面向订单装配，则要指明产品的特性。如果产品是由标准部件组装而成，可能会相对简单一些；如果产品涉及大量的工程设计，这可能会是一个复杂的过程。将有一份叙述客户订单接受条款的文件传送给客户，同时把这份文件传送给主生产计划人员，准许进行工作准备或开始生产。主生产计划人员必须知道生产什么，生产多少，以及何时交货。

订单录入系统用来增加、删除和修改客户订单。如果客户所订的物料由 MRP 来计划，则客户订单将作为一项毛需求输入到 MRP 系统。如果此项物料由主生产计划来控制，这些客户需求将是主生产计划的输入信息。

订单录入系统应能在一份客户订单上生成多个物料行。多个物料行可以是对不同的物料和相同的日期，不同的物料不同的日期，或相同的物料不同的日期。每个物料行表示了对 MRP 或主生产计划系统的一项需求。一份客户订单可以包括一次或多次发货。对客户订单的每个物料行要求 5 条信息，即

- ◎ 物料代码
- ◎ 承诺日期
- ◎ 数量
- ◎ 客户订单号
- ◎ 客户要求的日期

其中，物料代码用于对 MRP 和主生产计划指明客户订单所需的物料。承诺日期和数量用于在 MRP 计划展开过程中求净需求或产生例外信息。客户订单号用于查询客户订单信息。客户要求日期是客户对该物料行最初指定的日期，可能不同于用在 MRP 和主生产计划系统中的承诺日期。例如，客户可能要求某项物料在第 3 周交货，但由于供应问题，直到第 6 周才能交货。在这种情况下，对客户承诺的日期是第 6 周，而客户要求日期是

第3周。

在录入客户订单时,要根据客户要求的日期来检查由主生产计划产生的可承诺量(available to promise,ATP),还可用于绩效度量、预测和预测消耗。

除了生成客户订单和客户订单物料行之外,订单录入系统还应能修改和删除现有订单。客户订单生成以后,应能修改需求日期和数量等有关信息。当删除一份客户订单时系统先应删除订单中所有的物料行并关闭该订单,而不管订单的状态如何。如果所有物料行已被完成或关闭,则标记订单完成。

当客户订单准备发运时,可以通过计算机生成提货单和发运单等书面文件帮助库房管理人员做好工作。

在生成客户订单之后,应立即打印订单回执,以表示对收到客户订单的确认。

订单录入过程应当包括对客户订单上的每个物料行的可承诺量检查,以便根据当前的主生产计划来确定新的客户订单何时可以交货。如果在客户要求的日期不可承诺,系统则显示客户要求日期和可承诺日期供人检查,由人作出决定是否为这份客户订单修改主生产计划。主生产计划策略应认识到修改主生产计划要产生直接或间接的人工费用以及在库存等方面引起的混乱造成的费用。在进行修改之前先应根据这种策略评估修改主生产计划的影响和成本。

订单录入系统应能处理关于面向订单生产且具有多个选项的产品的客户订单。 例如对于某汽车企业,SBS 是一个汽车产品族,由不同选项构成不同的汽车产品,不同的选项可有不同的发动机、不同的传动装置、不同的音响设备、不同的内部装饰配件包等等。这些选项可以是实际的子装配件(例如发动机选项),或者是零件的逻辑分组,不可能物理地装配在一起(例如内部装饰配件包)。

在这种情况下,客户订单不是关于产品族中的具体产品,而是关于产品族和一系列选项。例如,客户订单可能是关于 6 缸发动机、AM/FM 磁带音响、特定的装饰等选项的SBS 汽车。客户订单号是仅有的产品标识符,它从两级上录入系统:产品族 SBS 和选项(SBS 公用的模块,6 缸发动机选项,AM/FM 磁带音响选项等)。

对于由选项构成的产品,订单录入系统还应有如下两项功能:

(1) 帮助选择产品的适当选项。

(2) 对于产品族和每个选项检查可承诺量。

订单录入系统应当对每个产品族提供一个可供选择的菜单。例如,订单录入系统应当提示对产品族的录入;表明发动机选项是必要的,并显示对发动机可以进行的选择;表明传动装置选项是必要的,并显示对传动装置可以进行的选择等等。另外,因为对一个可选项的任意选择并非都能和对其他可选项的任意选择一起工作,例如,对于 SBS 汽车,5 速手控传动装置可能只能和 4 缸发动机配套使用,于是,系统应当根据较早完成的选择,取消那些无效的选择。这样,一旦订单录入人员选择了 6 缸发动机,那么系统将不再显示 5 速传动装置作为可行的选择。

对于一个由选项构成的产品，客户要求的日期是一个单一的日期，但产品的可用性则取决于各个选项的可用日期。因此，订单录入系统应当检查该产品每个选项的可承诺量。如果某些选项在客户要求的日期不可用，那么系统将对该订单做出标记供人检查和批准。

6.2.2　客户订单分析

并非所有客户订单都是预测的实现。有时，较大的订单来自于新的客户，市场的变化可能通过客户订单的重大的增加或减少表现出来。因此，在订单录入过程中应识别"非正常的需求"，而且要识别它的性质，是偶然现象？还是新的市场趋势？然后要对其进行特别的处理。否则，为现有客户(这些客户是预测的一部分)服务的能力可能要受到损害。非正常需求不是预测的一部分，它们是预测之外的数量。非正常需求的大量增加表明销售已超过预测，从而预测应当修订。如果系统允许这些非正常需求消耗预测，那么关于该项物料的总需求在系统中的表述将明显地偏低。于是将没有足够的物料满足所有的需求。最终，长期合作的忠实客户的供货将受到损害。因此，需要有某些方法用来对所收到的客户订单进行分析。这由两部分构成：

(1) 由计算机将当前收到客户订单和预测进行比较，并确定此项需求是正常的或非正常的。

(2) 对于识别为非正常需求的客户订单，提供一种编码方法。

在许多企业中，订单承诺的工作量非常大，使得以手工方式识别非正常需求即使不是不可能也是十分困难的。因此，用一种简单的计算机方法把客户订单和预测 进行比较是很有帮助的。

一般来说，企业可以建立某些简单的规则，例如：

(1) 一份客户订单在一个时区内超过预测数量的某个百分比，则认为是非正常的。

(2) 一个时区内客户订单总量超过预测的某个百分比，则认为是非正常的，或是生意增长趋势的一种表现，因而应当重新审查。

(3) 在一个时区内的客户订单总量低于预测数量的某个百分比，则认为是生意减少趋势的表现，应当重新审查。

(4) 未实现且已过期的预测超过相应月份预测的某个百分比，认为则是生意下降趋势的一个指标，应当重新审查。

超出界限的客户订单可由系统自动编码为非正常需求或列在意外报告中由有关人员进行检查，并决定是否应采取某种措施。通过这种方法，避免客户承诺的无效以及未来的服务问题。在客户订单低于界限的情况下，应当列出一个例外情况报告供人检查。非

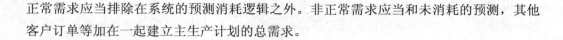
正常需求应当排除在系统的预测消耗逻辑之外。非正常需求应当和未消耗的预测，其他客户订单等加在一起建立主生产计划的总需求。

6.2.3 预测消耗逻辑

作为预测的实现的客户订单应从预测中减掉。预测消耗逻辑的目标是根据当前预测和实际的订单准确地表示市场需求。通过正确地消耗预测，可以计算每时区的总需求，并考虑实际的客户订单和预测在时间上的差异。当客户需求和预测在数量上相同但时区不同时，则出现了时间差异。

预测消耗可以选择不同的时机来完成，即在订单录入时完成或在一个定期运行的计算过程中完成。

这两个方法都是可以的。使用第一种方法，在每次录入客户订单时即更新未消耗预测。系统从未消耗预测中减掉客户订单。使用第二种方法，预测消耗逻辑是一个独立的计算过程，而不是订单录入过程的一部分。换言之，在接到客户订单时预测保持不变。独立的计算过程或者是主生产计划报告的一部分，或者是一个独立的批处理任务。通过这个计算过程将客户订单总量和原始预测相结合来计算未消耗的预测。

无论使用哪种方法，都要把原始预测和未消耗的预测存在系统中。原始预测可以用来对客户订单进行定期分析以识别潜在的非正常需求及趋势。把未消耗的预测和其他需求加在一起来计算一项物料的总需求，从而使主生产计划和物料需求计划的计算得到简化。

按照预测消耗的逻辑，预测应在客户订单所要求的时区内减少。如果在该时区内客户需求超过预测，系统按制定的规则可以从该时区之前或之后的时区内减少预测。

预测消耗逻辑还包括处理过期未消耗预测的方法。在一些典型的 ERP 软件商品中提供了不同的方法，或者把过期的未消耗预测删除，或者加到未来的第一个时区，企业要根据自身产品的不同特点而进行选择。

6.2.4 独立需求作为 MRP 系统的输入

系统还应提供一种把独立需求作为 MRP 系统的输入的方法。这些独立需求不是主生产计划的一部分。

把独立需求录入 MRP 系统的方法适用于维修件以及其他无须经过主生产计划控制的物料。这些物料的录入对能力或物料没有太大的影响，而且无须评价修改计划的需求或能力。

所谓维修件，是用于产成品维修的组件或零件，亦即在产品使用过程中，用这些维修件来替换产品中损坏的原组件或零件。在一般情况下，对产品的组件或零件的需求来自于生产产品的需求，是一种相关需求。但是，对于产品的组件或零件作为维修件的需求是来自于对组件或零件的直接销售，因而是一种独立需求。

对于产品的组件或零件的这类独立需求的处理方法是，把这类独立需求作为毛需求录入到 MRP 系统中，并和经过 MRP 计划展开得到的该组件或零件的毛需求相加，得到总的毛需求，再作进一步的计划展开。

通常用于求净需求和进行例外检查以及订单计划的方法仍然适用。用来分析主生产计划系统中的非正常需求和处理过期预测的功能也可用来对直接录入到 MRP 系统中的独立需求进行分析。

6.3　分销系统

有些企业的产品销售量很大、市场范围也很大，而且客户不愿意等待。这样的企业就需要在其销售区域内建立分销网络系统。

通过建立分销系统，将产品保存在客户附近以改善客户服务水平，并使得制造商能够以满载的方式把可供销售的产品远距离地从生产厂运送到分销中心，从而减少运输成本。

分销网络中的分销中心和通常意义下的仓库是不同的，分销中心将产品接受进来，然后很快地按照计划配送给客户。一般来说，除了少数情况，例如季节性商品，分销中心不会把产品存放很久。

6.3.1　分销系统的目标

概括地说，分销系统的管理目标是以高效、及时和低成本的方式向众多的客户提供高水平的产品和服务。换言之，分销系统的管理目标是在客户服务水平、分销效率和库存投资(成本)三方面进行平衡。

1. 高水平的客户服务

◎　以客户所期望的提前期及时交货

◎　不因为客户需求的波动而使得客户的需求得不到满足

◎　满足客户需求的多样性

◎　所供应的产品和数量准确

2. 高水平的分销效率

◎　最小的运输和存储成本

◎　与工厂保持良性互动，最大限度地减少对工厂生产的中断，使工厂生产保持均衡

◎　存储位置和空间合理

◎　提供准确及时的库存数据

3. 最小的库存投资

◎　最小的必要的安全库存

◎　优化订货数量，控制多余的周转库存

6.3.2　分销系统的结构和分销中心位置的选择

分销系统的结构可以有很大的差异。但总的来说，分销系统都包括了工厂、中央供应中心、数量不等的分销中心以及终端的客户。

图 6.2 是一个分销系统基本结构示意图。其中，客户可以是最终客户，也可以是分销链中的中间客户。

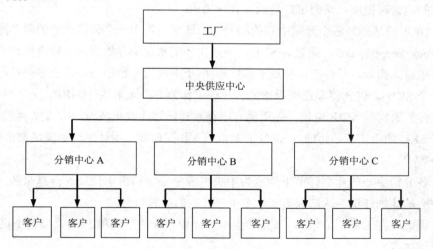

图 6.2　分销系统的基本结构

为了合理地选择分销中心位置，既要进行定量的分析，又要进行定性的分析。

定量的分析可以从以下几方面来进行：

◎　境内和境外的运输成本

◎　建筑和土地的成本

◎　地区的税费结构

◎　劳动力成本

◎ 运作成本

定性的分析可以从以下几方面来进行:

◎ 客户基数,即客户群落的大小

◎ 是否有充分的技术工人资源

◎ 政府法规

◎ 运输的方便程度

◎ 气候条件

◎ 有关生活质量方面的条件,如学校、医院、休闲设施等

◎ 基础设施,如道路、工业园区、能源供应等

6.3.3 分销需求计划

分销需求计划(distribution requirements planning,DRP)将物料需求计划的逻辑应用于分销系统,它首先要预测分销系统中各分销中心什么时候会向中央供应中心提出各种需求。这使得中央供应中心和工厂能够对产品需求数量以及时间进行计划,并有效地进行计划的协调和控制,从而更好地响应客户需求。

DRP 的基础是各个分销中心的物料需求计划。对于一个分销中心的每个库存保持单位(stock keeping unit,简记为 SKU,是指在分销系统中存放于某一特定地理位置的一种物料项目。例如,某种产品存放于工厂和 6 个不同的分销中心,那么这种产品将被表示为 7 个 SKU),以预测和已经承诺的客户订单作为毛需求来运行 MRP。

按照通常的 MRP 逻辑,先用现有库存量和计划接收量(分销中心的在途订货)来满足关于 SKU 的毛需求,再通过 SKU 的批量规则和提前期,用计划订单满足剩余的毛需求,即净需求。

各分销中心的计划订单下达成为中央供应中心物料需求计划的信息来源,而中央供应中心的计划订单下达则成为工厂主生产计划的需求信息。

因此,在 DRP 系统中,工厂的主生产计划是分销系统和工厂(乃至整个供应系统)的逻辑连接点。

【例 6.3】 某剪草机制造公司在工厂附近设有一个中央供应中心,以及两个分销中心。分销中心 A 对将来 5 周的预测需求分别为: 25、30、55、50 和 30 单位,并且有 100 部剪草机正在运输途中,预计第 2 周将会到达。运输提前期为 2 周,订货批量为 100 单位,现有库存量为 50 单位。分销中心 B 对将来 5 周的预测需求分别为: 95、85、100、70 和 50 单位,运输提前期为 1 周,订货批量为 200 单位,现有库存为 100 单位。中央供应中心运输提前期为 2 周,订货批量为 500 单位,现有库存为 400 单位。分别计算两个分销中心以及中央供应中心的毛需求、预计可用量和计划订单下达量。计算结果如下:

分销中心 A

运输提前期：2 周

订货批量：100 单位

周	1	2	3	4	5
毛需求	25	30	55	50	30
在途量		100			
预计可用量 50	25	95	40	90	60
计划订单下达		100			

分销中心 B

运输提前期：1 周

订货批量：200 单位

周	1	2	3	4	5
毛需求	95	85	100	70	50
在途量					
预计可用量 100	5	120	20	150	100
计划订单下达	200		200		

中央供应中心

运输提前期：2 周

订货批量：500 单位

周	1	2	3	4	5
毛需求	200	100	200		
计划接受量					
预计可用量 400	200	100	400		
计划订单下达	500				

6.3.4　分销资源计划

分销资源计划(distribution resource planning，DRP Ⅱ)是对 DRP 的扩展，使得计划的对象不仅包括分销系统中的产品库存，还包括了仓库空间、劳力、资金、和运输能力等关键资源。

通过 DRP Ⅱ可以了解整个分销网络的运作情况。DRP Ⅱ允许中央供应中心监控各个分销中心的产品需求。在中央供应中心的需求视图与其他相关需求物料的需求视图相似。需求往往是波动的，有时候需求远远超过平均水平，有时需求又甚小，甚至没有任何需求。中央供应中心的需求来自分销中心，这些需求在计划展望期内均是可见的。

DRP Ⅱ提供支持分销计划所需的货物运输装载和调度信息。通过以体积、重量和货盘数表述的运输需求并利用 MRP 工具，运输计划员就能有效地制定运输计划。

运输计划是 DRP Ⅱ集成的一部分。准确的运输计划，就如同在制造环境下准确的能力需求计划一样，是高效管理分销网络所不可缺少的。

运输计划是以 DRP 为根据，用来计划发运货物的重量、体积及货盘数的计划过程。为了提高运货率，运输计划可以模拟这些运输需求。通过模拟这些运输需求，企业可以发现在哪个时区车船没有满载。运输计划员通过调整发运计划，以最大承重安排车船负荷，从而获得最佳的运货率和最小的运输成本。

运输计划的逻辑与能力需求计划的逻辑相似。在能力需求计划中，从 MRP 中得到计划订单数量，并根据工艺路线上每个工序的标准加工时间将其展开。然后汇总能力需求，并显示每个工作中心和每个时区的能力需求。

在运输计划中，从 DRP 中可获得关于分销中心的未发运的分销订单、确认的计划订单和计划订单，并根据产品重量和包装体积将其展开，根据货盘和容器的大小确定运输需求量。这些运输需求是根据每个计划订单的开始时间进行计划的。产生运输需求后，将按时区汇总和显示这些需求。

运输计划报告包括每周需要发运到各个分销中心的物料重量、体积和货盘数。通过这个报告，分销计划员就可以预见车船负荷的潜在问题，并有充足时间解决这些问题。

一个运输计划系统必须包括一个运输计划汇总报告和一个显示具体运输需求的报告。 运输计划汇总报告按目的地、发运方式显示总的运输需求，包括：

(1) 目的地和发运方式的描述信息。

(2) 运输计划时区(天、周等)。

(3) 所需重量、体积和货盘数。

(4) 用重量、体积和货盘数表示的有效运输能力。

(5) 超出或低于有效运输能力的负荷数量。

解决运输计划问题需要详细的运输需求报告，该报告显示每个发运需求，将这些发运需求汇总就成为总的运输需求。

许多公司以周为时区来做运输需求计划。在某些情况下或许每天都必须做运输需求计划。诸如饮料、食品等大批量生产的制造业， 都需要每天作出运输需求计划。这些企业往往没有最终产品的仓库，所以这些产品必须每日或更快地运到分销位置上去。在这种情况下，以天为时区来做运输需要计划是必需的。

▌思考题

1. 什么是需求管理？

2. 企业为什么要对销售进行预测？

3. 为企业经营规划、生产规划和主生产计划所进行的预测各有什么不同？

4. 预测的 4 个特征是什么？

5. 说明移动平均法和指数平滑法的原理。

6. 多年来关于预测有什么错误倾向？

7. 什么是调焦预测？这种方法是如何工作的？

8. 在客户订单录入过程中，如何进行可承诺量检查？

9. 在接受客户订单时，识别"非正常需求"有什么意义？

10. 如何处理客户订单和预测的关系？

11. 如何处理对组件或零件产生的独立需求？

12. 分销系统的管理目标是什么？

13. 分销系统的基本结构包括哪些组成部分？

14. 如何选择分销中心的位置？

15. 什么是分销需求计划？

16. 什么是分销资源计划？

17. 什么是 DRP Ⅱ的运输计划？它的基本逻辑是什么？

▌习题

1. 关于预测的一般原则，下面哪一项的陈述是正确的？（   ）

   A. 对于单个物料项目的预测比对于产品族的预测更准确

   B. 对于未来较远时区的预测更准确

   C. 每一项预测都应当包括误差估计

   D. 预测通常是准确的

2. 对产品做销售预测是谁的责任？（   ）

   A. 订单录入　　　　　　　　　　B. 市场部门

   C. 主生产计划　　　　　　　　　D. 制造部门

3. 下面哪种预测技术采用过去某些时区的平均需求？（   ）

   A. 德尔菲方法　　　　　　　　　B. 移动平均

   C. 需求平滑　　　　　　　　　　D. 定性分析

4. 基于以下历史数据，采用 3 个月的移动平均方法，计算出第 7 个月的预测是多少？
（   ）

月	1	2	3	4	5	6	合计
预测	100	100	100	100	100	100	600
实际需求	95	102	105	98	101	103	604

A. 100　　　　　　B. 101　　　　　　　C. 103　　　　　　　D. 105

5. 给定如下信息，使用指数平滑法对产品 A 计算下一时区的预测值(　　)

◎　α：0.7

◎　本时区的实际需求：600

◎　本时区的预测：562

◎　季节指数：2.1

A. 813　　　　　　B. 882　　　　　　　C. 1260　　　　　　　D. 589

6. 如下关于调焦预测的陈述，哪一个是正确的？(　　)

A. 在减去现有库存量和预计入库量之前，对一个子项的独立需求和非独立需求的总和

B. 用户通过模拟众多的预测技术的效果，从而选出最有效的预测技术的系统

C. 根据对一个公司产品需求相关的外部指标所进行的预测

D. 在一系列迭代的调查过程中把专家的意见结合起来，从而得到专家意见的收敛结果

7. 如果需求预测做的比较低，如下哪些项目也将会被低估？(　　)

A. 只有生产能力

B. 只有生产能力和工作中心负荷

C. 只有工作中心负荷和子项物料的需求

D. 生产能力，工作中心负荷，子项物料的需求和库存准确度

8. 产品 A 由子项物料 B 和 C 制成。子项 B 由子项 D 和 E 制成。应当预测哪项物料的需求？(　　)

A. 各项物料都要预测　　　　　　　B. A，B 和 C

C. D 和 E　　　　　　　　　　　　D. 仅仅 A

9. 下面哪一项直接受到预测准确性的影响？(　　)

A. 在主生产计划中建立计划时界　　B. 采购的订货批量

C. 用于确定预测的外部因素指标　　D. 产成品的计划库存水平

10. 如下哪些需求不是预测的对象？(　　)

A. 独立需求　　　B. 产品族需求　　　C. 备用件需求　　　　D. 非独立需求

11. 在客户订单录入过程中，通过什么手段实现客户订单和生产过程的信息交流？（　　）

    A. 快速查询技术   B. 检查可承诺量

    C. MRP 报告中预计库存量   D. 上面说的都不对

12. 在客户订单录入过程中，对于客户订单的每个物料行必须输入哪些信息？（　　）

    A. 只有物料代码和客户订单号

    B. 只有客户订单号，订购数量和客户要求的日期

    C. 只有物料代码，客户订单号，客户要求的日期和承诺日期

    D. 物料代码，客户订单号，订购数量，客户要求的日期，承诺日期

13. 如下哪一项关于紧急订单的陈述是正确的？（　　）

    A. 紧急订单是未完成订单

    B. 紧急订单是误期订单

    C. 紧急订单是供应方在短于所报的提前期的情况下接受的客户订单

    D. 紧急订单是生产约束造成的

14. 用实际的客户订单减少预测的活动称为什么？（　　）

    A. 可承诺量   B. 订单集成   C. 需求兑现   D. 预测消耗

15. 下面哪一项是分销系统的目标？（　　）

    A. 实现高水平的客户服务

    B. 以最低的成本实现最大的分销效率

    C. 最小的库存投资和最低的分销成本

    D. 高分销效率、低成本和对客户及时的服务

16. 在分销环境中，对如下哪种库存应当设置安全库存？（　　）

    A. 产成品   B. 在制品   C. 原材料   D. 半成品

17. 在一个集成的生产—分销系统中，什么是供应系统和分销系统之间的逻辑连接点？（　　）

    A. ISO 9000   B. MPS   C. TQM   D. MRP

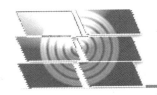

第7章

ERP的计划管理——企业运营的核心

7.1　计划管理的意义和常见的问题

　　计划是企业管理的首要职能，只有具备强有力的计划功能，企业才能指导各项生产经营活动顺利进行。

　　当前，企业所面临的市场竞争越来越激烈。在这种情况下，企业要生存和发展就必须面对市场很好地计划自己的资源和各项生产经营活动。观察分析那些世界级的企业，我们会发现这些企业的一个最显著的特点是它们都有一个以计算机为工具的有效的计划与控制系统。可以肯定地说，一个以计算机为工具的有效的计划与控制系统是现代企业生存和发展的必要条件。ERP就是这样一个以计算机为工具的有效的计划与控制系统。

　　那么，缺乏这样的工具会如何呢？下面的现象在很多企业中是常见的。

　　库房管理人员手中的数据是上周六的，而今天已经是周四了，而且，他们不知道这几天来的变化。

　　采购人员按月制定采购计划，但他们不知道本月有多少物料已收到或已从供应商那里发出，或供应商将发出而在本月收到。采购部门需要生产部门向他们提供准确的需求信息，以便向供应商发放采购订单。

　　销售预测按季度进行，但和实际的销售额有很大差别。

　　生产部门按周安排生产计划，已经有几个产品的生产计划已过期，但尚未调整。

　　所接到的客户订单总要在几天之后才能录入到系统中。

　　人们认为有许多产品存放在成品库中，但是，企业的许多客户却不能按时得到发货。实际上常常把同一批货承诺给多个客户。

　　企业最大的客户要求从今天开始在一周内向他们发运某种产品 300 件，企业已经对客户作出了承诺，答应按时发货，但是没有人保证一定能做到。

财务部门要求销售、库存和生产部门提供关于未来半年的详细计划，以便确定企业能否满足其今年的财务计划。

每个人都有自己的一套数据来为自己的工作辩护，而把抱怨推向别人或别的部门，甚至抱怨客户或供应商。

在企业高层领导的会议上，对于所讨论的产品和生产线竟然没有一个人掌握必要的和足够的信息和数据。

企业高层领导在这样的环境中指挥企业的运作如同盲人骑瞎马，企业的绩效肯定不会好。而那些和这样的企业做着生意的客户，又有谁肯长期地忍受这一切呢？所以，长此下去企业必然失去客户，失去市场，使企业难以生存。

上述现象的出现，主要是因为企业缺乏有效的计划和控制过程。通过有效的计划和控制可以解决或缓解这些问题。

7.2　制造业的生产计划方式

制造业的不同生产计划方式对企业生产管理基本数据的设定和对管理功能的要求均有所不同。一般来说，制造业有 4 种生产计划方式：面向订单设计，面向订单生产，面向订单装配和面向库存生产。

1. 面向订单设计

面向订单设计(engineer-to-order，ETO)方式是指接受客户订单以后，将客户需求进行定义并设计产品。首先定义产品规格，然后开发物料清单，订购所需物料并保留生产能力。整个交货提前期包括设计时间、物料采购时间和生产时间。这种生产计划方式主要用于高度客户化的订单，如大型发电机组、流程设备、特种机床等。

2. 面向订单生产

在面向订单生产(make-to-order，MTO)的方式中，产品的设计工作已经完成，而生产用的物料尚未订购。在此环境中销售量通常较小，而客户则必须等待进货和生产所需的时间。全部交货提前期包括物料采购时间和生产时间。

3. 面向订单装配

面向订单装配(assemble-to-order，ATO)是指在生产的最后阶段，用库存的通用零部件装配满足客户订单需求的产品。这些通用的零部件是在客户订货之前就计划、生产并储存入库的。收到客户订单后，就把它们装配成最终产品。当产品有许多可选特征，而客户又不愿等备料及生产所需的时间时，就可以采用这种生产计划方法。

4. 面向库存生产

面向库存生产(make-to-stock，MTS)指的是在收到客户订单以前，已经开始生产。典型的情况是，产品放在仓库里等待客户订单。这种情况下，交货提前期短，通常销售量也很大。

生产计划方式决定了如何组织操作数据。

每种计划方式都有跟产品生产计划的时间和方式有关的特点。产品的复杂性，客户愿意等待的时间以及销售量，决定了哪种生产计划方式最合适。

一个企业可能存在几种不同的生产计划方式。事实上，每种产品都可能有不同的计划方式。对于同一个企业和同一种产品，生产计划方式也可能随时间而变化。去年采用面向订单生产方式的企业，今年就可能转成面向订单装配方式。

7.3　ERP 计划层次

由第 2 章图 2.4 可以看到，ERP 主要包括 5 个计划层次，即经营规划、销售与运营规划、主生产计划、物料需求计划和能力需求计划。这 5 个层次的计划实现了由宏观到微观、由战略级到战术级、由粗到细的深化过程。越接近顶层的计划，对需求的预测成分越大，计划内容也越粗略和概括，计划展望期也越长。越接近底层的计划，需求由估计变为现实，因而计划的内容也就具体详细，计划展望期也越短。

在 5 个计划层次中，经营规划和销售与运营规划具有宏观的性质，主生产计划是宏观向微观的过渡性计划，物料需求计划是主生产计划的具体化，能力需求计划把物料需求转化为能力需求，而车间作业计划和采购作业计划则是物料需求计划和能力需求计划的执行阶段。

供需矛盾是企业最基本的矛盾。ERP 系统正是紧紧抓住这个最基本的矛盾，用模拟的手段进行计划和调整，充分利用信息反馈，实现供需平衡。每一层计划都回答如下问题：需要生产什么？用什么来生产？现在有什么(包括物料和能力)？还应该得到什么？

在 ERP 系统中，上层计划是下层计划的依据，下层计划不能偏离上层计划的目标，从而整个企业遵循的是一个统一的计划。

7.4　经营规划

ERP 计划管理是从长远规划开始的,这个计划层次通常称为经营规划(Business Plan)。

经营规划是企业的战略规划，在这个层次上要确定企业的经营目标和策略，如产品开发、市场占有率、质量标准、技术改造和企业扩充、职工培训和队伍建设、销售收入和利润等，为企业的发展，特别是在财务和经济效益方面做出规划。经营规划以货币单位表述，是企业的总体目标，是各层计划的依据。以后的各个计划层次，都是对经营规划的进一步细化，不能偏离经营规划。

经营规划在企业高层领导主持下会同销售、市场、工程技术、生产、物料和财务各部门负责人共同制定。执行过程中有新的情况，下层计划只有反馈信息的义务，而无变更经营规划的权力，变更经营规划只能是企业高层领导的职权。

7.5 销售与运营规划

7.5.1 什么是销售与运营规划

在 ERP 系统中，销售与运营规划有两个基本的目的。一是在企业的经营规划与详细计划和执行过程之间起到关键的连接作用，把战略级的经营规划与主生产计划连接起来，并协调市场、销售、工程技术、计划、生产、物料和财务等职能部门，形成企业共同的计划目标。二是管理所有的下层计划，包括主生产计划和更详细的计划。

在制定销售与运营规划的过程中，企业首先从整体上对市场需求和企业的资源，包括生产能力，进行平衡，生成与企业资源相匹配的销售规划以及支持销售规划的生产规划。

销售规划和生产规划是密切关联、相互制约的。从长远来说，企业的生产应当满足市场的需求，因此销售规划驱动生产规划。从短期来说，企业的生产率是由企业的生产能力限制来确定的，因此销售规划要受到生产规划的制约。

制定销售与运营规划是企业高层领导的职责。销售与运营规划既体现了企业高层领导对 ERP 系统的输入，也是企业高层领导控制和管理企业的操纵杆。换言之，管理好销售与运营规划，就抓住了对整个企业控制和管理的关键。

7.5.2 制定销售与运营规划

在制定销售与运营规划的过程中，人的判断和决定是极其重要的。有效的判断和决定是不能由计算机作出的，计算机只能在此过程中向人提供支持信息，而不能由计算机自动地生成销售与运营规划。

没有关于制定销售与运营规划的算法。但是，大多数成功的企业都使用类似的报告格式及约定俗成的计算和类比；并通过类似的管理方针和规程，来满足对计划的检查、分析和评估要求。

销售与运营规划的制定涉及两个相关的过程，即对每个产品族制定销售规划的过程和制定生产规划的过程。

销售与运营规划会议应每月召开一次，这是制定和完善销售与运营规划的关键。会议由企业高层领导主持，讨论协调市场、销售、工程技术、计划、生产、物料和财务等各方面的问题，形成一致接受的方案。

制定销售与运营规划要涉及企业的生产计划方式。这里，我们只对两种最基本的生产计划方式，即面向库存生产(make to stock，MTS)和面向订单生产(make to order，MTO)进行讨论。前者是一种在接到客户订单之前产成品已经完成的生产环境，客户订单由库存直接满足，而生产订单是为了补充库存。后者是一种在接到客户订单之后才完成产品生产的生产环境，其最终产品通常要由客户的特定需求来确定。

销售规划是对产品族总需求的预测。在有些情况下，通过求产品族中的每个产品的销售预测之和来得到销售规划。在另外一些情况下，则把销售规划加以分解，从而得到产品族中每个产品的销售预测。例如，如果产品族的销售规划是 1 000，根据销售的历史数据，某产品占产品族的 10%，于是得到此产品的销售预测为 100。

不管如何得到这些数字，销售规划和单项产品销售预测之和必须一致。例如，如果在一个产品族中有 5 项产品，其单项预测之和为 1 100，而产品族的销售规划是 1 000，那么二者之一必须修改。

生产规划是为每个产品族建立适当的生产率。根据产品的不同，生产率的表述也不同，可以是每周 2 000 辆小轿车，每月 15 台机器，或每 3 个月 1 台机器等等。但是，生产率不为单项产品指明具体的生产批量和时间。由于把产品划分成产品族，使得必须由高层领导检查和批准的产品分组不会太多。

一般来说，生产规划有以下典型特征：

◎ 计划展望期至少为 12 个月，定期更新，例如每月或每季度进行更新。

◎ 计划对象为产品族。

◎ 需求是浮动的或季节性的。

◎ 在计划展望期内，工厂的设备和能力保持不变。

◎ 要满足多项管理目标，如低库存、生产的高效率、高水平的客户服务和良好的员工关系等。

制定生产规划的依据包括销售规划、供应商和企业的生产能力限制以及企业的生产计划方式。

在面向库存生产的情况下，制定生产规划要考虑开始库存量和计划展望期末希望达到的库存量。把这些信息与预期发货信息、分销仓库需求、企业内厂际订单等信息结合起来建立关于产品族的生产率。所得到的生产率必须根据供应商供货能力、企业生产能力和物料限制进行检查之后才能得到批准。

在面向订单生产的情况下，制定生产规划要考虑期初未交付的客户订单量和期末预期未交付的客户订单量信息。把这些信息和订货计划、分销仓库需求、企业内厂际订单等信息结合起来建立关于产品族的生产率。所得到的生产率也必须根据供应商交货能力、企业生产能力和物料限制进行检查之后才能得到批准。

对于那些既包括面向库存生产又包括面向订单生产的产品族，生产规划则应考虑库存和未交付客户订单两方面的信息。

有两个简单的公式可以帮助建立生产规划。其中的销售规划量和生产规划量都是指在计划展望期内的总量。

在面向库存生产的情况下，生产规划根据当前的和所希望的库存水平来控制生产率。可用以下公式表述：

$$生产规划量=销售规划量 + 期末库存量 - 期初库存量$$

在面向订单生产的情况下，生产规划根据当前的和所希望的未交付客户订单量来控制生产率。可用以下公式表述：

$$生产规划量=销售规划量 + 期初未交付客户订单量 - 期末未交付客户订单量$$

两个公式是类似的，可以统一表示为

$$生产规划量=销售规划量 + 对库存量或未交付的客户订单量的调整$$

按照以上的公式，可以确定计划展望期内生产规划总量。但是，生产规划经常会和销售规划有所不同。例如，生产规划可以在一个销售波峰期之前积累库存。或者，为了使提前期更具竞争力，生产规划可以减少未交付的客户订单。或者，生产规划可以通过提高一种产品的未交付客户订单量来增加用于其他产品的资源，以利于捕捉意义重大的市场机会。因此，生产规划可以有不同的策略。基本的生产规划策略有三种，即追逐策略、均衡策略和混合策略。

(1) 追逐策略

追逐策略(chase strategy)是指在任何时候都按照市场需要的产品数量来生产。生产量随需求而变化，而库存水平保持不变。图 7.1 表示了这种策略。

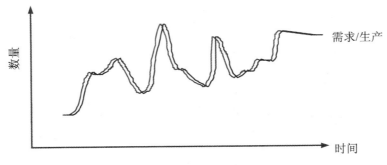

图 7.1　追逐策略

在某些行业，追逐策略是唯一可遵循的策略。例如，农场在农作物生长的季节必须按需耕作；邮局不管邮件的旺季或淡季都必须按需处理邮件；餐馆必须按客户需求提供饮食服务。这些行业不能将其产品或服务提前储备，它们必须在需求发生时满足需求。

在采用追逐策略的情况下，企业必须拥有足够的能力来满足高峰期的需求，虽然这些能力在低谷期可能会闲置。有些公司不得不在高峰期雇用新的员工，而在高峰期过后又不得不解雇他们；有时他们不得不增加额外的班次，而有时劳力又要闲置。所有这些变化都会增加企业的运营成本。

追逐策略的优点是，库存量能够维持在一个最低水平上。没有产品积压，可以减少库存管理的成本。

(2) 均衡生产策略

均衡生产策略(production leveling strategy)是依据市场的平均需求，持续地生产同样数量的产品，如图 7.2 所示。在这种情况下，有时市场需求低于所生产的数量，库存量就会增加；有时市场需求高于所生产的数量，库存量就会减少。

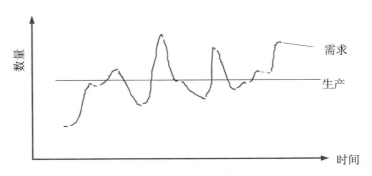

图 7.2　均衡生产策略

均衡生产策略的优点是，避免了改变生产规模所涉及的成本。公司不再需要储备额外的能力来满足高峰期的市场需求。公司也不需要在高峰期雇用新员工，而高峰期过后又解雇他们，从而公司能够建立一支稳定的员工队伍。

均衡生产策略的缺点是，在需求低谷期库存量会增加，因而增加库存管理的成本。

一种特殊形式的均衡生产策略是产品外包策略(subcontracting)。企业始终按市场的最低需求来组织生产，通过产品外包来满足市场的额外需求。如图 7.3 所示。

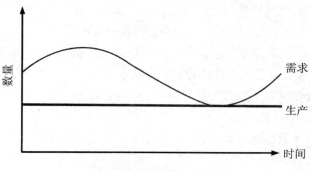

图 7.3　产品外包策略

产品外包策略的主要优点在于避免了与多余能力相关的成本。由于生产均衡，也没有与改变生产规模相关的成本。产品外包策略的主要缺点在于转包成本(包括产品成本、采购、运输及检验成本)有可能会高于企业自己制造产品所发生的成本。

(3) 混合策略

以上两种策略都是单纯的策略。每种策略都有本身的成本要素，如设备、员工队伍的稳定性、加班、库存和外包等。有时企业必须使用使生产总成本最小的混合策略(hybrid)，如图 7.4 所示，使得既能提供所期望的服务水平，生产上也表现出相对的均衡。

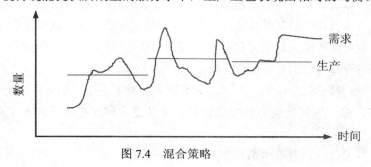

图 7.4　混合策略

7.5.3　销售与运营规划报告

销售与运营规划报告提供关于销售规划、生产规划以及它们的基本比较的信息，从而使得销售与运营规划可以得到有效的管理。报告中应当显示销售规划和实际的销售量，生产规划和实际的生产量，当前和计划的库存量以及当前和计划的未交付客户订单。

销售与运营规划报告包括历史信息和未来的计划。绩效度量是销售和生产规划的重要组成部分。通过比较销售规划和实际订单可以评估销售规划的实现情况，通过比较生产规划和实际的生产完成情况，可以度量生产规划。通过比较计划的和实际的库存量或未交付的客户订单可以反映企业的绩效。

大多数企业在报告中至少显示三个月的历史信息。某些企业显示 6~12 个月的历史信息。对于运行一个有效的销售与运营规划来说，三个月的信息量是最少的必要历史信息量。在产品销售呈季节性变化的企业中，可能需要更多的信息。

为了运行销售与运营规划，至少应有一年的计划展望期。这个展望期是滚动的，即随着时间的推移，要把新的时区加在计划展望期末。

销售与运营规划报告一般由三部分构成，即销售规划、生产规划以及库存或未交付订单计划。

销售规划部分一般包括两类信息，即计划需求和实际订货信息和按承诺的发货日期列出的客户订单信息。

这两类信息对于销售规划过程是很重要的，而且要通过对它们进行监控来实现对销售规划的有效控制。计划需求和实际订货信息提供早期的报警机制，通过预测需求，然后监控实际的订单可以尽早地发现某种趋势，以便有时间采取有效措施。如果订货比预期的少，则可以有几种选择：修订市场计划，建立促销程序，改变价格，加快引入新产品的步伐，培训销售人员加快销售步伐。如果订货比预期的多，对生产的影响可以提前发现，从而可以采取必要的权衡措施，例如，增加未交付的客户订单(或减少库存)，或调整能力、投放资金支持另外的销售，调整价格，等等。

按所承诺的发货日期列出客户订单可以对未来的产品发货、财务状况与当前计划的比较以及预期收入提供有用的信息。例如，如果大部分的客户订单安排在比较远的未来，那么，企业可能在满足最近月份的发货目标上存在问题。由于预先看到了问题，则可以修订计划按所希望的水平维护发货计划。

生产规划部分包括计划生产率，对于过去的时区，还包括实际的生产率和计划生产率的比较。生产规划是能力分配的基础，并且是计算库存水平和未交付客户订单量的依据。

销售与运营规划报告的第三部分提供有关信息，用来评估和管理关于产品族的库存和未交付的客户订单。

库存计划表明过去的库存情况以及未来预期的库存增加或减少。对过去的每个时区，可以把计划库存量与实际库存量进行比较。对于未来的时区，可以根据生产规划和预期发货量来计算计划库存量：

$$计划库存量=现有库存量-销售规划量+生产规划量$$

未交付客户订单计划表明过去的未交付客户订单情况以及未来的计划。对过去的每个时区，可以把计划的未交付客户订单和实际情况进行比较。对未来的时区，可以根据订货计划和预期发货量来计算计划的未交付的客户订单：

计划未交付客户订单=当前未交付客户订单+销售规划量 – 生产规划量

表 7.1 和表 7.2 分别给出了关于面向库存生产的产品族和面向订单生产的产品族的销售与运营规划报告的例子。

表 7.1　销售与运营规划报告——面向库存生产的产品族:手推式剪草机

产品族：M350　　　　　　　　　　　　　　　　　　　当前日期：1/2/2013

变量单位：台

当前库存量：435

销售规划

日期	9/11	10/10	11/07	12/05	1/02	1/30	2/27	3/26	4/23
计划需求量	420	450	480	500	550	550	550	550	550
实际需求	455	495	500	550					
偏差	+35	+45	+20	+50					
累计偏差	35	80	100	150					
到期的客户订单	455	495	500	550					
实际发货量	455	495	500	550					

生产规划

日期	9/11	10/10	11/07	12/05	1/02	1/30	2/27	3/26	4/23
计划 产量	500	500	500	500	550	550	550	550	550
实际产量	450	450	460	470					
偏差	– 50	– 50	– 40	– 30					
累计偏差	– 50	– 100	– 140	– 170					

库存计划

日期	9/11	10/10	11/07	12/05	1/02	1/30	2/27	3/26	4/23
计划库存量	685	735	755	755	435	435	435	435	435
实际库存量	600	555	515	435					
偏差	– 85	– 180	– 240	– 320					

表 7.2　销售与运营规划报告——面向订单生产的产品族: 载重卡车

产品族：M0138　　　　　　　　　　　　　　　　　　当前日期: 1/2/2013

变量单位：辆

当前未交付订单：448

销售规划

日 期	9/11	10/10	11/07	12/05	1/02	1/30	2/27	3/26	4/23
计划订货量	300	300	300	300	300	300	300	300	300
实际订货量	300	290	305	303					
偏差	0	− 10	+5	+3					
累计偏差	0	− 10	− 5	− 2					
到期的客户订单	300	300	300	300	300	148			
实际发货量	300	300	300	300					

生产规划

日 期	9/11	10/10	11/07	12/05	1/02	1/30	2/27	3/26	4/23
计划产量	300	300	300	300	150	150	150	150	150
实际产量	300	300	300	300					
偏差	0	0	0	0					
累计偏差	0	0	0	0					

未交付订单计划

日 期	9/11	10/10	11/07	12/05	1/02	1/30	2/27	3/26	4/23
计划未交付订单	450	450	450	450	598	748	898	1 048	1 198
实际未交付订单	450	440	445	448					
偏差	0	− 10	− 5	− 2					

7.5.4　销售与运营规划的评估——资源计划

　　一个企业在制定生产规划的时候，一定会关注资源的可用性。人工、物料、机器设备、加工或存储空间等都是资源。根据企业的产品和生产过程不同，还可以有许多其他的资源。一旦知道了生产所需要的所有资源，就必须检查是否有足够的资源。表 7.3 是一份简单的资源清单。资源清单是面对产品族的，它要指出每单位的产品族对关键资源的需求。

表 7.3　一份简单的资源清单

产 品 族	钢材/吨	人工/标准工时
自行车	0.0029	0.24
三轮车	0.0047	0.39
四轮车	0.0057	0.63

有了资源清单就可以把销售与运营规划转变成资源计划了。例如，假定销售与运营规划表明在某个季度要生产 10 000 辆自行车、5 000 辆三轮车和 10 000 辆四轮车，那么，通过资源清单就可以得到需要钢材和工时的数量，如表 7.4 所示。

表 7.4　资源计划

产品族	产量	钢材需求量/吨		人工需求量/标准工时	
		单位需求量	批需求量	单位需求量	批需求量
自行车	10 000	0.0029	29	0.24	2 400
三轮车	5 000	0.0047	23.5	0.39	1 950
四轮车	10 000	0.0057	57	0.63	6 300
资源需求总量		109.5		10 650	

以上的资源计划只考虑了所需要的钢材数量和工时数量。有些企业还会有更重要的资源。例如，有些企业需要大量的电能，有些企业则需要好的废料处理能力。在这些情况下，资源清单还要指明每单位产品族需要电能和废料处理能力。例如，指明每单位产品族需要 5 千瓦的电能，90 升的废料处理能力，等等。而资源计划也要特别指明关于这些关键资源的需求量。

另外，经常会有某项设备被认为是瓶颈，在制定资源计划的时候应当对其特别关注，因为瓶颈工作中心的能力限制了企业的最大生产量。

在确定是否有足够的资源可用的时候，能力的利用率、能源消耗水平等是很重要的。高层管理人员要对它们作出适当的决定，然后，主生产计划员和物料计划员才可以根据可行的生产规划来制定产品或最终项目的主生产计划。

如果资源计划表明存在资源的短缺，那么，在批准销售与运营规划之前，必须解决这一问题，或者增加资源，或者调整销售与运营规划。如果必须调整销售与运营规划以协调资源短缺，那么，这种调整一定要反映在最后的销售与运营规划中。如果能满足经营规划的目标，就不必调整生产总量。通常，在满足市场目标时留有一定的余地(例如，±20%)。同样，在批准销售和运作规划之前，应确认对可用资源所作的调整。

最关键的一点是销售与运营规划必须满足经营规划的目标。如果销售与运营规划和经营规划不一致，经营规划将不能完成，销售与运营规划或经营规划就必须加以修改。

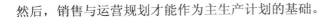

然后，销售与运营规划才能作为主生产计划的基础。

7.6 主生产计划

7.6.1 什么是主生产计划

主生产计划是一个重要的 ERP 计划层次。粗略地说，主生产计划是关于"将要生产什么"的一种描述。它起着承上启下、从宏观计划向微观计划过渡的作用。

人们首先容易想到，主生产计划是生产部门的工具，因为它指出了将要生产什么。然而，同时还应看到，主生产计划也是市场销售部门的工具，因为它指出了将要为用户生产什么。一份有效的主生产计划包含了企业为了迅速、准确地处理客户问题所需要的最重要的信息，是做好客户服务工作的最好的工具。所以，主生产计划又是联系市场销售和生产制造的桥梁，使生产活动符合不断变化的市场需求，又向销售部门提供生产和库存的信息，起着沟通内外的作用。

为了透彻地理解主生产计划，我们先来排除一些容易混淆的概念。

1. 销售预测

销售预测是生产规划和主生产计划的原始输入信息，它既不考虑产品的分层目标，也不考虑根据可得到的物料和可达到的能力可以做什么的问题。从供需关系来说，销售预测描述的是需求信息，而主生产计划则描述供应信息。

2. 生产规划

生产规划是按产品族规定生产率。主生产计划由生产规划转化而来，它是按最终产品或产品的组件来进行描述的。

3. 装配计划

主生产计划和装配计划在某些方面是相同的，例如，对面向库存生产的产品以及少数在收到用户订单之前最终产品可以确定的面向订单生产的产品，二者是相同的。但对于面向订单装配的产品，主生产计划和装配计划则是不同的，前者描述的是构成最终产品的组件，后者则指出产品的最终结构。

4. 由计算机自动生成的计划方案

有些人认为只要把销售预测、客户订单、物料清单、生产成本、库存记录等数据输入到计算机中，然后就可以自动生成主生产计划。这其实是一种误解。主生产计划包括了许多来自人的经验决策，这是无法由计算机来完成的。诸如，哪份订单更重要？本周内再加班工人会感觉如何？有没有其他方法发挥人们的聪明才智，更好地完成工作？主生产计划需要好的管理，而好的管理不能由输入计算机的程序来实现。通过计算机可以提供调整主生产计划的信息，但是在任何情况下，制定和调整主生产计划的责任在人，而不在计算机。

7.6.2　为什么要制定主生产计划

我们知道 ERP 有 5 个计划层次，即经营规划、销售和运营规划、主生产计划、物料需求计划和能力需求计划。企业应当有有效的计划过程，这个观点是人们容易接受的。但对于为什么要有主生产计划往往存有疑问。例如，为什么要先有主生产计划，再根据主生产计划来制定物料需求计划？直接根据生产规划、销售预测和客户订单来制定物料需求计划不行吗？产生这样的想法和疑问的原因在于不了解 MRP 的计划方式。首先，生产规划是按产品族来计划生产率的，必须先把关于产品族的生产率信息分解成关于产品的生产率信息，才能据以运行 MRP。其次，概括地说，MRP 的计划方式就是追踪需求。如果直接根据销售预测和客户订单的需求来运行 MRP，那么，得到的计划将在数量和时间上与预测和客户订单需求完全匹配。但是，预测和客户订单是不稳定、不均衡的，根据它们直接安排生产将会出现忽而加班加点也不能完成任务，忽而设备闲置很多人没有活干的现象。这将给企业带来灾难性的后果。而且企业的生产能力和其他资源是有限的，这样的安排也不是总能做得到的。

加上主生产计划这一层次，通过人工干预，均衡安排，使得在一段时间内主生产计划量和预测及客户订单在总量上相匹配，而不要求在每个具体时刻上均与需求相匹配。在这段时间内，即使需求发生很大变化，但只要需求总量不变，就可以保持主生产计划不变，从而得到一份相对稳定和均衡的生产计划。由于关于产品或最终项目(独立需求项目)的主生产计划是稳定和均衡的，据此所得到的关于非独立需求项目的物料需求计划也将是稳定的和均衡的。

主生产计划把有效地管理产品的生产、库存、销售所需的所有数据显示在一个屏幕上，对每行数据都用统一的格式，时区的选择也是一致的。从而，各个部门都可从中得到所需的信息，而且避免了信息的不一致。

主生产计划以周或天作为计划时区，从而可以及时地对多变的市场和不准确的预测作出反应。

主生产计划使用关键的时界，即计划时界和需求时界，使得既便于计划的维护，又可避免被不可能满足的客户需求所驱使。

以物料单位表示的主生产计划很容易转换成以货币单位表示的成本信息，因此，很容易形成财务计划。

主生产计划极大地提高了物料管理人员的工作效率。它把人从烦琐的数据收集、检查和计算中解放出来，使得他们可以去做好更重要的本质的管理工作，即库存管理和计划，以确保使客户最大限度地满意。

7.6.3　主生产计划的对象

主生产计划把生产规划制定的产品族的生产率分解为每一种产品或"最终项目"的生产率，所谓最终项目即是具有独立需求的物料。对它的需求不依赖于对其他物料的需求。主生产计划不一定总是针对产品的，在许多情况下，要以最终项目作为主生产计划的对象。但根据生产计划方式的不同，最终项目的含义也不完全相同。

在面向库存生产的环境下，最终项目指产品、备品备件等独立需求项目。

在面向订单生产的环境下，又有两种情况：如果产品是标准设计或专项设计，最终项目一般就是产品；如果产品是一个系列，结构基本相同，都是由若干基本组件和一些通用件组成，每项基本组件又有多种可选件从而可形成一系列多种规格的变型产品，在这种情况下，最终项目指的是基本组件和通用件。编制计划时，先根据历史资料确定各基本组件中各种可选件占需求量的百分比，并以此安排生产，保持一定库存储备；一旦收到正式订单，只要再编制一个总装配计划(Final Assembly Schedule，FAS)，规定从接到订单开始，核查库存、组装、测试检验、包装到发货的进度，都可以选装出各种变型产品，从而缩短交货期，满足客户需求。这种生产计划方式即是面向订单装配。

7.6.4　主生产计划的策略

制定主生产计划策略是企业高层领导的责任。这些策略包括如下要点。

1. 主生产计划的基本原则

主生产计划的基本原则是根据企业的能力确定要做的事情，通过均衡地安排生产实现生产规划的目标，使企业在客户服务水平、库存周转率和生产率方面都能得到提高，并及时更新，保持计划的切实可行和有效性。主生产计划中不能有超越可用物料和可用能力的项目。那种只反映愿望的做法将会搞乱优先级，破坏正常的优先计划，破坏系统产生合理的计划的能力。

2. 主生产计划的展望期和计划时区

多数企业以 12 个月作为计划展望期，每过 1 个月，增加 1 个新的月计划，也有的企业根据物料和能力的提前期，将计划展望期扩展到 2~3 年。

主生产计划的时区(即计划的最小时间单位)不应大于 1 周，以便低层物料可以有比较好的相对优先级。如果计划时区拖长到 1 个月，那么，当知道了整个时区需要什么时，

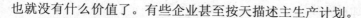

也就没有什么价值了。有些企业甚至按天描述主生产计划。

3. 确定计划时界和需求时界

确定计划时界和需求时界，以便于对主生产计划进行维护。

7.6.5　主生产计划矩阵

主生产计划矩阵是一个二维的表格，通过时间和活动的类型来定义计划活动。计划活动分成两大类，即供应和需求。

1. 时区

每个时区可以是 1 天或 1 周。在实际的软件系统中，通常使用一个时区的开始日期来标记一个时区，例如，12/9/2013，12/16/2013，12/23/2013 等。系统显示的时区数取决于 MRP 软件系统和公司的计划展望期。

2. 需求部分

需求是主生产计划的依据。从前面的讨论可知，对于面向库存生产的产品和单纯面向订单生产的产品来说，它们的需求相对简单，分别只有需求预测和客户订单。但是，随着竞争形势的发展，这种单纯的产品形式在现实世界中越来越少。因此，下面的讨论是按更复杂的情况来进行的，亦即主生产计划矩阵的需求部分既包括需求预测也包括实际的需求，即客户订单。此外，还包括未消耗的预测和总需求。这些名词的具体含义在下面介绍。

1) 需求预测

需求预测可以是来自生产规划的生产预测，也可以是市场预测。如果企业的产品很多，划分成产品族进行管理且对产品族作市场预测，则使用生产预测。否则，也可以直接对主生产计划的对象作市场预测。

生产预测用于指导主生产计划的编制，使得主生产计划员在编制主生产计划时能够遵循生产规划的目标。它是某产品族的生产规划总生产量中预期分配到该项产品的部分，其计算通常使用计划物料清单来分解生产规划。

2) 实际需求

实际需求是指已经接到客户的订单，并作出了发货承诺，但尚未发货的订单量。主生产计划员必须按客户、数量和所承诺的交货日期跟踪每一份客户订单，确保客户将按照所得到的承诺收到所需要的产品。实际需求包括预测的客户订单和增加的客户订单。前者是预测的实现，每逢接到预测的客户订单，则抵消相应的预测量。而后者是出乎预料的需求，不是预测的实现，不抵消预测，而是要增加总需求。增加的客户订单有时反

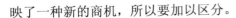

映了一种新的商机,所以要加以区分。

3) 未消耗的预测

未消耗的预测是指尚未被实际的客户订单消耗(抵消)的预测量。它指出在不超过预测的前提下,对主生产计划的对象还可以期望得到多少客户订单。一般来说,它的计算方法是某时区的预测量减去同一时区的预测的客户订单量。但是,对于过期的预测,即早于需求时界的未消耗的预测,则有不同的处理方法,或移到需求时界之后的第一个时区,或忽略不计。用户要根据自己产品的销售特点加以选择。关于需求时界的概念,我们将在 7.6.8 节中详细介绍。

4) 总需求

通常,总需求是指未消耗的预测和实际需求之和。

3. 供应部分

1) 主生产计划

这一行所表示的是主生产计划员和计算机系统在各个时区所投放的用来满足需求的供应订单量。每份订单所出现的时区是该订单的完成日期。出现在矩阵中的主生产计划供应订单有三种形式,即已下达的订单、确认的计划订单和计算机计划订单。

2) 预计可用量

预计可用量是在指定时区的预计库存量。它是计算机系统进行供需平衡判断的基础。判断的结果是向主生产计划员给出行为建议信息,也称为例外信息。如果公司不使用安全库存,那么完美的供需平衡状态将是预计可用量为零。换句话说,产品的供应和产品的需求完全匹配,因此没有剩余的库存量。如果使用了安全库存,例如 100 件,那么完美的库存余额就是 100 件。但是,我们的生产环境不是完美的,所以也很难有完美的库存余额。假定公司不使用安全库存,在预计可用量行中的任一时区出现正的余额,则表示有潜在的多余库存量。在预计可用量行中的任一时区出现负的余额,则表示有潜在的物料短缺。在前一种情况下,计算机系统将向主生产计划员建议把相应的订单移到较远的时区,或者取消相应的订单。在后一种情况下,计算机系统将向主生产计划员建议把相应的订单移到较近的时区,或者下达新订单来覆盖预计的物料短缺。

主生产计划员使用预计可用量来检验预测和主生产计划之间的平衡程度。如果预计可用量出现负值(在使用安全库存的情况下,预计可用量低于安全库存),则说明主生产计划量偏低。如果随着时间的推移预计可用量越来越高,则说明主生产计划量偏高。

3) 可承诺量

可承诺量(available to promise,ATP)用于支持客户订单承诺。它告诉销售部门,在不改变主生产计划的前提下还可以满足多少客户需求。这是一条非常有用的信息。因为它指出可靠的客户承诺是什么。每一个做客户订单录入的人员都应当搞清 ATP 的概念和作用。

ATP 是库存量和主生产计划量中尚未承诺给客户订单的部分。计算 ATP 的方法有三种，即离散的 ATP、向前看的累计 ATP 和不向前看的累计 ATP。

(1) 离散 ATP。离散 ATP 的计算方法如下：

◎ 第一个时区的 ATP 是初始库存量加上主生产计划量再减去下一次出现主生产计划量之前所有时区中未交付的客户订单之和。

◎ 对于以后的时区，如果在该时区设置了一个主生产计划量，则 ATP 是这个主生产计划量减去在这个时区以及直到下一个主生产计划量出现之前的各个时区上所有的客户订单得到的差。对于主生产计划为零的时区，ATP 亦为零。

表 7.5 给出了一个计算离散 ATP 的例子。

表 7.5　主生产计划和离散 ATP(初始库存量 30)

时区/周	1	2	3	4	5	6
客户订单	20	15	5	10	10	0
主生产计划	0	40	0	40	0	40
离散 ATP	10	20	0	20	0	40

(2) 不向前看的累计 ATP。表 7.6 是关于不向前看的累计 ATP 的例子。

表 7.6　主生产计划和不向前看的累计 ATP(初始库存量 30)

时区/周	1	2	3	4	5	6
客户订单	25	15	0	50	0	0
主生产计划	0	40	0	40	0	40
不向前看的累计 ATP	5	30	30	20	20	60

不向前看的累计 ATP 的计算方法如下：

◎ 第一个时区的 ATP 是初始库存量加上主生产计划量再减去所有在第一时区末之前到期的未交付客户订单之和。

◎ 对于以后的时区，ATP 等于前一个时区的 ATP 加上本时区的主生产计划量减去本时区未交付的客户订单。

这样，第 2 周的 ATP 等于 5＋40－15=30，其他时区的计算方法与此相同。

使用这种方法得到的结果是，某一个时区的 ATP 可能包括了前面时区的 ATP 数量，而且这个数量也包括在其后时区的 ATP 中。例如，第 2 周 30 件的 ATP 包括了第 1 周的 5 件 ATP，而且这 5 件也包括在其后各周的 ATP 中。

另外，某一周的 ATP 可能包括了用来满足以后某一周的需求的数量。例如，第 2 周和第 3 周的 ATP 中有 10 件是用来满足第 4 周的客户订单的。这是和离散 ATP 的显著区别。这样，如果除了已经承诺要在第 1 周末发货的 25 件之外，又收到另外一份订单，要求在第 1 周末发货 5 件，那么第 1 周的 ATP 将变成 0，而其他时区的 ATP 都要重新计算。而且，虽然第 2 周和第 4 周显示的 ATP 分别是 30 和 20，但是如果同时收到两份客户订单，分别要求在第 2 周末和第 4 周末发货 30 件和 20 件，那么这两份客户订单是不能都得到承诺的。事实上，需要格外小心的是，如果对要求在第 2 周末发货 30 件的客户订单作出承诺，那么不但不能承诺要求在第 4 周发货 20 件的新的客户订单，而且原来已经作出的要在第 4 周末发货 50 件的承诺也要遭到破坏。

由以上分析可以看出，这种方法只能用于新客户订单所要求的交货日期晚于所有已承诺的客户订单的承诺日期的情况，而难于处理"插单"，即新客户订单所要求的交货日期早于某些已承诺的客户订单的承诺日期的情况，因为这将要求客户订单承诺人员必须充分理解这些数据之间的关系，才能从中得到正确的信息。所以，这种方法应用起来比较复杂。

(3) 向前看的累计 ATP。向前看的累计 ATP 的计算方法如下：

◎ 第一个时区的 ATP 是初始库存量加上主生产计划量再减去所有在第一时区末之前到期的未交付客户订单之和。

◎ 对于以后的时区，ATP 等于前一个时区的 ATP 加上本时区的主生产计划量减去本时区未交付的客户订单，再减去所有为满足未来时区的客户订单承诺所需求的量。

表 7.7 是关于计算向前看的累计 ATP 的例子。这样计算出来的 ATP 和不向前看的累计 ATP 的区别在于，在某个时区产生的 ATP 不包括用来满足未来时区需求的数量。例如，从第 2 周到第 5 周，ATP 都是 20。这样，在接到一份新的客户订单时，只需要根据表中最后一行的 ATP 作出承诺，然后重新计算累计 ATP 即可，换言之，对新客户订单(即使是"插单")的承诺，不会破坏原来已经作出的客户订单承诺。

表 7.7 主生产计划和向前看的累计 ATP(初始库存量 30)

时区/周	1	2	3	4	5	6
客户订单	25	15	0	50	0	0
主生产计划	0	40	0	40	0	40
向前看的累计 ATP	5	20	20	20	20	60

但是，直接根据上面的定义来计算向前看的累计 ATP 是困难的。原因在于计算"所有为满足未来时区的客户订单承诺所需求的量"，并非一个简单的过程。为此我们给出如下计算向前看的累计 ATP 的步骤：

◎ 从计划展望期的最远时区开始由远及近逐个时区进行如下计算求出 ATP：主生产计划量减去实际需求量。如果在一个时区内实际需求量大于计划量，超出的需求量要从早先时区的可承诺量中预留出来(*)。

◎ 从最早时区开始，把各个时区的 ATP 累加到所考虑的时区即是这个时区的向前看的累计 ATP。

表 7.8 给出了一个使用这种方法计算向前看的累计 ATP 的例子。

表 7.8　主生产计划矩阵和向前看的累计 ATP(初始库存量 175)

时区/周	需求时界						计划时界			
	1	2	3	4	5	6	7	8	9	10
生产预测	200	200	200	200	200	200	200	200	200	200
增加的客户订单	0	0	0	0	130	28	0	0	0	0
预测的客户订单	198	145	234	145	167	145	150	100	34	0
未消耗的预测	0	0	23	55	33	55	50	100	166	200
总需求	198	145	257	200	330	228	200	200	200	200
主生产计划	400	0	400	0	400	0	400	0	400	0
预计可用量	377	232	375	175	245	17	217	17	217	17
ATP	183	0	0	0	0	0	150	0	366	0
超出的需求量	0	194	49	215	70	173	0	100	0	0
向前看的累计 ATP	183	183	183	183	183	183	333	333	699	699

表 7.8 所表示的也是主生产计划的一个完整的计算过程。其中，对于早于需求时界的累计的尚未消耗的预测(即(200−198)＋(200−145)=57)采取了移到需求时界之后的第一个时区的策略。

为了使读者更好地理解累计 ATP 的计算方法，下面我们详细地说明表 7.8 中第 1 周的 ATP=183 是如何计算出来的。

计算的依据就是前述计算向前看的累计 ATP 的步骤(*)。计算过程从第 10 周开始，由远及近，直到第 1 周，下面计算各周的 ATP。

第 10 周：ATP=0 − (0+0)=0

第 9 周：ATP=400 − (0+34)= 366

第 8 周：ATP=0 − (0+100)=−100，即"超出的需求量"

第 7 周：ATP=400 − (0+150) − 100=150

其中，等式左边被减掉 100，表示"第 8 周超出的需求量要从第 7 周的预计可用量中预留出来"

第 6 周：ATP=0 - (28+145)= - 173，即"超出的需求量"

第 5 周：ATP=400 - (130+167) - 173= - 70，即"超出的需求量"

其中，等式左边被减掉 173，表示"第 6 周超出的需求量要从第 5 周的预计可用量中预留出来"

第 4 周：ATP=0 - (0+145) - 70 = - 215，即"超出的需求量"

其中，等式左边被减掉 70，表示"第 5 周超出的需求量要从第 4 周的预计可用量中预留出来"

第 3 周：ATP= 400 - (0+234) - 215= - 49，即"超出的需求量"

其中，等式左边被减掉 215，表示"第 4 周超出的需求量要从第 3 周的预计可用量中预留出来"

第 2 周：ATP=0 - (0+145) - 49= - 194，即"超出的需求量"

其中，等式左边被减掉 49，表示"第 3 周超出的需求量要从第 2 周的预计可用量中预留出来"

第 1 周：ATP=175+400 - (0+198) - 194 =183

其中，等式左边被减掉 194，表示"第 2 周超出的需求量要从第 1 周的预计可用量中预留出来"。

以上我们介绍了三种 ATP 的概念和相应的计算方法。使用比较多的是离散的 ATP 和向前看的累计 ATP。用户在进行客户订单承诺的实践中要看软件系统所提供的是什么方法，以及自己的产品适合使用什么方法。概括地说，如果产品的时令性比较强，则适合使用离散的 ATP，否则适合使用向前看的累计 ATP。而如果"插单"较少，也可使用不向前看的累计 ATP。

7.6.6　主生产计划系统的行为建议信息

ERP 系统中的一个普遍规则是：计算机给出建议，人来作决定。计算机系统基于物料和能力的可用性，通过产生行为建议信息来提醒主生产计划员去关注可能出现的问题。主生产计划员根据计算机系统产生的行为建议信息去发现和解决现有的或潜在的问题。

表 7.9 表示了一份主生产计划。针对这份主生产计划，可以出现几种行为建议信息。

表 7.9　主生产计划矩阵

现有库存：70 件　　　　　提前期：1 个时区　　　　累计提前期：大于 8 个时区

订货批量:125 件　　　　　安全库存:无

时区/周	过去	1	2	3	4	5	6	7	8
生产预测		50	50	50	50	50	50	50	50
实际需求									
总需求		50	50	50	50	50	50	50	50
主生产计划			115			125	125		125
预计可用量	70	20	85	35	−15	60	135	85	160

在表 7.9 中，每个时区的需求量都是 50 件。初始库存量 70 件。在第 2 时区有一份 115 件的确认的计划订单(主生产计划员在确认计算机产生的计划订单时修改了订货批量)。在第 5、6 和 8 时区另有 3 份各为 125 件的确认的计划订单。

在第 4 时区，有潜在的 15 件的物料短缺，但是在第 5 时区有 60 件的预计可用量。因此，计算机系统检测出，存在的问题是时间问题，而不是数量问题。计算机系统发现 125 件的确认的计划订单将在第 5 时区收到，而实际需求是在第 4 时区。所以，系统产生行为建议信息，建议把将在第 5 时区收到的订单的完成日期提前到第 4 时区，以解决第 4 时区的物料短缺。

实际上，第 4 时区只短缺 15 件，但是大多数的计算机系统都会建议将整个批量提前。在这种情况下，主生产计划员可以有不同的选择，可以只从 125 件中分出 15 件，令其在第 4 时区完成，也可以在第 2 时区增加 15 件，甚至如果认为在第 4 时区短缺 15 件是可以允许的，则可以不采取任何措施。

计算机系统还会发现，将在第 6 时区收到的 125 件，其实是不必要的。因为第 5 时区的预计可用量足以满足第 6 时区 50 件的需求。因此，计算机系统也将给出行为建议信息，建议把第 6 时区收到的订单推迟到第 7 时区。

继续向前扫描，计算机系统会发现，第 8 时区 125 件确认的计划订单没有对应的需求，计算机系统将会给出行为建议信息，建议取消这份订单。

另外，计算机系统将会通知主生产计划员，第 2 时区确认的计划订单 115 件应当下达。因为提前期是 1 个时区，为了在第 2 时区完成，第 1 时区必须下达这份订单。

概括地说，主生产计划系统具有分析供需平衡状况并产生如下行为建议信息的能力:

(1) 把计划订单转化为下达订单。

(2) 把确认的计划订单转化为下达订单。

(3) 把已下达订单和确认的计划订单提前。

(4) 把已下达订单和确认的计划订单推迟。

(5) 取消已下达的或确认的计划订单。

(6) 在计划时界内出现负的预计可用量。

(7) 需求过期。

(8) 确认的计划订单或计划接收量过期。

(9) 计划订单提前期不足。

......

7.6.7　主生产计划的编制

主生产计划员编制主生产计划的工作是一种艺术,没有一种算法可以保证得到最好的主生产计划。为了编制好主生产计划,对市场和生产过程的深刻理解与经验是非常重要的。在此过程中,必须注意以下几个问题。

1. 主生产计划展望期的确定

必须有足够长的展望期。主生产计划要驱动物料需求计划,物料需求计划从主生产计划中得到关于产品或最终项目的毛需求的数量和需求日期,使用计划提前期,倒序确定各种子项物料的需求数量和日期。如果计划展望期不是足够长,那就有可能出现要求某些子项物料的生产或采购必始于过去、从而无法执行的情况。

让我们来看一个例子。图 7.5 中显示了手推车的时段式物料清单,其中表明为了保证总装配的按时完成,各种零件和子装配件应当何时开始购买或装配。物料需求计划使用图中显示的提前期来确定物料的需求时间。物料清单中的活动构成了不同的序列,其中最长的活动序列称为关键路径。例如,车筐装配加上总装配构成一条关键路径。手推车的累计提前期(cumulative lead time,CLT)是关键路径所占用的时间,即 9 个时区。主生产计划物料的累计提前期指明了它的最小计划展望期。各项主生产计划物料的累计提前期可能互不相同,最长的累计提前期将作为企业主生产计划的最小计划展望期。在实践中,考虑到能力、设计和采购等诸多因素,计划展望期总是要比最长的累计提前期更长一些。

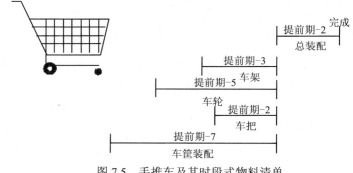

图 7.5　手推车及其时段式物料清单

(1) 能力。主生产计划确定能力需求。如果需要增加能力或设备，那么累计提前期可能就要延长。

(2) 设计。某些子装配件和零件可能需要设计，设计之后可能还需要购买某些零件或原材料。

(3) 采购。如果能够让采购人员更早地知道采购计划，则有机会通过选择供应商、获取折扣等方式来降低采购成本，且保证物料的质量。

2. 充分的沟通

预测是主生产计划的一项重要的输入。因此，要编制好主生产计划，预测必须是高质量的。企业必须明确谁负责预测、预测的对象和技术，谁负责审查预测的精度以及审查的频度，各部门如何就预测的结果进行沟通等等。预测的责任通常由市场部门承担。

生产部门和采购部门对主生产计划有提供反馈信息的责任，他们应向计划员和主生产计划员提供关于预期延迟的信息，以使计划员和主生产计划员能在问题发生之前作好计划调整。这也使得有时间来估计一项预期延迟的影响。对于一份带有惩罚条款和 10 天内贷款即将到期的出口订单，一般会不惜代价进行安排，不使生产落后于计划。

应有定期的计划会议，为市场、销售、生产、采购、计划部门的人员进行交流提供机会。

对于部门之间的交流应当规定响应时间。例如，如果市场部门要求生产部门作出一种承诺或修改计划，他们应在 1~2 天内得到答复。如果生产部门向市场部门询问为什么预测未能实现，他们应在 1~2 周内得到答复，因为市场部门要花比较多的时间来获取这些信息。

3. 主生产计划的编制步骤

(1) 根据生产规划和计划清单确定对每个主生产计划对象的生产预测。

(2) 根据生产预测、已收到的客户订单、配件预测以及该最终项目的非独立需求数量，计算总需求。

(3) 根据总需求量及事先确定的订货策略和批量、安全库存量和期初库存量，使用如下公式从最初时区开始计算各时区的预计可用量和主生产计划量：

第 $k+1$ 时区的预计可用量=第 k 时区预计可用量＋第 $k+1$ 时区主生产计划量－第 $k+1$ 时区的总需求量（$k=0,1,\cdots$）

第 0 时区的预计可用量=期初可用量

在计算过程中，如预计可用量为正值，表示可以满足需求量，不必再安排主生产计划量；如预计库存量为负值，则在本时区安排一个批量作为主生产计划量，从而给出一份主生产计划的备选方案。

(4) 用粗能力计划(将在 7.6.10 节详细讨论)评价主生产计划备选方案的可行性，模拟选优，给出主生产计划报告。

7.6.8　主生产计划的维护和控制

主生产计划应当是相对稳定的。但是，随着时间的推移和市场的变化，主生产计划的改变仍是不可避免的。主生产计划员使用时界对主生产计划进行维护，并对修改主生产计划进行控制。

1. 计划时界和需求时界

为了说明修改主生产计划的限制条件、难易程度以及付出的代价，从而谋求一个比较稳定的主生产计划，提出了时界与时域的概念，向计划人员提供一个控制计划的手段。

常用的时界有两种，即计划时界(planning time fence，PTF)和需求时界(demand time fence，DTF)。计划时界和需求时界都是通过天数来指明的。一般来说，计划时界的天数等于或略大于最终产品的累计提前期；而需求时界天数等于或略大于最终产品的总装配提前期。计划时界和需求时界将整个计划展望期分为 3 个时域。从当前时区到需求时界的计划期，称为第 1 个时域；需求时界和计划时界之间的计划期，称为第 2 时域；计划时界以后的计划期称为第 3 时域。

需求时界提醒主生产计划员，早于这个时界的主生产计划，即第 1 时域的主生产计划，已在进行最后总装，不宜再作变动，否则要付出很大的代价。所以，第 1 时域也称为冻结时域。在这个时域中，主生产计划的改变要经过企业高层领导的批准。

计划时界提醒主生产计划员，在这个时界和需求时界之间的主生产计划，即第 2 时域的主生产计划，已经确认，主生产计划的变化要付出一定的代价，所以不允许系统自动改变，必须由主生产计划员来控制。通常，这个时域称为半冻结时域。

在计划时界以后的时域，即第 3 时域，主生产计划还没有经过确认，系统可以改动。通常，第 3 时域称为自由时域。

时界的作用有两方面。一方面，可以根据时界来确定在不同的时域内维护主生产计划的权限。另一方面，可以提醒主生产计划员在适当的时候作必要的决定。随着时间的推移，原来位于计划时界之外的计划数据将会进入计划时界之内。而一旦计划数据进入计划时界，再改变它就困难了。因此，主生产计划员必须决定对即将进入计划时界的主生产计划数据是否要进行适当的修改。

让我们回忆表 7.8。计划时界的长度为 8 个时区。现在，第 9 时区将要进入计划时界。此时，主生产计划员要考虑以下问题并作出决定：

(1) 第 9 时区的主生产计划量400 是否应当适当地减少？因为累计的 ATP 已达到699 了。

(2) 如果不作任何改变而使第 9 时区进入计划时界，以后也没有接到新的客户订单，那么就要保持比较高的 ATP 和预计库存量。

(3) 当然，如果在第 9 时区进入计划时界之前接到了某些新的客户订单，主生产计划员也有可能保持甚至增加第 9 时区的主生产计划量。

时界是客观存在的。使用时界不是要阻止计划的变化，只是明确地指出，在不同的时域对主生产计划的改变要付出不同的代价，从而向主生产计划员提供了维护和控制主生产计划的手段。

2. 控制对主生产计划的修改

主生产计划员必须随时维护主生产计划的可行性。在维护主生产计划可行性的过程中，主生产计划员经常遇到的问题就是由于客户需求的改变而使得原有的主生产计划失去意义。在这种情况下，车间管理人员将不得不自行采取措施处理问题。这将使系统处于混乱状态。为了避免这种情况，就要重排主生产计划。

但是，一定要对主生产计划的重排进行控制，而不能频繁地重排。为此，主生产计划员必须认真考和分析以下问题：

(1) 需求真的发生变化了吗？

主生产计划的一个重要目标是满足客户需求。需求的变化必然引起计划的变化。但是，主生产计划应当是相对稳定的计划，不能亦步亦趋地随需求的变化而改变。需求的变化有时仅仅是客户把一份订单提前了，而总需求并没有变。有时可能是由于年终销售奖金的影响使得我们的销售人员努力把客户明年的需求变成了今年的订单，并不意味着需求发生了规律性的变化。所以，对于需求的变化要分析原因，并决定是否要采取相应的措施。

(2) 对生产规划有什么影响？

如果必须修改主生产计划，而且这种修改使得主生产计划的汇总与生产规划不一致，那么在修改主生产计划之后还要修改生产规划。

(3) 能力可用吗？

修改主生产计划要受到生产能力的限制。在决定修改主生产计划之前，一定要确保有足够的生产能力来支持修改以后的主生产计划。

(4) 物料可用吗？

为了生产产品，物料和能力同样重要。在正确的时间以正确的数量得到正确的物料，才能保证生产按计划执行。如果要增加需求，则必须有足够的物料可用；如果要减少需求，则需要考虑增加库存空间来存贮暂时不需要的零部件。

(5) 成本和风险如何？

在短于提前期的时间内改变主生产计划，可能需要更多的能力，需要以紧急手段获取更多的物料。在很多情况下，这些都是可以做到的，但是都要付出成本，还可能有产生产品质量问题或者影响和客户的关系的风险。所以，要把改变计划的收益和改变计划的成本与风险进行比较，才可以作出决定。

应当确定一些控制主生产计划重排的原则，例如：

(1) 仅对需要对原承诺日期改变 1 周以上的订单进行重排。

(2) 如果工厂的能力已经很紧张，当把一份订单提前时，必须把另外的订单推后。否则，就会出现超负荷的主生产计划。

为了帮助主生产计划员重排和修改主生产计划，可以利用一些工具。例如，粗能力计划以及系统的模拟功能都是非常有用的。此外，主生产计划员的经验也是非常重要的。

7.6.9　关于主生产计划员的一个案例

星期三上午，11：50，C 电器设备公司的主生产计划员朱女士正准备去吃午饭，电话铃响了，是公司主管销售的副总裁。

"朱女士，你好。我刚刚接到我们浙江的销售代表的电话，他说，如果我们能够比 D 公司交货更快，就可以和一家大公司做成 A3 系统的一笔大生意。"

"这是一个好消息。"朱女士回答，"一套 A3 系统可以卖 100 万呢！"

"是的。"副总裁说，"这将是一个重要的新客户，一直由 D 公司控制着。如果我们这第一步走出去了，以后的生意会接踵而来的。"

朱女士知道，副总裁打电话给她绝不仅仅是告诉她这个好消息。"如果我们能够比 D 公司交货更快"才是打电话的原因。作为主生产计划员，她意识到副总裁下面还有话说，她全神贯注地听着。

"你知道，朱女士，交货是销售中的大问题。D 公司已经把他们的交货期从原来的 5 周缩短到 4 周。"副总裁停顿了一下，也许是让朱女士做好思想准备。然后接着说："如果我们要做成这笔生意，我们就必须做得比 D 公司更好。我们可以在 3 周之内向这家公司提供一套 A3 系统吗？"

朱女士在今天上午刚刚检查过 A3 系统的主生产计划。她知道，最近几周生产线都已经排满了，而且 A3 系统的累计提前期是 6 周，看来必须修改计划。"是 3 周以后发货吗？"朱女士问道。

"恐怕不行，3 周就要到达客户的码头。"副总裁回答。朱女士和副总裁都清楚，A3 系统太大，不能空运。

"那我来处理这件事吧。"朱女士说，"两小时之后我给您回电话。我需要检查主生产计划，还需要和有关人员讨论。"

副总裁去吃午饭了。朱女士继续工作、解决问题。她要重新检查 A3 系统的主生产计划，有几套 A3 系统正处于不同的生产阶段，它们是为其他客户做的。她需要考虑当前可用的能力和物料；她要尽最大的努力，使销售代表能够赢得这个重要的新客户；她还必须让其他老客户保持满意。尽一切可能把所有这些事情做好，这是她的工作。

下午 1：50，朱女士给销售副总裁打了电话："您可以通知您的销售代表，从现在开始 3 周，一套 A3 系统可以到达客户的码头……"

"太好了！朱女士。您是怎么解决的呀？"副总裁高兴地问道。

"事情是这样，我们有一套 A2 系统正在生产过程中。我请您的助手给这套 A2 系统的客户代表打了电话，请他和客户联系，能否推迟 2 周交货。我们答应这家客户，如果他们同意推迟两周交货，我们将为他们延长产品保修期。他们同意了，我们的财务部门也批准了。我可以修改计划，利用现有的物料和能力把 A2 系统升级为 A3 系统，就可以按时交货了。但是还有一个问题，如果能解决，那就可以为您浙江的销售代表开绿灯了。"

"什么问题？"副总裁有点担心。

"您的广东销售代表有一份 A3 系统的单子正在生产过程中。如果我们按刚说的那样来改变计划，这份订单就得推迟 3~4 天，您看可以吗？"

球又回到了副总裁手里。他清楚，对原有计划的任何即使是精心的修改也往往要付出一些代价。"好吧，我来处理。"副总裁说。

问题终于解决了。朱女士看看表，2:15，她感到了饥饿。

这个案例清楚地说明，在主生产计划制定和执行的过程中，主生产计划员处于一个非常关键的位置上。他(她)的任务是和企业组织中的其他人一起工作来协调希望做和能够做的事情。ERP 软件系统的主生产计划功能为主计划员提供了一个工具，主生产计划员必须用好这个工具。主生产计划员必须具有关于企业的丰富知识，知道什么可以做，什么不可以做，知道销售人员所面临的问题。他(她)不但要精通计划的机制，还要了解企业的整体业务，要了解公司的客户、产品、产品的生产过程以及供应商，以便于协调市场销售部门和生产部门以及其他有关部门的工作。所以，做主生产计划，绝不仅仅是向主生产计划矩阵里面填写数字。

在这个案例中，主生产计划员利用 MPS 软件工具得到关于 A3 系统的生产、能力和物料信息，在此基础上，她要精心考虑，如何重新作出安排，既要实现本公司的目标，又要让客户满意。她的关于产品和产品生产过程的知识，使她清楚如何把 A2 系统升级为 A3 系统。她具有组织和沟通的能力，和公司的其他人员，包括销售、市场、工程技术、财务以及高层管理层人员协同工作，找到一个需要公司各个方面共同支持的解决方案。

7.6.10 主生产计划的评估——粗能力计划

对主生产计划的改变进行有效的管理是 MRP 系统中最富挑战性的和最困难的工作之一。有效的方法是正确地评估计划改变可能产生的影响并找出问题所在。这是通过制定粗能力计划(rough cut capacity planning，RCCP)来实现的。粗能力计划的处理过程是将主生产计划转换成对相关的工作中心的能力需求。粗能力计划要忽略某些基本信息，以便简化并加快能力计划的处理过程。

粗能力计划使用某些有代表性的工艺路线，是一个近似的能力计划。通常，企业要根据与粗能力计划相关的主要资源的情况来批准主生产计划。

根据主生产计划来运行粗能力计划，这对于评估主生产计划的变化是一个有价值的工具。此外，在某些企业中，备用件构成企业全部资源的重要部分。因此，当评估对主生产计划的改变所产生的影响时，备用件的需求应包括在粗能力计划中。

粗能力计划所用的代表工艺路线把主生产计划项目和生产它们所需的关键工作中心联系起来。代表工艺路线应当包括工作中心标识符、所需工时数、模具数以及主生产计划中指出的完成日期的差异。

由主生产计划通过代表工艺路线按日期产生粗能力需求。以周或月为时区把这些粗能力需求汇总，并显示粗能力计划图。

粗能力计划为评估或主生产计划所产生的能力需求提供了一个粗略的方法。如果一份计划是不现实的，或一项变化对资源或关键设备产生重大超量需求，则都能从粗能力计划中清楚地反映出来。

粗能力计划的报告格式和能力需求计划报告的格式相同，要表明资源代码及描述、时区日期、在一个时区内总的能力需求以及总的能力可用量。

为了有效地解决粗能力计划的问题，需要提供一种方法来识别能力需求的来源，最简单的方法是提供一个报告或屏幕显示，表明在每个时区引起粗能力计划需求的具体的产品族或主生产计划订单。

如果粗能力计划的计算表明存在能力或资源的短缺，那么，在批准主生产计划之前，必须解决这一问题，或者增加能力或资源，或者调整主生产计划。如果必须调整主生产计划以协调资源短缺，那么，这种调整一定要反映在最后的主生产计划中。

7.7   物料需求计划

物料需求计划(MRP)过程是一个模拟过程。它根据主生产计划、物料清单和库存记录，对每种物料进行计算，指出何时将会发生物料短缺，并给出建议，以最小库存量来满足需求并避免物料短缺。本节，我们将从 MRP 的输入信息、计算过程、运行方式和主要输出信息等 4 个方面对 MRP 进行详细的介绍。

7.7.1   MRP 的输入信息

MRP 系统的输入信息源包括主生产计划、来自厂外的零部件订货、作为独立需求项目的需求量预测、库存记录文件和物料清单等。

主生产计划是 MRP 系统的主要输入信息源。因为 MRP 系统要根据主生产计划中的项目逐层分解，得出各种零部件的需求量，而其他的输入信息只是为 MRP 分解主生产计划提供帮助信息。

厂外零部件订货系指备品备件订货、厂际协作订货、来自专门采购其他厂家零部件组装产品的厂家的订货以及其他任何与常规生产计划无关的特殊订货。此外，零部件订货还可能用于实验、破坏性试验、推销、设备维修等。MRP 系统在处理这类订货时，只是在相应物料的毛需求量中加上这类订货的数量。

MRP 系统是将对零部件的独立需求预测所得到的结果作为毛需求量来对待的，即对于那些部分属于独立需求，部分属于非独立需求的物料，只要将独立需求的预测量加到毛需求量上即可。

库存记录文件是由各项物料的库存记录组成的，这些记录中含有用来决定需求量的状态数据。库存记录文件必须通过各种库存事务处理来随时加以更新。每项库存事务处理(入库、出库、报废等)都将改变相应物料的状态数据。库存事务处理更新了各项物料的状态数据，而这些状态数据又在计算需求量的过程中被引用。

物料清单中所包含的产品结构信息，则作为需求分解的依据。

7.7.2　MRP 的计算过程

在第 2 章，我们介绍了在物料清单的一个层次上计算物料的过程。但那只是 MRP 需求分解过程的一部分，是横向的过程。下面介绍最终项目的一项需求按 BOM 引起对下属各层物料的毛需求和净需求的纵向计算过程以及物料需求计划的全过程。

为了确定 BOM 中一个较低层次(层次越低编号越大)的物料项目的净需求量，不仅需要考虑这类项目在本层的需求数量，还要考虑该项目在其父项物料以及父项物料的父项物料中的需求数量。计算净需求量的过程可以用下面的一个例子来说明(图 7.6)。

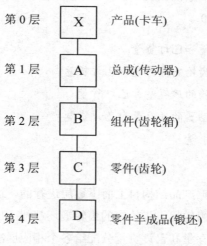

图 7.6　父项物料与子项物料的关系

【例 7.1】 假定要生产 100 辆卡车 X,库存情况如下(库存量和已订货量之和):

传动器	2
齿轮箱	15
齿轮	7
齿轮锻坯	46

现在来计算上述各项物料的净需求量:

需要生产的卡车数量	100
传动器毛需求量	100
传动器库存量和已订货量	2
传动器的净需求量	98
生产 98 台传动器对齿轮箱的毛需求量	98
齿轮箱库存量和已订货量	15
齿轮箱净需求量	83
生产 83 台齿轮箱对齿轮的毛需求量	83
齿轮库存量和已订货量	7
齿轮净需求量	76
生产 76 个齿轮对齿轮锻坯的毛需求量	76
齿轮锻坯库存量和已订货量	46
齿轮锻坯净需求量	30

下面对齿轮锻坯的净需求量核实一下。卡车生产数量为 100,齿轮锻坯的总需求量,即以下 5 项之和亦应为 100:

齿轮锻坯的库存量和已订货量	46
含有齿轮锻坯的齿轮的库存量和已订货量	7
含有齿轮的齿轮箱的库存量和已订货量	15
含有齿轮箱的传动器的库存量和已订货量	2
齿轮锻坯的净需求量	30
总计	100

净需求量的计算是根据产品结构自上而下逐层进行的。这个计算过程把隐蔽在较高层次的物料项目传动器、齿轮箱、齿轮中的齿轮锻坯都找了出来,并加以计算。净需求量是通过一层一层地把库存量和已订货量分配给各个相应层次上的毛需求量而逐步求得的。只有在确定了父项物料的净需求量以后,才能确定子项物料的净需求量。

有一点应当注意的是，毛需求量是为了满足父项物料的订货要求而产生的，而不是最终产品所消耗的数量。这两个量不一定相同。

在例 7.1 中，要生产 100 辆卡车，每一辆卡车含有一个齿轮锻坯，因此齿轮锻坯的总需要量是 100。这个数字虽然在成本核算等方面很有用处，但对于物料需求计划则没有意义。因为我们关心的不是与产品一起出厂的组件的数量，而是需求采购或制造的最小数量，即净需求量。在例 1 中算出的齿轮锻坯的毛需求量是 76，净需求量是 30。只有在上层物料(齿轮、齿轮箱、传动器)中库存为零时，齿轮锻坯的毛需求量才可能是 100。在物料需求计划里，子项物料的毛需求量取决于父项物料的净需求量，而不是取决于最终产品或主生产计划最终项目的需求量。

还应注意对一个给定的项目可能有多个需求源，因此毛需求量也可来自多方面。一项物料可能通用于几个父项物料，也可能用于来自外部的独立需求，如用作备件。我们应把该项物料的这些毛需求量按时区合并起来，如图 7.7 所示。

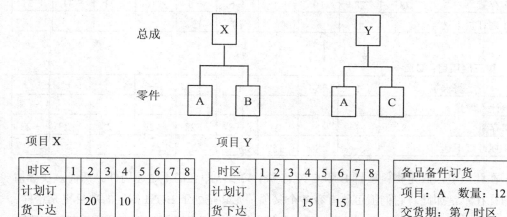

图 7.7　来自不同需求源的毛需求量

物料需求计划的全过程，即是在展望期内把最终项目的独立需求从主生产计划开始向下逐层分解为各个零部件需求的过程。在此过程中，一个关键的问题是父项物料记录和子项物料记录之间的衔接问题：对一项物料的计划订货的下达就同时产生了其子项物料的毛需求，它们在时间上完全一致，在数量上有确定的对应关系。此过程沿 BOM 的各个分支进行，直到所有的分解路线都达到外购件(零部件或原材料)为止。

表 7.10 对处于相邻层次的三个物料项目的需求分解过程作了说明。它们的提前期均为 2。

表 7.10　需求量的分解

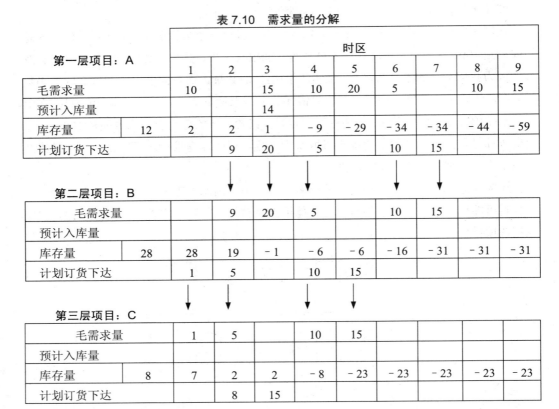

第一层项目：A		时区								
		1	2	3	4	5	6	7	8	9
毛需求量		10	15	10	20	5		10	15	
预计入库量				14						
库存量	12	2	2	1	– 9	– 29	– 34	– 34	– 44	– 59
计划订货下达			9	20	5		10	15		

第二层项目：B										
毛需求量			9	20	5		10	15		
预计入库量										
库存量	28	28	19	– 1	– 6	– 6	– 16	– 31	– 31	– 31
计划订货下达			1	5		10	15			

第三层项目：C										
毛需求量			1	5		10	15			
预计入库量										
库存量	8	7	2	2	– 8	– 23	– 23	– 23	– 23	– 23
计划订货下达			8	15						

　　在此例中，假定物料项目 B 和 C 没有多个父项，即它们不是通用件。然而，实际情况却往往不是如此。它们很可能有着多个父项，尤其是处于 BOM 低层的项目更是这样。在这种情况下，如果沿 BOM 各分支分别分解，然后再把对通用件的多项需求相加，则造成计算的重复，降低了数据处理的效率。

　　获得数据处理高效率的标准技术称为逐层处理法，一般 MRP 软件系统均采用这种方法。做法是先对所有 BOM 算出第一层上所有物料项目的计划订货，把这些结果按通用件相加，用来确定第二层项目的毛需求。依此类推，直至外购件。

　　在这个过程中，物料的低层代码起到非常重要的控制作用。一项物料可以出现在多个 BOM 中。所以，每项物料都要有一个低层代码，用来指明在包括该项目的所有 BOM 中，该项目所处的最低层次。于是，在逐层分解计算需求量的过程中，对该项目的处理便被延迟到其出现的最低层次上进行。从而所有较高层次上可能出现的对该项目的毛需求都能在此之前确定。因此，每项物料的记录只需处理一次，避免了重复检索和处理，提高了效率。

7.7.3 MRP 的运行方式

MRP 系统有两种基本的运行方式：全重排式和净改变式。

第一种方式从数据处理的角度看，效率比较高。但由于每次更新要间隔一定周期，通常至少也要一周，所以不能随时反映出系统的变化。第二种方式可以对系统进行频繁的，甚至是连续的更新，但从数据处理的角度看，效率不高。以上两种方式的主要输出是一样的，因为不论以何种形式执行 MRP 系统，对同一个问题只能有一个正确的答案。两种方式的输入也基本上是相同的，只是在物料的库存状态的维护上有些不同。两种方式最主要的不同之处在于计划更新的频繁程度以及引起计划更新的原因。在第一种方式中计划更新是由主生产计划的变化引起的，在第二种方式中则是由库存事务处理引起的。

在使用全重排方法时，主生产计划中所列的每一个最终项目的需求都要加以分解；每一个 BOM 文件都要被访问到；每一个库存状态记录都要经过重新处理；系统输出大量的报告。

全重排式运行方式是通过批处理作业完成的。因此，只能按一定时间间隔定期进行。在两次批处理之间发生的所有变化及计划因素的变化等，都要累计起来，等到在下一次批处理作业中一起处理。重排计划的时间间隔，常要从经济上考虑其合理性。就制造业已安装的 MRP 系统来说，全面重排的时间间隔通常为 1~2 周。又由于全面重排计划的数据处理量很大，所以，计划重排结果报告的生成常有时间延迟，这就使得系统反映的状态总是在某种程度上滞后于现实状态。在具体情况下，这个缺点的严重程度取决于 MRP 系统的作业环境。

在一个动态的生产环境中，生产状态处于连续的变化之中。在这种情况下，主生产计划经常更改，客户需求时时波动，订货每天都可能发生变化，常有紧急维修的订货，也有报废的情况发生，产品的设计不断更新——所有这些都意味着每项物料的需求数量和需求时间也要随之迅速改变。在这类生产环境中，要求系统有迅速适应变化的能力。

在比较稳定的生产环境中，仅就物料需求而论，全重排式 MRP 系统或许能满足需求。然而，MRP 并不只局限于库存管理，它还要确保已下达订单的到货期符合实际需求。因此，一个以周为时间间隔重排计划的 MRP 系统，显然不能使订单的完成日期时时处于与需求情况相符。

由以上讨论可以看出，在 MRP 系统的使用中，重排计划的时间间隔是一个重要问题。为了能以更小的时间间隔重排计划，必须考虑到数据处理的经济性(重排计划的范围、时间区段和输出数据量)，又能避免批处理作业中时间滞后的弊端。于是，净改变式 MRP 系统便应运而生。

需求分解是 MRP 最基本的作业。净改变方式采用局部分解的作业方式，对计划进行连续的更新，取代以较长时间间隔进行全面分解的作业方式。

局部分解是问题的关键，因为缩小了每次的运算范围，从而可以提高重排计划的频率。而且每次输出结果的数据也就少了。所谓局部分解是从以下两种意义上来说的：一是每次运行系统时，都只需要分解主生产计划中的一部分内容；二是由库存事务处理引起的分解只局限在该事务处理所直接涉及的物料及其下属物料。

从净改变的角度看，主生产计划是一个连续存在的计划，而不是一份一份间断产生的计划。主生产计划在任何时候都可以通过增加或减去各种需求量的净改变量而不断得到更新。定期发布的新计划也是以同样的方式处理，事实上是一种计划更新的特殊形式。但是，在处理上只是对系统中某些物料项目的原有状态数据加上或减去相应的净改变量，从而大大减少了计划重排的工作量。

表 7.11 进一步说明了这种方法。如果一个以 6 个月为计划期的主生产计划在 3 月份如表 7.11(A)所示，在 4 月份如表 7.11(B)所示，这两者的差别在表 7.11(C)中以净改变的形式表现出来。

表 7.11　主生产计划中的改变

(A)

产品＼月份	3	4	5	6	7	8	9
X	80	70	30	0	0	50	0
Y	100	60	80	100	60	60	0
Z	15	0	10	15	0	10	0

(B)

产品＼月份	4	5	6	7	8	9
X	70	30	0	0	35	40
Y	60	80	100	60	60	0
Z	0	10	15	0	10	15

(C)

产品＼月份	4	5	6	7	8	9
X					−15	+40
Y						
Z						+15

在上述例子中，在主生产计划的计划期内，总共有 18 个数据单元，其中 15 个单元没有发生变化。产品 Y 的计划一直保持不变。在这种情况下，净改变式系统的数据处理

工作量就只相当于全重排式系统所要完成的工作量的一小部分。在全重排式系统中，所有 18 个数据单元都要重新输入系统，所有库存记录都要被重新处理，产品 X、Y、Z 的 BOM 都要访问。

还有很重要的一点应当指出的是，假如在 3 月份就预知产品 X 在 8 月份的需求量要减少，则在 3 月份内即可通过净改变方式处理这个数据的改变，而不必等到 4 月份。这样，到了 4 月份，对产品 X 而言，处理净改变数据的工作量就只需要考虑 9 月份新增的 40 了。

与全重排方式相比较，净改变方式使系统能够做到以下几点：

(1) 减少每次发布主生产计划后进行需求计划运算的工作时间；

(2) 在两次发布主生产计划的间隔期间也可以对计划中的变化进行处理；

(3) 连续地更新，及时地产生输出报告，从而可以尽早通知管理人员采取相应的措施。

净改变式系统也有不足之处，可以归纳如下：

(1) 系统的数据自清理能力较差。净改变方式对数据的自清理能力较差，而全重排式系统具有良好的自清理能力。因为每次运行时，原有主生产计划就被抛弃，因而原计划中的所有错误也随之一起清除。

由于一般 ERP 软件系统都提供两种运行方式可供选择，所以在实际应用中，企业一般的做法是，每月第一次运行 MRP 系统采用全重排方式，然后，每天运行 MRP 系统则采用净改变方式。

(2) 数据处理的效率相对来说比较低。由于在库存事务处理和进行分解运算时要多次访问库存记录，所以净改变式数据处理效率较低，成本较高。但是，净改变方式是着眼于库存管理和生产计划的效率而不是数据处理的效率。

(3) 系统对变化过于敏感。净改变式系统常常表现得过于敏感。这是因为在净改变方式中，每次更新计划都会向管理人员提出建议信息，但有些建议是不必采纳的。为此必须注意，系统给出行为建议信息和计划人员采纳系统给出的建议信息，是完全不同的两件事情。在完全掌握最新信息的基础上，有选择地忽略系统的某些建议总是比不了解情况而不采取措施要好。

7.7.4　MRP 的重排假设

重排假设是 MRP 的基本逻辑之一，它假设在短期内重排已下达订单比下达和接收新订单容易得多。因此，将所有计划接受量全部用于覆盖毛需求之后，才生成新的计划订单。

例如，假定某项物料的生产提前期为 3 周，下周存在一项关于该物料的未满足的需求，而车间里有一份关于该物料的生产订单正在加工过程中，按计划，其完成日期在这项未满足的需求之后。这时，净需求的计算逻辑将会假定这个订单会加速完成来满足需求。

这种假设反映了现实世界的真实情况，因为在一般情况下，如果有订单能在下周完工的话，那么应当是正在车间里加工的订单而不是新创建的订单。

但是，净需求的计算逻辑并不真的修改这份生产订单的完成日期，它只是在做净需求计算时使用这份订单。与此同时，MRP 系统将产生一条行为建议信息，提醒计划员，这份订单的完工日期应当提前以防止物料短缺的发生。而具体的修改则是计划员的事情。

类似地，如果有生产订单的完成日期早于未满足的需求，净需求的计算逻辑将会假定这份订单会推迟完成来满足需求；同时，MRP 系统也将产生一条行为建议信息，提醒计划员将这份订单的完工日期推迟。

7.7.5　需求反查

MRP 的需求展开过程是从计划订单产生毛需求。而需求反查的过程正好相反，它是反查毛需求的来源。这项功能是闭环 MRP 系统的重要组成部分。在一个闭环 MRP 系统中，从两个方向给出优先级计划，即自顶向下的和自底向上的。

在自顶向下的计划过程中，主生产计划被展开，对每项物料产生毛需求和净需求，产生计划订单，并展开计划订单求子项的毛需求和净需求。计划沿着物料清单自顶向下地进行。

但是，实际情况的发生常会偏离计划。当出现了意料之外的问题时，计划过程就需要反过来了。例如，供应商不能按时交货，有些零部件出现了质量问题，设备出了问题，都会影响原有计划的执行。此时，就需要知道这些问题的出现会影响到哪些需求的满足。于是，计划过程就转到了自底向上的方向上：既然供应不能满足需求，那就只好修改需求，让需求和可用的供应相匹配。这就需要找到引起毛需求的父项物料，分析并修改父项的计划，使得父项的需求和子项物料的可用性相匹配。

为了实现自底向上的计划过程，计划员要有一种找到毛需求来源的方法。这就是需求反查(pegging)功能。有两种需求反查功能，即单层需求反查(single-level pegging)和完全需求反查(full pegging)。

单层需求反查是根据毛需求所对应的物料代码、日期和数量来确定产生这项毛需求的所有父项的物料代码，以及每个父项所要求的毛需求的数量。

完全需求反查不但要找出引起毛需求的父项物料以及父项所要求的毛需求数量，还要沿物料清单指明的产品结构，一直追溯到主生产计划，甚至客户订单。

一般来说，计划员在解决这类问题时，总是按照产品结构每次反查一层，并分析能否在这一层上解决问题。如果在这一层上不能解决问题，再继续反查一层。换言之，计划员解决问题是一次或多次地使用单层反查功能，而不是直接使用完全需求反查功能。

在大多数情况下，问题可以在主生产计划以下的层次上解决，而主生产计划根本无

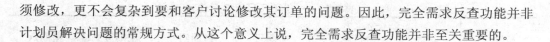

须修改，更不会复杂到要和客户讨论修改其订单的问题。因此，完全需求反查功能并非计划员解决问题的常规方式。从这个意义上说，完全需求反查功能并非至关重要的。

7.7.6　MRP 的主要输出信息

MRP 的主要输出信息有：

(1) 未来一段时间的计划订单。

(2) 下达计划订单的建议信息。

(3) 要求提前或推迟已下达订单的完工日期的建议信息。

(4) 撤销订单的建议信息。

(5) 关于未来的库存量预报和库存状态信息。

(6) 数据错误报告。

(7) 需求反查报告。

(8) 各种例外信息报告等。

MRP 系统的输出信息成为其他计划和控制子系统的有效输入信息。这些子系统包括能力需求计划、车间作业管理、采购作业管理等。

7.8　能力需求计划

物料需求计划的对象是物料，物料是具体的、形象的和可见的。能力需求计划(capacity requirements planning，CRP)的对象是能力，能力是抽象的，且随工人效率、人员出勤率、设备完好率等而变化。CRP 把 MRP 的物料数量转换为标准负荷小时，把物料需求转换为能力需求。它把 MRP 的计划下达生产订单和已下达但尚未完工的生产订单所需的负荷小时，转换为每个工作中心各时区的能力需求。

7.8.1　工厂日历

能力需求计划所使用的日期标识要使用工厂日历。这是因为常规日历的月份天数参差不齐，假日也不规则，常使计划安排感到不便。工厂日历则只对工作日连续编号，越过周六、周日以及节假日不进行编号。因此，当人们使用工厂日历来确定或标识日程计划时，只用简单的加减法就可以了。表 7.12 是一份工厂日历。其中的工作日编号从 391 到 412。

表 7.12　一份工厂日历(8 月份)

星期日	星期一	星期二	星期三	星期四	星期五	星期六
1	2　391	3　392	4　393	5　394	6　395	7
8	9　396	10　397	11　398	12　399	13　400	14
15	16　401	17　402	18　403	19　404	20　405	21
22	23　406	24　407	25　408	26　409	27　410	28
29	30　411	31　412				

7.8.2　能力需求计划的输入

输入数据是 CRP 过程的第一步。输入的数据包括：已下达的生产订单，MRP 计划订单，工艺路线文件，工作中心文件，工厂日历。

7.8.3　编制工序计划

当收集了必要的数据之后，就可以编制工序计划了。

首先以倒序排产的方法编制工序计划。即从订单交货期开始，减去传送、加工、准备和排队时间来确定工艺路线上各工序的开工日期。如果得到一个已过期的开工日期，那么，为了按预定的交货期完工，则应重新计划订单并压缩提前期。如果这是不可能的，那就只好将交货期推迟。

编制工序计划首先要从生产订单、工艺路线和工作中心文件中得到有关信息：

从已下达订单文件得到订货量和交货期。例如，部件 A 订单订货量是 60，交货期是工厂日历第 420 天。

从工艺路线文件中获得工序次序、工作中心号、准备时间和加工时间。部件 A 订单需要在两个工作中心(分别是 1 号工作中心和 2 号工作中心)上加工两道工序(工序 10 和工序 20)，如表 7.13 所示。

表 7.13　工序、工作中心、准备时间和加工时间

加工次序	工作中心	准备时间/小时	单件加工时间/小时
1. 工序 10	1	12	1
2. 工序 20	2	6	0.5

从工作中心文件获得 1 号工作中心的排队时间和传送时间均为 1 天，2 号工作中心的排队时间和传送时间分别为 2 天和 1 天。

然后计算每道工序对各个工作中心形成的负荷。方法是用从订单中得到的生产数量乘以

从工艺路线文件中得到的单个零件每道工序的定额工时，对每道工序再加上标准准备时间。

例如，部件 A 订单计算如下：

工序 10 加工时间　60×1 小时=60 小时
工序 20 加工时间　60×0.5 小时=30 小时

将准备时间加到加工时间上，就可确定在每个工作中心上每道工序的负荷。

工序 10——工作中心 1：60 小时+12 小时=72 小时
工序 20——工作中心 2：30 小时+6 小时=36 小时

再计算每道工序的交货日期和开工日期。为了编排部件 A 的订单，使之在第 420 天完成，应该从交货日期减去传送、加工、准备和排队时间所需天数，从而得到订单到达加工该部件第一道工序的工作中心的工作日期。

为了编制工序计划，可以把平均加工时间和准备时间以天为单位存储在工艺路线文件中。将每天计划工时乘以工作中心利用率和效率得到每天可用标准工时数。假设一天 8小时，利用率是 0.85，效率是 0.88，计算如下：

$$8×0.85×0.88= 6 \text{ 标准工时/天}$$

工序 10：

$$加工时间(天)= \frac{60 \text{ 标准工时}}{6 \text{ 标准工时/天}} =10 \text{ 天}$$

$$准备时间(天)= \frac{12 \text{ 标准工时}}{6 \text{ 标准工时/天}} =2 \text{ 天}$$

工序 20：

$$加工时间(天)= \frac{30 \text{ 标准工时}}{6 \text{ 标准工时/天}} =5 \text{ 天}$$

$$准备时间(天)= \frac{6 \text{ 标准工时}}{6 \text{ 标准工时/天}} =1 \text{ 天}$$

该例以第 420 天作为工序 20 的完工日期，减去传送、加工、准备和排队时间得到抵达工作中心 2 的日期是第 411 天。这时，第 411 天就成为工序 10 的计划交货日期。重复以上过程计算工序 10 的开工日期，如表 7.14 所示。

表 7.14　工序计划

工序号	工作中心	到达工作中心日期	排队时间/天	准备时间/天	加工时间/天	传送时间/天	完工日期
10	1	397	1	2	10	1	411
20	2	411	2	1	5	1	420

7.8.4　编制工作中心负荷报告

当对所有的订单都编制了工序计划之后，就可以对各个工作中心按时区累计负荷，产生所有工作中心的负荷报告。工作中心的负荷报告显示在一定的时区内计划订单和已下达订单的能力需求。

为了按时区累计工作中心负荷，要对每个工作中心将所有订单所需的全部负荷定额工时加在一起。

例如，在工作中心 2 由前面的计算可知部件 A 的订单需要 30 小时加工时间和 6 小时准备时间，即共 36 小时负荷。在工作中心 1，该订单需要 60 小时加工时间和 12 小时准备时间，即共 72 小时负荷。

为了制定工作中心 2 的负荷图，按时区将计划在工作中心 2 上加工的全部下达订单和计划订单的准备时间和加工时间加在一起。最终得到为满足生产计划所需的总设备工时或劳动力工时。表 7.15 是工作中心负荷报告的例子。在表 7.15 中，已下达负荷工时表示由已下达订单产生的负荷。计划负荷工时表示由 MRP 计划订单产生的负荷。总负荷工时是已下达负荷工时和计划负荷工时之和。

表 7.15　工作中心的负荷报告

工作中心号：2　　　　　　　　工作中心描述：机床
劳动能力：180 小时/时区　　　设备能力：200 小时/时区

项目	时区/周					总负荷
	1	2	3	4	5	
已下达负荷工时	75	100	120	90	100	485
计划负荷工时	150	0	40	50	140	380
总负荷工时	225	100	160	140	240	865
可用能力	180	180	180	180	180	
能力负荷差异	− 45	80	20	40	− 60	
能力利用率/%	125	56	89	78	133	

工作中心能力=180 小时。因劳动能力小于设备能力，所以工作中心能力即劳动能力。

$$能力负荷差异=能力-总负荷$$
$$能力利用率=总负荷/能力\times100\%$$

工作中心负荷报告多以直方图的形式给出，所以也称为负荷图。如表 7.15 的负荷报告可以用图 7.8 的形式表示。

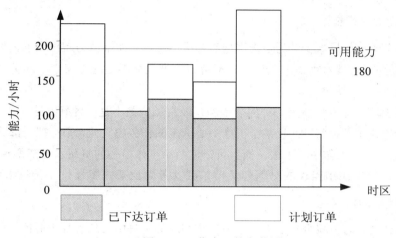

图 7.8　工作中心的负荷图

7.8.5　分析结果并反馈调整

超负荷和负荷不足都是应该解决的问题。如果超负荷，则必须采取措施解决能力问题。否则不能实现能力计划。如果负荷不足，则作业费用增大。对于流程工业来说，设备不易关闭，负荷不足则问题更显得严重。因此，必须对负荷报告进行分析，并反馈信息，调整计划。

根据工作中心负荷报告或负荷图，可以对工作中心的负荷和能力进行对比分析。如果有很多工作中心表现为超负荷或负荷不足，那么，能力就不平衡了。在进行校正之前，必须分析其原因。

引起能力不平衡的原因可能是主生产计划的问题，也可能是其他问题。

在制订主生产计划的过程中，已通过粗能力计划从整体的角度进行了能力分析和平衡。因此，在制订能力需求计划之前就会发现主要问题。但对计划进行详细的能力检查时，还会发现有些在粗能力计划中不曾考虑的因素在起作用。例如，主要的维修件订单未反映在主生产计划中；忽略了拖期订单；粗能力计划没有包括所有的关键工作中心，等等。

如果在主生产计划中忽略了一项影响能力的因素而造成能力不平衡，首先应做的事情就是调整负荷或能力以满足主生产计划对能力的需求，而不是修改它。只有完全必要时，即没有办法满足能力需求时，才修改主生产计划。其他因素，如提前期，也可引起能力问题。例如，在能力需求计划中考虑了提前期，而在粗能力计划中不曾考虑；提前期增大影响到负荷的分布。

如果在消除了以上各种因素之后，能力和负荷仍不能平衡，那么就要调整能力或负荷。

1. 调整能力的措施

(1) 调整劳力：如果缺少劳力，则根据需要增加工人。如果劳力超出当前需要，则可安排培训，提高工人技术水平。或重新分配劳力，把负荷不足的工作中心的劳力分配到超负荷的工作中心。

(2) 安排加班：加班只能是一种应急措施，经常加班绝不是一种好方法。

(3) 重新安排工艺路线：一旦某个工作中心承担的任务超负荷，则可把一部分订单安排到负荷不足的替代工作中心上去。而且可以使两个工作中心的负荷水平都得到改善。

(4) 转包：如果在相当长的时间超负荷，可以考虑把某些瓶颈作业转包给供应商。

2. 调整负荷的措施

(1) 重迭作业：为了减少在工艺路线中两个相连的工作中心的总加工时间，可以在第一个工作中心完成整个批量的加工任务之前，把部分已完成的零件传给第二个工作中心。

(2) 分批生产：将一份订单的批量细分成几个小批量，在同样的机器上同时安排生产。这种调度方法不能降低负荷，而是将负荷集中在更短的时间内。

(3) 减少准备提前期：将准备过程规范化，可以减少准备时间，从而降低负荷。于是可以把节省下来的能力用于实际的加工过程。

(4) 调整订单：考虑可否把一份订单提前或拖后安排；或者可否先完成一份订单的一部分，其余部分拖后安排；有些订单是否可以取消；等等。

7.8.6 能力需求计划的控制

控制能力是为了发现现实的问题并预见潜在的问题，以便采取措施。为了保证能力计划的执行，必须做好日常的能力检查。主要包括三方面的报告，即投入/产出报告、劳力报告和设备性能记录。

投入/产出报告是一种计划和控制报告，它显示出各工作中心计划投入和产出与实际投入和产出的偏差，从而可以对能力需求计划进行度量。可以发现能力需求计划在何处未得到执行以及为什么未得到执行。利用投入/产出报告可以在工作中心上的问题明显暴露之前就发现它们，在它们严重地影响计划之前就把它们加以解决。投入/产出报告包含以下信息：

◎　计划投入——安排到工作中心的计划订单和已下达的订单。

◎　实际投入——工作中心实际接收的任务。

◎　计划产出——要求完成的任务。

◎　实际产出——实际完成的任务。

◎　与计划的偏差——投入偏差和产出偏差。

◎　允许范围——允许的偏差程度。

表 7.16 是一份投入/产出报告。

表 7.16　投入/产出报告

周	1	2	3	4
计划投入	260	260	260	260
实际投入	260	255	260	
累计偏差	0	− 5	− 5	
计划产出	260	260	260	260
实际产出	255	250	240	
累计偏差	− 5	− 15	− 35	

投入/产出报告中，必须对比计划的投入产出和实际的投入产出。表 7.16 显示出计划投入和计划产出从第 1 周到第 4 周都是 260 标准工时，从第 1 周到第 3 周，实际投入比计划少 5 标准工时；而实际产出连续减少，累计负偏差达到 35 标准工时。这样，报告可以提前发出关于能力问题的警报。假设允许的累计产出偏差为 ±20 标准工时，第 4 周则需要采取纠正措施。

劳力报告要反映出勤情况、加班情况和劳动状况。因为人力的利用率和工作效率在一定程度上影响着现有能力。所以要通过劳力报告加以反映并进行分析，以便发现问题。

(1) 出勤记录：缺席多，必定影响能力；人员流动大，效率必定降低；生产人员被安排做非生产工作，能力也会减少。

(2) 加班：大量或长期的加班，会降低生产率，从而产生能力问题。

(3) 劳动状况：实际效率是否符合计划的需求？

劳力和设备是生产能力的基础。所以除了对劳力通过劳力报告进行控制和分析之外，还应对设备性能加以检查和记录，并定期进行分析，以便发现潜在的问题。应检查和记录的项目可有以下几项。

(1) 维修历史：记录维修机器的原因和时间。特别应分析非计划维修，找出潜在的原因。

(2) 停机时间所占的比例：停机时间过长说明机器或机器的检修有问题。

(3) 预防性维修规程：检查预防性维修规程，保证适当的维修。设备越陈旧，维修应越频繁，否则往往会增大停机时间。

■ 思考题

1. 举例说明一个企业缺乏有效的计划会出现什么现象？

2. 制造业有哪些不同的生产计划方式？

3. ERP 系统有哪些计划层次？

4. 什么是经营规划？

5. 什么是销售和运作规划？如何制定销售与运营规划？

6. 销售与运营规划报告的内容是什么？如何评估销售与运营规划？

7. 什么是主生产计划？为什么要有主生产计划？

8. 如何制定主生产计划？如何维护主生产计划？

9. MRP 有几种运行方式？各有什么特点？

10. 什么是能力需求计划？如何编制工作中心负荷报告？

11. 如何进行能力控制？

12. 简述 MRP 的功能。

13. MRP 的主要输入信息有哪些？

14. 在 MRP 计划展开的过程中，如何确定一个子项的毛需求？

15. 毛需求量和其消耗在最终产品中的数量有什么不同？

16. 什么是物料的低层代码？低层代码的作用是什么？

17. MRP 的主要运行方式有哪几种？各有什么特点？

18. 在实践中一般如何采用这些不同的运行方式？

19. MRP 的主要输出信息有哪些？

20. 能力需求计划的输入数据有哪些？

21. 如何编制工序计划？

22. 如何编制工作中心负荷报告？

23. 如何进行生产能力和负荷的调整？

24. 如何控制能力需求计划？

25. 什么是投入/产出报告？它的作用是什么？

■ 习　题

1. 在下面关于销售规划和生产规划的陈述中，哪一项是正确的？(　　　)

　　A. 生产规划必须总是与销售规划完全一致

　　B. 生产规划不必总是与销售规划完全一致

C. 生产规划应当比销售规划多 10%

  D. 生产规划与销售规划是相互无关的

2. 下面哪一项关于销售与运营规划的陈述是正确的?(　　　)

  A. 销售与运营规划是由企业领导决定的

  B. 销售与运营规划是协调一致的计划

  C. 需求预测通过产品单位来表示

  D. 供应计划不包括库存

3. 下面哪项活动属于生产规划活动?(　　　)

  A. 确定产品价格　　　　　　　　B. 确定产品族的生产率

  C. 维护产品技术信息的准确性　　D. 维护产品成本

4. 制定生产规划的目的是什么?(　　　)

  A. 确定客户服务水平　　　　　　B. 确定毛销售量

  C. 为制定经营规划作准备　　　　D. 确定产品族生产率

5. 资源需求计划的作用是什么?(　　　)

  A. 检查生产规划的合理性　　　　B. 代替能力需求计划

  C. 用于大批量重复生产的公司　　D. 用于能力计划的详细分析

6. 在一个面向库存生产的制造企业中采用均衡策略编制生产规划,如果期初库存为 1 000 单位,年销售量为 5 000 个单位,期末库存为 2 000 个单位,要制定 1 年的生产规划。那么,月生产率是多少?(　　　)

  A. 300 单位　　　　B. 400 单位　　　　C. 500 单位　　　　D. 600 单位

7. 下面哪一项是销售与运营规划的计划对象?(　　　)

  A. 单项物料　　　B. 子项行物料　　　C. 产品族　　　D. 维修件

8. 下面哪一项用于评估销售与运营规划的合理性和可行性?(　　　)

  A. 物料需求计划　　B. 资源需求计划　　C. 主生产计划　　D. 经营规划

9. 为编制生产规划,需求预测的对象是什么?(　　　)

  A. 产品族　　　　B. 单项产品　　　　C. 最终项目　　　D. 库存单位

10. 在一个面向库存生产的制造企业中编制生产规划,已知期初库存量=2 000,全年预测需求量=13 000, 预期的期末库存量=1 000。基于以上数据,全年生产规划量是多少?(　　　)

  A. 10 000　　　　B. 12 000　　　　C. 13 000　　　　D. 19 000

11. 一个面向订单生产的公司,打算把它的未完成订单量从 4 个月减少到 2 个月。如果全年需求 1 200 件产品,全年的生产规划量应当是多少?(　　　)

  A. 1 000　　　　B. 1 200　　　　C. 1 400　　　　D. 1 600

12. 未完成的客户订单是(　　　)

    A. 误期的客户订单

    B. 已经收到但尚未向客户发出回执的客户订单

    C. 已经收到但尚未向客户发货的客户订单

    D. 已经收到的客户订单，但是对其承诺日期晚于客户所要求的日期

13. 根据下表的销售预测，如下哪一项表示了均衡生产策略所要求的月生产量？(　　　)

期初库存量=200　　　　期末库存量=200

月	1	2	3	4	5
销售预测	200	300	200	400	300

    A. 220　　　　　　B. 240　　　　　　C. 280　　　　　　D. 340

14. 资源需求计划用来检查如下哪一项计划的可行性？(　　　)

    A. 物料需求计划　　B. 生产规划　　　C. 主生产计划　　　D. 车间作业计划

15. 主生产计划是 (　　　)

    A. 关于生产什么产品或最终项目的计划

    B. 确定未来客户订单的计划

    C. 确定长期的生产设施的计划

    D. 管理层用于决定购买生产设备的工具

16. 下面哪项关于主生产计划的陈述是最好的？(　　　)

    A. 主生产计划由销售预测来确定

    B. 主生产计划由销售订单来确定

    C. 主生产计划由企业的物料及生产能力来确定

    D. 主生产计划要满足客户需求，但不能超越物料和能力可用性

17. 下面那项工作不是主生产计划员的任务？(　　　)

    A. 批准销售与运营规划　　　　　　B. 确定工作中心能力

    C. 确定产品的生产计划　　　　　　D. 维护供需平衡

18. 下面哪一项陈述是正确的？(　　　)

    A. 在面向订单生产的计划环境中，主生产计划要平衡库存投资与客户服务水平

    B. 在面向库存生产的计划环境中，主生产计划要批准每份新订单所使用的原材料和生产能力

    C. 在面向订单生产的计划环境中，主生产计划要确定可用于满足客户订单的原材料和生产能力

D. 在面向库存生产的计划环境中，主生产计划要确定采购提前期

19. 主生产计划报告中的生产预测通常来自于（　　）

    A. 销售计划　　　　B. 市场部门　　　　C. 销售人员　　　　D. 生产规划

20. 以下哪种说法是错的？（　　）

    A. 在一个面向订单生产的公司中，主生产计划必须为每个新的客户订单解决物料和生产能力的可用性

    B. 在一个面向库存生产的公司中，主生产计划必须确定预测的准确性

    C. 在一个面向订单生产的公司中，主生产计划必须对影响客户订单的生产问题作出反应

    D. 在一个面向库存生产的公司中，主生产计划必须对客户订单的变化作出反应

21. 下述哪一项不是主生产计划的输入信息？（　　）

    A. 销售计划　　　　B. 生产规划　　　　C. 客户订单录入　　　D. 库存记录

22. 可承诺量和预计可用量之间的区别是（　　）

    A. 可承诺量是主生产计划量与客户订单量的差，而预计可用量是主生产计划量与总需求的差

    B. 可承诺量度量预测与主生产计划量之间的平衡程度，而预计可用量度量预测的准确度

    C. 可承诺量是累计量，而预计可用量不是

    D. 可承诺量仅仅用于客户订单录入，而预计可用量仅仅应用于制定主生产计划

23. 如下哪一项用于支持对客户订单作出承诺？（　　）

    A. 预计可用量　　　B. 可承诺量　　　　C. 安全库存　　　　D. 预测需求

24. 粗能力计划用来评估如下哪一个层次的计划？（　　）

    A. 战略计划　　　　B. 经营规划　　　　C. 主生产计划　　　D. 物料需求计划

25. 对于下表所示的主生产计划，第 5 时区的预计可用量是什么？（　　）

提前期：2　　批量：30　　现有库存量：15　　需求时界：3　　计划时界：7　　安全库存：6

时区	1	2	3	4	5
预测	10	22	20	24	28
客户订单	5	26	15	6	30
预计可用量 15					
可承诺量					
主生产计划					

注：在需求时界之前，毛需求量取客户订单量，在需求时界之后，毛需求量取预测量和客户订单量之大者。

A. 30   B. 35   C. 5   D. 7

26. 在制定主生产计划时，以下哪些项目不应当看作需求来源？( )

    A. 未完成客户订单   B. 备用件需求

    C. 确认的计划生产订单   D. 需求预测

27. 根据如下表中的信息,在哪个时区将出现第 1 个主生产计划(MPS)接收量？( )

现有库存量：20   提前期：7   需求时界：2   计划时界：7   批量：30   安全库存：5

时区	1	2	3	4	5	6	7	8	9
预测	20	20	20	20	20	20	20	20	20
客户订单	18	15	27	10	10	8	6	5	5
PAB20									
ATP									
MPS									

注：在需求时界之前，毛需求量取客户订单量，在需求时界之后，毛需求量取预测量和客户订单量之大者。

    A. 时区 1   B. 时区 2   C. 时区 13   D. 不确定

28. 在如下哪种环境下，公司应当采取面向库存生产的策略？( )

    A. 需求不可预测

    B. 所要求的交货提前期短于制造产品所需要的时间，且存在多种产品选项

    C. 需求量很大的成熟产品

    D. 客户要求特殊的设计

29. 如果一个公司的产品结构如下图所示，亦即由一定数量的原材料生成为数不多的部件，这些部件构成产成品的选项，由于这些选项的不同组合，形成很多的产成品。在这种情况下，应当选择下列哪种生产计划方式？( )

    A. 面向库存生产   B. 面向订单生产

    C. 面向订单装配   D. 面向订单设计

30. 下面哪一项计划提供了关于产品或最终物料项目的详细的供应信息？( )

    A. 销售和运营计划   B. 主生产计划

    C. 能力计划   D. 市场计划

31. 下面哪一项指出主生产计划展望期中的一个时间点，在其之前如果改变主生产计划将会对子项的计划、能力计划、客户交货和成本产生负面影响？( )

    A. 需求时界   B. 预计库存量   C. 计划时界   D. 可承诺量

32. 如下哪一项陈述最好地表示了时界策略的作用？( )

A. 对计划展望期特定时域内的计划改变进行控制

B. 控制关于生产的供应计划信息

C. 在动态的处理过程中避免过量的库存

D. 计划展望期基于分销系统中每个分销中心的毛需求

33. 下面哪一项是把主生产计划转换成关键工作中心负荷的过程？(　　)

A. 可承诺量　　　B. 资源能力计划　　　C. 粗能力计划　　　D. 多级主生产计划

34. 在主生产计划展望期的哪个时域对客户需求变化的响应最为困难？(　　)

A. 危险时域　　　B. 冻结时域　　　　　C. 自由时域　　　　D. 半冻结时域

35. 根据下表中的信息制定主生产计划，在第 5 时区的 PAB 将是多少？(　　)

现有库存量：20　提前期：7　需求时界：2　计划时界：7　批量：30

时区	1	2	3	4	5	6	7	8	9
预测	20	20	20	20	20	20	20	20	20
实际订单	18	15	27	10	10	8	6	5	5
PAB 20									
ATP									
MPS									

注：在需求时界之前，毛需求量取客户订单量，在需求时界之后，毛需求量取预测量和客户订单量之大者。

A. 21　　　　　　B. 17　　　　　　C. 10　　　　　　D. 5

36. 根据下表中的主生产计划信息，第 4 时区的可承诺量(按离散 ATP 计算)将是什么？(　　)

提前期：2　批量：30　现有库存量：20　需求时界：3　计划时界：7

时区	1	2	3	4	5
预测	10	22	20	24	28
客户订单	5	26	15	6	23
预计可用量 20					
可承诺量					
主生产计划	30			30	

注：在需求时界之前，毛需求量取客户订单量，在需求时界之后，毛需求量取预测量和客户订单量之大者。

A. 22　　　　　　B. 4　　　　　　C. 15　　　　　　D. 1

37. 某公司的主生产计划如下表所示，现在接到一份新的客户订单，要求要立即发货 25 件，假定可以重排计划，那么应当以如下哪种方式排产？(　　)

提前期：0　　现有库存量：4　　订货批量：20　　计划时界：5　　需求时界：0

时区	1	2	3	4	5
预测	10	5	20	10	10
客户订单	5	2	1		
预计可用量	14	9	9	19	9
主生产计划	20		20	20	

注：在需求时界之前，毛需求量取客户订单量，在需求时界之后，毛需求量取预测量和客户订单量之大者。

时区	1	2	3
A	20	20	20
B	20	40	0
C	40	20	0
D	40	0	20

38. 根据下表所示的主生产计划，第 1 时区的可承诺量(按离散 ATP 计算)是多少？
（　　）

物料：X　　提前期：0　现有库存量：15　订货批量：20　安全库存：3　计划时界：7　需求时界：4

时区	1	2	3	4	5	6	7
预测	10	10	15	10	10	5	10
客户订单	5	2	1				
预计可用量	25	15	20	10	20	15	5
可承诺量							
主生产计划	20		20		20		

    A. 20　　　　　　　B. 27　　　　　　　C. 28　　　　　　　D. 30

39. 下表是正在制定过程中的主生产计划，主生产计划员应当在第 7 时区投放的主生产计划量是多少？（　　）

提前期：0　　现有库存量：15　订货批量：20　安全库存：3　计划时界：7　需求时界：0

时区	1	2	3	4	5	6	7
预测	10	10	15	10	10	10	10
客户订单	5	2	1				
预计可用量 15	25	15	20	10	20	10	20
可承诺量							
主生产计划	20		20		20		20

注：在需求时界之前，毛需求量取客户订单量，在需求时界之后，毛需求量取预测量和客户订单量之大者。

    A. 20　　　　B. 14　　　　C. 10　　　　D. 0

40. 某公司的主生产计划如下表所示，现接到一份新的客户订单，要求立即发货 25 件，假定原先的客户订单具有较高的优先级，而且最初的 3 周不可以重排计划，那么应当以如下哪种方式对新客户订单作出承诺(按离散 ATP 计算)? (　　)

提前期: 0　现有库存量: 4　订货批量: 20　计划时界: 5　需求时界: 0

时区	1	2	3	4	5
预测	10	5	20	10	10
客户订单	5	2	1		
预计可用量	14	9	9	19	9
主生产计划	20		20	20	

时区	1	2	3
A	5	3	17
B	17	0	8
C	19	0	6
D	20	0	5

41. 下面哪一项不是企业可以采用的生产计划方式? (　　)

A. 面向库存装配　　　　　B. 面向库存生产

C. 面向订单设计　　　　　D. 面向订单生产

42. 下面哪类需求不应当作为主生产计划的输入? (　　)

A. 最终项目的客户订单　　B. 备用件需求

C. 对最终项目的预测　　　D. 非独立需求

43. 根据下表，计算第 4 周的预计可用量是多少? (　　)

周	1	2	3	4
预测	200	200	200	200
预计可用量 100				
主生产计划量	300		300	300

A. 0　　　　B. 100　　　　C. 200　　　　D. 300

44. 在接到客户订单时，根据如下哪一项可以确定能否按照客户要求的数量和日期来满足所接到的客户订单? (　　)

A. 预测消耗　　　　　　　B. 预测错误的度量

C. 可承诺量　　　　　　　D. 需求时界

45. 如下哪一项用于把主生产计划转化为明细的物料需求？（   ）

    A. 生产规划   B. 粗能力计划

    C. 生产活动控制   D. 物料需求计划

46. 物料需求计划是（   ）

    A. 一种关于生产加工的新的管理方法

    B. 一种用来计划物料需求和详细生产活动的正规的计算机辅助方法

    C. 仅仅适用于面向库存生产的公司

    D. 管理层用于作出生产管理决定的工具

47. 下面哪些是运行 MRP 系统的前提条件？（   ）

    A. 每项物料都有唯一确定的物料代码、物料清单

    B. 每项物料都有唯一确定的物料代码、主生产计划

    C. 每项物料都有唯一确定的物料代码、主生产计划、物料清单

    D. 每项物料都有唯一确定的物料代码、主生产计划、物料清单，完整的库存记录

48. 下列元素中的哪一项不是 MRP 系统的输入？（   ）

    A. 主生产计划   B. 物料清单   C. 库存记录   D. 工艺路线

49. 下列哪种说法是正确的？（   ）

    A. 物料清单低层次上的物料的毛需求产生高层次上的物料的计划订单

    B. 一个时区的预计库存量是上个时区的预计库存量加上本时区生产量减去本时区实际需求量

    C. 预计库存量是从毛需求减去未完成订单量得到的结果

    D. 物料清单高层次上的物料的计划订单产生低层次上的物料的毛需求

50. 在如下关于计划订单和已下达订单的陈述中，哪一个是正确的？（   ）

    A. 计划订单是由人生成和管理的，而已下达订单是由计算机系统生成和管理的

    B. 计划订单是由计算机系统生成和管理的，而已下达订单是由人生成和管理的

    C. MRP 系统不能修改计划订单，但是能够修改已下达订单

    D. 只有在计划时界之内，MRP 系统才能够修改计划订单，而在计划时界之外，MRP 系统只能够修改已下达订单

51. 关于预计库存量的计算，下面哪项陈述是正确的？（   ）

    A. 在每个时区，将未完成订单减去毛需求

    B. 在每个时区，将毛需求减去未完成订单

    C. 在每个时区，将毛需求减去未完成订单加上到期的计划订单

    D. 在每个时区，将上个时区的预计库存量减去本时区的毛需求加上在本时区到期的计划订单

52. 如下哪一项是 MRP 计算的结果？（   ）

A. 能力需求　　　　B. 独立需求　　　　C. 净需求　　　　D. 提前期

53. 计划生产订单的完成日期和开始日期由什么确定？（　　）

A. 该生产订单的物料清单

B. 工艺路线文件中的准备时间和单件加工时间

C. 每个工作中心前的工作数量

D. 由 MRP 系统建立的计划

54. 如下哪一项陈述最好地表达了物料清单在运行 MRP 系统过程中的作用？（　　）

A. 提供从毛需求到净需求的计算基础

B. 指导物料需求展开的过程

C. 指导产品开发

D. 提供批量信息

55. 下面哪一项是物料需求计划的目标？（　　）

A. 让工厂总有活干　　　　　B. 真实地反映物料需求

C. 确定预测　　　　　　　　D. 降低采购费用

56. 下面哪一项功能可以对给定的物料识别其需求的来源？（　　）

A. 反查物料清单　　B. 库存记录　　C. 需求反查报告　　D. 工艺路线

57. 如果一份采购件的订单误期了，应当通过如下哪一项来确定哪些客户订单将要受到影响？（　　）

A. 物料清单　　　　B. 反查物料清单　C. 工艺路线　　　　D. 需求反查报告

58. 下面哪一项陈述是正确的？（　　）

A. 反查物料清单和需求反查报告是同义语

B. 反查物料清单指出对一项物料的毛需求来自哪里，而需求反查报告指明一项物料的父项物料

C. 反查物料清单指出一项物料的父项物料，而需求反查报告指明对一项物料的毛需求来自哪里

D. 反查物料清单在 ERP 系统中是至关重要的，而需求反查报告则不是至关重要的

59. 在下图中，每项物料的提前期都是一周。如果一份关于物料 A 的客户订单要求在第 5 周交货 50 件，那么，物料 D 的计划订单下达应当在哪一周？（　　）

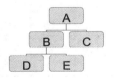

A. 第 5 周
B. 第 4 周
C. 第 3 周
D. 第 2 周

60. 根据如下的缩排式物料清单，为了生产一个单位的 A，需要几个单位的零件 C？（　　）

层　　次	零　　件	每单位父项所用的数量
0	A	
1	B	2
2	C	2
2	E	2
1	C	4
1	G	4

　　A. 2　　　　　　　B. 4　　　　　　　C. 6　　　　　　　D. 8

61. 下图是卡车的物料清单的一个分支。其中，所有子项与父项的数量比均为 1：1。已知各子项的库存量如下：传动器为 5，齿轮箱为 16，齿轮为 8，齿轮锻坯为 45。如果要生产 100 辆卡车，那么对齿轮锻坯的净需求是多少？（　　）

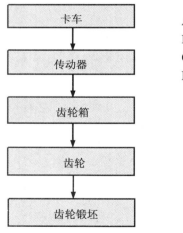

A. 100
B. 83
C. 75
D. 26

62. 根据下表信息，在第 1 时区开始时的现有库存量是多少？（　　）

固定订货批量：1000，提前期：3

时区		1	2	3	4	5	6	7	8
毛需求		250	500	200	350	400			
计划接受量			1000						
预计可用量	?	300	800	600	250	850			
净需求						150			
计划订单接受						1 000			
计划订单下达			1 000						

A. 250　　　　　　B. 300　　　　　　C. 550　　　　　　D. 1 000

63. 在下表中，第 1 时区的计划订单下达 100 属于如下哪一项？(　　)

提前期：2　　　低层代码：2

时区		1	2	3	4	5	6	7	8
毛需求		200	250	100	120				
计划接受量			200						
预计可用量	370	170	120	20					
净需求					100				
计划订单下达		100							

A. 计划订单　　　B. 计划接受量　　　C. 确认的计划订单　　　D. 已分配量

64. 在下表中，制造 1 单位 A，使用 1 单位 B。物料 B 的计划订单下达是(　　)

A.　时区 2：1；时区 4：10；时区 5：15

B.　时区 1：5；时区 2：10；时区 4：15

C.　时区 3：3；时区 4：10；时区 5：15

D.　时区 3：5；时区 4：10；时区 5：15

	时区	1	2	3	4	5	6	7	8	9
A	毛需求	10		15	10	20	5		10	15
	计划接收量			14						
	预计可用量 15									
	计划订单下达									
B	毛需求									
	计划接收量									
	预计可用量 30									
	计划订单下达									

注：物料 A 和物料 B 的提前期都是 2。

65. 下图是产品 X 的物料清单，括号中的数量指明制造 1 单位父项所用的数量。物料 A 作为子项的类型是虚项。假定物料 A 的库存量是 18，物料 C 的库存量为 10。如果要生产产品 X 100 件，那么对物料 A 和物料 C 的生产订单量各是多少？(假定物料 C 是自制件)　(　　)

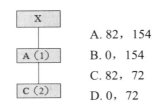

A. 82，154

B. 0，154

C. 82，72

D. 0，72

66. 解决排产问题的第 1 个步骤是(　　)

 A. 减少主生产计划量，直到供需达到平衡

 B. 检查物料清单的上一层，解决可能存在的问题

 C. 在问题出现的层次上解决问题

 D. 以上说法都不对

67. 工作中心的负荷由什么确定？(　　)

 A. 销售计划或预测

 B. 把所有已经下达的生产订单的工艺路线中所指出的能力需求按时区累加

 C. 把所有已经下达的和计划的生产订单的工艺路线中所指出的能力需求按时区累加

 D. 关键工作中心前的排队数量

68. 控制工作中心负荷的最好的方法是什么？(　　)

 A. 生产派工单　　　　　　　　B. 投入/产出报告

 C. 新订单下达的报告　　　　　　D. 车间主任的建议

69. 某工作中心共有 4 台机器，每周工作 5 天，每天 1 班，每班 8 小时，效率为 90%，利用率为 90%。实际产出如下：第 1 周产出 160 标准小时，第 2 周产出 140 标准小时，第 3 周产出 150 标准小时，第 41 周产出 150 标准小时。那么，下面哪一项关于表现能力的表述是正确的？(　　)

 A. 130 标准小时　　B. 144 标准小时　　C. 150 标准小时　　D. 160 标准小时

70. 一个工作中心由两台机器组成，每天工作 8 小时，每周工作 5 天，利用率为 80%，效率为 90%，每周的额定能力是多少(用整数小时表示)？(　　)

 A. 80 小时　　　　　B. 58 小时　　　　　C. 40 小时　　　　　D. 30 小时

71. 如下哪条术语表示了工作中心产生的标准小时与实际工作小时的比率？(　　)

 A. 效率　　　　　B. 有效性　　　　　C. 利用率　　　　　D. 可承诺量

72. 根据下面的工艺路线，计算第 561 号生产订单的完成日期，不足一天的按一天算。假定每周工作 7 天，每天工作 8 小时，那么下面列出的完成日期哪一个是对的？(　　)

生产订单号：561　生产数量：100　物料代码：375　开始日期：4/15

序号	工序	工作中心	单件加工工时	加工总工时	开始日期	完成日期
1	10	250	0.24	24		
2	20	329	0.10			
3	30	505	0.36			

　　A. 4/24　　　　　　　B. 5/5　　　　　　　C. 4/20　　　　　　　D. 4/28

73. 下面哪一项是 CRP 的输出？（　　）

　　A. 工艺路线数据　　　　　　　　　　B. 工作中心负荷报告

　　C. 预防性维修计划　　　　　　　　　D. 派工单

74. 如下哪一项是关于无限负荷排产的正确陈述？（　　）

　　A. 在排产过程中，不允许累计的负荷超过能力

　　B. 无限负荷排产支持向前排产，但是不支持向后排产

　　C. 无限负荷排产比有限负荷排产更复杂

　　D. 在每个时区对工作中心累计负荷，而不考虑工作中心的能力

75. 一道工序的准备时间是 2 小时，每件加工时间 10 分钟，该工序加工 100 件需要
多长时间？（　　）

　　A. 130 分钟　　　　　　B. 1 000 分钟　　　　C. 1 100 分钟　　　　D. 1 120 分钟

76. 在大多数情况下，如下哪一项是为满足短期需求而增加能力的方法？（　　）

　　A. 雇用另外的工人　　B. 加班　　　　　C. 获取更多的设备　　D. 转包

第8章

采购作业管理——增值从这里开始

按 ERP 的逻辑流程，采购作业管理属计划执行层。

主生产计划给出了最终产品或最终项目的生产计划，经过物料需求计划按物料清单展开得到零部件直到原材料的需求计划。其中，关于外购件的计划采购订单要通过采购作业管理来实现。

制造业的一个共同特点就是必须购进原材料才能进行加工，必须购进配套件、标准件才能进行装配。生产订单的可行性在很大程度上要靠采购作业来保证。企业生产能力的发挥，在一定程度上也要受采购工作的制约。为了按期交货满足客户需求，第一个保证环节就是采购作业。采购提前期在产品的累计提前期中占很大的比例，不可轻视。

外购物料的价值和费用在很大程度上影响着产品成本和企业利润。在库存物料价值上，外购物料所占的比例也很高，因此，采购作业管理直接影响库存价值。

一个管理得好的 ERP 系统可以极大地提高采购工作的效率。过去，大多数采购人员的时间花在了在短于提前期的时间内采购物料，对已经过期的采购订单催货，把已经发出的采购订单日期修改提前等活动上。使用一个有效的 ERP 系统，这些时间都可以节省下来去做更有意义的工作。原因在于有了一份有效的采购计划，催货将成为一种例外情况，而不再是日常工作。这使得采购人员可以把采购工作做得更高效，从而可以有时间和精力做好商务谈判、价值分析、降低成本等工作。

8.1　采购作业管理的工作内容

1. 货源调查和供应商评审

建立供应商档案(供应商主文件)，记录有关信息，其中包括：

(1) 供应商代码、名称、地址、电话、状态(已得到批准或试用)、联系人。

(2) 商品名称、规格、供方物料代码。

(3) 价格、批量要求、折扣、付款条件、货币种类。

(4) 发货地点、运输方式。

(5) 供应商信誉记录，包括按时交货情况、质量及售后服务情况。

(6) 供应商技术水平、设备和能力。

2. 选择供应商和询价

查询档案记录，选择适当的供应商，并就商品价格、技术和质量条件和供应商进行洽谈。

3. 核准并下达采购订单

(1) 根据 MRP 所产生的计划采购订单，核准采购的必要性和采购条件的正确性。

(2) 与供应商签订供货协议、确定交货批量和交货日期；确定收货地点、运输和装卸方式、明确责任；确定付款方式、地点、银行账号。

4. 采购订单跟踪

采购员的一项职责就是订单跟踪，以确保供应商能够按时发货。根据与供应商的关系以及供应商执行供应商计划状况的不同，跟踪的程度会有很大不同，有的可能需要跟踪得很细，有的也许完全不需要跟踪。如果需要跟踪，可以在供应商计划中设置一个跟踪日期。对于采购订单上的每个行物料设置一个跟踪日期。到了这个日期，系统会对采购员或供应商计划员给出提示信息。如果还需要再次跟踪，那么采购员或供应商计划员应当重新设置这个日期。

抽检货品质量，控制进度，安排运输。

5. 到货验收入库

到货验收入库包括验收报告登录，库存事务处理，退货，退款，补充货品，返工处理。

6. 采购订单完成

采购订单完成包括采购订单费用结算，费用差异分析，供应商评价并登录，维护采购提前期数据，维护订货批量调整因素。

8.2　供应商计划

按现代企业的经营观点，企业同供应商的关系不再是讨价还价的关系，而是一种合作伙伴关系，双方建立比较长期的供求协定，互惠互利，按照滚动计划的方法，近期的采购条件比较具体详细，远期的条件可以比较笼统。但有一个控制范围，把长期协定(半年至一年)和短期合同(月)结合起来，一次签约，分期供货。这就是所谓采购计划法或称供应商计划。

供应商计划和车间计划一样，也是 ERP 的执行系统的一部分。车间计划是车间控制系统一部分，用来维护生产订单的日期。供应商计划是采购系统的一部分，用来维护采购订单的有效日期。

使用 MRP，能很容易地向供应商提供一份 6 个月到一年的采购计划。而且，在 MRP 环境下，定期更新这些计划从而保持这些计划的有效性也是不成问题的。

即使一个企业不做供应商计划，它的供应商也要做超出它所报的提前期的计划。只不过这样的计划基本上是基于预测，可能很不准确。有了供应商计划，供应商可以提前看到尚未下达的计划采购订单。这使得供应商可以提前做好物料和能力的准备，一旦订单下达，则可以更好地履行计划。可以把供应商计划的展望期分为三个时域。

(1) 在最近的第 1 时域中，是已经下达的采购订单。

(2) 在稍远一些的第 2 时域中的订单，在数量和日期上可能还会有些微调。

(3) 在第 3 时域中的计划订单仅仅向供应商提供参考信息。

三个时域的划分对于不同的公司、不同的供应商和不同的物料都会很有很大的不同，但是基本的思想是一样的。

如果没有供应商计划以及相应的工作环境，那么当提前期发生变化时就要出现问题。例如，一项物料的提前期从 10 周变为 15 周，那么 5 周的订单已经来不及下达了。供应商也无法对这些订单按时发货。如果使用供应商计划，供应商可以预先知道客户的需求，如果它的提前期改变，则应当提前对供货计划作出安排。

在有些情况下，甚至可以为供应商做能力需求计划，特别是在供应商本身没有 ERP 系统的情况下，这样做是很有用的。但是，对于供应商来说，如果它的客户有的提供能力需求计划信息，有的不提供，就很难有效地使用这些信息。

一份采购计划可以如图 8.1 所示。

图 8.1　采购计划(文献[24])

其中，最初的一个月(第 1 时域)以周为时区，其数量已经确定。供应商要确保每周提供这些物料。

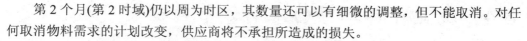

第 2 个月(第 2 时域)仍以周为时区,其数量还可以有细微的调整,但不能取消。对任何取消物料需求的计划改变,供应商将不承担所造成的损失。

以后的 4 个时区(第 3 时域)按月表示,每个月包括 4 周,在这些时区内,采购员仅要求供应商确认有能够满足采购需求的物料和能力。

这份逐步按周展开的计划可以看作一个采购订单的发放计划。其中包括了已经向供应商下达的采购订单,而且向前看,超出供应商所报的提前期,显示了未来的计划采购订单。这使得供应商能够看到未来的需求,从而可以提前做好准备。

采购订单是一份合同连同执行合同的计划。合同无须频繁改变,计划至少按周检查以保持与实际的需求一致。

如果使用这种方法来处理和供应商之间的业务联系,那么,当供应商声明提前期从 6 周增加到 8 周时,则无须向供应商提供新的信息。因为已经提供了 6 个月甚至更长的采购计划,远远超过了供应商所报的提前期。

8.3　供应商谈判

使用了 ERP 系统,对采购工作来说,最大的改善将出现在供应商谈判、价值分析和降低采购成本方面。在没有 ERP 系统的公司里,关于采购作业的准确信息既不容易获取,也不容易更新。有了 ERP 系统,这样的信息则随时可以得到。MRP 系统所产生的计划采购订单信息说明了应当采购什么以及什么时候采购,而每次运行 MRP,这些信息都会得到更新。这些信息可以作为供应商谈判、价值分析和降低采购成本等工作的基础。通常的做法是把这些信息提取出来,做成一份供应商谈判报告。报告中显示未来一个季度、半年或一年的计划采购订单。根据这样的报告,采购员可以更好地关注采购费用多的物料以及价格差异大的物料。表 8.1 是一份供应商谈判报告。报告中显示了下个季度应当下达的计划采购订单。报告中按一年中的最大采购费用列出采购物料项目。

表 8.1　供应商谈判报告——未来 12 周内要下达的采购订单

报告日期:4/2/2013

物料号	计划订单量	年计划订单总量	计划订单下达日期	成本/元	差异/元	预计年采购费用/元	预计年差异/元
G391	3 000	30 000	4/29/2013	60.00	9.00	1 800 000	270 000
K392	1 500	12 000	5/3/2013	70.00	3.00	840 000	36 000
L138	10 000	100 000	4/7/2013	8.00	0.50	800 000	50 000

8.4 覆盖外部工序的采购订单的控制

在很多情况下，生产订单包含外加工工序。例如，一个零件在公司内部经过机械加工工序之后，送到公司外面去电镀，然后再回来继续进行其余的机械加工。在这种情况下，车间控制系统包含了一份车间订单和一份覆盖了内部工序和外部工序的工艺路线。采购系统应当提供一种方法来存储和维护一份附加的采购订单来记录外部工序的采购。

必须以和处理普通采购订单稍微不同的方式来处理覆盖外部工序的采购订单。这类采购订单和普通采购订单的区别是它们直接地和车间控制系统中的生产订单联系在一起。当重排一份生产订单的时候所有工序的完成日期也必须重排，其中也包括了外部供应商的工序。系统会把外部供应商工序的新的完成日期和相应的覆盖外部工序的采购订单的完成日期进行比较，如果发现不同，系统将会给出例外信息。

对于覆盖外部工序的采购订单的物料接收处理过程也和普通的物料接受事务处理过程有所不同。后者是接受入库，而前者更像是车间计划与控制过程中的工序完成，这种事务处理标记外部工序的完成，但是不更新物料的库存余额，物料直接送到工艺路线上的下一道工序。

■ 思考题

1. 采购作业管理的工作内容是什么？
2. 什么是供应商计划？它的基本内容和作用各是什么？
3. 什么是供应商谈判报告？它可以为采购人员提供什么帮助？
4. 如何处理覆盖外部工序的采购订单？

■ 习题

1. 下面哪一项陈述是正确的？(　　　)
   A. 制造业的一个共同特点是必须购进原材料才能进行加工
   B. 生产计划的实现要受到采购作业的约束
   C. 采购物料的价值和采购费用在很大程度上影响产品的成本和企业的利润
   D. 以上说的都对
2. 如下哪一项关于供应商计划的陈述是不正确的？(　　　)
   A. 和供应商建立长期的合作关系，互惠互利
   B. 供应商计划近期的采购信息比较具体，远期的采购信息比较概括
   C. 便于催货或改变采购计划
   D. 便于建立供应链

3. 如下哪一项不属于采购作业管理的工作内容？（　　　）

　　A. 货源调查和供应商评审

　　B. 采购订单跟踪

　　C. 到货验收入库

　　D. 制定采购计划

4. 下面哪一项关于供应商计划的陈述是正确的？（　　　）

　　A. 供应商计划的展望期分为三个时域。在最近的第 1 时域中，计划订单仅仅向供应商提供参考信息。在稍远一些的第 2 时域中的订单，在数量和日期上可能还会有些微调。在第 3 时域中是已经下达的采购订单。

　　B. 供应商计划的展望期分为两个时域。在近期的第 1 时域中，是已经下达的采购订单。在远期的第 2 时域中的计划订单仅仅向供应商提供参考信息。

　　C. 供应商计划的展望期分为三个时域。在最近的第 1 时域中，是已经下达的采购订单。在稍远一些的第 2 时域中的订单，在数量和日期上可能还会有些微调。在第 3 时域中的计划订单仅仅向供应商提供参考信息。

　　D. 供应商计划的展望期分为两个时域。在近期的第 1 时域中的计划订单仅仅向供应商提供参考信息。在远期的第 2 时域中，是已经下达的采购订单。

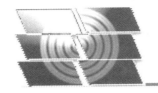

第9章

生产活动控制——增值在这里实现

按 ERP 的逻辑流程，生产管理，或称生产活动控制(production activity control，PAC)，属计划执行层。

主生产计划给出了最终产品或最终项目的生产计划，经过物料需求计划按物料清单展开得到零部件直到原材料的需求计划，即对自制件的计划生产订单和对外购件的计划采购订单。然后，则通过生产活动控制和采购作业管理来执行计划。生产活动控制的方法随生产类型的不同而不同。

9.1　制造业生产类型

关于制造业生产过程的组织方式和技术，从大的方面来说可以分为两类，即流程型生产和离散型生产。例如，化工、制药均属流程型生产。离散型生产又分为车间任务型生产和大批量重复生产，后者用连续的或流水线的方式制造离散零件和装配件。

9.1.1　车间任务型生产

车间任务型生产(job shop manufacturing)的特点是，每项生产任务仅要求整个企业组织的一小部分能力和资源。另一特点是，将功能类似的设备按空间和行政管理的方便建成一些生产组织(车间、工段或小组)，如车、铣、磨、钻和装配等。在每个部门，工件从一个工作中心到另一个工作中心进行不同类型的工序加工。常常基于主要的工艺流程来安排生产设备的位置，以使物料的传输距离最小。对于车间任务型生产的组织方式，其设备的使用是灵活的，工艺路线也可以是灵活的。在以车间任务型方式组织生产时，生产计划的编制和管理必须处理大量的生产任务。常通过订单的编制、发放和监控来组织车间任务的生产，订单是按确定的批量、生产提前期、物料清单及库存状态制定的。在这种生产组织方式中，库存管理包括了原材料、外购件、在制品、成品、半成品的管理，

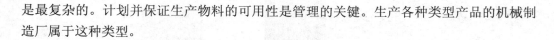

是最复杂的。计划并保证生产物料的可用性是管理的关键。生产各种类型产品的机械制造厂属于这种类型。

9.1.2　重复生产

重复生产(repetitive manufacturing)指的是大批量生产。重复生产的特点是：

(1) 客户订单批量大，且有重复性。

(2) 对一个特定产品的生产，所需的加工能力和工装设备是专门设定的。

(3) 工艺路线是固定的。工作中心或设备按加工的先后顺序排列，通常表现为生产线。

(4) 加工的零部件以流水方式通过生产线。

(5) 各个工作中心之间生产率的平衡比车间任务型生产更为重要，因为它将确保流水生产的顺利进行。各个工作中心的生产率通常是设计所需生产设备时所要考虑的一个重要因素。

(6) 排队和等待时间短。

(7) 与车间任务型的生产方式相比，在制品库存也比较少。

9.1.3　流程型生产

一般来说，离散制造业以离散的子项单位来制造产品，而这些子项又是以离散单位采购来的，子项和产成品都有它们自己的不同形状。流程制造业(process manufacturing)则不同，它以不同的成分来制造产品，这些成分可能是液体、气体或粉末，它们没有自己的固定形状，而是取容器的形状。产成品也可能取容器的形状。

离散制造业和流程制造业的基本区别主要体现在以下 3 个方面。

1. 生产过程中增值的方法不同

离散制造业通过机械加工、制造和装配零件达到产品增值的目的。通常是所有的物料在制造过程开始时备齐。这个过程生成一个输出单位，亦即一个完整的子装配件或产成品。

流程制造业通过能源、设备、和其他资源来混合或分离各种成分并引起化学反应，从而达到增值的目的。生产的过程由多个步骤或阶段组成。每个阶段都可以要求输入某些成分或资源，流程制造业的产品结构是发散的，即在目标产品产出之前的每个阶段上都可以有多项产出，例如，联产品、副产品、废料，以及可循环使用的物料等，如图 9.1 所示。

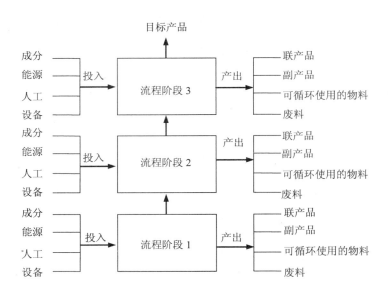

图 9.1　多阶段生产的流程模型

联产品是两个或多个近似等值且一同产生的产品。通常，联产品之一被标识为生产过程的目标产品，而这种选择则经常是任意的。副产品是在生产过程中附带产生且有某些残留价值的产品。在生鸡加工厂中，鸡腿、鸡翅和鸡胸是联产品，而羽毛则是副产品。

具有联产品、副产品以及其他产出的复杂、多阶段的过程难以用离散 ERP 软件包中的物料清单和工艺路线文件来描述。对于这样的过程，要求不同的数据结构。这个数据结构必须把物料清单(在流程工业中，通常称为公式或配方)和多阶段的过程集成在一起。这个数据结构必须能够表示与生产过程的不同阶段相关联的投入和产出。

2. 增加生产能力的灵活性

在离散制造业中，通常可有多种增加能力的方法。例如，雇用更多的工人，购买或租赁更多的机器，或把某些作业转包给外部供应商。由于这种灵活性，在 ERP 软件包中提供无限能力计划的功能，对于离散制造业是可以接受的。

与此不同的是，流程制造业必须在固定能力的限制下工作。除了建立另外的工厂，一个流程制造企业几乎没有办法来增加能力。从非常实际的意义上说，离散制造业出卖产品，而流程制造业出卖能力。因此，流程制造企业要求有限能力计划和排产功能来对其固定的能力的使用进行优化。例如，对一组在同一条生产线上生产的产品，应有计算其最优调度序列的功能。

3. 生产过程中所使用的物料的效能一致性

离散制造企业所使用的原材料和采购件具有准确和一致的规格。因此，离散 ERP 软件包中的库存控制模块只需要按物理单位处理库房中物料的数量即可。

而流程制造企业则经常使用自然资源作为原材料，所使用的物料可能覆盖一个相当宽的规格范围，难以控制成分的一致性。对于食品和饮料工业尤其如此。因此，对于流程制造业来说，库存控制模块必须存储物料的物理单位和效能单位两种信息，如表 9.1 所示。

表 9.1　物料的物理单位和效能单位

物　　料	效能/%	物理单位/千克	效能单位/千克
批号 A	20	1 000	200
批号 B	25	1 000	250

在表 9.1 中，批号 A 和批号 B 的物理单位同样多，但是，批号 B 的效能单位却比批号 A 多 50 千克(效能单位是效能百分比与物理单位量的乘积)。如果一个配方要求 100 个效能单位的物料，那么仓库保管员可以提供 500 个物理单位的批号 A 物料，也可以提供 400 个物理单位的批号 B 物料。于是，库存分配逻辑必须考虑每批物料的效能，并告诉仓库保管员应当发放多少物理单位。

9.2　车间作业管理

车间作业管理根据零部件的工艺路线来编制工序排产计划。在车间作业控制阶段要处理相当多的动态信息。在此阶段，反馈是重要的工作，因为系统要以反馈信息为依据对物料需求计划、主生产计划、生产规划以至经营规划作必要的调整，以便解决好企业的基本方程，实现供需平衡。

9.2.1　车间作业管理的工作内容

车间作业管理的工作内容包括以下 5 个方面：

1. 检查计划生产订单

MRP 为计划生产订单指定了物料代码、数量和计划下达日期，再经过能力需求计划，则进一步指明了加工工序、工序完成日期、工作中心和标准工时。

例如，表 9.2 是一份生产订单。加工对象是物料代码为 80021 的定位栓。需求日期是第 412 个工作日。这是由物料需求计划根据其上层物料项目的需求来确定的。

表 9.2　生产订单

生产订单号：18447

物料代码：80021(定位栓)

数量：500　　　需求日期：412　　　　　下达日期：395

工序	部门	工作中心	说明	准备工时	单件工时	标准工时	完成日期
10	08	1	下料	0.5	0.010	5.5	402
20	32	2	粗车	1.5	0.030	16.5	406
30	32	3	精车	3.3	0.048	27.3	410
40	11		检验				412

表 9.2 所表示的这些信息是存储在计算机中的，这些计划的完工日期并不出现在发向车间的文档材料中。因为物料需求计划尚需不断地检查这些需求日期，看看是否发生变化。例如，定位栓的父项物料还需要某种铸件才能构成，而铸件的质量出了问题，最早于第 422 个工作日才能得到一批新的铸件。于是必须改变主生产计划来指明这一点，在计算机中关于定位栓的生产订单也将给出一个新的完成日期，即 422，而工序 30 的完工日期改为 420，工序 20 的完工日期改为 416。所以，在计划生产订单正式下达投产之前，还必须检查物料、能力、提前期和工具的可用性，并解决可能出现的物料、能力、提前期和工具的短缺问题。

2. 执行生产订单

执行生产订单的工作是从得到计划人员下达的生产订单开始。下达生产订单就是指明这份生产订单已经可以执行了。具体来说，就是这份订单的完工日期、订货数量已经确定，并指明了零件的加工工序和标准工时，可以打印订单和领料单，可以领料，可以下达派工单，也可以做完工入库的登记了。

当多份生产订单需要在同一时区内在同一工作中心上进行加工时，必须要向工作中心指明这些订单的优先级，说明各生产订单在同一工作中心上的优先级是工作中心派工单的作用。稍后我们将分别讨论确定工序优先级的方法和派工单。

执行生产订单的过程，除了下达生产订单和工作中心派工单之外，还必须提供车间文档，其中包括图纸、工艺过程卡片、领料单、工票、某些需要特殊处理的说明等等。

3. 收集信息，监控在制品生产

如果生产进行得很正常，那么这些订单将顺利通过生产处理流程。但十全十美的事情往往是很少的，所以必须对工件通过生产流程的过程加以监控，以便了解实际上正在发生什么情况。为此要做好以下工作：

(1) 通过投入/产出报告显示能力计划的执行情况。

(2) 监控工序状态、完成工时、物料消耗、废品率。

(3) 控制排队时间、投料批量和在制品数量。

(4) 预计是否出现物料短缺或拖期现象。

4. 采取调整措施

根据监控的结果，如果认为将要出现物料短缺或拖期现象，则应采取措施，如重新调整不同订单的工序优先级，或通过加班、转包或分解生产订单来调整能力及负荷，以满足最后交货日期的要求。

如经过努力发现仍然不能解决问题，则应给出反馈信息，要求修改物料需求计划，甚至修改主生产计划。

5. 生产订单完成

统计实耗工时和物料、计算生产成本、分析差异、执行产品完工入库事务处理。

9.2.2 工序优先级的确定

多项物料在同一时区分派在同一个工作中心上加工，需要确定这些物料的加工顺序，即工序之间相对的优先顺序。实质上这是一个核实是否有足够提前期的问题。下面介绍几种确定优先级的常用方法。

1. 紧迫系数(critical ratio，CR)

$$CR = \frac{需用日期-今日日期}{剩余的计划提前期}$$

公式将剩余时间与需要加工的时间(计划提前期)对比，可出现 4 种情况：

(1) CR=负值　　　　　　　　说明已经拖期

(2) CR=1　　　　　　　　　　剩余时间恰好够用

(3) CR>1　　　　　　　　　　剩余时间有余

(4) CR<1　　　　　　　　　　剩余时间不够

很明显，CR 值小者优先级高。一项物料的加工完成后，其余物料的 CR 值会有变化，要随时调整。

2. 最小单个工序平均时差(least slack per operation，LSPO)

时差也称缓冲时间或宽裕时间。

$$LSPO = \frac{加工件计划完成日期-今日日期-尚需加工时间}{剩余工序数}$$

式中尚需加工时间指剩余工序的提前期之和。很明显，LSPO 值愈小，也即剩余未完

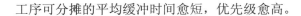

工序可分摊的平均缓冲时间愈短，优先级愈高。

3. 最早订单完工日期(earliest due date)

要求完工日期愈早的订单优先级愈高。使用这条规则时，对处于起始工序的订单要慎重，有必要用 LSPO 规则复核。本规则比较适用于判断加工路线近似的各种订单，或已处于接近完工工序的各种订单。

但是，前两种方法不如第三种方法明确。有时按正确的相对优先级工作着(最紧迫的先做，然后做紧迫程度稍低的)，并不意味着满足完成日期。一个工作中心可能在以正确的相对优先级工作着，但实际上它所做的工作已经落后于计划一周了。所以，不但要指明相对优先级，还要指明要满足的完成日期。

在一份生产订单经过每个工序的过程中，如果它已经落后于计划，这将使得这份订单将以高优先级出现在派工单中。于是这份订单将会被加快处理。这有助于弥补已经落后于计划的时间。但是，如果一份计划已经落后于计划 5 天，而且应当明天入库，那么，车间人员应当通知计划人员，这份生产订单是不能按时完成，以便于计划员采取相应的措施。

确定工序优先级的规则很多，但必须简单明了，便于车间人员使用。

9.2.3 派工单

指导车间执行能力需求计划要通过派工单来实现。使用派工单，可以按部门或者按工作中心和工序来显示车间计划，而不仅仅是显示生产订单及其日期。派工单是车间调度最有用的形式，为在计划员和车间之间就优先级进行交流提供了一种方法。

派工单就是按优先级顺序排列的生产订单一览表。当生产订单下达后，订单信息进入车间订单文件。车间订单文件记录了所有已下达但尚未完成的生产订单。每天的派工单，列出要在每个工作中心或部门加工的作业，也列出未来几天将要到达工作中心的作业单。

派工单中列出工序的开始日期和完成日期，以及作业订单完成日期。工序开始日期用来确定作业的加工顺序。工序完成日期和订单完成日期都是非常重要的信息。这些日期都是车间管理人员要满足的。

有些公司的派工单是按部门而不是按工序描述的。在这种情况下，派工单中列出部门的开始日期和完成日期，以及生产订单完成日期。这对于在一个部门中连续完成几道工序而每道工序的加工时间都很短的情况，是更适当的。这种情况的一个例子是制药公司。在制药公司，混合、溶解、成颗粒等工序是在一个部门里同一天内发生的。另一个例子是木器家具制造公司，刨平、打磨、粘合等所有工序在几个小时里完成。

根据车间文件和工艺路线信息，以及所使用的调度原则，每天由计算机为每个工作中心生成一份派工单，说明各生产订单在同一工作中心上的优先级，利用硬拷贝或计算机屏幕显示方式，在每个工作日一开始送达车间现场，向工长指明正确的作业优先级。

在派工单中包括生产订单的优先级、物料存放地点、数量及能力需求的详细信息，所有这些信息都是按工序排列的。另外，派工单也向车间人员提供了对照计划度量生产过程的手段。表 9.3 是一个派工单的例子。

表 9.3　派　工　单

工作中心：3001，冲压

今天日期：395

优先级：工序完成日期

物料号	订单		工序		工序日期		工时		剩余数量	上道工序		下道工序	
	号	完成日期	号	描述	开始	完成	准备	加工		号	工作中心	号	工作中心
已经到达此工作中心的作业													
L930	1326	405	10	冲压	391	393	0	4.0	1 500			20	4 510
K421	2937	403	5	冲压	392	393	2.0	6.0	2 000			10	3 888
D430	2566	401	10	冲压	397	398	1.0	1.0	500	5	3 000	20	4 566
N862	3752	402	20	冲压	399	400	0.5	3.5	1 000			30	4 000
在未来 3 天内将要到达此工作中心的作业													
K319	2597	403	15	冲压	397	398	1.0	3.0	800			20	4510
B422	3638	412	20	冲压	398	399	2.0	20.0	10 000	10	3 000	30	9500

表 9.3 中的派工单给出了物料号、生产订单号、工序号以及每项作业的加工数量、生产准备工时和加工工时等信息。其中，生产准备工时指一个工作中心从生产一种项目转换到生产另一种项目所需的时间；加工工时指实际加工生产指定数量的物料项目所需的时间。另外，还提供了上道工序和下道工序的信息。

9.3　重复生产管理

重复生产是车间任务型生产的一种特殊形式。其主要特点是产出率均衡，工艺路线固定。重复生产管理的特点如下：

(1) 物料移动采用拉式，即下道工序需用物料时向上道工序领取。

(2) 物料消耗的统计则采用倒冲法(backflush)，即在完成成品总装或组件分装以后，根据父项的完成数量及物料清单计算出每种子项物料的使用量，并从库存记录中减除。但对于价值比较高的零部件仍然采取领料的方法，即凭领料单领料同时减除库存记录，然后再使用。

(3) 生产线上生产率最低的工作中心确定了生产线的生产率。

(4) 只在生产线的某些关键点上报告反馈信息，而不要求生产线上的每个操作工都给出反馈信息。

9.4 流程制造业生产管理

9.4.1 流程制造业生产管理的特性

与离散性制造业相比较，流程制造业生产管理具有如下特性：

(1) 流程制造业是连续的流动生产，即一系列批量紧跟着加工，物料流经一系列阶段。其所有产品的工艺路线类似。在增值的计划过程中，流程和能力起决定作用。

(2) 流程制造业面向库存，根据预测组织产品的生产。

(3) 流程制造业产品的生产呈阶段性，产品的结构呈发散性，在产品生产的任何阶段上都可以有能源、机械以及原材料的投入，也可以有副产品、联产品以及中间形态产品的产出。

(4) 可采用流程列车(process train)的方式将流程制造业的产品生产过程描述为一系列阶段(参考图 9.1)，每个阶段可以在一定程度上独立计划，阶段又可以由若干步骤组成。

(5) 流程制造业可以以排产计划作为授权生产的依据，而不必使用生产订单。

9.4.2 流程排产

前面曾经谈到，从非常实际的意义上说，离散制造业出卖产品，而流程制造业出卖能力。这是流程制造业和离散制造业最大的不同。基于此，对于流程制造业来说，ERP 的计划层次也有不同的特点，如图 9.2 所示。对照图 2.4，最大的不同在于主生产计划和能力需求计划的合一，即上节所说的排产计划，而物料需求计划不再作为能力需求计划的输入，而只产生外购物料的采购订单信息。

排产的计算可以使用处理能力优先的排产过程或物料计划优先的排产过程。

处理能力优先的排产过程是指首先按照设备的处理能力排产，然后检查相应于排产的产出量是否在事先指定的最大值和最小值范围之内，如果突破了事先指定的范围，则对排产进行调整。

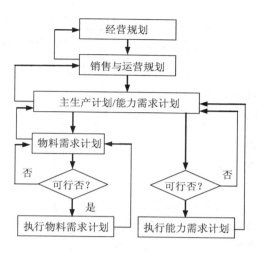

图 9.2　ERP 关于流程制造业的计划层次

　　物料计划优先的排产过程在逻辑上类似于离散制造业的排产过程。首先作出物料需求计划，然后检查是否有和物料计划相匹配的足够的处理能力，如果没有足够的处理能力，则相应地调整物料计划。

　　可以使用向后排产、向前排产或混合排产方法为流程队列作排产计划。

9.4.3　流程制造业 ERP 系统功能特性

　　由于流程制造业与离散制造业的区别，它所需要的 ERP 功能也有很多不同。

1. 和物料管理相关的功能

　　(1) 批号跟踪，且把效能和批号相联系。

　　由于所使用的基础原料的规格的不一致，物料的管理既要使用物料的物理单位又要使用物料的效能单位两种信息，如前面表 9.1 所表示的。所以，物料分配逻辑必须通过批号跟踪技术区分每批物料的效能，并根据物料效能分配物料的数量。

　　(2) 根据效能终止日期的早晚分配物料。

　　物料的效能常有一个终止日期，必须在这个日期之前使用这种物料。

　　(3) 防止在一个特定日期之前使用某种物料。

　　在流程制造业中，常有这样的情况，某种物料在产出之后必须在某种条件下搁置一段时间才可以使用。这时，就必须为这种物料制定一个可用日期。

　　(4) 为每项物料定义存储要求(温度，相对湿度等)。

　　(5) 为存储罐定义高度和物料数量的转换。

　　在流程制造业中，物料常装在存储罐内，而存储罐的截面大小有时上下不一致。在盘点过程中，测得罐中物料的高度是比较容易的，但是如何把这个高度转换成为由物料的计量单位表示的数量，则需要另外的计算。所以这种转换功能很重要。

2. 和生产管理相关的功能

(1) 定义物料的兼容性代码。

通过这种代码可以确定哪些产品可以存放在同一个容器内，或在同一条生产线上生产而不必清洗存储罐或流程导管。

(2) 为物料定义度量单位转换因子。

(3) 有限能力计划和排产。

一般来说，流程制造业必须在固定能力的限制下工作。因此，流程制造业要求有限能力计划和排产功能，对其固定的能力的使用进行优化，特别是对于瓶颈资源。

(4) 计算最优调度序列。

对于在同一生产线上产出的一组产品计算最优调度序列的功能，这个序列使得产品更换成本最小。

(5) 根据流程导管的限制，确定批量。

(6) 实时控制数据接口。

将过程控制条件和生产流程相联系。直接记录流程处理数据，例如，温度、压力、时间等。在流程制造业中，很多时候，不但对所使用的原材料和设备有严格要求，而且对温度、压力和处理时间等环境条件指标也有严格的要求。

(7) 库存"前冲"接收。

即虽然目标产品的生产过程尚未完成，但是可以根据某个生产阶段的完成，自动地接收这个阶段所产生的联产品和副产品入库的功能。

(8) 分析和跟踪流程各个阶段的产出量。

在流程的各个阶段上把实际产出量和计划产出量进行对比和分析。

3. 和成本核算相关的功能

(1) 计算生产过程产出的副产品、联产品以及可循环使用物料的价值。

(2) 计算生产过程产出的废料的处理成本。

4. 和销售订单承诺相关的功能

在对客户订单进行承诺时，不但要考虑可承诺量(ATP)，还要考虑可承诺能力(capable to promise，CTP)。因为对于流程制造业来说，能力的限制比离散制造业更为重要。

■ 思考题

1. 制造业有哪些生产类型？

2. 流程型生产和离散性生产各有什么特点？

3. 流程型生产和离散性生产的主要区别是什么？

4. 车间任务型生产和重复生产各有什么特点？

5. 如何判断企业的生产类型？

6. 车间作业管理包括哪些工作内容？

7. 什么是派工单？它的作用是什么？

8. 当多项物料在某一时区分配到同一工作中心上加工时，应当如何确定作业的优先级？

9. 重复生产的物料移动方式和物料消耗统计采用什么方法？

10. 流程制造业所需要的 ERP 功能和离散制造业的有什么不同？

■ 习题

1. 下面哪一项活动关注生产过程中最短期的计划？（　　）

　　A. 生产规划　　　　　　　　B. 主生产计划

　　C. 物料需求计划　　　　　　D. 生产活动控制

2. 下面关于车间任务型生产、重复生产和流程型生产的陈述，哪一个是正确的？
（　　）

　　A. 车间任务型生产通过能源、设备和其他资源来混合或分离各种成分并引起化学反应，从而达到增值的目的。重复生产的加工能力和设备是专门设定的，工艺路线是多变的。流程制造业将功能类似的设备按空间和管理的方便组成车间或小组，工艺路线是固定的。

　　B. 车间任务型生产通过化学反应得到产品，工艺路线是固定的。重复生产的加工能力和设备是专门设定，工艺路线是多变的。流程制造业通过机械加工达到增值的目的，加工的零部件以流水方式通过工作中心。

　　C. 车间任务型生产将功能类似的设备按空间和管理的方便组成车间或小组，工艺路线是多变的，每项生产任务仅要求企业组织的部分资源。重复生产的加工能力和设备是专门设定的，工艺路线是固定的，加工的零部件以流水方式通过流水线。流程制造业通过能源、设备和其他资源来混合或分离各种成分并引起化学反应，从而达到增值的目的。

　　D. 车间任务型生产的加工能力和设备是专门设定的，工艺路线是固定的，加工的零部件以流水方式通过流水线。重复生产将功能类似的设备按空间和管理的方便组成车间或小组，通过化学反应达到增值的目的。流程制造业通过能源、设备和其他资源来进行机械加工，每项生产任务仅要求企业组织的部分资源。

3. 流程型生产和离散型生产的区别在于(　　)

    A. 流程型生产是面向订单装配的，离散型生产是面向库存生产的

    B. 生产过程中增值的方法不同，增加生产能力的灵活性不同，物料的效能一致性不同

    C. 生产过程中成本核算的方法不同，增值的方法不同，物料的效能一致性不同

    D. 离散型生产过程中可以出现联产品和副产品，流程型生产过程中只出现在制品

4. 派工单是(　　)

    A. 车间领料单

    B. 按优先级顺序排列的生产订单一览表，每天发到工作中心，指明生产订单的优先级、要加工的物料数量及能力需求的详细信息

    C. 生产订单

    D. 详细描述一项物料的制造过程的文件，包括要进行的加工及其顺序、涉及的工作中心以及准备和加工所需的工时定额

5. 确定工序优先级的方法有哪些？(　　)

    A. 面向库存生产，面向订单生产，面向订单装配

    B. 订货点法，按需订货，经济订货批量

    C. 毛需求，净需求，安全库存

    D. 紧迫系数法，最小单个工序平均时差法，订单的最早完成日期法

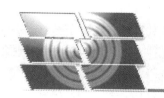

第10章

财务管理和成本管理

10.1 财务管理

10.1.1 财务管理业务概述

1. 企业经营活动循环

企业是以赢利为目的的经济组织，它的全部活动就是利用所占有的资源来获得最大的回报。为了达到这样的目的，企业先要获得所需要的资本，资本来源于所有者的投资以及向债权人的举债。

在获得了所需的资本以后，企业会利用这些资本采购所需的设备和原材料，因而要向供应商支付现金(包括银行存款)，或者形成应付账款，在以后用现金偿还。企业还要雇用人力，为此需要向员工支付工资。这个过程是周而复始、不断重复的，从而构成一个循环，即采购付款循环。

企业利用购入的设备、原材料和雇用的人力资源来生产产品，这个过程是一边消耗资源，一边形成产品的过程。这个过程也是周而复始的循环过程，即生产循环。

企业生产出产品后，要想方设法把它们卖出去，以获得赢利。企业卖出产品会收到现金，或形成应收账款，在以后以现金的形式收回。这也是一个不断循环的过程，即销售收款循环。

企业的全部经营活动实际上就是这几个循环的不断重复，它们又构成了一个大循环，称之为企业的经营活动循环。

2. "会计凭证——会计账簿——财务报表"循环

企业的经营活动离不开财务管理活动。和企业的经营活动相融合，企业的财务管理活动构成一个"会计凭证——会计账簿——财务报表"循环，而 ERP 系统财务管理的功能就是这个循环的模拟。为了了解 ERP 系统财务管理的功能，就要先了解财务管理的"会计凭证——会计账簿——财务报表"循环。

在企业的经营活动中，每一项经济业务都必须有原始凭证。原始凭证审核无误则可作为编制记账凭证的依据，然后根据记账凭证将经济业务活动记入相应的账目。虽然通过所有的账目已经记录了所有经济业务的发生和完成情况，但是还不能直观地从中获取有关的信息，来满足投资者、债权人、银行、供应商等企业外部的利害关系集团和个人以及企业管理者了解企业财务状况、经营成果和经济效益需求。为此，必须编制财务报告。为了改善企业的经营状况，还要进行财务分析。

(1) 会计凭证

会计凭证的收集、制作和管理是财务管理工作的重要内容。凭证分为原始凭证和记账凭证。

① 原始凭证。原始凭证，又称原始单据，是经济业务发生或完成时取得或填制的，用以记录、证明经济业务已经发生或完成的原始证据，是进行会计核算的原始资料。原始凭证记载着大量的经济信息，与记账凭证相比，具有更强的法律效力。原始凭证按其形成的方式，分为外来原始凭证和自制原始凭证。前者如购货时取得的发票，后者如原材料入库时由仓库保管人员填制的入库单，商品销售时由销售部门开出的提货单等。

② 记账凭证。记账凭证是会计人员根据审核后的原始凭证进行归类、整理，并确定会计分录而编制的凭证，是据以登录账目的依据。记账凭证记载的是会计信息。从原始凭证到记账凭证是经济信息转换成会计信息的过程，是一种质的飞跃。记账凭证要根据原始凭证所反映的经济业务，按规定的会计科目和复式记账方法编制会计分录，用来指明经济业务应当归类的会计科目和记账方向，作为记账的依据。

记账凭证分为收款凭证、付款凭证和转账凭证。收款凭证是用以反映货币资金收入业务的记账凭证，根据货币资金收入业务的原始凭证填制而成。付款凭证是用以反映货币资金支出业务的记账凭证，根据货币资金支出业务的原始凭证填制而成。转账凭证是用以反映与货币资金收付无关的转账业务的凭证，根据有关转账业务的原始凭证或记账凭证填制而成。

(2) 根据凭证记账

① 记账。从原始凭证到记账凭证，按照一定的会计科目和复式记账法，大量的经济活动信息转化为会计信息记录在记账凭证上。但是，这些记录在会计凭证上的信息还是分散的、不系统的。为了把分散在会计凭证中的大量核算信息加以集中归类反映，为经营管理提供系统、完整的核算资料，并为编制会计报表提供依据，就必须设置和登记账簿。记账以记账凭证为依据，按照时间的顺序，既要记入总账，又要记入明细账。根据

复式记账法的要求，借贷的规则是，有借必有贷，借贷必相等。为了保证账簿记录和会计报表数字真实可靠，必须定期对账和结账。

② 对账。对账就是在有关经济业务入账以后，进行账簿记录的核对。对账分为日常对账和定期对账两种。日常对账是指会计人员在编制会计凭证时对原始凭证和记账凭证的核对以及在登记账簿时对账簿记录和会计凭证的核对。定期对账是指在期末结账前，对凭证和账簿记录的核对。做到账证相符、账账相符、账实相符。

③ 结账。结账就是在会计期末计算并结转各账户的本期发生额和期末余额。

各会计期间内所发生的经济业务，于该会计期间全部登记入账并对账以后，就可以通过账簿记录来了解经济业务的发生和完成情况了。但是，管理上需要掌握各会计期间的经济活动情况及其结果，并编制各会计期间的财务报表。而根据会计凭证将经济业务记入账簿后，还不能直观地从中获取所需的各种信息资料，必须通过结账的方式把各种账簿记录结算清楚，提供所需的各项信息资料。

会计期间一般实行日历制。月末进行计算，季末进行结算，年末进行决算。结账于各会计期末进行，所以可以分为月结、季结和年结。

(3) 财务报告

财务报告是会计核算工作的结果，是反映会计主体财务状况、经营成果和财务状况变动情况的书面文件，也是会计部门提供会计信息的重要手段。因此，财务报表必须数字真实、计算准确、内容完整、编报及时。

① 编制财务报告的意义。财务报告所提供的会计信息，是投资者、债权人、银行、供应商等会计信息使用者了解企业的财务状况、经营成果和经济效益，进而了解投资风险和投资报酬，贷款或借款能否按期收回等情况的主要来源；是投资者进行投资决策、贷款者进行贷款决策、供应商决定销售策略的重要依据；也是国家经济管理部门制定宏观经济管理政策和经济决策的重要信息来源。

财务报告所提供的会计信息，还是企业内部管理人员了解企业经营状况和经营成果的重要经济信息来源。企业决策者可以根据报告所反映的情况总结经验，制定改善经营管理的措施，不断提高企业的经济效益。

② 财务报告的组成。财务报告主要包括对外报送的财务报表和财务情况说明书。

对外报送的财务报表有主表、附表和报表附注三部分组成。其中，主表包括资产负债表、损益表和现金流量表。附表根据各行业的特点编制，工业企业的附表包括利润分配表和主营业务收支明细表；商品流通企业的附表包括利润分配表和商品销售利润明细表。报表附注是为了帮助会计报表阅读者理解报表的内容而对表内有关项目和一些表外项目所作的解释。

财务情况说明书是为了解和评价企业财务状况和经营成果所提供的书面资料。主要说明企业的生产经营状况、利润实现和分配状况、资金增减和周转情况、纳税情况以及主要的会计处理方法等。

③ 主要财务报表

资产负债表是反映企业在某一个特定日期资产、负债和所有者权益构成情况的财务报表。它根据"资产=负债 + 所有者权益"这一基本公式,依照一定的分类标准和次序,把企业在某一个特定日期的资产、负债和所有者权益项目予以适当的排列编制而成。

损益表是反映企业在一定会计期间内的经营成果的会计报表。它根据"收入 - 费用=利润"这一公式,依据一定的标准和次序,把企业一定时期内的收入、费用和利润情况项目予以适当的排列编制而成。

现金流量表是反映企业一定期间经营活动、投资活动与筹资活动现金流入和现金流出的会计报表,从动态上反映现金的变动情况。通过现金流量表能评估企业未来取得现金流入的能力和偿还负债的能力,以及企业财务管理水平和制定运营资金计划、加强财务管理和用好企业的运营资金的能力。

(4) 财务分析

财务分析的对象是财务报表,主要是资产负债表和损益表。从这两种财务报表中着重分析公司的收益性、安全性、成长性和周转性 4 个方面的内容。

① 公司的获利能力。公司利润的高低、利润额的大小,是企业是否有活力、管理效能优劣的标志。作为投资者,首先要考虑选择利润丰厚的公司进行投资。所以,分析财务报表,先要着重分析公司当期投入资本的收益性。

② 公司的偿还能力。分析公司的偿还能力目的在于确保投资的安全性。具体从两个方面进行分析:一是分析其短期偿债能力,看其有无能力偿还到期债务。这要从检查分析公司资金流动状况来下判断。二是分析其长期偿债能力的强弱。这要通过分析财务报表中不同权益项目之间的关系、权益与收益之间的关系以及权益与资产之间的关系来进行检测。

③ 公司扩展经营的能力。分析公司扩展经营的能力,即进行成长性分析,这是投资者进行长期投资决策时最为关注的重要问题。

④ 公司的经营效率。分析公司的经营效率主要是分析财务报表中各项资金周转速度的快慢,以检测公司各项资金的利用效果和经营效率。

10.1.2　ERP 系统财务管理功能概述

财务管理是 ERP 系统的重要组成部分。ERP 系统中的财务部分一般分为财务管理和会计核算两方面的功能。会计核算是财务管理的基础。作为 ERP 软件系统的一部分,财

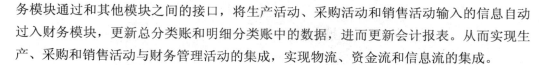

务模块通过和其他模块之间的接口，将生产活动、采购活动和销售活动输入的信息自动过入财务模块，更新总分类账和明细分类账中的数据，进而更新会计报表。从而实现生产、采购和销售活动与财务管理活动的集成，实现物流、资金流和信息流的集成。

1. 总账模块

总账模块的功能是处理记账凭证录入，输出日记账、明细账以及总分类账，编制主要会计报表。总账模块是财务管理的核心，应收账、应付账、固定资产核算、现金管理、工资核算等模块都是以总账模块为核心来传递信息的。为了适应企业集团会计核算的需求，还提供了合并报表的功能。

2. 应收账模块

应收账款是企业由于销售商品或提供服务而产生的应当向客户收取的款项。在 ERP 系统中，应收账模块包括了以应收账款为主的所有应收款项。它包括了发票管理、客户信息管理、收款管理、账龄分析等功能。该模块和客户订单、发票处理业务相联系，在相关的事务处理中自动生成记账凭证，导入总账。

3. 应付账模块

应付账款是企业由于购买商品和服务而应当付给供应商的款项。在 ERP 系统中该模块包括了以应付账款为主的所有应付款项。其功能包括发票管理、供应商信息管理、支票管理、账龄分析等。该模块和采购模块、库存管理模块集成，从采购模块和库存管理模块中取得数据。

4. 现金管理模块

现金管理模块的主要功能是对现金流的控制以及零用现金和银行存款的核算。包括票据管理和打印、付款维护、银行存款清单打印、付款查询、银行查询、支票查询等和现金有关的功能。此外，该模块应和应收账、应付账、总账等模块集成，可以自动生成凭证，导入总账。

5. 固定资产核算模块

固定资产核算模块对固定资产的增减变动以及折旧的计提和分配进行核算。其功能包括登录固定资产卡片和明细账，计提折旧，编制报表以及自动编制转账凭证，并转入总账。该模块应和应付款、成本、总账模块集成。

6. 工资核算模块

该模块处理对企业员工的工资结算、分配、核算以及各相关费用的计提。其功能包

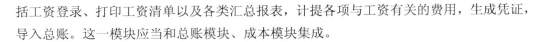

括工资登录、打印工资清单以及各类汇总报表，计提各项与工资有关的费用，生成凭证，导入总账。这一模块应当和总账模块、成本模块集成。

7. 成本核算模块

成本核算模块依据物料清单、工作中心、工艺路线、采购管理等方面的信息对产品的成本进行核算。本章 10.2 节将集中讨论成本管理的问题。

10.1.3　ERP 系统中财务管理业务流程

ERP系统深刻地把握了企业经营活动的本质，有效地实现了财务管理和生产管理、采购管理、销售管理、库存管理功能的集成，将数据的采集延伸到生产、采购、销售和库存管理等环节。ERP 系统是一个以计划为主导的信息系统，它的计划和控制功能是伴随着企业的生产经营活动而展开的，这是一个循环往复的过程，ERP 系统的计划执行过程，就伴随着企业的物流和资金流过程。ERP 系统的计划与控制就是通过对信息流的控制，实现对物流和资金流的控制。

ERP系统的执行过程是从采购活动开始的。采购部根据物料需求计划采购物料，物料采购回来以后，经质检部门验收入库，录入库存系统。此时，库存增加，同时应付账款也增加(或现金减少)。通过 ERP 系统的会计界面，生成会计凭证，过账后在总账系统中同时更新应付账款和存货账户。从而在采购付款循环中实现了物流和资金流的统一。

生产车间根据生产订单从仓库中领取原材料，此时，存货减少，而在制品增加，亦即生产成本增加。通过 ERP 系统的会计界面生成会计凭证，过入总账，更新相应的会计科目数据。加工完成，生产出可以向客户销售的产品并入库，通过 ERP 系统的会计界面，生成会计凭证，过入总账，减少总账模块中生产成本账户的金额，增加存货账户的金额，实现了生产循环中物流和资金流的统一。

销售部门接到客户的订单，通知仓库按照订单向客户发货，库存减少的同时，应收款增加。通过 ERP 系统的会计界面，生成会计凭证，过账后即可更新应收账款和存货有关账户的金额。以后收到客户付来的货款，通过 ERP 系统的会计界面，生成收款凭证并过账，总账系统中的现金和应收账款两个科目的数据同时得到更新。从而在销售和付款循环中实现了物流和资金流的统一。

利用 ERP 系统的财务管理功能进行对账和结账，以及编制财务报告，比起传统的手工操作来，大大提高了效率，可以更准确、及时地完成这些重要的财务活动。

图 10.1 说明了 ERP 系统是一个集成系统。

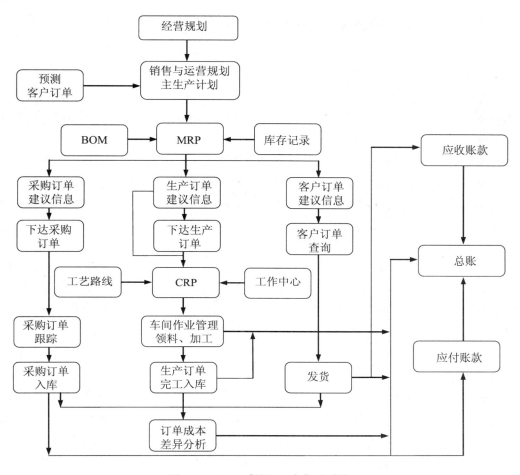

图 10.1　ERP 系统是一个集成系统

10.2　成本管理

　　产品成本是生产过程中各种资源利用情况的货币表示，是衡量企业技术和管理水平的重要指标。企业要使自己的产品占领市场，就必须对其成本进行控制，否则就会失去市场竞争力，从而影响到企业的生存和发展。所以，成本控制是每个企业都必须关心的事情。企业通过对成本的计划、控制和分析，来优化资源的利用，降低成本，提高效益。

　　ERP 为企业的成本管理提供了工具。把财务和成本管理纳入到系统中来，是 ERP 发展过程中的一个重要标志。ERP 系统的成本管理功能对于企业是非常重要的。因此必须了解 ERP 系统中的成本计算方法和相关的概念。

10.2.1　成本管理的基本概念

1. 财务会计和管理会计

会计是以货币作为反映方式，采用专门方法，对经济业务进行核算和监督的一种管理活动或经济信息系统。现代会计学把主要为企业外部提供财务信息的会计事务称为财务会计，而把主要为企业内部提供财务信息的会计事务称为管理会计。

财务会计的主要目的在于为企业外部的利害关系集团和个人(国家经济管理部门、股东、领导部门等)提供全面反映企业财务状况、经营成果和财务状况变动的信息。这些信息高度综合，但详细程度不能满足决策的需要。时间范围可有月、季、年的不同规定，所报告的信息反映已经发生的情况。所遵循的约束条件是外部强制的标准、会计原则、方法及程序。

管理会计是 20 世纪 50 年代发展起来的一门新学科，是现代管理学的重要组成部分。管理会计的主要目的在于为企业内部各级管理部门和人员提供进行经营决策所需的各种经济信息。这些信息要满足特定的要求，详细到可供计划、控制和决策使用。提供信息的范围可根据需要而有极大的伸缩性(时间单位可从小时到年)。所提供的信息既有历史信息，也有预测信息。所遵循的约束条件是以满足成本/效益分析的要求为准，无外部的强制约束。

ERP 的成本管理是按照管理会计的原理，对企业的生产成本进行预测、计划、决策、控制、分析与考核。有些人认为引进的 ERP 软件的成本管理部分不符合中国国情，其原因之一就是未能区分上述两种不同的会计范畴。人们所想到的往往是成本管理模块的功能不符合上级机关要求的报表格式，而较少想到它所提供的功能是一个非常有力的管理工具。随着会计制度的改革和 ERP 的进一步发展和应用，其优越性将会变得更加明显。

2. 标准成本体系

标准成本体系是 20 世纪早期产生并被广泛应用的一种成本管理制度。标准成本体系的特点是事前计划，事中控制，事后分析。ERP 采用的是标准成本体系。

在成本发生前，通过对历史资料的分析研究和反复测算，制定出未来某个时期内各种生产条件(如生产规模、技术水平、能力利用等)处于正常状态下的标准成本。标准成本是进行成本控制的依据和基础。

在成本发生过程中，将实际发生的成本与标准成本进行对比，记录产生的差异，并作适当的控制和调整。

在成本发生后，对实际成本与标准成本的差异进行全面的综合分析和研究，发现问题，解决问题，并制定新的标准成本。

传统的手工管理的成本会计往往局限于事后算账。标准成本体系则将成本的计划、

控制、核算、分析和改进有机地结合，形成一个成本管理的科学过程。

3. 责任会计制

管理会计的重要内容之一是责任会计制。而建立责任中心则是体现责任会计制的主要内容。责任中心即企业内部负有特定管理责任的部门或单位。按所负责任和控制范围的不同，分为成本中心、利润中心和投资中心。其中成本中心和利润中心是制造业的主要责任中心。

(1) 成本中心。成本中心是以达到最低成本为经营目标的组织单位，它是成本的积累点。企业的分厂、业务部门、车间、班组、工作中心，甚至个人，只要发生费用支出的，都可以根据需要定义为成本中心。几个成本中心可以形成成本中心组。

(2) 利润中心。利润中心是以获得最大利润为经营目标的组织单位，它有权对影响利润的因素作出决策，如选择市场或货源。利润中心必须是独立核算、有收入来源的部门或单位，如分厂、事业部等。一个企业可有多个利润中心，利润中心之下还可以设立一个或多个小规模的利润中心。

4. 成本计算方法

产品成本的计算方法按其所包括的范围可区分为完全成本法、变动成本法和制造成本法。

完全成本法，亦称为吸收成本法，是指在计算产品成本和存货成本时，把所消耗的直接材料、直接工资、制造费用、管理费用等全部包括在内的计算方法，它是财务会计一般的做法，也是我国传统上所采用的成本计算方法。

变动成本法，亦称为直接成本法，是指在计算产品成本和存货成本时，只包括产品在生产经营过程中的变动费用(如直接材料、直接工资、变动的制造费用等)，而把固定制造费用全数以"期间成本"计入本期损益，作为产品销售利润的减除项目。

制造成本法与完全成本法不同。使用制造成本法计算产品成本和存货成本时，只包括直接材料、直接工资和制造费用，而把管理费用、销售费用、财务费用作为期间费用处理，在发生期内全数列入当期损益，作为产品销售利润的扣除。

制造成本法与变动成本法也有不同，制造成本法不要求把制造费用再区分为变动制造费用和固定制造费用，而是将制造费用按照一定分配标准计入产品成本和存货成本。

我国企业会计准则规定，企业应当采用制造成本法。也就是改革传统的成本核算办法，由完全成本法法改为制造成本法，产品成本核算到制造成本为止，销售费用、管理费用、财务费用不再摊入产品成本，而是作为期间费用直接计入当期损益。

5. 成本项目的分类

成本项目的分类要根据管理上的要求来确定。一般可分为直接材料费、直接人工费和制造费用。

(1) 直接材料费。直接材料费是指直接用于产品生产，构成产品实体的原料、主要材料、外购半成品以及有助于产品形成的辅助材料和其他直接材料所产生的费用。直接材料费的计算方法有如下几种。

① 移动加权平均法。每当有材料入库时，就重新计算一次材料存货的价格。公式如下：

材料价格=(最近库存材料金额+本次购进材料金额)/(最近库存材料数量
　　　　+本次购进材料数量)

② 先进先出法(FIFO)。假定先入库的材料先出库使用。所以，材料的价格是最先入库的材料价格。

③ 后进先出法(LIFO)。假定后入库的材料先出库使用。所以，材料的价格是最后入库的材料价格。

④ 个别认定法。又称批量法，一般用于物料的批次管理。

(2) 直接人工费。直接人工费是指直接参加生产的工人工资以及按生产工人工资总额和规定的比例计算提取的职工福利费。

(3) 制造费用。制造费用是指企业各生产单位为组织和管理生产而发生的各项间接费用，包括管理人员工资和福利费、车间房屋建筑和机器设备的折旧费、租赁费、修理费、办公费、水电费、燃料费、动力费、机物料消耗、劳动保护费等。

直接材料费和直接人工费都是直接成本，它们可以根据材料费用和人工费用发生的原始凭证加以汇总和分配后直接计入各成本对象的成本中。而制造费用是一种间接成本，当制造成本发生时，一般无法直接判定它所属的成本计算对象，因而不能直接计入所生产的产品成本中去。通常的做法是，先按费用发生的地点进行归集，再采用一定的方法在各成本计算对象间进行分配，然后才能计入各成本计算对象的成本中。

在制造费用中，与产量有直接关系的称为可变制造费用，如燃料与动力消耗、机物料消耗等；与产量无直接关系的称为固定制造费用，如管理人员工资、办公费、修理费、折旧费、采暖费、照明费等。

6. ERP 系统中的 4 种基本的成本类型

为了便于计划、监控、分析和维护产品成本，在 ERP 软件系统中通常设置 4 种基本的成本类型。

1) 标准成本

标准成本(standard cost)是成本管理中的计划成本，是经营的目标和评价的尺度，反映了在一定时期内要达到的成本水平，有其科学性和客观性。标准成本在计划期(如会计年度)内保持不变，是一种冻结的成本，作为预计企业收入、物料库存价值及报价的基础。

制定标准成本时，应充分考虑到在有效作业状态下所需要的材料和人工数量、预期支付的材料和人工费用以及在正常生产情况下所应分摊的制造费等因素。标准成本的制定，应有销售、生产、计划、采购、物料、劳动工资、工艺、车间、会计等有关部门的人员参加，共同商定。标准成本制定后，企业要定期进行评价和维护。

2) 现行标准成本

现行标准成本(current standard cost)也称为现行成本，类似于人们常说的定额成本，是一种当前使用的标准成本，或者将其看作标准成本的执行成本。现行成本反映的是生产计划期内某一时期的成本标准。在实际生产过程中，产品结构、加工工艺、采购费用和劳动生产率等因素会发生变化，因而也会导致成本数据发生变化。为了使标准成本数据尽量接近实际，可对现行标准成本定期(如 3~6 个月)进行调整，而标准成本保持不变。

现行标准成本的制定方式与标准成本类似，只是有些数据采用的是现行的成本数据。

3) 模拟成本

ERP 系统的特点之一就是运用其模拟功能，回答"如果……将会……"的问题。例如，有时想要知道产品设计变更、结构变化或工艺材料代用所引起的成本变化，则可通过 ERP 的模拟功能来实现。为了在成本模拟或预定过程中不影响现行数据，所以设置模拟成本(simulated cost)。这对于产品设计过程中进行价值分析也是有用的。

在制定下一个会计年度的标准成本之前，先把修订的成本项目输入模拟成本系统，经过多次模拟运行比较，审定后再转换到标准成本系统。

模拟成本的制定方式与标准成本类似。现行标准成本和模拟成本均可在标准成本的基础上通过拷贝和转换来建立。在拷贝、转换后进行必要的修改，这样可以大大减少重复的工作量。

4) 实际成本

实际成本是在生产过程中实际发生的成本，主要来自各部门的反馈信息，如工票、领料单、采购发票等。

10.2.2　ERP 系统中的成本计算

ERP 成本计算的基本数据包括采购成本、材料定额、工时定额以及各种费率等。它们分别记录在物料主文件、物料清单、工作中心和工艺路线等文件中。

这些基本数据有些是数量性数据，如工时定额、材料定额；有一些是价格性数据，如材料价格和各种费率。这些基本数据的准确性是成本计算准确性的保证。

ERP 成本计算方法采用滚加法，是按物料清单所规定的物料之间的层次、需求关系和制造过程，从产品结构的最低层次开始，从低层向高层逐层累计。成本的发生和累计与生产制造过程同步，随着生产制造过程的进行，在材料信息和生产计划信息动态产生的同时，成本信息也随之产生，使得在计划、控制物流的同时，也控制了资金流，做到了物流、信息流和资金流的统一。

采用滚加法进行成本计算时，滚加的结构和依据就是产品的物料清单。在物料清单中，处于各个不同层次的物料项目的成本都包含两部分，即本层发生的成本和低层累计的成本。

在一个典型的产品物料清单中，最底层的物料项目都是外购件，即原材料或标准件，它的材料费(采购件费)和采购间接费(采购部门的管理费、运输及保管费等)之和组成产品成本中的直接材料费。其中

$$采购间接费 = 采购件费 \times 采购间接费率$$

此时尚未发生加工成本。

进入上一层以后，如果发生加工装配作业，则发生这一层的直接人工费和制造费，它们的计算公式如下：

$$直接人工费 = 工作中心记录的人工费率 \times 工艺路线记录的工时数$$
$$制造费 = 工作中心记录的制造费率 \times 工艺路线记录的工时数$$

这里的制造费包括可变制造费和固定制造费，它们可有不同的费率，但计算公式相同。

直接人工费和制造费之和称为加工成本，是物料项目在本层的增值，也称为增值成本。再将加工成本同低层各项成本累加在一起，则组成滚加至本层的物料项目成本。

如此逐层由低向高累加，最后到顶层组成最终产品的成本。每一层的成本均由本层增值成本和低层累计成本两部分组成。

滚加法对于成本的分解较细，便于企业按不同要求进行汇总，对实行各种成本计算方法(如品种法、分步法、分批法)都很方便。

如前所述，制造费用是一种间接成本，当其发生时尚不能直接判定所属的成本计算对象。因此要对制造费用先行归集，再定期分摊。这样一来，在进行产品成本计算时，制造费用的计算和分摊都有某种程度的滞后。为了避免这种情况，使得在成本滚加的过程中，制造费用的计算能和直接费用的计算同步进行，则应事先指定制造费率。有了制造费率才能把制造费用分摊到工作中心上去。分摊之前先要确定工作中心的能力水平，一般用正常生产条件下的能力小时数来表示。制造费率是在一定产量规模、能力水平和效率的条件下预先制定的，条件发生变化时应进行修订。制造费率公式如下：

$$制造费率 = \frac{预计某个时期的制造费总额}{预计该时期完成的工时} (元/小时)$$

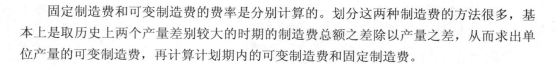

　　固定制造费和可变制造费的费率是分别计算的。划分这两种制造费的方法很多，基本上是取历史上两个产量差别较大的时期的制造费总额之差除以产量之差，从而求出单位产量的可变制造费，再计算计划期内的可变制造费和固定制造费。

10.2.3　成本差异分析

　　实际成本与标准成本之间的差额，称为成本差异。成本差异分析是 ERP 成本管理的重要内容。

　　实际成本低于标准成本的差异，称为有利差异，即成本节约，用负数表示，记在有关差异账户的贷方；反之，称为不利差异，即成本超支，用正数表示，记在有关差异账户的借方。不论差异是正值还是负值，只要超过了规定的容差限度，都就进行差异分析。有时出现负值不一定是好事，因为在某项差异上出现负值可能导致另一项差异出现更大的正值。

1. 直接材料成本差异

　　直接材料成本差异等于材料的实际用量与实际价格的乘积减去标准用量与标准价格的乘积所得的差。造成这种差异既有价差的原因，也有量差的原因。如采购价格和运输费用的变化，材料代用或变更，自制件改外购件或反之等皆为价差原因。而材料报废或损耗，材料利用率变化，产品结构变化等均为量差原因。

2. 直接人工成本差异

　　直接人工成本差异等于工人的实际出勤工时与实际工资率的乘积减去标准工时与标准工资率乘积所得的差。造成这种差异的原因可有工作中心和工人等级或工资的变动，设备故障、停电、缺料或任务不足，工作效率、加工工艺或投料批量的变化，等等。

3. 制造费差异

$$制造费差异=(实际工时×实际制造费率)-(标准工时×标准制造费率)$$

　　在上述公式中，如果计算可变制造费差异，则用可变制造费率；如果计算固定制造费差异，则用固定制造费率。

　　制造费用是期间成本。为便于在成本计算时进行分摊，要预先确定制造费率。预定制造费率带有人为的因素。制造费率的差异，工作效率的变化，资源不足，以及市场疲软均可以是产生制造费差异的原因。

　　上述各种差异，应各自独立设置账户，由系统自动入账。成本差异可以按标准成本的比例分配给各类库存物料，用实际成本计价，也可以结转到销售成本。后者比较简便，国外多采用此法。

　　ERP 的成本管理可以真正使企业做到事前计划、事中控制、事后分析。可以从根本上改变我国有些企业为填写成本数据，而在产品总成本产生后再反摊到各个组成物料上去的做法。

▌思考题

1. 简述企业的经营活动循环过程。
2. 有哪些会计凭证？它们的作用是什么？
3. 如何根据会计凭证记账？
4. 为什么要编制财务报告？财务报告由哪几部分组成？
5. 主要的财务报表有哪些？
6. 如何进行财务分析？
7. ERP 系统中主要的财务管理模块有哪些？
8. 简述 ERP 系统中的财务管理业务流程。
9. 什么是财务会计？它有什么特点？
10. 什么是管理会计？它有什么特点？
11. 什么是标准成本体系？
12. 什么是成本中心？什么是利润中心？
13. 产品成本的计算有哪些方法？
14. 按照我国会计企业会计准则的规定，企业应当采用哪种产品成本计算方法？
15. 如何对产品成本项目进行分类？分为哪些类？各包括哪些费用？
16. 在 ERP 系统中通常设置哪些成本类型？
17. ERP 系统如何进行成本计算？
18. 什么是成本差异？有哪些成本差异？
19. 成本差异是如何形成的？如何处理成本差异？

▌习题

1. 下面哪些关于财务会计的陈述是正确的？（　　　）
　　I. 主要目的在于为企业外部的利害关系集团和个人提供全面反映企业财务状况、经营成果和财务状况变动的信息
　　II. 这些信息要详细到可供计划、控制和决策使用
　　III. 所报告的信息反映已经发生的情况
　　IV. 所遵循的约束条件是外部强制的标准、会计原则、方法及程序
　　　A. 只有 I 和 II 　　　　　　　B. 只有 II 和 III
　　　C. 只有 II 和 IV 　　　　　　D. 只有 I，III 和 IV

2. 下面哪些关于管理会计的陈述是正确的？（　　）

  I. 主要目的在于为企业内部各级管理部门和人员提供进行经营决策所需的各种经济信息

  II. 这些信息要详细到可供计划、控制和决策使用

  III. 所提供的信息既有历史信息，也有预测信息

  IV. 所遵循的约束条件是外部强制的标准、会计原则、方法及程序

    A. 只有 I 和 IV　　　　　　B. 只有 I，II 和 III

    C. 只有 II 和 IV　　　　　　D. 只有 I，III 和 IV

3. 在 ERP 软件系统中通常设置哪些成本类型？（　　）

  A. 只有标准成本

  B. 只有标准成本和现行标准成本

  C. 只有标准成本、现行标准成本和实际成本

  D. 标准成本、现行标准成本、模拟成本和实际成本

4. 产品的成本由下面哪些项目构成？（　　）

  A. 只有直接材料费和销售费

  B. 只有直接材料费、直接人工费和制造费

  C. 只有直接人工费和销售费

  D. 只有直接材料费、制造费和销售费

第11章

ERP转变企业经营机制

11.1 市场销售工作的转变

1. ERP 为市场销售管理提供了工具

ERP 为市场部门和生产部门提供了从未有过的联合机会，在成功地运用 ERP 的企业中，市场部门不但负有向 ERP 系统提供输入的责任，而且可把 ERP 系统作为他们极好的工具。只有当市场部门了解生产部门能够生产什么和正在生产什么，而生产部门也了解市场需要什么的时候，企业才能够生产出适销对路的产品投放到市场上。

要提高市场竞争力，既要有好的产品质量，又要有高水平的客户服务。这就要求有好的计划，尽量缩短产品的生产提前期，迅速响应客户需求，并按时交货。这就需要市场销售和生产制造两个环节很好地协调配合。但是，在手工管理的情况下，销售人员很难对客户做出准确的供货承诺。究其原因，一方面是由于企业缺少一份准确的主生产计划，对于正在生产什么以及随时发生的变化很难得到准确及时的反映；另一方面是由于部门之间的通讯也不通畅。由于供货承诺只能凭经验做出，所以按时供货率得不到保证，这在激烈的市场竞争中是非常不利的。

有了 ERP，供货承诺问题可以得到很好的解决。根据许多 ERP 用户的报告，客户服务水平可以得到极大地提高——平均提高到95%以上。其原因在于，使用 ERP 市场销售和生产制造部门既可以在决策级又可以在日常活动中有效地进行通讯协调。通过 ERP 的模拟功能，市场销售部门可以清楚地了解生产制造过程，从而可以对客户的需求迅速地给出准确的回答，客户所得到的日期，即是可靠的交货日期。

利用在主生产计划过程中产生的 ATP 信息，可以有效地支持对客户订单的承诺。一般的 ERP 商品软件都会有一个用于客户订单录入的屏幕，只要在此屏幕上录入客户对某种产品的订货量和需求日期就可以通过某种功能键借助 ATP 信息得到以下信息：

(1) 客户需求可否按时满足？

(2) 如不能按时满足，那么在客户需求日期可提供的数量是多少以及不足的数量何时可以提供？

这样，在作出供货承诺时，就可以做到心中有数。

2. 预测

预测作为向经营规划、销售与运作规划和主生产计划提供输入信息的环节是十分重要的。主生产计划决定生产什么，决定将要采购和制造的物料量以及人工量。然而，如果没有可靠的预测工作，那么，生产和计划工作将是很困难的。

在某些面向订单生产的企业中，产品的可选项很多，由这些可选项的组合所构成的产品数成千上万。这种情况，预测工作看起来很难进行。然而却没有必要这样做，例如，某企业生产各种类型的加速器，可以由许多不同的发动机、控制器、支架等进行组合，组合数目很大，但其中有些组合可能从来不曾售出过。实际上，在收到客户订单之前，根本不必把发动机、控制器、支架等装配在一起，重要的只是要有恰当种类和数量的发动机、控制器和支架，而不是预测这些选择项的组合。从主生产计划的观点来看，这些组合是没有意义的，它们只在最终装配计划中才有意义。所以，只应对"加速器"这一产品族进行预测，然后，利用计划物料清单把对加速器的预测转换成对发动机、控制器和支架等可选项的预测。

有很多方法可以用于产品族预测。但是，无论使用什么样的预测方法，预测的最终责任要由人来承担。应力求客观合理，避免先入为主的倾向，防止预测数据失真。

ERP 是一种好的计划编制和调整方法。ERP 可以及时调整计划以反映真实发生的情况，来弥补预测的不足之处。

一个生产五金产品的企业，虽然其市场预测不够准确，但非常重视来自各个分销点的反馈信息，建立了正常的信息反馈渠道，并通过 ERP 系统使生产部门能够很好地对市场销售方案提供支持。如果没有 ERP，这是很难做到的。

任何事情，通过不断检测和评价，都会不断得到改善。对预测的准确性也是如此，也应定期地进行检测，找出不准确的原因，并设法改进。一般来说，在面向库存生产的企业中，要检测对于产品族和各项产品预测的准确性。在面向订单生产的企业中，要检测对于产品族和选项预测的准确性。一个典型的做法是，取每两个月的实际销售量的平均值，与计划期开始时所作的销售预测量进行比较。这样即可得出预测不准确的项目数，然后转换成占预测总项目的百分比。

通过对预测进行检测，可以使预测准确性得到改善。建立一套定期检测的制度，远比具体的检测更有意义。

3. ERP 模拟和市场策略

从长远来看，生产部门必须设法得到物料、人力和设备，去生产市场部门可以销售的产品。从短期来说，市场部门必须致力于推销生产部门可以生产的产品。这不但意味着可以得到更多的利润，而且意味着必须有更好的合作。ERP 系统为此提供了工具，使得生产部门和市场部门的人员能够在一起制定长期和短期的市场策略。这方面的强有力的工具就是 ERP 的模拟功能。

在制造企业中，管理人员往往想知道，如果在主生产计划中作某些改变将会如何。这时，就可以利用 ERP 来模拟这些改变将要产生的影响，如人力需求、设备需求、零部件需求、产品库存、产品交付时间，以及未完成的订单等。还可以预测这类变化对企业总体财务目标、销售与运作规划以及公司高层领导所关心的获益能力的影响。

在制造企业中，还经常需要模拟在产品族发生变化的情况下产品生产的时间。

例如："要改变产品的某种配置，最短需要多长时间？"这是可以通过 ERP 的模拟功能来回答的一个典型问题。在一个生产大型清扫机的公司中，市场部门根据他们的预测，希望尽快改变他们的产品中汽油发动机和柴油发动机的比率。这种比率目前是 2:1，他们希望在一个月内在他们所发运的产品中将此比率变为 1.1:1。这听起来似乎只是一个更换发动机的问题，但事实并非如此。一个发动机的改变要涉及大量其他零件的改变，其中既包括自制件，又包括采购件。通过 ERP 的模拟功能，很快得到了答案：立即可以把现有比率改为 1.5:1，而 6 周之后，可以改为 1.1:1。

由于有了可靠的生产信息，市场部门就可以制定正确的市场策略了。但在过去，市场销售部门并不真正了解生产部门能否生产他们打算销售的产品。

事实上，如果生产部门不能生产市场所需的产品，那么，市场销售部门也是有责任的。以 ERP 作为通讯的工具，使得市场销售部门、生产部门、工程部门和财务部门能够彼此协调，作为一个整体而更好地工作，以满足客户的需求。这对于企业有重要的意义，因为满足客户需求毕竟是企业中每个部门乃至每个员工的共同目标。

11.2 生产管理的转变

1. 走出困境，实现生产管理专业化

过去，生产部门没有专业化管理的工具，市场销售部门经常批评生产部门不能完成任务；财会部门批评生产部门库存太多，成本变化太大，而且拿不出企业运营所需要的可靠数字；工程部门认为他们组织混乱，活动非专业化；计算机系统人员也对生产部门有不好的看法，因为如果问财会人员希望计算机做什么，他们一般会回答："应收账款，

应付账款，总账，预算报告等。"但如果问生产部门的管理者希望计算机做什么，他们就很难说清楚。

反过来，生产部门也对其他部门也不满。他们抱怨，市场销售部门预测不准，接受订单不负责任，使得他们来不及生产；他们抱怨工程部门所作的工程改变和新产品引入使他们手忙脚乱；他们对财务部门感到无可奈何，因为面对企业领导讨论问题时，财务人员可以理直气壮地用数字说话，他们却不能，而且，他们不知道财务人员的数字是从哪里得来的。

在生产组织的更高层次上，每天都会提出一些问题，诸如，我们能在更短的提前期内发运这批货物吗？我们可以完成本月的发运预算吗？为什么对客户服务不能搞得更好呢？为什么有如此多的加班呢？下几个月我们可以增加或减少人力吗？为什么库存如此之高？为什么出现这样多废品？我们可以按时引入这项新产品吗？如果对其他客户已作的承诺不变，我们还能再满足这个客户附加的需求吗？为什么不能把我们的效率再提高一些呢？为什么我们的未完成的订单增加而同时库存也增加呢？

一方面，如果没有一个有效的计划，生产部门对以上这些问题以及其他一些类似的问题是很难回答的；而另一方面，生产部门的人员也不相信计划，因为计划经常变，计划中的数字不可靠，因此，他们就抛开这些数字，根据自己的判断进行管理。

使用 ERP 实现了生产管理的专业化。ERP 的出现，使得生产管理有了完整的知识体系。越来越多的生产管理知识进入了学院的课堂，传授给未来的生产经理，使他们的知识将不再只是从实际工作经验中摸索，而是上升到了理论的高度。

一位资深的公司总经理说得好，他说："ERP 系统最大的价值在于使一个公司从总经理到公司员工的整个企业结构的生活质量得到显著的提高。10 年前，当我作为生产部门的经理参加公司的会议时，经常是被别人指着鼻子谴责的人，因为我经常作出承诺又无法实现。今天，有了 ERP，当我们的生产管理人员参加会议时，经常听到的却是赞扬。使用 ERP，我们的生产管理变得专业化了，我们的生产管理人员也因此受到了尊重。"

2. ERP 为生产管理专业化提供了工具

在闭环 MRP 环境下，在制订销售与运营规划时先要通过资源计划来估算为生产一定数量的某类产品所需的资源，以保证销售与运营规划的合理性。

在制订主生产计划时又要通过粗能力计划来指出在关键的工作中心上所需的标准工时数，以保证主生产计划是切实可行的。主生产计划作为 MRP 的关键输入，指出将要生产什么产品或最终项目。它的切实可行性在任何时候都是非常重要的。在有效的管理之下，MRP 可以预见物料短缺，从而生产部门的人员可以防止其发生。但是，如果主生产计划不切合实际，那么，缺料单就会重新出现。

在切实可行的主生产计划之下，生产控制部门或计划部门的计划员可以用物料需求计划对非独立需求物料生成生产订单或采购订单。并根据这些订单来更新车间派工单和供应商计划中的优先级，并对能力需求计划提供输入。

当技术工人难以找到时，能力需求计划作为一项管理工具显得非常重要。有的企业根据客户订单接受量来安排生产能力，但是在积压的订单越来越多时重新安排能力也已经来不及了。有了 ERP 系统，情况就不同了。一家公司从 ERP 系统中得到信息：在 8 月份之前应在几个关键的工作中心上增加能力。虽然此时订单接受量并未提高，但市场部门预测 8 月份将有产品需求高峰，这已通过主生产计划反映在能力需求计划上了。于是，增加了人员，提高了生产率。在 8 月份的市场竞争中获益巨大。

能力需求计划的另一个应用是设备计划。过去的典型做法是由人提出关于新设备的资金预算要求，但分析论证往往难以全面。有了 ERP 系统，就可以使用其能力计划程序通过大量的模拟来测试各种不同的计划所产生的影响，从而确定最好的设备投资方式。

投入/产出报告是普遍采用的能力控制手段。这些报告把每个工作中心产出的实际标准工时和能力计划相比较，并比较标准工时的投入量和产出量。这样，如果某个工作中心落后于它的计划产出，则很容易看出其原因是否是由于它前面的某个工作中心对它的投入不足，以便采取响应的措施。

派工单是车间作业的计划调度工具。每天发到每个工作中心，通常这是早晨的第一件事情。当物料需求计划系统推荐了一个新的需求日期，而且物料计划员也接受了这个需求日期时，那么每道操作工序的计划日期也要作响应的改变。据此发出的派工单将告诉工长们下一步应开始哪项作业。

在制造企业中，最难于控制的对象是在制品。在制品是指从原材料投入到成品入库为止，处于生产过程中尚未完工的所有毛坯、零件、部件以及全部加工完毕等待检测和验收的产品的总称。

在制品是企业生产过程连续进行的必然结果，也是生产过程连续进行的必要条件。保持一定数量的在制品是正常生产的客观需要，它可以防止当某个工作中心上的投入出现波动时，该工作中心上没有工作可做。但是，在制品是要占用资金的。在制品过多，就会影响资金的周转和生产经营的效果。因此，必须合理地确定各种在制品的数量，以解决保证生产需要和节约资金的矛盾。

在制品数量是依每个工作中心的投入量和产出量为转移的。使用 ERP 系统，可以通过每个工作中心来确定在制品水平。通过测量在某个时区内每个工作中心上的在制品数量，把高水平和低水平进行比较，从而可以确定实际需要的变化量和排队数量。然后可以形成用于闭环 MRP 系统的反馈信息。

ERP 提供了生产计划和控制管理的工具，但决定的因素还是使用这些工具的人。

在制造业中有一种说法是："每个人的错误都结束于生产第一线。"或者换句话说，"工长们是每个糟糕的计划的最终替罪羊。"

工长们应该做的工作是对工人的教育培训和监督管理，确保机器、工具正常工作，确保每项操作都能有效地进行，解决工序问题，改进设备安装方法，提供所需要的生产能力，执行有效的计划。

由于工长们用大部分时间去忙于"救火"，补救糟糕的计划，所以，以上这些工作难以做好，使用 ERP 系统，工长们就可以有时间来做好这些工作了。

使用 ERP，工长们用得最多的工具是派工单、能力计划和投入/产出报告。一旦 ERP 系统真正运行起来，工长们将成为最热心的支持者。ERP 将使他们从随时准备应付可能出现的物料短缺和能力短缺的被动局面中摆脱出来，使他们能够有时间思考、执行计划、进行监督和管理，从而把工作做得比以前任何时候都好。工长们按照 ERP 系统产生的派工单进行工作，从而遵循的是一个计划。工长们愿意按照有效的计划来工作，而问题在于以前缺乏有效的计划。

3. 利用 ERP 的模拟功能

生产部门面临的一个棘手的问题，就是向其他人员，特别是市场销售人员提供准确的信息。使用 ERP 系统，可以通过模拟来回答"如果……将会怎样"的问题。下面给出例子进行说明。

【例 11.1】　在一家制造标签机的企业中，总经理问生产部门能否在 12 月 31 日之前制造并发运一批用于牛奶纸箱的标签机。因为这是一项利润可观的订货，所以必须承接下来。于是在常规的 MRP 运行之间，他们增加了一次 MRP 的运行，对所提出的问题产生的影响进行了模拟，模拟结果告诉他们需要额外采购哪些物料，需要增加什么能力，他们再把这些和 MRP 常规运行所产生的能力计划进行比较。最后，生产部门的经理得了结论："要完成此项新任务，必须减少 1 月份机器 X 的发货计划；此项新任务将使一个数控机床中心超载，不过可以通过转包来解决。2 月份之前可以恢复机器 X 的生产计划。"

这是一个以事实为根据的计划过程。其中有三件重要的事情非常值得注意。

首先，生产部门经理如果心中无数，则往往被动地承诺某些紧急任务。然后，只好把其他任务推到一边。

其次，计划和借口的不同。如果生产部门经理事先经过分析说："我们可以完成此项任务，但在 1 月份必须减少机器 X 的发货预算。"那么，这是一项计划。而另一种情况是被动地接受了紧急任务，而且完成了，但影响了一月份机器 X 的发货预算。那么当 2 月份总经理询问原因时，生产经理的同样回答将只能视为一种没有做好工作的借口。

第三，MRP 有助于把改变计划的影响局限在某个范围之内。没有 MRP，这项紧急任务也可以完成，但可能不只是把机器 X 的生产计划推迟，而可能影响到许多产品的生产计划。这是生产部门经常出现的情况，一项紧急任务完成了却受到了责备，因为许多其他工作未能按计划完成。运用 ERP 的模拟功能可以把必要的影响范围减至最小。

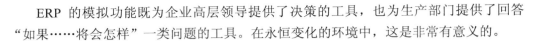

ERP 的模拟功能既为企业高层领导提供了决策的工具，也为生产部门提供了回答"如果……将会怎样"一类问题的工具。在永恒变化的环境中，这是非常有意义的。

4. ERP 和质量管理

质量管理人员可以明显地从 ERP 系统中获益。由于车间的工作改变了"危机方式"，工长们可以有更多的时间去解决质量问题。因此，质量问题总是显著地减少。执行能力需求计划的结果使得劳力稳定，生产水平稳定，这给了质量管理以实质性的帮助。

ERP 系统可以为质量管理人员提供多方面的帮助：

- ◎ ERP 能对即将进行的检验工作产生一份派工单，从而质量管理人员可以知道应当先做什么、后做什么。
- ◎ ERP 有比较长的展望期，使质量管理人员可以了解未来计划中的作业情况，特别是特殊加工问题，从而可以帮助质量管理人员判断可能出现的问题。
- ◎ 按计划组织生产可以减少由于物料代换或紧急加班造成的质量问题。
- ◎ 由于生产管理人员可以有更多的时间关注质量问题，他们就可以对质量问题提出更有效的解决办法。
- ◎ 因为在 ERP 系统中强调文档的准确性，使得在开始制造产品之时，即得到正确的数据，这为质量管理人员的工作带来极大的好处。
- ◎ ERP 系统的运行，使得企业的整体协作精神加强，使得其对每项工作从一开始就关注如何做好。
- ◎ 有些 ERP 商品软件中具有质量管理模块，从而为进行统计质量控制等质量管理活动提供了方便。

质量控制人员可以从 ERP 系统获得很多帮助，同时，他们也可以为 ERP 系统的成功作出贡献。好的质量检测工作产生准确的数据，而准确的数据则有助于 ERP 系统产生高质量的信息。

11.3　采购管理的转变

采购人员有一个最难处理的问题，被称之为"提前期综合征"。指的是当供应商的未完成订单增多时，他们将对客户报较长的提前期。而这样一来，客户为满足他们在较长提前期中的物料需求，他们就将订购更多的物料。这就导致供应商积压订单的进一步增加以及提前期的再次延长。

容易想到，处理供应商报长提前期问题的一种方法是提前给他们一份采购计划。如果供应报两个月的提前期，那么在半年前就把采购计划提供给他们。从而可以防止由于提前期的增长而造成的问题。

然而，在 MRP 出现之前，这却是不现实的。生产管理人员不愿把他们的长远的物料需求告诉采购部门。因为他们知道事情是不断变化的，预测会有错误，计划也会改变。如果他们对未来的物料需求作出长期的承诺，那么在未来他们得到的就可能是并不需要的物料，而真正需要的物料却可能得不到。

使用 ERP 系统，一个企业能够很容易地建立一份 6 个月到 1 年的采购计划。

在建立采购计划之前，先对供应商进行培训。因为供应商已习惯认为客户订单给出的日期并非要真正有效的需求日期，而客户还会打电话告诉他们真正的需求日期。所以，必须告诉供应商，在 ERP 环境下的情况不是如此，订单所给予出的日期就是有效的日期，无须再等进一步的信息，也不会再有进一步的信息。

一些应用 ERP 系统获得成功的企业采取的做法是把重要的供应商请来参加一天的会议，向供应商介绍 ERP 在采购过程中的应用，使供应商了解关于预定日期的有效性和"沉默即赞成"的原则。就是说，如果供应商发现他不能按时供货，则应提前向客户发出通知，否则，即认为他能按时发货。也按照这样的原则对供应商的业绩进行评估和检测。

这样做的结果可以使双方取得信任。经验表明，使用了 ERP 系统，供应商按时供货率可以达到 98% 以上。当供应商得到了有效的需求日期时，大多数都会努力工作来完成计划。事实上，客户对供应商的抱怨越多，往往越说明他们自己的计划差，而客户能够对供应商的按时供货率感到满意，往往也说明他们自己的计划做得好。

随着计算机能力的增强，把供应商看作"外部工厂"的思想越来越重要。这就必须为供应商提供制定其能力需求计划的信息。使用 ERP 系统，能够以相当长的展望期来做到这一点。

有的企业在几个月前就把预期计划转化为供应商工作中心上的标准工时。显然，这意味着供应商的工艺线路已经存储在客户的计算机文件中。这对于自己没有计算机系统的小供应商来说是特别适合的。

向供应商提供有效的计划日期是一件非常重要的事情。然而，在 ERP 出现之前，这却是很困难的事情。采购部门所使用的"预定日期"并不表示真正的需求日期，所以不可避免地要出错，如安全库存的使用即是如此。

【例 11.2】某项物料每周平均需要 100 件，安全库存量为 200 件，这样就把该项物料的预定日期从需求日期提前了两周。安全库存的使用改变了需求日期。如果该项物料的真正需求是在第 13 周，那么 200 件的安全库存就把预定日期改变为第 11 周。

在计划系统中留有一些缓冲的余地是有必要的。但是过去对安全库存的使用却掩盖了真正的需求日期。

在采购活动中使用 ERP 系统并获得成功的企业采取了不同的做法。他们向供应商提供最终的需求日期,如上例的第 13 周。但他们和供应商有一个共同的约定,即正常的发货应在第 11 周进行。对供应商的工作情况的检测也在第 11 周进行。但客户的采购部门和供应商始终知道什么是最终的需求日期。有效的需求日期是 ERP 系统的基石,它使 ERP 系统成为采购活动的一种全新的工具。

有效的需求日期也为做好某些以前特别难做的事情奠定了基础。例如,检测供应商的按时交货率就是如此。在非正规系统之下,预定日期可能从开始就是错误的,而且随着时间的推移会变得毫无意义。因此不能按这样的日期检测供应商的工作。使用 ERP 系统,供应商的按时供货率可以明确地按计划日期进行检测,而且这已在许多企业中成为现实。

有许多途径可以降低采购成本,但最重要的是和供应商的明智合作。有的企业和供应商共同设计了库存委托方案。供应商要保持一定的库存以保证按要求供货,这些库存的位置或者在供应商那里,或者在客户那里,此时采用寄售的方式,即在使用了物料之后才付款。初看起来,似乎是把库存负担转嫁到了供应商身上,但由于供应商有了稳定的客户订单,从而使稍高的库存投资获得了相应的利润。

由此可以得到一个明确的启示:如果客户和供应商能够很好地合作,他们就能找到使双方都能获益的合作方案。许多年前形成的一条经验至今仍是采购活动中的一条真理,即从明智的客户——供应商合作中可以获得更大的利润,这是任何订货批量公式都不可能做到的。

如果一个推销员卖出价值 1 元的产品,企业能得到 0.15~0.20 元的税前利润已经是很不错了。但是采购中每节约 1 元,企业所得到的税前利润就是 1 元。在有些企业里,采购成本是直接劳力成本的数倍。由此可见,采购活动对获取利润可以起到重要的作用。

通过使用 ERP 系统,前面提到的供应商计划成了客户和供应商双方直接的通讯工具。采购人员可以从烦琐的事务中解脱出来,有了更多的时间去选择供应商,进行合同谈判,作价值分析和工程部门讨论标准化问题等,从而把采购工作提高到一个前所未有的水平上。

11.4 财务管理的转变

1. 发挥财务管理的计划和控制作用

过去的会计仅仅面向历史,起着记录的作用。通过这些记录可以告诉厂长或经理们企业所走过的道路。虽然也试图通过成本核算对生产管理的某些方面加以控制,然而多数企业没有所需要的详细的计划与控制手段。主要的问题在于,生产管理方面使用的各种数据是不准确的，而财务人员又必须使用这些数据，因而自然地导致更大程度的失真。

　　财务主管最担心的一件事就是库存盘亏，即通过年终盘点，发现账上记录的库存物料根本不存在或严重短缺。这种情况在企业中屡见不鲜。为什么会出现这种情况呢？库存物品被盗在仓库管理不完善的企业会有所发生，但显然不是造成多数企业库存盘亏的主要原因。真正的原因在于不能及时地收集、传递和记录物料流动的信息。会计系统使用一套数据，而生产系统使用另一套数据，这两套数据有的相同，有的不同。人们对这种现象已经司空见惯了，其原因首先在于没有正规的生产管理系统可供使用；其次是生产管理人员也很难看到库存盘亏对于财务报告的影响，因为他们根本就不使用这些数据。

　　市场如同战场，要想在市场上取胜，必须知己知彼，胸中有"数"。但是，如果生产管理系统的数据根本不准确，那么财务人员只得另搞一套。

　　过去，财务人员常常不得不重新编制某些数据，或者推算某些数据，比如在制品数量，因为他们手中实在没有可以使用的真实数据。

　　现在，企业有了好的工具——ERP 系统可以把企业的生产和财务管理集成在一起。

　　有人说，由财务管理系统驱动生产管理系统非常困难，而由生产管理系统驱动财务管理系统则容易得多。这种说法是很有道理的。

　　ERP 要求库存记录的准确性达到 95%以上。由于库存记录是准确的，根据库存记录和预先规定的成本数据，核算库存价值则是非常容易的事。ERP 系统需要有好的物料控制作为基础。这对财务人员的工作自然也会大有好处。

　　如果生产管理系统行之有效，财务人员完全可以利用它作为建立一个有效的财务系统的基础。在成功地运行 ERP 的企业中，财务管理人员都会感到他们的工作效率提高了，他们很容易获得生产方面的准确数据。

　　计划人员应当对他们所管辖的生产线的库存水平及有关数据的准确性负责。车间主任和工长们应该对自己的部门所处理的物料数量及其价值负责。财务人员也不再游离于生产经营活动之外，也不必再另外保持一套数字了，而是越来越成为企业生产经营管理队伍中协调工作的一部分。ERP 将生产系统与财务系统集成为一体。

2. ERP 的货币表现形式

　　过去，生产人员往往不知道财务人员的数字是从哪里来的，更不明白为什么与他们掌握的数据不一致。而财务人员同样感到沮丧，因为他们呈报给上级领导的关于计划完成情况的数据经常与生产实际数据不符。然而，从根本上讲，生产人员与财务人员有着相同的基本处理逻辑。任何一位作过现金流计划的财务人员一定很容易熟悉 MRP 的基本形式以及物料的现有量、毛需求、预计入库量、预计可用量之类的术语。无论以物料计量单位表示也好，用货币单位表示也好，制造企业经营运作的基本逻辑是一样的。

　　在前面的章节中，我们曾经讨论过闭环 MRP 的 7 个基本报告，即：销售与运营规划、主生产计划、物料需求计划、能力需求计划、投入/产出控制、派工单、采购计划。事实上，财务管理所需的各种报告均可作为副产品从闭环 MRP 系统的这些标准报告中得到。例如，企业的经营规划和销售与运营规划的区别不过在于前者是以货币数量表示，而后者是以产品数量表示。

目前，在多数企业中的情况是一部分人负责制定经营规划，另一部分人负责制定并维护销售与运营规划。随着时间的推移，两者可能相去甚远。

如果销售与运营规划能够保持切实可行，而且成本核算准确，那么，销售与运营规划数据以及产品成本数据应当成为经营规划的依据。可以将实际的销售量、生产量及库存量记录下来，作为控制报告，从而可以使得经营规划切实可行。

将主生产计划按成本核算，在面向库存生产的企业中，可以作为库存投资计划的基础，在面向订单生产的企业中可以作为发货预算的基础。

将物料需求计划按成本核算并按产品族汇总可以产生如下以货币单位表示的信息：

(1) 按产品族划分的现有库存量。

(2) 为支持销售与运营规划，将要消耗多少物料。

(3) 为支持销售与运营规划，应采购多少物料。

(4) 在未来的几个月中，预计库存量是多少。

(5) 需要制造什么——这反映在车间作业计划中，作为能力需求计划的输入信息并很容易转换成人工费。

从生产的角度看，物料需求计划的输出是已下达的和计划下达的生产订单，即车间作业计划。通过能力需求计划过程，就可以得到在各个时区对各工作中心的标准工时需求。通过工时费率换算则可进一步得出在各个时区各产品族的人工费。

根据以上信息，管理人员可以看到在不同的时区为满足给定的销售与运营规划所需要的材料费及人工费开销。为了做出更为准确的现金流计划，还可以考虑应付款的付款期限，并据以适当调整现金流计划。

从投入/产出控制报告可以得到按工作中心分别列出的以时间和货币单位表示的标准工时输出报告。

对产生派工单的未完成订单核算成本即可得出当前在制品的价值。工时报告和派工单结合在一起，可以作为工时效率考核报告的基础。

对采购计划进行成本转换之后可以清楚地了解到每个供应商在不同时区分别需要发来多少价值的物料才能满足预定的计划。

企业经营中一个非常重要的问题是库存价值的计算。如果库存记录的准确性足以支持 ERP 系统，那么，通过成本转换，库存价值的计算是非常容易实现的。

当生产经营系统能够正常运行时，很容易驱动财务管理系统正常运行。由于生产经营系统比以往任何时候都更为有效可信，所以，不言而喻，财务管理系统将会得到一套比以往任何时候都更为有效的数据作为工作的基础。

货币语言是企业经营的语言。当生产系统和财务系统可以用相同的语言来谈论同一件事情时，它们之间的不协调状况则可以消失了。

3. 确定合理的库存投资水平

使用 ERP 系统可以很容易地回答如何确定合理的库存投资水平的问题。事实上，计算一个产品族的所有子项的现有库存余额的成本即可得到为支持生产计划所需的现有库存的金额。计算所有子项的需求量的成本可以表明在各个时区中将要消耗的物料金额。计算预计入库量的成本可以表明进货价值。而计算预计可用量的成本则按时区表明了所需要的物料金额，而这正是"合理"库存的金额。

有三个因素可以对上述金额产生影响，它们是订货批量、安全库存量和主生产计划的改变。由于 ERP 系统可以模拟不同的订货批量和安全库存量所产生的影响，所以，重要的事情不在于订货批量和安全库存量的调整，而在于主生产计划的切实可行性以及生产、采购、市场销售和发货部门完成计划的能力。

对自制件的预计入库量的物料价值进行计算并汇总，即可获得在制品的库存价值。那么，究竟多少在制品库存才够用？处于排队状态的安全库存量对此影响极大。通过在关键工作中心实际队列的取样分析可以确定出实际需要量。最大值和最小值之差即为避免该工作中心停工所需的排队安全库存量。另外，在制品量和生产提前期密切相关。在制品队列的长短自然影响到提前期的长短。而当提前期缩短时，MRP 系统将会推迟下达订单，这样就减少了在制品的数量。因此，通过提前期分析，ERP 可以用于计划和监控在制品的水平。

4. 标准成本和决策模拟

标准成本是 20 世纪初出现的一种技术。其目的在于更好地衡量生产执行情况，从而更有效地控制生产。过去一直很难计算产量的变化对标准成本的影响。标准成本系统是一个在动态环境下运作的静态系统。在实际使用中，为了应对各种变化，财务人员往往将其复杂化。当把标准成本置于计算机系统时，情况就不同了。ERP 本质上是一个模拟系统。财务数据进入 ERP 系统之后，很容易计算出各种变化的影响。这就大大简化了标准成本方法的使用。

但是，有些人并不理解标准成本核算的真正含义。因此，在利用这个工具进行决策时，常常误入歧途。众所周知，标准成本有三个要素，即人工费、材料费和制造费。下面给出两个误用标准成本进行决策的例子。

【例 11.3】　有人认为增加加班工时可以降低生产成本。他们引用表 11.1 所示的数字加以说明。

表 11.1　加班的成本

加班成本	正常上班	加班
人工费	1.00	1.50
材料费	3.00	3.00
制造费	4.00	0.50
产品成本	8.00	5.00

在加班的情况下，每件产品的人工费是正常上班人工费的 1.5 倍，材料费没有变化，而制造费用大幅度下降了。因为加班并不增加工程技术人员及管理人员的工资报酬，所以，仅仅是制造费用的可变部分要包括在加班的产品成本减少里，而假定所有其他固定间接费已经由正常的计划生产率吸收了。

【例 11.4】　某项产品既可自制也可转包。表 11.2 所列的是三年的自制和转包成本。

表 11.2　转包的成本

转包成本	第 1 年	第 2 年	第 3 年
自制产品成本	0.25	0.32	0.45
转包产品成本	0.22	0.23	0.25

对比第 1 年的自制成本和转包成本，该企业决定减少自制数量。考察第 2 年的数字，发现转包更加有利。于是进一步减少自制数量而增加转包数量，因而有了第 3 年的数字。但是，他们却发现，随着"节省了越来越多的资金"，该生产线的利润却大幅度下降了。

上述两个例子的共同问题在于对标准成本没有很好地理解，从而不能正确有效地运用这一工具。

在例 11.3 中，基本假设是所有固定制造费均由正常生产率吸收——制造费的合理分摊也正是这样做的。因为在加班产品的成本中不再包含固定制造费，所以低于正常上班所生产的产品成本。但稍加分析就会发现，如果在正常上班时增加人员多生产同样多的产品，却可以将成本降至 4.50 元，而不是 5.00 元。这样不是更好吗？所以，问题的实质不在于加班比正常上班便宜，而在于提高产量，成本自然下降，因为制造费的分摊可以有更大的基数。

在例 11.4 中，由于标准成本中包含了大量固定制造费用，如库存保管费用、工程技术费用等，而这些是转包所不发生的。当多转包、少自制时则缩小了制造费用分摊的基数。这样势必增加自制产品的成本，而最终导致利润下降。

在利用标准成本进行决策时必须清楚的一点是，每一项标准成本数据都是以一定的生产率为前提的。

不少企业在进行自制或外购(或转包)的决策时容易出现的一个典型错误是，根据按工时和机时的制造费率来考虑问题。这往往使人误入歧途。因为制造费率是依据一定的产量来确定的，如果产量发生了变化，制造费率也会发生变化。

有了 ERP 系统，可以通过其模拟功能有效地利用标准成本方法来进行自制或外购的决策。例如以下两个问题均可通过 ERP 的模拟功能来进行决策：

(1) 如果外购某些物料，对内部产品的成本有何影响？

(2) 如果外购某种物料，产量的变化对整个利润率会有什么影响？

制造费用在标准成本中占很大的部分，制造费率的使用会对成本的计算有很大影响。因此，借助于标准成本进行决策时，要切记标准成本和产量的关系。任何影响到产量的决策，必须在模拟这种改变对整个企业利润率的影响之后，才可慎重地作出。

使用 ERP 这个决策模拟工具，管理人员对于如下问题可以获得真实可信的答案：

(1) 根据发货计划的产品组合，能够获得预期的收入吗？

(2) 根据发货计划的产品组合，能够实现预期的利润计划吗？

(3) 按照计划的产量，各生产线的利润率各是多少(对于不同产量的间接费用分摊对利润率有重要影响)？

(4) 对于预定的产品组合，采购材料开支和人工费开支将是多少？

(5) 能否为明年的经营规划奠定基础？

这里所列的仅是可能需要回答的一部分问题。通过 ERP 系统，还可以获得许多其他问题的答案。

11.5　工程技术管理的转变

在 ERP 系统的环境下，强调企业中各项功能的协调配合。没有工程技术部门的积极参与，ERP 几乎不可能有效地工作。而同时，工程技术部门也可以从 ERP 系统的运行中获得极大的好处。

在前面的章节中，我们曾讨论过利用虚项和用模块化的方法重构物料清单的问题。物料清单是 ERP 计划的基础。物料清单的重构从本质上说是为了更快更好地对市场需求作出响应。这实际上是在 ERP 环境下，工程技术管理的一种转变。除此之外，工程技术管理还有一些其他的转变，表现在诸如工程改变的控制、新产品的引入以及工程计划等方面。下面来讨论这些方面的转变。

1. 有效地控制工程改变

物料清单不是一成不变的。为了赢得市场竞争，就要不断地改进产品，以适应市场的需求。于是，物料清单也要随之改变。因此，物料清单是一种动态文件，它反映了产品的动态性质。通常所说的工程改变，确切地说，就是物料清单的改变。

物料清单是整个企业的文件，各个部门都要使用它。相应地，对物料清单的改变要求也可以来自各个部门。每个部门都可以从他们的工作实际出发提出改变物料清单的建议，但是，每项改变都必须是有价值的，而且必须有效地控制。否则，会引起一系列问题。例如，库存物料大量废弃，配套物料短缺，生产率降低，拖延向客户的交货期，产品质量降低，维修服务困难，成本核算错误，等等。所有这些问题的最终结果都是失去市场、失去金钱。

为了有效地控制工程改变，必须提供有效的控制技术并纳入 ERP 系统之中，而且必须有一个控制物料清单改变的小组和一套有关的控制策略。

物料清单的改变有三种基本的类型：

(1) 立即型。这种类型的改变通常是由于产品问题引起的，要立即着手进行。

(2) 时界型。给出一个时间界限，过了这个时间界限，旧的物料由于某种原因将不能再用，例如，被某一条法律所禁止。

(3) 逐渐型。逐渐废弃某种物料。用完现有量，则不再使用该物料，而使用新物料。

立即型改变的代价常常是非常高的，有时甚至是灾难性的，但是最容易处理。只需将所有旧物料予以报废并在物料清单中代之以新物料即可。

时界型改变也是比较简单的。利用物料清单种子项物料的生效日期和失效日期信息，ERP 系统很容易做出计划，使得在给定的日期旧物料失效，新物料生效。

最难于处理的物料清单改变是逐渐型改变。刚刚制定的计划可能又要随情况的变化而变化。所以最大的问题是要保持工程改变信息的及时更新，这样既可以减少配套物料的报废，也可以减少生产中的物料短缺。及时更新工程改变信息在手工条件下是相当困难的工作，而这正是 ERP 系统的专长。

ERP 系统控制逐渐型工程改变有如下三种最常用的方法：

① 工程改变的有效日期。即估计旧物料用完的日期，以此日期作为工程改变的有效日期。从这个日期开始，计算机系统改变从旧物料到新物料的计划。

② 虚项技术。使用这种方法是把即将被取代的旧物料看作虚项，同时将新物料作为其子项置于物料清单的低层。这样就先用旧物料来满足需求，当旧物料用完时则越过旧物料而为新物料作计划。在这种情况下，新旧物料同时包含在物料清单中，所以，在计算产品成本时要格外注意以免发生错误。

③ 订货批号控制。使用这种方法，把一项工程改变和一个特定的批号相联系。通过新的批号指定新的产品结构。此时，两种产品结构可以同时存在，直至旧物料用完，则废弃原来的产品结构。

ERP 系统能够提供技术工具来计划和监控工程改变，并可模拟工程改变带来的各种影响。但是为了做出工程改变的决策，还应有一个由主生产计划、采购、销售、工具、生产和财务等各方面的人员组成的工程改变小组来对实现工程改变负责。因为任何工程改变都是在采购、销售、工程、生产和财务目标之间的一个折中方案的结果。此外，还应制定工程改变工作准则和规程，用来阐明谁可以请求物料清单的改变，谁可以批准这样的改变以及如何就物料清单的改变在有关部门之间进行通讯。从而使得对物料清单改变的计划和控制有章可循。

2. 新产品引入

今天的市场竞争，逼迫人们去求新。把创新精神融会在新产品中，投入市场去赢得竞争。新产品引入意味着企业准备更好地满足客户需求，从而也更多地增加收入。新产品引入表明企业是健康的、增长的。事实上可以说，新产品是企业的命脉。因此，新产品的引入应当是令人振奋的。但是，对于大多数企业来说，新产品引入都是棘手的问题。这有两方面的原因：首先，新产品引入带来工艺和材料的改变。有时，这对于车间是非常困难的，因为企业可能多年来都在生产着自己熟悉的产品。其次，新产品引入意味着大量额外的工作和交货的压力。在新产品引入期间，总有新问题出现，令人不得安宁。但是，既然 ERP 系统可以管理成熟产品的生产，那么为什么不能管理新产品的引入呢？所以，管理新产品引入的第一步是把新产品引入纳入 ERP 系统中。一项新产品往往是在成熟产品的基础上增、删、改而得到的。如果对成熟产品可以很好地管理，那么对新产品也可以。

典型的新产品开发的过程如下：第一步是研究和开发，产生一个试验模型。这是一个比较粗糙的工程阶段，随时都可能出现变化。第二步是设计模型，新产品开始成型。第三步是生产模型，为试投产做准备。第四步是试投产，确定是否可以真正生产这种新产品；试销售看是否满足市场需求。根据客户的反馈信息，进一步改进设计，形成成熟的产品。

生产部门欢迎这样一步一步的过程。但是，在现实世界中这却是不现实的。因为过程太长，将会失去市场。在现实世界中，过程是重叠的。在设计模型完成之前，可能就应订购试投产所需的物料，而且希望尽早得到客户的反馈信息。这实际上相当于同时生产许多"不同"的产品，这就需要通过大量的通讯，使各部门了解共同的目标是满足市场部门的交货承诺，并把代价减至最小。

这里有两个问题：**一是如何使用物料清单来帮助处理这个过程？二是在哪一点上纳入 ERP 系统**。基本的思想是，从初始的试验模型开始就应把新的物料清单纳入 ERP 系统中。

开始，我们只需要两个物料代码：一个用来标识新产品，另一个用来标识要用在新产品中的物料，不需要完整的物料清单来开始新产品的计划，物料清单可以逐步完善。

因为每个阶段——试验模型、设计模型、生产模型和试投产——通常都有很大的差别，所以，可以用不同的父项物料代码来标识和计划新产品。

随着产品的逐步完善，物料清单也逐步完善。可能需要增加一些子装配件，但尚不清楚其确切的结构，则可在物料清单中引入虚拟物料代码。例如，新产品需要有一个框架装配件，但在开始时尚不清楚将是什么样子，于是赋予这个框架装配件一个虚拟代码。如果已知这个框架装配件应包括某些零部件，则应把它们包括在物料清单之内，随着对框架装配件了解的逐步明确，则不断地把新的零部件加到物料清单中去。当最后成型时，则从物料清单中删去虚拟的物料代码，代之以实际的物料代码。

尽早地使用正规系统可以充分详细地记录产品的开发过程，这对于工程技术部门以及生产部门都是很有帮助的。通过在新产品引入的早期使用正规系统，所有为生产所必需的文件都和实际产品并行地受到检验。否则，经常发生这样的情况，产品设计完了，准备投产，却发现生产人员实在不了解他们应做什么。另一个好处是，ERP 系统可以立即开始计划所需要的物料。

在新产品引入的过程中，ERP 系统可以提供很多帮助。但是，作决定的还是人。

3. 工程计划

在制造企业中，制定工程计划也是棘手的问题之一。现在已有许多关于工程计划的技术，但是，在任何一种存在一系列相互依存的事件需要计划和控制的情况下，ERP 均是一种可以采用的计划方式。把工程计划和企业的其他方面一同纳入 ERP 系统，使用统一的计划来进行管理，比起使用计划评审法(PERT)或关键路径法(CPM)来有许多的优点。

虽然 MRP 本来是为物料需求计划而设计的，但其中有许多与 PERT 或 CPM 相通的概念。例如"事件"、"任务"等概念等同于物料清单中的物料代码，而优先级的概念也正符合 ERP 的工作方式。还有主任务和子任务的概念，可以通过工艺线路来指明如何通过完成一项项子任务来完成主任务。ERP 系统并不理会一个代码是代表一个零部件还是一项任务，所以，ERP 可以用于工程计划——既可以用来计划工程活动，也可以用来计划工程活动所需的物料和能力。

在有较多的工程改变和新产品引入以及产品结构复杂多变的企业中，均可通过 ERP 系统产生有效的工程计划。

4. 新的责任和新的工具

建立和维护准确和统一的物料清单，为运行和管理 ERP 系统提供控制信息是工程技术部门的重要责任。但是 ERP 系统不仅仅向工程技术部门提出了新的责任，也为工程技术部门提供了新的工具，带来了巨大的便利，二者相辅相成。在 ERP 环境下，工程技术部门可以很容易地得到准确的数据来维护产品的结构并做好工程计划。使得工程改变和新产品的引入进行得井井有条。

从工程技术的观点来看，ERP 系统的最大优点之一就是便于进行信息检索。工程部门能够以标准形式、反查形式和制造形式等不同形式从统一的数据库中得到物料清单。

一旦企业在经营管理中使用统一的物料清单，那么，许多工程技术任务就变得更易于管理。例如，在汽车工业中，结构控制是非常重要的。当制造商发现了产品中的一个问题时，就必须追踪找出每辆可能含有同样问题的汽车。有了统一的物料清单，客户服务人员就能准确地知道在给定的时间按给定的系列号生产的每辆汽车所使用的零部件，从而使客户服务的追踪能力得到提高。

一旦工程技术部门能够与采购、生产、销售和财务等部门密切合作，甚至在产品设计阶段就开始这种合作，那么就会极大地提高企业的效益。工程技术部门可以和生产部门及采购部门合作做好产品标准化的工作。这样，既可以减少需要计划的项目，减少安全库存量，又可以使客户服务工作更加容易做而且提高质量。

通过运行 ERP 系统，使工程技术部门成为制造企业经营整体中的一个不可缺少的组成部分，和其他部门密切配合，为实现企业的整体目标发挥极其重要的作用。

▌ 思考题

1. ERP 系统如何促进市场销售工作的转变？

2. 为什么 ERP 可以弥补预测的不足？

3. ERP 的模拟功能对指定市场策略有什么帮助？

4. 某企业根据市场预测做了季度计划和月度计划，可是当接到客户订单时，面对客户的订货数量和交货日期，对客户的供货承诺还是没有把握。ERP 在这方面能够起作用吗？

5. ERP 系统如何促进生产管理的转变？

6. ERP 系统为生产管理提供了哪些工具？

7. 举例说明在生产控制过程中如何利用 ERP 的模拟功能？

8. ERP 系统对产品质量的提高可以起到什么作用？

9. ERP 系统如何促进采购管理的转变？

10. ERP 系统如何促进财务管理的转变？

11. 如何及时作好财务分析？如何真正地发挥财务管理的计划、控制和分析的作用？

12. 如何从 ERP 系统中获得以货币单位表示的企业经营运作的数据？可以获得哪些数据？

13. 如何确定合理的库存投资水平？

14. ERP 系统如何促进工程管理的转变？

15. 如何控制工程改变？

▌习题

1. ERP 系统的哪些功能为市场销售部门和生产部门的协调工作提供了支持？（　　）

    A. 主生产计划和 ATP 数据　　　　B. 库存管理功能

    C. 能力计划功能　　　　　　　　　D. 安全库存

2. 下面哪些功能不是 ERP 为生产管理专业化提供的工具？（　　）

    A. 主生产计划　　　　　　　　　　B. 物料需求计划和能力需求计划

    C. 投入/产出报告和派工单　　　　　D. 安全库存

3. 为什么通过 ERP 系统可以解决"提前期综合征"？（　　）

    A. 供应商计划使得供应商了解企业的未来需求，从而有时间做好供货准备

    B. ERP 系统使得供应商对企业的采购订单更重视了

    C. 供应商之间的竞争更激烈了

    D. 供应商增加了安全库存

4. 下面哪一项陈述是不正确的？（　　）

    A. 有效的生产管理系统是有效的财务管理系统的基础

    B. 将主生产计划核算成本可以作为库存投资或发货预算的基础

    C. 从投入/产出报告可以得到各工作中心的以货币单位表示的工时输出报告

    D. 根据应收款计划可以制定产品的发货计划

5. 下面关于工程改变的陈述，哪些是正确的？（　　）

    A. 对于立即型工程改变，只需将物料清单中的旧物料报废并代之以新物料即可

    B. 时界型工程改变可利用物料清单中子项物料的生效日期和失效日期来实现

    C. 处理逐渐型工程改变的最好的方法是利用虚项技术

    D. 以上陈述都是正确的

第12章
ERP软件系统选型

工欲善其事，必先利其器。ERP 的理论必须有一套好的软件系统作为载体才能在企业中得到应用。所以，ERP 软件系统选型问题是非常重要的。

12.1 自行开发还是购买现成的商品软件

每个实施 ERP 的企业都必须有一套软件系统。从 ERP 的发展过程来看，软件系统的实现有两种方法，即自行开发软件和购买现成的商品软件。

自行开发软件有明显的缺点，总结起来可有三条，即耗时过长、未必成功且起点较低。

自行开发一套 ERP 软件，一般至少要用 2~3 年的时间，再加上其他方面的工作，实现周期将会更长。这样，不仅要考虑软件开发的成本，还必须考虑推迟实现 ERP 系统的损失。

购买现成的商品软件可以事先了解它是否成功。然而，自己开发软件却做不到这一点。于是，投资已经作出，时间已经花了，却不能保证它一定成功。虽然实施 ERP 系统不成功的原因可以是多种多样的，但是在这种情况下，人们往往不可避免地把软件作为替罪羊。

另外，自行开发软件往往特别着眼于当前的业务环境和需求，其管理思想的体现只能取决于当前的管理人员和软件开发人员。因而往往起点较低，可能经不起时间的考验。一旦业务发展突破原有框架，软件很可能不再适用。

鉴于自行开发软件可能出现以上问题，所以采用商品化软件实现 ERP 系统的企业比例日益增加。无论是国内还是国外，在 20 世纪 80 年代以后，实施应用 ERP 的企业大多是购买商品软件系统。这些商品软件基本上都是按照 Oliver Wight 公司发布的 "MRP Ⅱ标准系统"(文献[12])的要求开发的，而且功能上多有扩充，都能体现 ERP 的管理思想。但是，也不能由此得出结论，认为购买现成的商品软件就是一件

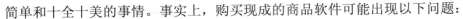

简单和十全十美的事情。事实上，购买现成的商品软件可能出现以下问题：

(1) 由于商品软件的通用性，系统可能过于复杂。一般来说，要比企业具体的需求复杂得多，这既造成使用上的困难，而且价格也高。

(2) 可能需要进行二次开发来修改或扩充系统的功能。

(3) 可能难以连接企业已有的程序。

(4) 可能存在故障隐患。一个大型的 ERP 软件系统含有故障隐患是不奇怪的。问题在于这些故障可能很难发现和排除，往往需要软件供应商的帮助，如果这种帮助不能及时得到，那么整个 ERP 项目的实施和应用可能都会推迟。

12.2 商品软件的选型

鉴于购买商品软件可能出现这样或那样的问题，如何选择商品软件就成了十分重要的问题。下面，我们从选择商品软件的原则、做法以及签订合同等三方面提出一些建议，可供决定购买 ERP 商品软件的企业参考。

12.2.1 选择商品软件的原则

1. 选择一个实用的和适用的软件产品

选择商品软件总是某一特定企业的行为。软件选择的目标应当是针对本企业的实际情况选择一个最为实用和适用的软件产品来满足企业的需求，而不是经过 3 年或 5 年的选择，选择一个一般意义上"最好的"软件产品。然而，在实践中有些企业却往往盲目地去追寻"最好的"软件产品。于是，花费了很多时间和精力，而不得要领。企业的软件选择队伍往往根据个人对于软件产品的好恶形成不同的意见，争来争去，难以决定，既浪费了大量时间和金钱，又丧失了许多机会。在这种情况下，无论哪一派意见最终赢得了决定权，企业都是输家。

2. 兼顾软件产品的功能和技术，既要满足当前的需求，又要考虑未来的发展

在选择软件产品时，既要考虑软件的功能又要考虑软件的技术，既要考虑当前需求又要考虑未来需求。然而，它们两两之间往往是相互矛盾的。为了解决这两对矛盾，可以参考美国 Gartner Group 公司提出的 ERP 软件四区域技术功能矩阵(如图 12.1 所示)，进行综合考虑。该矩阵由直角坐标系中的四个区域构成，纵坐标表示功能的完备程度，横坐标表示技术水平的高低。根据各种 ERP 软件产品的功能和技术水平，把它们分别放置在不同的区域中。区域 I 称为保持优势(remain)区域，该区域内的软件在功能和技术两方

面都是很好的，是 ERP 软件产品的市场领导者。区域 II 称为有待加强(reinforce)区域，该区域内的软件产品技术先进，但功能尚有待完善和加强。区域 III 称为重新构造(rebuild)区域，该区域的软件产品功能比较强，但技术已显得落后，从长远来看这些软件是没有生命力的。所以，必须用新技术来重新构造。区域 IV 称为重新考虑(review)区域，该区域的软件产品在技术和功能两方面都比较差，当今的主流软件几乎没有在此区域的。已经购买了这类软件的用户要重新认真考虑，继续投资是否明智。

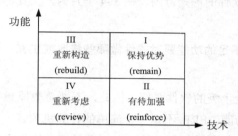

图 12.1　Gartner Group　四区域技术功能矩阵

从这个矩阵可以看出，凡是落在区域 IV 中的软件产品是不可选择的；落在区域 III 中的软件产品是尽量不要选择的，因为这类软件虽然可以满足当前需求，但从长远来看是没有生命力的；落在区域 II 中的软件产品是可供选择的重点考虑对象；落在区域 I 中的软件产品一般都是价格昂贵的，中小企业往往难以承受，在选择时要根据企业的投资综合考虑。

3. 要选择有成功用户先例的软件产品，不要做"第一个吃螃蟹的人"

即使对于落在区域 I 或 II 中的软件产品，也要考察其是否有成功用户。成功的用户可以验证软件产品及其相关服务的有效性。实施 ERP 是企业的大事——既要作出较大的投资，又要成为企业的重要资源。所以，不要贸然选择那些未经实践证实的软件产品。特别要注意，不要被供应商牵着鼻子走。企业选择商品软件系统的过程，也正是软件供应商推销其产品的过程。在这个过程中，软件供应商将会帮助企业分析需求并给出解决方案，而这一切都是以推销其产品为目的的。软件供应商为了扩大市场，当然希望他们的用户获得成功。但是，他们首要的目的是把当前的产品推销出去。在选择软件产品的过程中，软件供应商并不是自己的同盟者，而是生意对手，企业应当对此始终保持清醒。

4. 不要操之过急

在开始选择商品软件之前，首先应当参加关于 ERP 的初始教育，了解什么是 ERP、成本如何、效益如何、如何实施、如何管理等一系列问题。在完成初始教育之前，不能开始软件选择的过程。对于首次实施 ERP 的企业来说，错误之一就是在没有进行初始教育的情况下，就去选择商品软件系统；而最大的错误就是在这种情况下作出了决定，因为在这种情况下作出正确的选择几乎是不可能的。

5. 不要拖延太久

应当强调的一个事实是，世上没有十全十美的软件产品。所以，不要指望找到十全十美的软件产品，不要因为过分的挑剔而延误了 ERP 的实施。因为延误 ERP 的实施本身就意味着损失。一般来说，软件产品都有自己的市场定位。企业应根据自身的实际情况(需求和资金)，确定对商品软件的选择范围，在 3~4 个月内，认真考察 5~6 个商品软件，应当能够作出决定。

6. 要搞清为了补偿不足的功能要对软件做哪些修改或扩充，以及如何与现有系统相连接

如前所述，没有十全十美的软件系统。因此，不要希望原封不动地使用现成的商品软件来实现希望的所有功能。ERP 不是一个简单的计算机项目，它涉及企业运营的各个方面。这里，一方面是人们所希望的功能，一方面是商品软件所提供的功能。二者往往不尽一致。根据 ERP 的标准逻辑，调整前者是不言而喻的，但有时对后者在一定程度上进行修改或用户化开发也是不可避免的。应当确定哪些修改或扩充是必须的，以及由谁来承担这样的工作，是由自己来做，还是由供应商来做，或是请第三方来做。在任何情况下，都既要计算成本，又要考虑所需的时间。必须有一个时间表，因为任何推迟都是损失。

7. 要保留原有系统中好的部分

有些企业在某一方面有很好的应用程序。例如，有的企业有很好的车间生产控制系统，而其他方面较差。如果所选择的商品软件系统中车间生产控制系统不如原有的好，则应保留原有的系统，开发相应的接口与商品软件连接，而不应盲目地抛弃原有系统。

8. 根据性能价格比来评价软件系统

不同的商品软件往往有不同的功能、性能和可选特征，也有不同的价格，因此必须综合考虑。性能价格比是一个很好的指标。在根据企业需求确定了软件系统的性能之后，可以通过以下 4 项之和来计算软件的初始成本(不计维护成本)：软件系统的价格、软件修改的成本、接口成本、推迟实施的成本。正确选择商品软件的任务是使总成本最低。

9. 软件选型队伍的组织

组织一个精干、高效率的软件选型队伍，对于正确地选择 ERP 软件产品是非常重要的。这里有三点应当引起注意。

在软件选型队伍中应当包括有决策权的人，以便于决策。

软件产品的选型队伍应当和将来的实施队伍统一。这样，在软件选择的过程中，就

能考虑到实施的要求，对问题的处理能够更全面。

IT 部门应参与软件的选择和评价。虽然 IT 部门的人员不应对软件的选择负最终的责任，但应参加软件评价的活动。他们可以从技术上对软件进行评价，对选择过程中的不同意见起到平衡的作用，且能保证所选择的软件能够与已有的系统兼容。

10. 作好资金准备

购买 ERP 商品软件系统需要一笔较大的投资，在开始选择软件产品之前，应当作好预算并得到批准，以保证选购商品软件的活动正常进行。

12.2.2　选择商品软件的方法

面对商品软件系统各种各样的功能和模块，应把目光集中在最本质的地方。

选择 ERP 商品软件，要从以下 5 个方面进行考察。

1. 考察软件的功能

有些企业在考察软件产品的功能时常常是列出企业所需要的功能，然后一一衡量软件产品的功能。这种做法的缺点是：没有考察系统的内在逻辑，而正是这种内在的逻辑才能使系统的各项功能很好地运行起来；所列出的功能也很容易使不同的人有不同的理解；另外，用这种方法选出的软件往往比较复杂。好的方法是把企业的实际需求和 ERP 的标准逻辑相结合，作为考察软件产品功能的依据。首先了解系统的内在逻辑，以及为了使系统付诸使用必须要做哪些用户化工作，这些工作能否在所要求的时间内完成。

Oliver Wight 公司出版的《MRP Ⅱ标准系统》(*MRP Ⅱ Standard System*)》集中论述了从功能上和逻辑上为制造业普遍接受的 MRP Ⅱ 的标准。实际上，其中列出了作为 MRP Ⅱ 系统的软件应具备的最小功能集合。ERP 的概念由美国 Gartner Group 于 20 世纪 90 年代初提出。Gartner Group 是通过一系列的功能和技术标准来界定 ERP 的。所以，《MRP Ⅱ标准系统》和 Gartner Group 关于 ERP 的定义中所强调的功能都可以作为 ERP 选型的依据。

另外，还应考察软件功能的合理性，如模拟现实的能力；软件的连通性，是否具有数据接口和程序接口，以便于二次开发；软件的输出报告是否满足企业的要求；软件的运行时间和响应时间；软件的兼容性；以及软件是否简明、易学、易用等等。

2. 考察软件的技术

从系统的角度考虑，所用的技术是否具有先进性，如 Gartner Group 关于 ERP 的定义中所强调的技术，如客户机/服务器体系结构、图形用户界面(GUI)、计算机辅助软件工程(CASE)、面向对象技术、关系数据库、第四代语言、数据采集和外部集成(EDI)等都可作为考察的对象。

系统的开放性也是应当考虑的问题。在实施应用 ERP 的过程中，用户化的开发往往是不可避免的。可能在实施 ERP 系统之前，企业里已经有某个方面的很好的子系统，实施 ERP 时，企业希望保留这样的子系统；随着形势的发展，企业可能要开发某个子系统。在这些情况下，都需要把这些子系统与 ERP 系统连接起来，实现数据共享。还有的时候，需要把 ERP 系统中的数据成批地提取出来进行处理，或者把一批数据输入到 ERP 系统内。凡此种种，都需要 ERP 系统具有在程序级或数据级上的开放性。系统的开放性不好，就会给这方面的工作带来麻烦。

用户还应考察软件在使用上是否友好，如软件汉化的质量、软件的输出报告是否满足企业的要求等等。

另外，软件的文档对于软件的应用是非常重要的。软件文档包括使用手册、帮助文件和培训教材。要考察软件文档是否齐全以及汉化的质量，还要考察文档组织的逻辑性，是否有有效的索引，是否叙述清楚、简明、易读，而不是繁琐冗长。

3. 考察供应商的技术支持能力

一般来说，企业不但要购买供应商的 ERP 软件，还要购买他们的服务。因为经验表明，没有外部专家的帮助，一个没有经验的企业几乎是不可能把 ERP 项目实施成功的。所以，虽然企业最终应当立足于依靠自己的力量去使用和维护软件系统，但是在开始阶段，供应商所提供的培训、实施咨询和技术支持对于顺利地实施 ERP 项目是非常重要的。这样，就要考察供应商的技术支持能力，特别是供应商的实施顾问、培训教师及其他技术人员的资历和经验，这对于成功地实施和应用 ERP 系统是非常重要的。从这一点考虑，最好直接从软件开发商那里购买软件和服务。

4. 考察 ERP 软件供应商的经济实力

实施应用 ERP，就要和软件供应商进行很长时间的合作。所以，在进行软件选型时考察 ERP 软件供应商的经济实力是非常重要的。通过考察软件供应商的经济实力，可以确定该供应商是不是一个可以比较长期地合作的对象。

5. 考察供应商的用户

通过考察供应商的用户群落、特别是本企业的同行业用户，可以了解用户对软件的使用情况和满意程度，可以了解供应商对用户的培训、实施指导与帮助是否得力，可以了解供应商对用户的技术支持是否及时有效，可以了解供应商的用户成功率等等。如果用户的反映比较好，至少说明供应商的软件和服务不是很差。应当注意的是，这项活动不要完全听凭供应商的安排，应当请供应商提供几家用户，从中进行选择。

上述 5 个方面对于不同的用户可能会有不同的要求。具体的做法是：根据企业的需求，综合考虑以上 5 个方面，进行适当的分解，设定适当的权重，形成一份软件产品选型评价指标体系，然后进行综合评价。

12.2.3　签订合同

在确定了所要购买的商品软件之后，签订合同时应注意以下几个方面的问题。

(1) 购买商品软件的合同一般是由软件供应商来起草的。除非特别有利，一般不要签供应商提供的现成的合同。在所签的合同中一定要反映本企业对软件产品的评价和要求。

(2) 要有准备，企业的谈判代表在软件评价和选择阶段就应尽早阅读供应商起草的合同。

(3) 在合同中一定要包括处理故障隐患的条款，应当尽可能详细、清楚地规定排除故障的责任、时间以及惩罚方式等等。一个软件供应商，如果拒绝承担迅速地排除故障的责任，则可能是一个信号，表明他们对于自己的产品或排除产品故障的能力缺乏信心，或二者兼而有之。在这种情况下，应当毫不犹豫地另选其他供应商。

(4) 关于供应商的义务以及相关的日期，一定要通过明确的语言在合同中表述清楚，避免使用模棱两可或含糊不清的语言。

(5) 购买过程中发生的任何事项都要以书面形式在合同中表达清楚，不要相信任何口头承诺。

(6) 要有一个合理的付款日程表，不要把财务控制杠杆轻易地交到供应商手中。

(7) 如果合同中包括惩罚条款，则必须和付款日程表相结合。

(8) 关于软件的维护，一般一次只签订一年的合同，以便确定供应商的服务质量。

12.3　控制对软件的修改

以上我们谈了关于软件选型的问题。其中，我们谈到，有时对于软件的修改是不可避免的。但是，过多的修改会破坏 ERP 项目的实施。那么，如何防止过多的修改呢？这是一个非常重要的实际问题。有三方面的工作可以帮助解决这方面的问题，即教育、标准软件和管理。如果一个企业对 ERP 做了很好的教育工作，则可把修改软件的要求减至最少。因为用户理解了 ERP 的逻辑之后，就可以帮助他们在 ERP 的总体框架内来考虑如何解决他们的问题。再加上功能完善的标准软件，使得用户对 ERP 的了解和要求都可以在软件上得到反映。这样，修改软件的要求自然减少，然后通过有效的管理来控制仍然出现的修改软件的要求。

项目实施过程中的关键人员，特别是指导委员会和项目组的成员，对于修改软件的要求应当坚持两条原则：一是抵制；二是区分系统的两类功能，采取不同的处理方式。

如果一项修改软件的要求对于企业的运营和 ERP 的实施都不是本质的，则应予以抵制。因为任何修改都会推迟 ERP 项目的实施，提高成本费用，减少成功的机会。

要区分系统的两类功能。ERP 系统的功能可以分为两类，一类是必须由计算机来做的，另一类是手工方式的自动实现。前者如 MRP、CRP 以及车间作业管理等，它们必须由计算机来完成，因为所涉及的计算量太大，使得无法以手工方式来完成。后者如自动打印采购订单、工资单以及总账和账单的生成等等，均可以手工方式完成，但使用计算机可以提高工作效率并改进工作质量。对于一个企业来说，从 ERP 系统获得的最大效益还是来自那些必须由计算机完成的工作。在区分了 ERP 系统的两类不同的功能之后，可以通过以下方法有效地控制对软件的修改。

(1) 对于在软件选型阶段已经估计到、因此已经有预算的修改，可以按照计划去做。

(2) 对于新出现的修改软件的请求，要首先递交 IT 部门进行工作量的估算，以确定是较大的修改还是较小的修改。这个界限对于不同的企业可能是不同的。对于较小的修改，项目小组可以决定是否接受(立即去做)、拒绝(没有必要)或推迟。

(3) 对于一项较大的修改，项目小组要进行审查并提出建议。这里要考虑的关键问题是：这项改变对于企业的经营和 ERP 的运行是否必需？是否一定要由计算机来做？如果两个问题的回答都是肯定的，则应立即做，或尽快做。如果所请求的修改是好的但不是本质的，则应当推迟(有时，从外单位聘请的实施顾问也可以帮助考虑这些问题)。然后，项目小组把此项请求连同小组的建议提交给指导委员会去作出决定。

按照以上方式处理问题，软件的修改可以得到有效的控制。

▮ 思考题

1. ERP 离不开计算机软件。那么，企业应当自行开发软件还是购买现成的商品软件呢？
2. 如何估算购置 ERP 软件系统的成本？
3. ERP 软件选型的基本原则是什么？
4. 如何进行需求分析？应注意哪些问题？
5. 如何考察 ERP 软件产品的功能？
6. ERP 软件选型涉及产品的功能和技术，如何在二者之间作出权衡？
7. 如何考察 ERP 软件供应商？
8. 在软件选型的过程中，如何避免做"第一个吃螃蟹的人"？
9. 软件系统的选型应当由哪些人来做？
10. 如何与软件供应商签订合同？
11. 如何控制对软件的修改？

▮ 习题

1. 下面哪一项关于 ERP 软件选型原则的陈述是正确的？(　　)

    A. 选择一个最好的软件产品；选择具有最新技术的软件；不应过多关注软件成本，

应当当机立断，不要拖延。

B. 选择一个实用的和适用的软件产品；兼顾软件产品的功能和技术，既要满足当前的需求，又要考虑未来的发展；要选择有成功用户先例的软件产品；考虑软件产品的性能价格比；既不要操之过急，也不要拖延太久。

C. 选择最好的软件产品；功能一定要齐全；选择最新的软件产品，敢于做"第一个吃螃蟹的人"；成本要低。

D. 自行开发软件系统，针对性强，成本也低。

2. 下面哪一项关于 ERP 软件选型做法的陈述是正确的？（　　）

A 考察软件的功能和技术，考察供应商的技术支持能力和经济实力，考察供应商的用户

B. 考察软件的功能和技术，考察供应商的用户

C. 考察供应商的技术支持能力和经济实力，考察供应商的用户

D. 考察软件的功能和技术，考察供应商的技术支持能力和经济实力

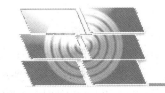

第13章
ERP的实施与运行管理

如今，信息化已经成为企业的普遍追求。ERP 的价值也因此而得到越来越普遍和理性的认识。越来越多的企业将选择 ERP 作为全面提高管理水平并赢得竞争的有效工具。

当一个企业购买了 ERP 软件之后，重要的问题就是如何把这套软件有效地使用起来，这就是所谓 ERP 系统的实施。ERP 系统的实施是企业的大事，关系到 ERP 系统应用的成败。

在 ERP 系统实施的过程中，需要解决的问题很多，要涉及企业运营的各个环节以及所有的部门和员工，特别是要涉及人的思维方式和行为方式的改变，这是相当困难的事情。

在 ERP 实施的过程中要做大量的工作，这些工作多是企业不熟悉的，但是却必须由企业自己的人来做；这些工作是企业第二位的工作，而第一位的工作足以让企业的人忙得不可开交。如何解决这个过程中的矛盾？

ERP 实施是一项复杂的系统工程，必须精心组织。但是，由于人们对于选择正确的实施方法以及它的重要性缺乏应有的认识，致使 ERP 的实施常常出现不能尽如人意的情况。

数十年来，人们在 ERP 的实施应用领域做了广泛、深入的实践，积累了丰富的经验，知道了应当做什么、不应当做什么。Oliver W. Wight，Thomas F. Wallace，Darryl V. Landvater 等许多学者在这方面也做了很好的总结工作，从而形成了一套标准的实施方法，称为 ERP 实施的可靠路线(proven path)。

本章介绍 ERP 实施的可靠路线和相应的检测方法以及 ERP 运行管理的方法，并结合我们的实践经验讨论企业高层领导的作用、工作方针和工作规程问题以及 ERP 系统实施应用过程中其他常见的问题。

13.1　一把手工程问题解析

人们常说，实施 ERP 系统是一把手工程。经验表明，企业高层领导对 ERP 系统的重

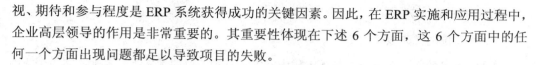

视、期待和参与程度是 ERP 系统获得成功的关键因素。因此，在 ERP 实施和应用过程中，企业高层领导的作用是非常重要的。其重要性体现在下述 6 个方面，这 6 个方面中的任何一个方面出现问题都足以导致项目的失败。

1. 项目投资

项目投资的决策必须由企业高层领导作出。但是，投资决策不是一个简单的过程，高层领导必须了解 ERP，愿意并期待使用 ERP 作为管理工具来全面提高企业的经营管理水平，才有可能作出科学的决策。然而，常见的现象却是：企业经营状况好，想不到 ERP；企业经营状况不好，顾不到想 ERP。高层领导的行为过程就是决策过程。这种无所作为的决策过程对于企业的发展危害极大。改革开放使中国的企业家产生了危机感。他们认识到，在全球化市场的激烈竞争中，面对这种严峻的竞争形势，故步自封只能贻误战机，观望等待更无济于事。而且，中国实施应用 ERP 较早的企业已开始受益，从而以事实表明，ERP 可以在企业提高管理水平、赢得竞争的过程中大有作为。这样，中国越来越多的企业高层领导认识到，只有下决心从根本上提高企业的管理水平，提高企业对瞬息万变的市场的应变能力，才是赢得竞争的根本措施。

2. 人的思维方式和行为方式的改变

ERP 不是一个单纯的计算机系统，而是一个以计算机为工具的人的系统。在这一点上，人的作用无论如何强调都不过分。要使 ERP 系统真正有效地发挥作用，必须涉及人的思维方式和行为方式的改变。这就要求企业的员工，包括企业的高层领导，愿意并学会而且习惯于用工具进行管理，而不再凭经验和感觉。这就要求企业从上到下形成一种共识：要下决心成功地实施 ERP 系统，并把它作为企业整体的管理工具，要有充分的思想准备去改变企业中原有的一切不合理的因素，包括人们的思维方式和行为方式。然而，人的思维方式和行为方式的改变是非常困难的。有人说过，"在一个制造业公司里寻求一点改变，或许是人类文明史上最困难的事情……"所以，必须要由高层领导下决心才可以。如果企业的高层领导不想改变自己的思维方式和行为方式，或者不能在整个企业范围内坚持和推进这种改变，那就意味着要让 ERP 系统去适应人们习惯的思维方式和行为方式。那么，ERP 的实施和应用必然遭到失败。

为了转变人们的思维方式和行为方式，形成企业整体的共识，企业高层领导必须抓好教育和培训工作。在实施和应用 ERP 系统的过程中，教育和培训工作是十分重要的。ERP 为企业的各个层次提供的管理工具往往是企业所从未有过的，所以，必须通过教育和培训让人们增加知识并改变原有的工作习惯和方式。教育和培训需要投资，而这部分投资是最具有杠杆作用的。

经验表明，ERP 系统实施和运行管理中出现的许多问题，归根结底是人的问题，而人的问题只能通过教育和培训来解决。因此，企业高层领导必须对教育和培训工作给予

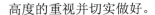

高度的重视并切实做好。

3. 第二位的优先级

ERP 项目的实施在企业的各项工作中必须具有第二位的优先级。否则，因为企业中的工作很多，每个人都在忙原有的工作，ERP 项目的实施将被拖得遥遥无期。为了保持 ERP 项目的高优先级，企业高层领导必须有明确的认识和决心。

4. 组织协调，排除障碍，推进项目的发展

ERP 系统的实施是企业的大事，必须精心组织。要成立 ERP 项目实施小组和指导委员会在不同的层次上推进 ERP 项目的进展。

ERP 系统的实施涉及企业运营的各个环节和所有的员工，部门和人员之间的协调十分重要。然而，在很多企业中常见的现象是：市场人员、生产计划人员、机械设计工程师和工人都认为库存管理是其他人的事情，与自己无关；生产控制人员、财务人员都认为质量控制是其他人的事情，与自己无关；计算机程序员、电话接线员都认为客户服务是销售人员的事情，与自己无关；从而导致企业的各个部门呈现分割、甚至竞争的局面，而不是为了统一的目标相互配合。实际上，库存管理、质量控制和客户服务都是涉及企业中从高层领导到广大员工的每一个人的事情，ERP 的实施更是如此。员工队伍的协调一致，既是提高生产率所必需的，也是实施 ERP 所必需的。为此，在 ERP 实施过程中，企业高层领导必须下决心保持员工队伍的协调一致，如果出现问题，则应排除障碍来保证项目的进展。

5. 对 ERP 项目的实施应用获得成功负最终的责任

如果没有企业高层领导的正确决策、大力支持、对项目成功的殷切期望和积极参与，ERP 项目的实施和应用是不能成功的。没有任何人可以代替企业的高层领导来对 ERP 项目的实施应用获得成功负最终的责任。

6. 管理好销售与运营规划

通过销售与运营规划，可以使企业的高层领导看到问题的焦点，并带来选择的机会。有时，明显的问题就隐藏在各个角落中，但如果没有正确的方法和手段，却难以发现。而当发现时，或已铸成错误的事实了。例如，冬天是某公司产品的销售旺季。在春天，他们常因担心库存过多而减产，到秋天又为应付销售旺季的到来而增加产量。然而，每年的销售旺季，他们都遇到产品交货不及时的问题。对于一个制造企业来说，频繁地改变生产率水平有很多弊端，而且也不是总能做到的。总的来说，全年的生产率应和全年的销售率相匹配。在这方面，第 7.5.2 节介绍了不同的策略可供选择，而确定销售与运营规划的策略是企业高层领导的责任。

销售与运营规划的制定和管理是企业高层领导者的责任。每月召开的销售与运营规

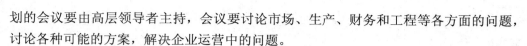

划的会议要由高层领导者主持，会议要讨论市场、生产、财务和工程等各方面的问题，讨论各种可能的方案，解决企业运营中的问题。

销售与运营规划要切实可行。主生产计划和更进一步的明细计划都要从它导出。如果在销售与运营规划中容忍不现实的东西，那么这种不现实性必定会在主生产计划以及进一步的细节计划中蔓延开来，其后果将是灾难性的。因此，管理好销售与运营规划也就控制了主生产计划以及企业运营的各个环节。从这个意义上讲，销售与运营规划为企业的高层领导提供了基本的管理和控制手段。

13.2　ERP 实施的关键因素和时间框架

1. 实施 ERP 系统的关键因素

实施应用 ERP 系统的关键因素有三个，即技术、数据和人。

ERP 系统不能以手工方式实现，所以计算机系统的技术要求是不言而喻的。有了计算机系统还必须要有准确的数据，才能使 ERP 系统很好地工作。

然而，必须强调，人的因素是最重要的。企业的各级人员必须对 ERP 有充分的理解，这是实施 ERP 系统获得成功的关键所在。高层管理人员的参与程度、中级管理人员的积极性以及企业广大员工的态度，已被公认是实施 ERP 系统获得成功的最重要的因素。

有些企业实施 ERP 系统未能获得成功或未能充分发挥 ERP 系统的作用，究其原因，就是这些企业把 ERP 作为一个计算机系统而不是作为一个人的系统来对待。人的因素解决不好，就不可能建立好的 ERP 系统。优秀的人员可以使 ERP 系统越来越完善，而再好的 ERP 系统交给素质低下的人也难以发挥作用。

在实施 ERP 的过程中，人的因素的重要性无论怎样强调也不过分。所以，就重要程度来说，以上三项关键因素的排列次序应是人、数据和技术。

2. ERP 实施的时间框架

当一个企业准备实施 ERP 系统的时候，必然要考虑一个问题：从开始实施到获得成功需要多长时间？

这个问题决定于以下因素：企业的规模和产品复杂程度，企业用来实施 ERP 的资源，企业高层领导的重视和参与程度，实施队伍的知识、技能和工作态度以及企业为 ERP 系统所选择的运行环境。一般文献中的时间框架是 18~24 个月，但在实践中有很大差别。应当强调的是以下两点：

(1) 不能操之过急。原因在于需要做的事情太多，如广泛深入的教育和培训，数据准备，制定企业运营的策略和工作规程等等。

(2) 也不能把时间拖得太久。时间拖久了，成功的机会将会锐减。这可以从以下几方面作出分析。

◎ 工作强度和热情

ERP 将由用户来实现，实现 ERP 的责任要求他们在企业的运营之外再付出更多的时间和精力，去做更多的工作。时间拖久了将会使人感到气馁和失望。执行一个积极进取的计划则使人们可以期望在可接受的时间内事情会得到实质性的改善。

◎ 工作的优先级

ERP 的实施必须有一个非常高的优先级，即第二位，仅次于企业的正常运营。然而，这样高的优先级是不能过长地保持下去的。一个企业也和一个人一样，其集中注意力的时间是有限的。而如果优先级下降了，那么成功的机会也随之下降。

◎ 情况的变化

无论人员的变化还是环境的变化，都是对 ERP 项目实施的一种威胁。一个部门的领导可能是非常了解 ERP 的，并积极热心地领导本部门实施 ERP 的工作，可是他得到了提升。新来的领导可能由于某种原因而反对实施 ERP，于是使实施的努力付之东流。环境的变化可以有多种因素。生意剧增可能导致顾不上 ERP 的实施，生意锐减可能导致难以负担项目实施的费用。竞争的压力、新的政府法规等，都可能影响到 ERP 的实施。

◎ 效益

项目实施的时间拖得太久也就推迟了效益的获得。

综上所述，确定一个积极进取的时间框架是十分必要的。

13.3　ERP 实施的可靠路线

13.3.1　ERP 实施的三个阶段

ERP 的整个实施过程可以划分为三个阶段。这是因为对于大多数企业来说，实施 ERP 系统要做的工作太多了。为了确保实施的成功，一般分成三个阶段来完成。这样使得实施过程更容易控制。

1) 第一阶段：实现基本 ERP

这一阶段的任务包括销售和运营计划、需求管理、主生产计划、MRP、能力计划、车间作业和采购作业计划以及来自车间和采购部门的反馈机制的实现，还包括提高库存记录的准确度、校正物料清单和工艺路线的准确性。这一阶段大致需要 12 个月。

2) 第二阶段：实现财务管理功能和供应链的集成

这里包括实现财务管理功能以及供应链的集成。把 ERP 的功能拓展到整个供应链，

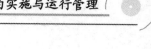

包括工厂内部、供应商、分销中心以及客户。其中向后集成至供应商，其手段是通过供应商计划和基于因特网的企业间的电子商务；向前集成至分销中心和客户，其方式分别是通过分销需求计划和供应商管理的库存(VMI)。这一阶段大致需要 6 个月。

3) 第三阶段：持续不断的改进和提高

持续不断的改进和提高是一个没有终点的过程，也就是 ERP 系统运行管理的过程。我们将在 13.6 节详细讨论。

13.3.2　ERP 实施的可靠路线

在过去 40 多年中，已有大量的企业实施了 MRP、MRP Ⅱ 和 ERP。其中，有成功的，也有不成功的。通过这些实践，积累了丰富的经验，搞清了应该做什么，不应该做什么，从而对 ERP 的实施形成一条可靠路线。图 13.1 以甘特图的形式在 18 个月的时间框架内表示了这条可靠路线。

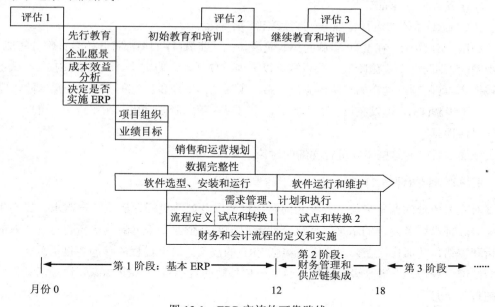

图 13.1　ERP 实施的可靠路线

ERP 实施的可靠路线和 ERP 本身一样，不是来自空想的理论，也不是出于灵感的迸发，而是产生于艰苦的实践，是大量经验和教训的总结。这条可靠的路线由以下 17 个基本步骤组成。

(1) 初始评估。

(2) 先行教育。

(3) 企业愿景。

(4) 成本效益分析。

(5) 作出实施 ERP 的决定并制定项目公约。

(6) 项目组织。

(7) 业绩目标。

(8) 初期的教育和培训。

(9) 软件选型及安装。

(10) 销售与运营规划。

(11) 数据完整性。

(12) 需求管理、计划和执行流程的定义和实施。

(13) 财务和会计流程的定义和实施。

(14) 第一阶段末的评估。

(15) 继续教育和培训。

(16) 第二阶段末的评估。

(17) ERP 系统的运行管理——持续改善、不断提高。

如图 13.1 所示，在 ERP 实施的第一阶段，上述步骤(1)~(14)都将开始且大部分完成。而步骤(12)则跨两个实施阶段。此步骤可以分为三项活动，即定义、试点和转换 1、试点和转换 2。前两项活动在第一阶段完成，第三项活动即实现供应链的集成，在第二阶段完成。至于步骤(13)，可以在第一阶段完成，也可以在第二阶段完成。在实践中，可以有一定的灵活性。

下面，我们对这些步骤进行详细的讨论。

1. 初始评估(评估 1)

对企业所处的竞争形势、存在的问题和机遇以及如何更好地满足客户需求、提高生产能力、提高财务管理的水平、优化企业流程等提高企业竞争力的重要问题进行深入的分析和评估，从而作出在公司范围内实施 ERP 的决策。这个过程的参加者包括总经理、各职能部门经理，一般来说，还应当包括一位外聘的有经验的 ERP 专家。这项活动不应当超过一个月。

2. 先行教育

如前所述，企业高层领导对 ERP 的理解程度以及在实施过程中的参与程度直接影响到实施的成败。因此，必须在 ERP 系统实施之前，开展先行教育，使企业的高层领导首先了解什么是 ERP？它是如何工作的？能够为企业带来什么好处？如何实施？成本如何？只有企业的高层领导认识到 ERP 是制造业解决众多的生产经营障碍的最佳方法，是制造业科学管理的必由之路，才能对 ERP 寄予希望，才能作出正确的成本效益分析，保证资金的投入，确保 ERP 的实施获得仅次于企业正常运营的第二位的优先级，并在实施过程中积极参与，监督实施计划的进行，协调各部门的矛盾，排除障碍，确保 ERP 项目的顺利进展。

有些企业在对 ERP 不甚了解的情况下就进行成本效益分析。几乎毫无例外，它们将低估实施 ERP 的成本，认为大多数成本只和计算机有关，其结果将造成项目的资金不足。同时，这些企业也总是低估将产生的效益，它们认为"ERP 只是管理库存"。这样一来，就很难取得并保持第二位的优先级。

先行教育按对象的不同，课程内容分为两种：一种是面向企业高层领导的，参加对象是企业的总经理和主管生产、财务、工程和市场销售工作的副总经理；另一种是面向企业操作级管理人员的，参加对象是生产、计划、采购、销售、工程和数据处理部门的负责人。

即使尚未决定实施 ERP 系统的企业也可以开展这种先行教育。这样，可以使企业的领导了解这种企业生产经营的更好的方法，从而有助于及时作出使用或计划使用 ERP 的决定。有些没有使用 ERP 系统的企业，经济效益也很好。但是，一旦有的企业使用了 ERP 这种先进的管理工具，那么没有使用这种管理工具的企业将在竞争中处于非常不利的地位，而且不得不尽快地学习和使用这一方法。因此，即使企业尚无实施 ERP 系统的计划，开展先行教育也是很有意义的。

3. 企业愿景

明确说明随着 ERP 的实施希望拥有的经营环境的书面文件。它要回答的问题是：在实施 ERP 之后，希望企业是什么样子的？

经过初始评估和 ERP 的先行教育，企业的高层领导和各级管理人员已经对公司的现状以及实施应用 ERP 之后的发展有了概括的认识。这一步骤就是写出一份书面的报告，把概括的认识勾画成明晰的蓝图。这份报告既要简明又要易于检验，既为企业的发展作出规划，又为 ERP 项目实施过程中的决策提供依据。例如，对"可靠的路线"中后续步骤，诸如成本效益分析，业绩目标的建立，需求管理、计划和执行过程的实现等，都有直接的指导意义。企业愿景的描述应当包括：

- ◎ 企业现状和存在的问题。
- ◎ 企业的战略方针。
- ◎ 企业的竞争力分析。
- ◎ 初始评估的结论。

4. 成本效益分析

实施 ERP 系统和任何一项投资事业一样，都要先进行成本效益分析，然后才能实施。下面的成本效益分析的例子来自于一家美国制造业公司(数据如表 13.1 所示)，可以为我们提供参考。

表 13.1　成本效益数据

单位：万美元

年销售额	5 000
生产成本	2 500
库存	1 250
采购成本	1 250
直接人工成本	400

1) ERP 的效益

这个公司生产的产品比较复杂，批量小，提前期比较长。在不使用 ERP 的情况下，这个公司每年有两次库存周转。

库存周转的问题是每个公司都必须考虑的。如果一个公司只进行采购和装配，那么它可以有很高的库存周转。例如，一家公司虽然生产的产品很复杂，但是投入到这个产品的 80%的费用是用来购买零件，而这些零件装配后就可以向客户发货。在这种情况下，也可以有很高的库存周转。

如果公司有各种功能的车间，从铸造开始，加工所有零件，形成组件，再形成最终产品，并且有分库房和主库房，那么这样的公司将有比较高的库存投资。

表 13.1 的数据表明，在这个公司里采购成本约占生产成本的 1/2，直接人工成本约是采购成本的 1/3。

经验表明，使用了 ERP 可以使库存减少 1/3。在本例中，这将是 420 万美元。假定库存保管费用占价值的 10%，这是一个非常保守的百分比，那么库存投资的节约将是 42 万美元。

每一个成功的 ERP 用户都会在客户服务水平上有所提高，使得企业能在恰当的时间生产出适销对路的产品并发向客户。假定由于客户服务水平的提高使销售额增长 5%，在本例中，这将是 250 万美元。采用一个相当保守的百分比即 10%，来计算由于销售额增长带来的收益，将得到 25 万美元。

使用 ERP 之后，在典型的装配车间，生产率一般能提高 30%；在典型的加工车间，生产率一般能提高 5%~10%。在本例中，对直接人工成本采用保守的百分比，即 8%，来计算由于生产率提高的获益，于是得到 32 万美元。

ERP 的用户经验表明，当采购人员卸去了催货的负担时，可以节约相当大的成本。即使采购成本减少 5%，这也是很大的节约，即 62.5 万美元。以上的分析可以概括如表 13.2 所示。

表 13.2　获 益 分 析

获 益 原 因	获益数额/万美元
库存减少	42
客户服务水平提高	25
生产率提高	32
采购成本减少	62.5
共计	161.5

使用了 ERP，可以使原材料供应及时，向客户发货及时，从而可以节省大量的运输费用；由于更好地管理工程改变，可以减少物料过时报废；由于好的计划可以形成稳定的生产环境，从而减少废品率；还有加班费的减少(这些都可以计算出来，不过在本例中忽略了，而在某些企业中这些可能是很重要的，都应加以计算)等等。

2) ERP 的成本

实施 ERP 系统的成本可以分为 3 个方面。

① 技术成本：包括计算机硬件、软件、系统安装、调试、二次开发、接口、文档和维护，这方面的成本会由于企业计算机设备和技术力量的不同而不同。

② 改进和维护数据完整性的成本：包括物料清单、工艺路线、库存记录、工作中心、主生产计划。

校正物料清单主要是非直接劳力的工资和奖金。另外，在开始时，也可能需要某些咨询，以确定如何构造物料清单，这部分费用可以计入"专家咨询"部分。确定工艺路线的工作和确定物料清单的工作非常类似。在大多数公司，这只占很少的时间。在我们的例子中，还是假定它和确定物料清单有相同的代价。一旦物料清单和工艺路线校正完毕，那么在开始阶段，这方面不再有相关的费用。大多数企业必须校正库存记录。有些企业还需要考虑改造库房以实现受限访问的问题。

③ 人员成本：包括教育和培训、专家咨询。

教育和培训经费的预算应包括一次性费用和日常费用两部分。关于专家咨询的问题，需要指出，对一个有经验的实施顾问，每月访问一次是比较好的方法。

表 13.3 所列的是在上述同一家制造业公司中实施 ERP 成本。

表 13.3　实施 ERP 的成本

成 本 来 源	一次性成本/万美元	维护成本/万美元
计算机软件	25	5
系统开发工作等	10	3
物料清单，2 人年	3×2=6	

（续表）

成 本 来 源	一次性成本/万美元	维护成本/万美元
工艺路线，2 人年	3×2=6	
库房改造	10	
教育	15.5	5.5
咨询	2	1
总计	74.5	14.5

其中，校正物料清单和工艺路线的工作都假定了 2 人年，各为 6 万美元。库房改造的设计成本估算了 10 万美元作为一次重新设计的成本。就已知的情况来说，只有很少的公司为了建立和运行 ERP 需要增加库存管理人员。

确定工作中心和生产计划的成本通常可以忽略不计。一个有经验的人在 1~2 周内即可确定出工作中心。主生产计划必须适当地设计，而且人们必须经过培训才能使用。这无疑是使用 ERP 的关键之一，但所花费用并不多。

教育和培训费用的估算为一次性费用 15.5 万美元和 1 年的日常教育费用 5.5 万美元。教育和培训应作为一项持续的工作进行预算，经验表明，在实施 ERP 的过程中，大约总人数的 7%应当接受面授教育。如在一个 1 000 人的公司中，应当有 70 人到企业外部接受面授。一个人的费用按 0.2 万美元计，则总费用为 14 万美元。另外，教学用的图书设备 1 年约为 1.5 万美元。以后每年还应有 20 人继续接受面授(可能是公司新来的人)，需 4 万美元。

按以上的估算，安装 ERP 的一次性费用是 74.5 万美元，每年的维护费用是 14.5 万美元，而每年获益将是 161.5 万美元。这是一个相当保守的估计，这意味着，对于一个成功的 ERP 用户来说，ERP 投入运行半年即可收回成本。如果 ERP 的实施时间按 18 个月考虑，那么在开始的一年半是纯投资阶段，见不到效益。但此后这项投资的效益将远远胜过其他任何投资。例如，一项机械项目在一般企业中需要三年投资，两年收回成本。按这样的标准计算，当这样的项目可以收回投资时，从 ERP 系统获得的效益已是投资的 7 倍。

按以上的分析可以看出，即使 ERP 的成本加倍而效益减半，那么投资实施 ERP 仍然是值得做的事情。

应当特别指出的是，对于实施 ERP，真正的问题并不在于实施的费用多少，而在于粗放经营所造成的年复一年、日复一日的损失。不过，很多企业并未认识到这一点，因为它们已经习惯于生活在粗放经营的环境中。

5. 作出实施 ERP 的决定并制定项目公约

至此，公司领导和主要管理人员已经通过了初始评估和先行教育，并已完成企业愿景的描述和成本效益分析。他们已经了解：什么是 ERP，它能给企业带来什么好处，成本是多少，需要多长时间来实施等重要问题。因此可以对公司是否实施应用 ERP 作出决定。如果决定在公司内实施应用 ERP，则应检查以下问题：

◎　是否做好了资金准备？

◎　是否为项目小组组长确定了合适的人选？

◎　是否可以在未来 1~2 年内把 ERP 项目的实施作为具有第二位优先级的任务？

◎　企业领导和主要管理人员是否对 ERP 项目充满信心和期待？

如果对这些问题都能作出肯定的回答，则应当形成一个书面的文件，即项目公约。否则，应当停下来检查存在的问题，而不应当盲目向前推进。

项目公约以成本效益分析和企业愿景陈述为基础，以书面的形式表述公司领导和各级管理人员对在整个公司范围内实施应用 ERP 的共同决定和一致的态度，并指出所期望的业绩目标。从高层领导到部门经理，所有的有关人员都要在项目公约上签字，表明要对在认可的成本范围和时间框架内为成功地实施 ERP——从而实现所认可的效益——共同负责，也可以此作为今后工作的指导原则和解决问题的依据。

例如，把 ERP 项目看作是 IT 部门的事情是容易犯的错误之一。在这样的企业中，IT 人员辛辛苦苦地为各个业务部门建立应用 ERP 系统的基础数据，他们要到各个部门去收集这些数据，但是各个部门的人员都会对他们说："我们现在很忙，等忙过了这一阵子，我们再帮助你做这件事情好吗？"事情整个颠倒了。项目的推进困难也就可想而知了。

通过项目公约向整个企业明确地申明，ERP 项目绝不仅仅是 IT 部门的事情，而是整个企业的项目，必须由企业的高层领导、部门经理和广大员工共同来完成。

6. 项目组织

(1) 成立项目小组。一旦完成了实施 ERP 的成本效益分析并决定实施 ERP，下一步就应成立项目小组。项目小组负责在操作级上推进项目的进展，其工作内容如下：

◎　制定 ERP 项目计划。

◎　报告计划的执行情况。

◎　发现实施过程中的问题和障碍。

◎　适时作出关于任务优先级、资源重新分配等问题的决定。

◎　向企业高层领导作出报告和提出建议。

◎　为保证 ERP 成功地实施而需要的任何操作级上的工作。

这里，特别强调制定 ERP 项目计划的问题。ERP 的项目计划是一项基本的控制工具，用来控制项目的进展，使得在计划的时间内达到成功的结果。项目计划应当满足以下要求：

◎　积极进取且切实可行。

◎　以天或周来表示计划事项，至少对于近期目标应当如此。这正如 ERP 本身，以月为计划单位则显得太长了。

◎ 要完全覆盖闭环 MRP 以及财务和模拟功能的实现。

◎ 要足够详细，体现可操作性。一项工作所占用的时间应当细到半天、1 天或 2 天。如果占用更长的时间，则应将工作任务进一步细化，以便用来对项目实施进行有效的控制和管理。

◎ 要明确职责，每项工作都应指明承担人的姓名，而不能只说明工作的内容和负责的部门。

项目计划要经过项目指导委员会批准。

项目小组的组成原则如下：项目小组只需有少数专职人员，其中包括项目负责人、他的副手以及数据处理人员。其他大部分成员可以由部门领导来兼任。

下面是一个项目小组组成的情况：专职成员包括项目负责人、项目负责人助理、系统分析员、程序员(2 人)；兼职成员，包括成本会计负责人、总账会计负责人、数据处理负责人、制造工程负责人、人事部门负责人、车间负责人、产品工程负责人、生产控制负责人、采购负责人、质量控制负责人、销售管理负责人，这个项目小组共 16 人。其中，除程序员 2 人之外，其他各为 1 人。

项目小组每周应有 1 或 2 次会议来商讨项目实施中的问题。

(2) 确定专职的项目负责人。项目负责人是一个关键人物，他要领导项目小组在实施 ERP 的操作级上努力工作。对于项目负责人的选择，有 4 种常见的错误，必须引起注意。

◎ 选用计算机技术人员

前面提到，不应当把 ERP 仅仅看作是 IT 部门的事情，而选用计算机技术人员作为项目负责人则很容易造成这种错误的局面。计算机技术人员是项目队伍中不可缺少的一部分，但项目负责人必须是用户。系统安装后，任何一个计算机技术人员都不能负责使系统在企业经营中运行起来，只有用户可以做到这一点。只有各部门的管理人员才对系统效益和成本回收负责。

◎ 选用外来人员做项目负责人

许多企业认为 ERP 是某种计算机技术，因此把 ERP 项目承包给某一位外来的"专家"。这样做是一定要失败的。

好的项目负责人必须了解企业、了解企业的产品、了解企业的人、了解企业存在的问题。要教会这样的人去熟悉 ERP，比教一位"专家"了解企业及其存在的问题要容易得多。但这并不是说，外部专家不能参加项目队伍，只是说选择外来的专家做项目负责人是不合适的。

◎ 让没有经验的人负责

让没有经验的人去说服工长、采购员和公司中其他有经验的员工，让他们改变原有的习惯，以更有效的方式来经营企业，将是十分困难的，因为他在这些人面前缺乏足够的威信。

◎　用兼职的项目负责人

ERP 项目的实施在企业里是第二位的工作。但是，如果对每个人来说它都是第二位的工作，那么这项工作将被推得遥遥无期。因为第一位的工作足以让人们忙得不可开交而无暇顾及 ERP 项目的实施。因此，必须有一个人，对于他来说 ERP 项目的实施是第一位的工作。这个人就是项目负责人。

一个好的项目负责人应该具备以下条件：专职，来自企业内部，具有企业运营某个基本方面的经验，是企业内有影响的而不是无足轻重的人物，在企业内工作了相当长时间而不是新手，受尊敬的管理人员。

在任何一个企业里，以下人员都可以作为项目负责人的候选人：生产部门经理、采购部门经理、销售部门经理、生产和库存部门经理、客户服务部门经理、工程技术部门经理、物料部门经理等。

(3) 成立项目指导委员会。ERP 的实施涉及多种因素，是一个复杂的过程。在此过程中，需要解决和协调的问题很多。其中有些问题单靠项目小组及其负责人是解决不了的。因此，还应成立项目指导委员会，对项目计划的执行情况进行定期审查，及时地解决问题，协调矛盾，确保项目的实施顺利进行。为此，指导委员会应至少每月召开一次会议。

指导委员会成员包括总经理、副总经理和专职的项目负责人，并正式指定总经理或某位副总经理作为指导委员会的主席。

指导委员会主席对 ERP 的实施负有决策级上的责任。他要直接听取项目负责人的报告，代表指导委员会处理决策问题，如果有必要的话，通过他取得其他高层领导的支持。

指导委员会主席并不需要花费很多的时间——一般认为应花 10% 的时间，但是必须要有高度的热情。这是一个非常重要的角色，其人选可以是总经理、主管财务或生产的副总经理或其他副总经理，但是最好的人选还是总经理。

项目负责人在指导委员会和项目小组之间起到桥梁的作用，他在指导委员会中的职责是报告项目计划的执行情况，特别是关键路径上的任务执行情况；在项目的实施落后于计划的情况下，还应提出使项目的实施重上计划轨道的打算和措施，如追加资源的要求等。

指导委员会要对项目负责人报告的情况进行审查并对一些难题的解决作出决策。例如，在项目实施的关键路径上的任务出现严重拖期的情况时，指导委员会应考虑资源的调整，对于某些涉及关键岗位上的人的问题，指导委员会也必须作出决策。例如，下面的情况是在 ERP 的实施中容易出现的：

◎　工程师对物料清单的生成不感兴趣。

◎　市场销售人员不想介入主生产计划的编制。

◎　财务人员想保持他们自己的一套记录，而不愿介入 ERP 系统。

还可能有一些来自软件供应商的问题以及某些事先难以预料的问题，都需要指导委员会作出决定。

总之，项目指导委员会要通过对项目实施计划执行情况的定期审查，发现问题、解决问题，确保 ERP 的顺利实施，并对 ERP 实施获得成功负有最终的责任。

(4) 专家的指导。经验表明，几乎没有一家企业能够在没有专家指导的情况下实施 ERP 并获得成功。因为成功地实施 ERP 对于任何一家企业的绝大多数人来说都是没有经验的。所以，向专家咨询是十分必要的。在寻找咨询专家时，最重要的一点是经验，要有成功地实施 ERP 系统的经验。

7. 业绩目标

这一步骤紧随着评估、企业愿景描述、成本效益分析等工作，但是表述得更为详细。它详细地说明企业要实现的业绩目标，而且在不久的将来将作为衡量因实施应用 ERP 所取得的业绩的依据。这些目标的表述通常使用生产经营的数据，而不是使用财务数据，并且应当直接地和成本效益分析中所指出的财务收益联系起来。例如：

(1) 对于面向库存生产的生产线，我们将实现在接到客户订单后 24 小时之内，对 99% 的客户订单完成发货。效益：销售量增加。

(2) 对于面向订单生产的产品，将实现 98% 的客户订单按所承诺的日期准时发货。效益：销售量增加。

(3) 对于所有的产品，采购和制造的提前期都将缩短一半。效益：销售量增加。

(4) 我们将消除 90% 的物料短缺。效益：提高直接劳力的生产率。

(5) 我们将减少 75% 无计划的加班(即提前通知不到 1 周的加班)。效益：提高直接劳力的生产率。

(6) 我们将在 18 个月内对 80% 以上的采购量建立供应商伙伴关系、长期的供货合同和供应商计划。效益：采购成本降低。

当然，还可以举出许多其他的例子。要强调的是，一系列量化的业绩指标可以用来指导实际的行动。在实际结果发生后可以把它和预期的目标相比较，从而发现企业是否因实施应用 ERP 而获益。如果没有，原因是什么？然后，人们可以发现问题，加以解决，并从中受益。

从以上的例子可以看出，成本效益分析中的每一项财务效益目标都对应于一项或多项生产经营业绩的度量指标。

业绩目标的确定同样要在企业高层领导的主持下，由各职能领域的负责人共同参加来完成。

8. 初期的教育和培训

作为实施过程的一部分，理想的情况是，公司的员工 100%，或者至少 80% 应当接受关于 ERP 的教育。要保证 ERP 的成功，有许多方面应当作出改变，包括各级员工的思维方式和行为方式。员工们必须了解，实施 ERP 会引起哪些变化？是什么原因引起这些变化？这些变化会如何影响他们的工作方式？会因此得到什么效益？必须强调，忽略这一步或者其中的某一部分，后面的麻烦是很多的。忽略教育和培训的公司，无一例外地发现，他们不得不回过头来，去做他们该做而没有做的事。

1) 教育和培训的重要性

ERP 的逻辑是简单而令人信服的，但只有当企业从高层领导到广大员工都充分理解 ERP，而且期待通过它来获益时，ERP 的实施才能成功。

在上述关于 ERP 项目成本效益分析的例子中，教育和培训的费用约占总额的 20%。然而必须强调，如果教育和培训的工作做得不好，其他部分的投资都将是浪费。因此，教育和培训的投资是 ERP 项目投资中最具有杠杆作用的一部分。

首先，要让企业的广大员工接受而不是排斥 ERP。在企业中，当员工听到要引入一套新的计算机系统的消息时，往往首先想到要有人被解雇。其实，事情并非如此。人类的发明中几乎没有哪一种能比计算机为人们带来更多的工作，通过使用计算机来节省人力早已不是计算机应用的目标。ERP 追求的目标是以更有效的方式实现对企业生产经营全过程的管理与控制。这无疑为人们在更高的层次上带来许多新的工作。

其次，关于 ERP 的教育和培训有两个重要的目标：一是增加人们的知识，二是改变人们的思维方式和行为方式。当人们学习了什么是 ERP 和 ERP 能为企业带来什么好处以及如何实施 ERP 之后，就增加了关于这种科学管理新方法的知识。但这还远远不够，使企业中成百上千的人改变他们的思维方式和工作方式，学会以新的方式经营企业才是根本的目标。这是一项艰苦的任务和真正的挑战，而这也正是成功地实现 ERP 的核心。经验表明，没有一个成功地实施了 ERP 系统的企业会说："我们的教育和培训工作做得太多了。"而那些没有获得成功的企业都会说："我们所做的教育和培训工作太不够了。"教育和培训工作的意义是怎样强调也不会过分的。然而，在现实世界中，教育和培训往往是一项遭到轻视、预算不足、不被理解的工作。因此，它也就成为实施 ERP 系统过程中大多数问题的起因。人们往往说问题出在库存记录的准确性、物料清单的准确性、主生产计划等，但这一切问题都可以追溯到对 ERP 缺乏理解。而对 ERP 缺乏理解的问题则要通过教育和培训来解决。在一个实施 ERP 系统的企业中，应当让 90%的人受到教育和培训，100%当然更好。

2) 教育和培训的实施

为了使教育和培训工作达到改变人的思维方式和行为方式的目标，首先是企业的高层领导(包括总经理和副总经理)以及各部门的关键人员必须接受先行教育，然后就是整个企业的广大员工必须接受教育。

ERP 的教育和培训有两种形式，即外部课程和内部课程。两种形式都是必要的。

企业业务部门的负责人、操作级的管理人员，特别是项目组成员在 ERP 的实施过程中起着非常重要的作用，而且负有教育培训企业广大员工的责任。因此，应当成为实施 ERP 的专家。让这些人离开工厂和办公室，到企业外面去参加专门的 ERP 课程的学习，是非常必要的。

这样的外部课程不应该是面对某一个特定企业的，甚至不应该是面对某一个特定的制造行业的。来自不同的制造行业、不同的企业、担任不同职务的人们在一起学习，互相讨论，这样更容易摆脱认为自己的企业是"独特的"和"与众不同的"这种狭隘观点，从而更容易理解 ERP 对制造业普遍适用的标准逻辑。

在 ERP 的实施过程中，企业的广大员工都应接受关于 ERP 的教育和培训。但是，派企业中的所有人都去参加外部课程的学习显然是不可能的。因此，企业内部的教育和培训也是必要的。

内部教育和培训的作用有两方面：一是继续造就专家的队伍，强化这些人对 ERP 的理解和认识，进一步明确自身在 ERP 实施过程中的职责；二是教育企业的"广大员工"。应当强调，这里的广大员工也包括企业的高层领导。虽然他们已经接受了外部课程的先行教育，但由于 ERP 的实施要改变人们的思维方式和行为方式，其中也包括高层领导的思维方式和行为方式，所以短期的外部课程还是远远不够的。高层领导人员和其他人一样，也需要继续学习。他们需要了解销售与运营规划、主生产计划和能力计划的制定，还需要了解将如何在企业中运用这些工具进行工作。

教育注重原理、概念以及它们的应用，目的在于从理念上提高认识，从而提高管理水平。培训的工作注重软件的细节，目的是如何操作具体的 ERP 系统。二者在不同的层次上起作用，但都是必要的。

9. 软件选型、安装和运行

我们已在第 12 章对此问题作了专门的讨论。

10. 销售与运营规划

销售与运营规划是 ERP 的重要而基本的组成部分，是企业高层领导对企业经营运作的操纵杆。这是一个很重要的计划层次，ERP 的进一步的明细计划都要受到它的控制。可以说，没有它，ERP 的运行是没有意义的。但是，这个计划层次涉及的人不多，制定的时间也不会长。在 ERP 实施早期即制定此计划，可以早获益。

销售与运营规划的实施步骤如下。

(1) 创建产品族，从而使得预测变得相对简单。

(2) 确定预测策略和方法，并对预测过程进行评估，以统一的预测数据支持销售与运营规划。

(3) 确定销售与运营规划策略。销售与运营规划的策略要清晰地体现企业销售与运营规划过程的目标、步骤和每个步骤应当采取的行动。指出谁负责、谁出席销售与运营规划会议、谁负责准备数据、会议的频度、会议的内容、修改销售与运营规划的原则以及产品族的划分等。销售与运营规划的策略要得到企业高层领导和相关人员的批准。

(4) 选择 1~2 个产品族进行实施销售与运营规划的试点。所选择的产品族应当具有代表性，复杂程度适中，因为复杂的产品族可能会引起比较多的障碍，使得试点的时间过长；而销售额只占 1% 的产品族又缺乏足够的影响力，难以鼓舞员工的士气。这个过程不应当超过 3 个月。

(5) 制定资源需求计划。资源需求计划的作用和内容在第 7.5.4 节中已经有所叙述。

(6) 在试点完成之后，每月将 3~4 个新产品组纳入销售与运营规划，直至所有的产品族都纳入销售与运营规划。

(7) 将供应计划、财务计划、新产品推广计划等都纳入销售与运营规划之中，使销售与运营规划过程在全公司范围内起到协调作用，从而成为企业高层领导控制和管理企业的操纵杆。

11．数据完整性

要取得 ERP 的成功，数据的准确性非常重要。库存记录、物料清单、配方、工艺路线以及其他数据必须高度准确、完整并有好的结构。

12．需求管理、计划和执行流程的定义与实施

在此之前，我们已经对销售与运营规划进行了讨论。销售与运营规划在总量上平衡供应和需求。但是，需求管理、具体的产品组合的计划和排产以及执行等问题尚未解决。

这一步骤的目的有两个：一是设计和定义需求管理、详细的计划和排产以及供应链管理等流程，这些流程是对企业愿景陈述的细化和体现，从而确保项目的实施和企业的愿景陈述保持一致；二是通过试点和转换的方法实现这些新的流程。

这些流程的定义是项目小组应当尽早开始的一项任务。在初始评估、企业愿景陈述和教育与培训的基础上来做企业流程的设计和定义是自然而流畅的事情。

企业流程的定义要通过工作方针和规程来实现。方针指明做事情应当遵循的准则，规程指出做事情的步骤。我们将在 13.4 节专门讨论工作方针和工作规程。

这一步骤跨越两个实施阶段，要通过两个阶段的试点和转换来实现。

1) 试点和转换 1——实现基本 ERP

实现基本 ERP，包括实现销售与运营规划、需求管理、主生产计划、粗能力计划、MRP 等功能，对于流程制造业来说，还包括了车间排产功能。

关于实施的方法，人们尝试过三种，即"交钥匙"、并行和试点。

"交钥匙"是一种形象的说法，比喻立即转换到新系统并运行起来。按照一些理论

家的说法，这种方法最能激发人的主观能动性，然而实际上却是天真的和不负责任的。没有一个企业曾经按"交钥匙"的方法使 ERP 系统获得成功。

并行的方法是指新旧系统并行运行，直至新系统能顺利运行则抛弃旧系统。这似乎是一个稳妥的方法，但实际上有两个严重的问题。首先，可能根本没有足够的人力来同时运行两个系统；其次，由于 ERP 是一个以计算机为工具的系统，它要进行大量的数据处理，这是手工方式无法做到的。因此，新旧系统是无法并行的。

试点的方法是大多数成功的 ERP 用户在实施过程中使用的方法。这种方法是通过一系列步骤来验证 ERP 软件系统能正常地工作而用户人员也真正理解了 ERP 的基本逻辑之后，再转换到 ERP 系统。

试点分为三个层次，即计算机试点、会议室试点和现场试点。

(1) 计算机试点。计算机试点的目的是确保软件能在计算机上正常运行，并且也通过这种试点对软件作更多的了解。计算机试点的关键人员是系统人员和数据处理人员。

计算机试点一般使用虚拟的物料项目和虚拟的数据。如果购买商品软件，这应当是软件包的一部分。

(2) 会议室试点。这种试点通常是通过在会议室内建立一个模拟的环境来进行，亦称为模拟试点。其目的是对用户的教育和培训，让用户更多地了解软件，学习如何使用它来管理企业业务。在这一阶段，工作的重点从计算机转到了人。通过运行模拟的业务实例，使用户真正地了解系统。可以在用户进入系统进行一项事务处理之前，让他们回答这项事务处理的结果将是什么。如果他们能正确地预料这个结果，说明他们比较好地了解了系统。可以选择主生产计划和 MRP 的几份输出报告(或屏幕)，让用户回答每个数字是什么意思，为什么会出现在该处以及如何出现在该处等等。如果他们能正确地回答，说明他们已经很好地掌握了系统。

一般来说，会议室试点不超过一个月的时间。

(3) 现场试点。现场试点也就是主生产计划和物料需求计划首次投入实际运行的时刻。其目标是证明主生产计划和物料需求计划能够正常运行。

为了搞好现场试点，应遵循以下原则：

◎ 要确定适当的试点规模。为了很好地测试整个系统的运行情况，应选取足够多的物料项目进行试点。但项目又不能太多以至于难以驾驭，比较好的估计是使用200~600个物料项目。

◎ 要选取适当的试点产品。对于简单产品，如服装或化妆品，试点应当反映整个产品族中所有物料项目的情况。对于具有一定复杂度的产品，如自行车或打字机，现场试点则应针对一项产品。对于高复杂度的产品，如飞机或机械工具，现场试点则应针对一个零部件。在这种情况下，现场试点可能对应于物料清单中的一个分支，或许是一个标准组件的物料清单。

◎ 试点过程要包含尽可能多的物料类型。应当选择包括最终产品或最终项目、组件、自制件、外购件和原材料在内的一个很好的物料项目的组合来进行现场试点。

◎ 参加试点的物料项目要有相对的独立性。现场试点中包含的公用件越少越好。既用在试点产品中又用在其他产品中的物料项目不能很好地用来测试 MRP。因为在这种情况下，MRP 不能反映对这些物料的全部需求。不过，这种情况在一定程度上说是难以避免的。因此，应很好地进行选择。

◎ 要选用最好的计划员。现场试点的过程需要人深入细致、精力集中地工作。因此，如果企业中已经有了物料计划员，而且对某些产品及其相关物料做着计划工作，则应选择最好的计划员所处理的产品来进行现场试点。

在进行现场试点之前，必须先做好准备工作。其中之一是成功的会议室试点，由此表明用户已很好地理解 MRP 系统。另一些关键因素包括数据的完整性以及教育和培训的问题。现场试点要得到指导委员会的正式批准。在现场试点中要通过考察以下问题得到用户对系统的确认：

◎ 是否能预见缺料的发生？

◎ 是否能产生正确的订单下达建议？

◎ 关于试点产品的主生产计划是否切实可行？

◎ 能否自信地承诺客户订单？

如果对以上问题都能给出肯定的回答，那么现场试点就达到了目的，否则表明系统没有正常地工作，或用户对系统没有真正地理解，或二者兼而有之。在任何一种情况下，都不要贸然进行系统的转换，即不要把其余的物料项目投入新系统中。首先应当做的事情是检修系统使其正常工作，或弥补教育和培训的不足——因为正是这种不足造成了用户对系统的不理解，或者以上两方面的工作都要做。

企业中的每个人——包括指导委员会和项目小组成员以及最终用户——都应当明白，在证明系统工作正常而且得到用户确认之前，项目的实施不能超越现场试点的阶段。

现场试点占用的时间以一个月左右为宜，如果制造周期长，也可以稍长一点。必须用几周时间来观察人/机系统的性能，以证明系统确实能正常地工作。时间太短是不行的，当然也不能安排时间太长。例如，用一个季度作为现场试点的计划时间，对于大多数企业来说，都显得过长了。

在现场试点期间不要忽视培训工作。在不妨碍试点操作人员工作的情况下，让其他计划人员密切注视试点的运行。因为一旦其余部分都转换到 MRP 系统的时候，这些人也将成为系统的一部分。三种试点概括如表 13.4 所示。

表13.4　三 种 试 点

试 点 类 型	关 键 人 员	物料项目/数据	目 　 的
计算机试点	数据处理人员 项目小组部分成员	虚拟的/虚拟的	① 在计算机上运行并调试软件 ② 学习和了解软件
会议室试点	主生产计划员 物料计划员 项目小组部分成员	真实的/虚拟的	① 使用户彻底地了解软件 ② 验证软件适合企业业务
现场试点	主生产计划员 物料计划员	真实的/真实的	① 证实系统运行正常 ② 取得用户的确认

一旦现场试点获得成功，即系统运行得很好，用户掌握得很好，则可以着手把其他的物料项目转换到 MRP 系统的控制之下。这种转换有两种不同的方法：一种方法是把所有其他物料项目一同转换到新系统；另一种方法是把其他物料项目分成几组，每次转换一组。这种"分而治之"的方法往往是更可取的。因为它风险比较小，整个过程便于控制，而且做起来也比较容易。

当然，多组的方法并不总是可行的和必要的。在有些企业中，"公共件"非常普遍，以致难以分离成组。还有的企业产品结构比较简单，几千个物料代码包括了全部物料项目，因此也没有分组的必要。

这里的转换是实施过程第一阶段的任务。一方面要制定主生产计划和物料需求计划并投入运行，而另一方面，主生产计划和物料需求计划不过是整个闭环系统的组成部分。而完成闭环是未来的第二阶段的任务，在此之前，如何使主生产计划和物料需求计划投入运行呢？这是目前阶段所遇到的困难。具体来说，在目前阶段，企业就要开始运行一个正规的优先计划系统(即主生产计划和物料需求计划)，以决定在什么时间需要什么物料。但是，还没有相应的优先执行系统(即车间作业管理和采购作业管理)，即没有和车间及采购部门就改变作业优先级进行交互的工具，而且，也还没有能力需求计划。因此，也就不能预知在车间的每个工作中心上的作业安排究竟是超负荷还是负荷不足，也不能预知采购物料的可用性。

解决上述困难的办法是要形成某种手工形式的"闭环"，即使在实施的第一阶段，也必须要有来自车间和采购部门的反馈信息，否则，计划人员就不能得知作业能否按计划完成，也就不能保证订货日期的有效性。

为了得到来自车间的反馈信息，就要建立一个临时的车间计划系统，使得转换工作得以进行下去，直到有了完整的车间作业管理系统为止。这个临时系统通常是手工的，而不是计算机的。其运行方式是根据订货需求日期采用简化的倒序排产方式来进行。例如，作业 A 的提前期为 4 周，假定现在距其需求日期还有 2 周，那么它应当完成了 50%，否则应当提高该作业的优先级。简化的倒序排产方式是假定所有的工序占用的时间相同，使问题得到简化，然后从项目的需求日期开始，倒序排产，相应地确定每道工序的完成日期。

另外，选派一个或几个车间工作人员专职地参加这一阶段的转换工作是非常必要的。他们的责任是帮助人们做好工作。他们要和临时的车间计划系统、物料计划员以及工长保持密切的联系。他们从计划员那里接受排产计划，确保工长总能得到最新的派工指令，产生面向计划员的拖期预报，协助打破瓶颈等等。

在此转换阶段，采购员也要完成类似的任务。他们要和供应商保持密切的联系，知道对哪些订货供应商不能按时发运，并向计划员发出拖期预报。

在此阶段，人际交流尤为重要。指导委员会和项目小组的会议至少要和过去一样频繁，相互交换意见，不能放松。

转换是一个非常紧张的阶段，要准备增加工作时间和其他所需的资源。项目小组负责人和成员以及关键的系统人员要随时准备帮助用户解决可能出现的各种问题，而不要让问题压倒了计划员。要取得所有的输出报告，采取所有必要的行动，使系统得以运行，并开始衡量系统运行的性能。

2) 试点和转换 2——供应链集成

至此，项目进入第二阶段的实施过程。要把 ERP 的功能拓展到整个供应链，包括在工厂内部实现生产管理的闭环、向后延伸至供应商、向前延伸至分销中心和客户。

(1) 供应链集成——在工厂内实现生产管理的闭环。

关于实现生产管理的闭环的先后顺序，建议首先实现车间作业管理，然后实现能力需求计划，最后实现投入/产出控制。

由于作业优先级变化的反馈信息是非常紧迫的，所以要首先实现车间作业管理。能力需求计划是一个进一步完善的过程。因为，当粗能力计划作为基本 ERP 的一部分实现以后，企业对未来的关键能力需求已经心中有数了。在能力需求计划之后再实现投入/产出控制。投入/产出控制功能是对能力计划的执行情况进行跟踪，所以，在运行投入/产出控制之前必须先有能力计划。应当注意的是，如果企业已经有了车间作业管理系统，切莫认为数据也是准确的，还应检查工艺路线和工作中心数据的准确性。

还有些企业并不需要全部的车间控制功能。如果生产过程是流程式或重复式的，那么车间作业管理和能力需求计划的某些功能就不一定是必需的。因为生产线调度可以直接从主生产计划得出，而粗能力计划已可以提供对未来能力需求的全部信息。投入/产出控制也可以简化为跟踪产出，再将实际执行情况与来自粗能力计划的计划需求进行比较。

关于车间作业管理活动的试点通常要进行 2~3 周。在此过程中，要验证各种工作规程、事务处理、软件以及人员的教育培训是否符合要求。对车间作业管理进行试点的方法是选择适当的作业，而不是选择工作中心。当这些经过选择的作业通过各个工作中心时，很容易检查出工作中心的基础数据是否可靠。但是，通过试点不能测试派工单。只

有当实现转换以后，即所有的作业都投入系统时，才能做到这一点。

经过试点已经证实工作方针和工作规程、事务处理、软件以及人员的教育和培训达到了要求，则应进行系统的转换。转换的步骤如下：

◎ 将车间状态数据输入计算机。

◎ 开始运行车间作业管理系统并使用派工单。运行车间作业管理系统并使用派工单解决遇到的各种问题，在需要时，要对工作规程和软件进行调整。

◎ 开始运行能力需求计划。但应注意，不要根据第一次运行能力需求计划所得到的输出报告就去购买价值很高的新设备，也不要因为在输出报告中出现了一些初看起来很奇怪的数字而怀疑系统的可靠性。从一个非正规系统转换到一个正规系统，会涉及多种因素，特别是人的理解程度和数据的准确性。要重新仔细严格地审查和分析输出报告，有问题则找出原因，并予以解决。在几周内情况就会得到改善。

◎ 开始生成投入/产出报告，确定偏差允许范围以及采取校正措施的基本原则。

◎ 开始从作业优先级和生产能力两方面衡量车间作业管理功能。

◎ 不要忽视反馈信息。

应当强调，反馈不是软件系统功能的一部分。这是一个人和人之间以口头或书面方式进行交流的过程。在这个过程中，一般不涉及计算机。例如，工长之间的交流、每天的工长会议以及拖期预报等。对于在第一阶段建立的反馈联系应重新检查、测试和加强，以使工作更加完善。反馈越好，闭环系统就运行得越好；没有反馈，就没有闭环。

(2) 供应链集成——向后延伸至供应商，实现采购中的闭环。

我们现在有了互联网技术，可以通过电子商务的手段进行交易。但是，网络服务真正的价值在于供应链的集成，而不仅仅是通过网络招揽生意，根据价格选择供应商。这样做的好处是微乎其微的。对于一个现代制造企业来说，物料的价格和物料的质量与风险比起来，肯定是一个次要的因素。一个现代制造企业所需要的原材料和零部件的供应应当是持续稳定、质量可靠的，这不可能通过频繁变化的临时决定来实现。

一个制造企业所需要的物料大致可以划分为以下 4 种类型：

◎ 低风险低成本

◎ 低风险高成本

◎ 高风险低成本

◎ 高风险高成本

对于前两种类型的物料，通过网络竞价来选择供应商或许是合理的，但是对于后两种类型，特别是第 4 种类型，肯定应当选择能够长期稳定合作的供应商。对这些供应商，应当采取供应商计划法。

实现供应商计划法，就要和供应商建立长期合作关系，并成立一个采购计划员小组，这些人在本企业的 MRP 系统和供应商之间起到桥梁作用；其次是向供应商提供一份采购计划，而不再使用一份一份的采购订单。这样可以把采购人员从天天接单、发单、催货的繁琐工作中解脱出来，让他们有时间去做更有价值的工作，如寻找货源、谈判、签订合同、降低采购成本、进行价值分析等。

实现供应商计划法首先要开展对供应商的教育和培训。使供应商了解 ERP，了解在 ERP 环境中，采购物料的需求日期是可靠的，不必也不应再等待进一步的催货通知。按照"沉默即赞成"的原则，如不能按时交货，则应给出拖期预报。还要让供应商理解，供应商计划法是双方长期合作、均能从中受益的方法。然后，选择一个供应较多物料的供应商进行供应商计划法的试点。通过试点，既验证系统的运行情况，也验证买卖双方人员的理解程度，为进一步调整系统和进行教育培训提供依据。

在供应商试点之后，可对主要供应商进行转换。每个企业都有一些主要的供应商。一般来说，这些供应商大约占全部供应商的 20%，但他们所提供的物料占全部采购物料的 80%。应首先对这些主要的供应商实行供应商计划法。

在对主要的供应商执行供应商计划法之后，应开始就交货情况进行检测并记录供应商的绩效。这也许是企业第一次能够有效地掌握供应商的交货情况。事实上，这也许是企业第一次能够向供应商提供有效的需求日期。另外，也开始记录采购员和采购计划员的活动。在此过程中，要和所涉及的买卖双方每个人进行交流，不断完善，不断提高。

在此之后，便可以着手对其余的供应商进行转换。目标是对所有的供应商都执行供应商计划法，这大约需要三个月以上的时间。

(3) 供应链集成——向前延伸至分销中心。

在拥有分销网络系统的企业中，需要通过分销需求计划或分销资源计划把供应链的集成向前延伸至分销中心。分销需求计划和分销资源计划的实施也要采用试点和转换的方法。

对一个分销中心选择 10 种左右的产品进行试点，目的是证明分销需求计划可以运行，即可以为分销中心提出合理的补货建议。一般来说，这项试点在几周之内即可完成。然后，则可以将分销中心的全部产品纳入分销需求计划。

对分销资源计划的实施是类似的。适当地选择几个分销中心，对他们的运输计划以及仓储空间和劳力计划进行试点，一旦认为可以正常运行 ，则可以将其他分销中心纳入分销资源计划。

这样做之后可以发现，企业的主生产计划将会更加准确有效。这是因为分销资源计划提供了更加准确的需求数据，而在过去，这只能完全靠预测。把分销中心的补货需求迅速传递到工厂的主生产计划，这正是分销资源计划的价值所在。

(4) 供应链集成——向前延伸至客户。

这里我们讨论两个过程，一个是供应商管理的库存(vendor managed inventory, VMI)，另一个是协同预测(collaborative forecasting)。

供应商管理的库存又称为持续补货(continuous replenishment，CR)。有些企业在谈到供应商向其本身供货时，使用 VMI 的说法，而谈到他们向客户发货时，则使用 CR 的说法。不论哪种说法，其过程都是一样的。

VMI 是指供应商不但向客户提供它的产品，还直接管理其产品在客户所在地的库存的做法。这被许多企业视为双赢的手段而采用。这样做，客户可以从供应商那里获得高质量的服务，并降低采购和库存补给方面的支出，从而获益。而供应商可以了解客户的库存状况、使用状况、甚至于了解客户的生产计划，从而使自己的供货和生产计划稳定而合理，也进一步稳固和扩大同客户的业务合作，从而获益。

下面类似于供应商计划的方法可用于实施 VMI：

◎ 确定 VMI 方案。

◎ 获得软件。

◎ 对一家客户进行教育、试点和转换。

◎ 对主要客户进行教育、试点和转换。

◎ 进行 VMI 活动和业绩度量。

◎ 在适当的时机对其余的客户进行教育、试点和转换。

需要说明的是，VMI 要和客户打交道，这和此前所讨论的实施活动是很不相同的。在许多行业中，特别是供应商和客户都是制造企业的情况下，总是客户说了算。因此，就有可能不能按照企业的想法为客户实施 VMI。但是，在适合实施 VMI 的情况下，遵循上述步骤和方法则成功率一定是高的。

协同预测是指在供应商和客户之间分享预测的需求数据，目标是得到双方共同认可的需求预测数据，用来驱动补货计划系统。协同预测要求有高水平的销售人员在客户的场所和客户密切合作。在 ERP 实施的第二阶段，实施这项活动是很好的时机。

13. 财务和会计流程的定义和实施——实现财务管理和生产管理的集成

财务、会计方面的知识和基本准则已经发展了相当长的时间，因而更全面、成熟，组织也更完善，更重要的是，人们已经对其理解和接受了。财务和会计功能的实施基本上是以计算机代替人的手工劳动或者从上一代的软件系统转移到新的软件系统，其目的主要在于提高效率而不是改变流程。因此，财务和会计过程的实施，对于大多数公司来说，难度要低一些，做起来要顺利一些。

应当强调的是，对财务人员的教育和培训要尽早进行，而不要等到进入第二阶段才开始着手。在其他部门实施 ERP 的过程中，应不失时机地对财务人员进行教育和培训。

要经过详细的分析来确定整个系统中的每个记录所包含的与财务计划及控制有关的字段，通常是表示各类金额的字段。借助这些字段将以其他计量单位表示的非财务数据转换为以货币单位表示的财务数据。如果这项工作不能及早进行，很可能到后来不得不对系统进行大的调整。

　　财务和会计的实施多采取并行的方式。在运行原有系统的同时，开始运行 ERP 的财务和会计程序，并将运行结果与原有系统的运行结果进行比较，确保新系统输出的数据正确可靠。经过几个月的并行运转，多数企业可以放心地停止原有系统的运行。

　　在财务和会计功能实施的过程中，无疑将有很多工作要做，这一点和运营系统的实施是一样的，但是其风险和可能遇到的困难远不会像后者那么多。

14. 第一阶段末的评估

　　这一步骤是对第一阶段实施现状的分析和评估，也是决定是否可以进入第二阶段的依据。过程如下：

◎　检查迄今为止项目的进展情况。

◎　确信业绩目标可以实现且正在实现。

◎　根据项目的进展和企业实现的业绩状况，回顾和检查企业愿景的陈述对项目进一步实施的指导作用是否仍然有效，如有需要，则修改企业的远景陈述。

◎　检查并确定第一阶段的活动是否有一些需要修改或重做。

◎　检查对第二阶段实施的准备情况，作出是否进入第二阶段的决定。

15. 继续教育和培训

　　随着 ERP 实施的深入发展，需要有新的知识和技能。经过初始教育和培训获得的理念、知识和技能也需要进一步强调和复习。对于一些刚刚加入企业的新员工还需要进行启蒙的教育和培训。继续教育和培训使 ERP 实施继续得到良好的支持。在 ERP 实施的全过程中，继续教育和培训都是非常必要的。

16. 第二阶段末的评估

　　经过近两年的努力，ERP 终于可以投入运行了。此时，往往会松一口气。所以，这次的评估是极容易被忽略的，这是 ERP 实施的大忌。这次的评估是企业应用 ERP 作为运营企业的工具，从而提升企业竞争力的开始，是不应当被忽略的。

　　这次评估关注的问题是：在新阶段应当做什么？以下问题都是应当考虑的。

◎　ERP 模拟功能的应用。

◎　ERP 功能在整个(也许是全球性的)企业组织内的应用和延伸，包括人力资源管理。

◎　把 ERP 应用于产品的设计和开发。

◎　设备的预防性维修计划。

◎　有效的客户关系管理。

◎ 电子商务。

◎ 有效的采购分析。

……

这一阶段评估的参加者仍然是企业的高层领导、部门经理以及有经验的外聘专家。所花费的时间，根据企业的规模和产品复杂程度的不同，可以是几天或几周不等，但也不应当花费太多的时间。

17. 持续改善，不断提高——ERP 系统的运行和管理

在第二阶段末的评估之后，ERP 项目就进入了第三阶段，即运行管理阶段。这是一个没有终点的过程。正如一位 ERP 的先驱者所说："ERP 不是目的地，而是一个长途征程。"在这个过程中，要把实施 ERP 获得成功作为一个新起点，持续改进，不断提高，去争取更大的成功，使企业的运营情况越来越好。我们将在 13.6 节中对这个阶段进行详细的讨论。

以上，我们介绍了一条实施 ERP 的可靠的路线。这条路线逻辑清晰、通俗易懂，虽然需要做的工作很多，但实际上没有风险。以这条可靠的路线为依据，根据自己企业的情况作适当的剪裁和调整，ERP 的实施一定能够获得成功。事实上，已经有许多企业遵循这条可靠的路线实施 ERP 获得了成功。

13.4 工作方针和工作规程

如前所述，企业流程的定义通过工作方针和规程来实现。方针指明做事情应当遵循的准则，而规程指出做事情的步骤。

企业的工作方针和规程既定义了企业的业务流程，也用来规范人的行为方式。

企业的管理是在一个通信的过程中实现的。准确的通信是有效管理的基础。ERP 系统就是一个以计算机为工具的计划和通信系统。在通过 ERP 系统实现企业管理的过程中，人做一些工作，而后交由计算机继续做一些工作，再由人继续做工作，等等。在这个过程中，要求信息必须准确，信息的处理和传递也必须准确。但这并不是一件很容易的事情，因为在这个通信过程中涉及计算机和人两类对象。其中，计算机的行为是规范的，只要向它输入准确的信息，它就能进行准确的处理并产生准确的信息。但是，对同一件事情，人的理解和行为方式却可以千差万别。因此，如何规范人的行为方式就是至关重要的了，这就是工作方针和工作规程的作用。

提到工作方针和工作规程，人们往往想到一大堆的文件，里面充斥着费解的概念和枯燥的条文，而人们在实际工作中却从来不去使用它们，往往认为建立工作方针和工作规程不过是浪费时间。如果企业要实施 ERP 系统，那么情况就完全不同了。ERP 系统从整体上为企业提供了实现规范化管理的工具。通过 ERP 系统的计划和通信功能，企业的所有员工在各自的岗位上按部就班地工作，然而却是在执行着一个统一的计划。这就要求有统一的工作方针和工作规程去规范人们的行为方式。在 ERP 系统运行的各个环节上，如数据定义、准备和录入，主生产计划，物料需求计划，能力需求计划，生产控制，采购，循环盘点，工程改变，成本会计等等，都应有相应的工作方针和工作规程，有关人员必须遵守，而不能按个人的理解来处理问题。

企业如果忽略建立工作方针和工作规程这项工作，或以非常草率的方式进行，那么实施工作好像进行得很快，但是在系统开始运行之后，就会出现很多问题。由于没有工作方针和工作规程，系统的每个用户只能按各自的理解和处理方式来处理问题。于是出现越来越多的错误信息，信息传递不能正常进行，系统通信难以协调，整个系统的可靠性越来越差，最终的结果是导致整个系统的瘫痪，损失将是难以估量的。

由此可见，工作方针和工作规程是 ERP 系统得以正常运行的关键，是企业管理过程中人和人之间、人和计算机之间进行精确通信的保证。但具体说来，这又是两个不同的概念。工作方针是关于企业运作的指导原则，它并不告诉人们如何去做某件事情，但要指明每项工作的目标、责任和衡量标准。例如，对于接收采购原材料的业务活动，工作方针并不指明每一步应当如何去做，但是它应指明在多长时间内完成检验、作出接收或拒收的决定，在多长时间内将有关数据录入系统等等。工作规程是指完成一项特定的任务所应采取的步骤。它要指明从任务的第一步到最后一步之间的所有步骤，且应足够详细。工作规程应遵循工作方针的指导原则，而且对于工作方针所涉及的每项任务，均应有相应的工作规程。

建立工作方针和工作规程并无实质性的困难。事实上，这些关键的文件应当是一个企业在确定如何使用 ERP 系统的过程中自然形成的结果。建立工作方针和工作规程可以采取如下步骤。

1. 确定企业运营过程中所有基本的业务活动

这可以通过自顶向下、逐步求精的方法绘制数据流程图或 IDEF 图来实现。这些基本业务活动可以分成两类：一类是通过计算机来实现；另一类则完全是人的行为过程，不使用计算机。

2. 对于通过计算机实现的基本业务活动，编制测试实例进行测试

测试实例要指明处理步骤，并在计算机试点过程中进行测试。在测试过程中要记录测试结果，在测试结束后，根据测试结果编制工作方针和工作规程的草稿。对于不使用计算机的基本业务活动，则直接写出工作方针和工作规程的草稿。

3. 收集、整理、完善

将上面步骤形成的工作方针和工作规程草稿收集起来，由项目小组会同各职能部门共同进行整理和完善，形成工作方针和工作规程的草案，要指明工作方针和工作规程的编号、主题、编写负责人等。

4. 在会议室试点过程中进一步测试工作方针和工作规程

在会议室试点过程中，要对工作方针和工作规程进行全面测试和修订，定稿后再经指导委员会批准，形成企业的正式文件，指明生效日期，发至整个企业执行，并定期总结修订(关于工作方针和工作规程的管理也应有工作方针和工作规程)。

下面给出工作方针和工作规程的示例。

【例 13.1】　　ABC 公司工作方针。

编号：　　　　0010

生效日期：　　01/01/2013

主题：　　　　物料接收和入库管理

版次：　　　　1

编写人：　　　×××

内容：

(1) 除非有经核准的供应商质检部门的质检合格证明，全部物料必须经过严格检验，才能投入生产过程。

(2) 在卸货过程中，要查看包装是否有损坏。如发现任何缺损，应立即报告质检部门和采购部门。

(3) 在物料接收后的 2 小时以内，必须把有关记录输入到系统中。

(4) 已接收待验的物料，必须在 8 小时之内处理完毕，作出合格或不合格的结论。

(5) 对经检验不合格而拒绝接受的物料必须在 16 小时之内作出处理。

(6) 物料接收主管人员按照全部与物料接收有关的工作规程对接货的全部过程负责。他还负责向物料接收人员提供适当的培训，并考核其工作绩效，考核结果与物料接收人员的工资和奖金挂钩。

【例 13.2】　　ABC 公司工作规程

编号：　　　　0070

生效日期：　　01/01/2013

主题：　　　　接收采购物料

版次：　　　　1

编写人：　　　×××

人　　员	行 动 步 骤
物料接收人员	1. 卸货并且取得包装标签。 2. 计数并检查是否有损坏。如没有损坏，在货物清单上签字，然后把物料送到检验库位，转步骤 3。如有损坏，则在货物清单上记下日期、时间、损坏物料的数量，或损坏包装的数量及损坏类型。填写损坏物品报告并且将文件副本送给采购部门归档。转按工作规程 0071 进行处理。 3. 通过 ERP 软件系统的有关屏幕记录物料接收过程。 4. 打印接收单并送检验员。
检验员	5. 取得检验标准。 6. 按要求检验物料。 7. 如果全部通过检验，在接货单上填写合格证明并通知物料管理人员转移存货库位。如果检验不合格，转按工作规程 0072 进行处理。
物料管理人员	8. 确定存货库位并且在接货单上注明。 9. 将物料放在指定的位置，并且通过 ERP 软件系统的有关屏幕输入数据。 10. 将填好的接货单送给应付款部门。
应付账款	11. 检查是否有相匹配的发票，如果有，则附上收货单并且执行匹配和付款流程(工作规程号 0102)。 12. 如果没有发票，则将接货单归档。

13.5　ERP 实施过程中的检测

本节给出的 ERP 实施检测表详细列举了在 ERP 实施过程的不同阶段上必须完成的主要任务。每项任务作为一个问题可以回答"是"或"否"。

一个正在实施 ERP 的企业在项目实施的每个阶段上应当对照检测表的内容检测自己的工作。只有对每份检测表中的每个问题都能给出肯定的回答，才能确保 ERP 的实施沿着可靠的路线进行，直至获得成功。

这些检测表可以在实施 ERP 的过程中随时起到指导和校正的作用。因此，对于 ERP 实施过程中的关键人员，如总经理、项目负责人以及项目实施指导委员会其他成员和项目小组成员，都是非常重要的。

ERP 实施检测表 1：初始检查、先行教育、愿景表述、成本效益分析和项目公约

(1) 企业高层领导、操作级管理人员和从企业外部聘请的有经验的 ERP 顾问共同完成了初始检查和评估。

(2) 总经理和关键人员参加了先行教育。

(3) 所有操作级管理人员参加了先行教育。

(4) 以书面形式对企业愿景作出了陈述并得到了企业高层领导和涉及的所有操作级管理人员的一致同意。

(5) 成本、效益和风险分析由企业高层领导和涉及的所有操作级管理人员联合进行。

(6) 成本效益分析得到了总经理和所有必要人员的批准。

(7) 明确指出要把 ERP 的实施作为企业第二位优先级的重要工作。

(8) 制定了关于 ERP 实施的项目公约，以书面形式表述，并由参加成本效益论证的所有高层领导人员和操作级管理人员签字，以取得共识。

ERP 实施检测表 2：项目组织、责任和绩效目标

(1) 从企业的操作级部门领导人中选择了一位关键人员作为专职的项目负责人。

(2) 成立了主要由所有有关部门的操作级管理人员组成的项目小组。

(3) 成立了由总经理、副总经理和项目负责人组成的指导委员会。

(4) 确定了指导委员会的主席。

(5) 项目小组至少每周召开一次会议。

(6) 指导委员会至少每月召开一次会议。

(7) 聘请了有经验的顾问，定期或根据需要到现场进行指导。

(8) 确定了直接和成本效益分析相联系的详细的绩效目标。

ERP 实施检测表 3：初始教育

(1) 指导委员会所有成员(包括总经理)，都参加了企业外部的 ERP 课程学习。

(2) 项目小组全体成员都参加了企业外部的 ERP 课程学习。

(3) 有一系列的内部教育，面向操作管理人员，造就企业的"内部专家队伍"。

(4) 有一系列的内部教育，由"内部专家队伍"主持，面向企业广大员工，其中包括总经理和他的助理人员。

(5) 在整个企业中形成一种充满热情、团队精神和主人翁认同感的氛围。

ERP 实施检测表 4：销售与运营规划

(1) 对销售预测的过程和结果进行控制、检查和作必要的修改。

(2) 明确划分了产品族。

(3) 建立了关于销售与运营规划的规程和报告的格式。

(4) 选择了进行试点的产品族。

(5) 成功地完成了试点。

(6) 启动了供应(能力)计划。

(7) 把销售与运营规划过程扩展到包括所有的产品族、资源、新产品，并和财务集成。

ERP 实施检测表 5：需求管理、计划和执行过程定义，财务和成本核算过程定义和实施

(1) 对于应用 ERP 的所有销售过程完成了过程定义的陈述。

(2) 对于应用 ERP 的所有分销过程完成了过程定义的陈述。

(3) 对于应用 ERP 的所有采购过程完成了过程定义的陈述。

(4) 对于应用 ERP 的所有生产制造过程完成了过程定义的陈述。

(5) 确定了实施应用 ERP 的财务和成本核算功能的时间，并反映在项目计划中。

(6) 项目小组制定了在不超过两年的时间框架内实现 ERP 的详细计划，按天或周表示，明确任务职责并指明责任人的姓名。

(7) 项目小组要在至少每周一次的会议上根据指导委员会的意见修订项目实施详细计划。

(8) 明确是否需要对财务和成本核算过程的功能进行修改以及相关的软件问题。

(9) 作出了何时实施新的财务和成本核算过程的决定。

(10) 制定了关于主生产计划的工作方针与工作规程书面文件，已经得到批准并且已经用于运行企业的业务。

(11) 制定了关于物料需求计划的工作方针与工作规程书面文件，已经得到批准并且已经用于运行企业的业务。

(12) 制定了关于工程改变的工作方针与工作规程书面文件，已经得到批准并且已经用于运行企业的业务。

(13) 采用并行的方法实施财务和成本核算的功能。

ERP 实施检测表 6：数据完整性

(1) 库存记录准确度，包括计划接受量和已分配量，达到 95%，或更高。

(2) 物料清单准确度达到 98%，或更高。

(3) 整个企业所用的物料清单格式统一，结构良好，完全适用于 MRP 的要求。

(4) 工艺路线(工序和工作中心)的准确度达到 98%，或更高。

(5) 未完成的生产订单信息的准确度达到 98%，或更高。

(6) 未完成的采购订单信息的准确度达到 98%，或更高。

(7) 检查了预测过程的及时性、完整性和易于使用性。

(8) 物料项目数据完整、合理。

(9) 工作中心数据完整、合理。

ERP 实施检测表 7：实现基本 ERP(第一阶段)

(1) MPS/MRP 试点已经选定。

(2) 计算机试点已经完成。

(3) 会议室试点已经完成。

(4) 所有物料，而不仅限于试点物料，都已达到如下必要的数据准确度：库存记录准确度达到 95%以上，物料清单的准确度达到 98%以上。

(5) 在整个企业范围内，80%以上的员工接受了初始教育和培训。

(6) 指导委员会批准进行现场试点。

(7) 现场试点获得成功，用户签字确认。

(8) 关于生产和采购的反馈联系(拖期预报)已经建立。

(9) 对于流程车间的车间排产或对于作业加工车间的临时车间作业管理系统已经完成并投入运行。

(10) 指导委员会批准了系统转换。

(11) MPS/MRP 的转换已经完成。

(12) 已开始在主生产计划、MRP 和车间作业 3 个级别上进行业绩度量。

ERP 实施检测表 8：供应链的集成(第二阶段)

(1) 车间排产

① 对于流程车间，实现了车间排产过程。

② 所有工艺路线的准确度均达到了 98%以上(对于作业加工工厂)。

③ 车间作业管理的试点已经完成(对于作业加工工厂)。

④ 车间作业管理全面完成(对于作业加工工厂)。

⑤ 派工单可以产生正确有效的优先级(对于作业加工工厂)。

⑥ 能力需求计划已经实现(对于作业加工工厂)。

⑦ 投入/产出控制已经实现(对于作业加工工厂)。

⑧ 无论是那种车间类型，都已经建立了信息反馈机制并已经在工作着。

⑨ 无论是那种车间类型，都已对车间绩效度量准备就绪。

(2) 供应商计划

⑩ 供应商教育程序已经完成。

⑪ 供应商计划试点已经完成。

⑫ 已对主要供应商实行供应商计划。

⑬ 供应商度量已准备就绪。

⑭ 所有供应商均切换到供应商计划。

(3) 分销需求计划(DRP)

⑮ 分销中心的库存准确度达到了 95%以上。

⑯ 分销清单的准确度达到了 98%以上。

⑰ DRP 试点已经成功。

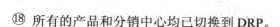

○18 所有的产品和分销中心均已切换到 DRP。

(4) 供应商管理的库存和协同预测

○19 对客户实现了 VMI 或协同预测(如果可行并希望的话)。

13.6　ERP 的运行管理

　　ERP 的实施需要付出艰苦的努力。一个企业经过艰苦的努力成功地完成的 ERP 的实施任务,并且成了 A 级用户(下一章将介绍 Oliver Wight 优秀企业业绩 A 级检测表),实在是一件值得庆贺的事情。那么,下一步应该怎么办呢? 松一口气是常见的做法,认为 ERP 终于获得了成功,再也不必为它操心了。这无疑是错误的。MRP Ⅱ 专家 George Bevis 曾经说: "MRP Ⅱ 不是目的地,而是长途征程。"这句话的主语换成 ERP,无疑仍然是正确的。A 级的 ERP 系统并不能自行维护并保持 A 级标准。在运行过程中,仍然需要持续的维护和经常的信息反馈。

　　ERP 系统的运行和管理要达到以下两个目标: 首先要保持已有的水平不要降低; 然后要争取越来越好。

　　系统运行水平降低是很容易的事,对此,某些 A 级用户有着痛苦的教训。他们认为 ERP 可以自行维护,而不再关心它。很快,他们失去了 A 级。当他们意识到这一点时,要作很大的努力才能扭转劣势并重新得到从他们手中失去的 A 级。而真正优秀的 A 级 ERP 用户不是这样做的。他们不满足于已有的成绩,他们有更高的目标——继续努力,不断提高。

　　一个企业应该如何面对这些问题? 怎样才能不落后? 要越来越好应该做些什么? 下面将对这些问题作出回答。

1. 清醒的认识

　　清醒意味着不能骄傲,不能盲目乐观。骄傲或盲目乐观就会招致失败。在 A 级水平上运用 ERP 系统管理企业就更是如此。一个企业必须清醒地认识到,ERP 系统实施成功,仅仅是一个好的开端; 而且,今天的成功并不能保证明天的成功,所以必须进行坚持不懈的努力; 一个企业要在激烈的市场竞争中保持优势,就必须确保真正地强于竞争对手,而运行 A 级的 ERP 系统就是取得竞争胜利的最好保证; ERP 系统是一个工具,它是不能自行维护的,稍有松懈应用水平就会降低; 要把 ERP 系统运用得越来越好,人是关键的因素。

2. 有效的组织

　　在 ERP 系统的实施获得成功以后,不要解散 ERP 项目小组和指导委员会。虽然他们的工作方式与 ERP 实施过程中将有所不同，但他们的作用却是同样重要的。

ERP 的实施任务完成以后，ERP 项目小组应有如下变化。

(1) 不再有专职的工作人员。因此，小组规模可以小一些。

(2) ERP 已成为一个正在运行的系统，而不再是一个在建项目。因此，应将项目小组更名为"ERP 运行管理小组"或者其他类似的名称。

(3) 小组会议由每周 1 次改为每月 1 次。

(4) 每年更换组长 1 次或 2 次。组长在小组成员中产生，市场部门经理、生产部门经理、财会部门经理、工程技术部门经理和采购部门经理均可以成为组长。这样做可以增强 ERP 运行管理小组成员的集体感，同时强调了 ERP 是一个全企业范围的系统。

(5) 这个小组的工作主要在于关注 ERP 系统的运行情况，向企业高层领导汇报结果并不断进行改进。

(6) 在 ERP 系统实现以后，项目指导委员会的组织也应当保留。和项目小组的情况类似，它的名称或许应当改为"项目运行管理指导委员会"，每半年开一次会，从管理小组获得 ERP 系统运行情况的最新记录。其任务和实施期间一样，即分析和掌握事态的发展，提供指导，必要时作出重新分配资源的决定。

3. 认真的检测

检测 ERP 的效果需要用到运营和财务两方面的指标。

运营指标检测用来不断地检查 ERP 系统的运行情况，它可以起到早期报警的作用。当某些事务开始出错，它就会给出提示，从而帮助人们不断地改进系统的性能。

下面列出的指标可为企业提供一个建立健全自己指标体系的基础。

对于销售与运营规划，关键指标包括销售与预测比、实际生产与计划生产比、实际库存或实际未完成订单与计划库存或计划未完成订单比。一般来说，这些指标都是月指标，它们构成销售与运营规划编制的基础。

对于主生产计划，包括以下关键指标：

(1) 准时交货情况。对于面向订单生产的企业来说，就是按照承诺的日期发运货物；对于面向库存生产的企业来说，则是指供货率，即准时从库房发运的订货量除以总订货量。对 A 级用户来说，这些指标应接近 100%。

(2) 主生产计划的完成情况应达到 95%。

(3) 在紧急情况下主生产计划的变化量应该非常小。

(4) 当重排主生产计划时，提前的订货量和推迟的订货量应接近相等。

(5) 对面向库存生产的企业，应考察产成品的库存周转率。

一般情况下，库存周转率应每月统计一次，其他指标应每周统计一次。

对于物料需求计划，应做如下检查：

(1) 是否有物料短缺？对制造项目和采购项目都要检查。

(2) 库存周转率：对于制造项目和采购项目同样都要检查。

(3) 异常信息量：这是指每周由 MRP 系统产生的行为建议的数量。对于以加工和装配为主的制造商而言，异常信息量会少一些。对于流程式和重复式生产的企业，由于对每项物料要有多道处理，所以，异常信息量可能会多一些。

(4) 订单下达的延误情况：即统计属于如下情况的订单数，当订单下达时距离需求日期的天数已不足计划提前期的天数。预期的目标是这类订单不应超过所下达订单总数的 5%。

(5) 当重排生产订单时，提前订货量和推迟订货量应接近相等。当重排采购订单时也有同样的要求。

一般情况下，库存周转率每月统计一次，其他指标每周统计一次，由计划员和采购员负责。

对于能力需求计划，要追踪误期工作量。目标是不超过半周的计划工作量。

对于车间作业管理，有如下一些重要指标。

(1) 按订单需求日期准时完成车间订单，应达到 95%。

(2) 按下道工序的需求日期完成车间订单。这里，一个好的检测方法是对每个工作中心记录晚到的作业数和晚离开的作业数并进行比较，从而使工长不会因晚到的作业而受到处罚。有些企业进一步扩展为对每个工作中心分别记录到达和离开的迟滞时间，而不仅仅记录作业数。这就有助于辨明造成迟滞的责任。因为在有些情况下，虽然有些工长的作业完成得晚一些，但他们可能已经弥补了一些迟滞的时间。

(3) 完成计划的能力。在一定时间内，将实际产出的标准工时与计划产出的标准工时作比较，目标是保持误差在 ±5% 之间。

以上指标的统计频率为每周一次，由工长负责。应当强调，这些仅仅是和 ERP 相关的指标，不能代替效率、生产率和其他一些指标。

关于采购，应当就所采购的物料来度量缺货量和库存周转率，从中考核供应商、采购员和采购计划员的工作。供应商按时交货率应达到 95% 以上，其他重要指标，如质量、价格等，也不能忽视。

建议每周给出关于库存记录、物料清单和工艺路线几方面数据准确性的报告，目标都应接近 100%。

除了运营指标的检测之外，ERP 运行管理小组每年还应至少一次就财务方面的运行情况对 ERP 系统进行检测，把检测的结果以货币单位表示，并和成本论证中预计的效益进行比较。

和运营检测一样，这里也可以用一个实际且简单易行的方法，即考察企业是否得到了所期望得到的最低效益？如果不是，那么找出问题所在，进行纠正以期得到补偿，并将结果报告给指导委员会。

此外，企业还可以根据下一章所介绍的检测表进行关于运营情况的综合检测。

4. 继续教育和培训

前面我们讨论过继续教育和培训的问题。那是指 ERP 实施第二阶段的活动。应当强调，教育和培训是伴随 ERP 实施和应用的一项无休止的活动。如果没有关于继续教育和培训的有效计划，那么对长期成功地运行管理 ERP 系统将是一个最大的威胁。继续教育是必须的，其原因如下：

(1) 有新员工加入企业，还有些现有员工在企业里更换了不同的工作，有了不同的或者可能是更多的职责。对这些新的任职者，如果教育不及时，就意味着企业正在失去具有 ERP 知识的人员，于是将不能像以前那样有效地运行 ERP 系统。

(2) 人们会忘记，因此需要再教育和再培训。这里，可以借用物理学上半衰期的概念。人们所学知识是会遗忘的，遗忘也有一个半衰期。如果这个半衰期是 1 年的话，那么对于去年所学的知识，今年只能记得 1/2，明年只能记得 1/4。

(3) 经营条件会变更。对于任何一个企业来说，三年后的经营环境与今天的可能会截然不同。企业可能发展了新的生产线，进入了新的市场，变革了生产工艺，执行了新的政府法规，增加了新的子公司，市场状况由卖方市场转变为买方市场，或者相反，诸如此类。经营条件的变化可能会对 ERP 系统的应用提出不同的要求，因此需要继续教育和培训。

(4) 使用 ERP 意味着运用成套工具来经营企业。ERP 的各种工具不易变化，但是经营环境却在变化，可能和几年前 ERP 投入使用时有很大变化。这就要定期维护这些工具，以适应今天的企业环境和目标。

ERP 的继续教育和培训是一个伴随企业经营的长过程。在这个过程中，人们可以维护他们的工具，适应新的形势，迎接新的挑战。因此，ERP 的继续教育和培训应当紧密地和企业的运行机制相结合。应当对企业中的每个岗位建立最基本的 ERP 教育和培训标准，并纳入岗位工作规范。新员工应在开始工作的几周内达到这些标准。这些基本标准可能会要求一些新员工到企业外部参加培训。但是，正如初始教育一样，ERP 的继续教育和培训大部分可以通过企业内部的学习班来完成。这些学习班应当由运行管理人员或其他关键人员来主持。

为了使 ERP 的继续教育和培训纳入企业的经营机制，最好由企业的人事部门来做这项工作。人事部门已经有了每个雇员的档案。在这个基础上制定 ERP 继续教育和培训的计划并进行管理是比较方便的。

对于企业的高层领导，也存在继续教育的问题。高层管理人员的变更，无论是总经理或其副手的变更，都是对 ERP 的一个威胁。如果新的领导人员没有接受过适当的教育，那么他很可能不了解 ERP 并且可能会因某种疏漏使之功能降低。新的高层领导比其他任

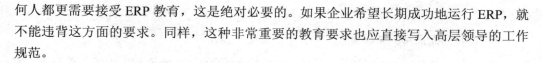

何人都更需要接受 ERP 教育，这是绝对必要的。如果企业希望长期成功地运行 ERP，就不能违背这方面的要求。同样，这种非常重要的教育要求也应直接写入高层领导的工作规范。

5．做好软件维护工作

对于已经成功地实现了 ERP 系统的企业来说，应当做好由自己来维护 ERP 软件系统的准备。不要认为软件供应商能够永远提供对软件的维护。5 年之后，他们可能已经转产，甚至可能倒闭了。对软件的维护，如果不是一开始就自己进行的话，那么开始得越早越好。

ERP 软件是一套对于企业运营极为重要的工具。对于这样重要的资源主要依靠外部能力来维护显然不是明智之举。

6．超越 A 级，把企业经营得越来越好

一个 A 级 ERP 用户，能够以相当高的水平运营，不但能运营得比以前更好，而且可能比想象的还要好。但是许多企业，甚至 A 级用户，并未达到他们所能达到的水平，甚至也不曾想像他们应当达到何种水平。

真正优秀的 A 级用户不会满足于已有的成绩，他们会经常自问：“我们干得如何？我们如何才能干得更好？”他们将会把标尺升高再升高，而且要积极努力去达到它。实际上，在今天业已形成的全球化市场的激烈竞争中，取得优秀的业绩已成为企业生存的必要条件。换句话说，如果企业不把世界级的优秀业绩作为企业持之以恒的奋斗目标，那么企业就会在激烈的竞争中遭到失败。然而，世界级的优秀业绩的标尺也是不断升高的。

在 ERP 的基础上，企业应当而且可以把许多事情做得更好。一些极好的工具和方法，如及时生产(JIT)或精益生产方式(LP)、全面质量管理(TQM)、供应链管理(SCM)、客户关系管理(CRM)以及高级排产计划(APS)、制造执行系统(MES)等均可在 ERP 的基础上加以实现。

总之，企业在达到 A 级之后不应该停止在已有的水平上，不应满足于已取得的成绩，而应当去追求那些进一步提高管理水平和提高生产率的工具、更好的竞争策略、更好的工作方式和环境。ERP 系统所带来的经济效益，可以为这些进一步的计划提供资金。一个 A 级用户应当把 ERP 系统的成功看作一个新的起点，在此基础上，不停地努力，争取更大的成功。

13.7　实施应用 ERP 的十大忠告

经过几十年的实践，对于如何实施和应用 ERP 系统积累了丰富的经验。以下十大忠告便是这方面经验的高度概括和总结。对于实施和应用 ERP 系统的企业有着很好的借鉴

意义。

1. 领导全面支持，始终如一

ERP 用来运行一个制造企业，它统筹安排企业的物料、资金和人力等各种资源，与生产和经营息息相关。它不仅涉及库存控制、物料清单或工艺路线的维护，更涉及企业的每一个人。因此，企业领导必须理解 ERP，全面支持，并期待使用 ERP 系统获得效益。

2. 高度重视数据的准确性，建立必要的责任制度

无论手工系统或计算机系统都不能在谎言的环境下生存。不准确的数据对于无辜的计算机来说其实就是谎言。它们只能被计算机用来高速地产生错误的答案。因此，必须建立明确的责任制度，数据操作的各个环节上的准确性都要有专人负责，否则数据的准确性没有保障。

3. 确立系统的目标并对照衡量系统的性能

没有目标就不知走向何方，不对照目标衡量现状就不知居于何处，即使世界级的制造企业也必有可改进之处。建立 ERP 系统必须确定明确的目标，并据以衡量系统的性能，不断改进，否则就要招致失败。

4. 不要将没有经验的人放到关键的岗位上

在大多数企业里，能干的、经验丰富的人总是忙得不可开交。如果没有特意的安排，他们不会有"空闲"来参加 ERP 项目的工作，但正是这些重要的员工才是成功地规划和实施 ERP 系统的基本保证。因此，一定要千方百计地发挥这些骨干力量的聪明才智。切不可让有时间无经验的"南郭先生"参加 ERP 项目的关键工作。

5. 不要压缩人员培训的费用

要让各级人员学会使用新工具完成自己的工作，因此，不要压缩培训费用。事实上，培训费用要比忽视培训将要付出的代价小得多。

6. 寻求专家的帮助

事实上，一切自己干将比聘请有经验的专家花费更大。凡是可能出错的地方必定出错，这是一条统计规律。因此，作出错误决定的机会实在太多了，其代价将数倍或数十倍于聘用专家的费用。

7. 不要把手工系统的工作方式照搬到计算机系统中

如果对现行的工作方式及其结果颇为满意而不愿意寻求改变，那么搞 ERP 就是浪费资金。一个制造企业肯定可以从 ERP 系统中获益，但是应当准备按 ERP 的标准改变现行的工作方式。切不可修改 ERP 系统去模仿和适应现行的不适当的手工工作方式。

8. 既要从容，又要有紧迫感

实现 ERP 系统可以分解为一系列具体的工作任务。一方面，有些任务枯燥繁琐，却必不可少。对此，要从容计划，不要急于求成，否则欲速则不达。而另一方面，为避免实施过程无限期地拖长，紧迫感也是十分必要的。

9. 树立全员参与意识

ERP 系统的运行需要计算机，但这决不意味着 ERP 只是 IT 部门的事情。ERP 属于使用它进行有效工作的每一个员工。只有全员参与并建立起用户的主人翁精神，才能充分发挥 ERP 的效益。

10. ERP 不能医治百病

ERP 可为企业带来多方面的效益，但它不能包医百病。当然，训练有素的 ERP 用户可以迅速查出问题的症结所在并予以解决。

人们常说："如果我们比前人看得远，那是因为我们站在他们的肩上。"

又说："如果不能从过去吸取教训，那么仍会重复同样的错误。"

有了实施和应用 ERP 的决心和共识，还必须有科学的态度和方法才能把事情办好。实施应用 ERP 的企业应当能够从这些宝贵的经验中获益。

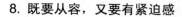 思考题

1. 为什么说企业高层领导在 ERP 实施和应用过程中的作用是十分重要的？

2. 谁应当对 ERP 项目的实施成功负最终的责任？

3. ERP 实施过程中关键的因素是什么？

4. ERP 的实施分为哪些阶段？需要多长时间？

5. 如何制定实施计划？

6. 什么是实施 ERP 系统的可靠路线？它包括哪些基本的步骤？

7. 如何进行 ERP 的成本效益分析？

8. 为什么要制定 ERP 的项目公约？

9. ERP 项目小组的职责是什么？

10. ERP 项目小组负责人的职责是什么？ERP 项目小组的负责人应当具备什么条件？

11. 确定 ERP 项目小组的负责人应当注意避免哪些错误倾向？

12. ERP 项目指导委员会的职责是什么？如何组成 ERP 项目指导委员会？

13. 在 ERP 实施和应用过程中为什么应当得到专家的帮助？

14. 在 ERP 的实施过程中为什么要特别重视教育和培训工作？ 如何做好 ERP 的教育和培训工作？

15. ERP 的实施,为什么要用试点的方法?有哪几种试点方法?

16. 什么是 ERP 应用和管理的工作方针和工作规程?它们有什么不同?

17. 为什么要建 ERP 应用和管理的工作方针和工作规程?如何建立这些工作方针和规程?

18. 在 ERP 的实施过程中如何使用"ERP 实施检测表"?这些检测表可以起到什么作用?

19. 在 ERP 项目切换后,企业应当如何管理 ERP 系统?

20. 如何检测销售与运营规划的运行情况?

21. 如何检测主生产计划的运行情况?

22. 如何检测物料需求计划的运行情况?

23. 如何检测能力需求计划的运行情况?

24. 如何检测车间作业管理的运行情况?

25. 如何检测采购作业管理的运行情况?

26. 如何对 ERP 系统的运行情况进行综合的检测?

27. 在 ERP 系统的运行管理过程中,为什么要继续做好教育和培训的工作?

28. 在 ERP 系统的运行管理过程中,如何做好继续的教育和培训工作?

29. 如何做好 ERP 软件系统的维护工作?

30. 企业在应用 ERP 系统达到 A 级标准后应当如何做?

31. 什么是实施应用 ERP 的十大忠告?

32. 实施应用 ERP 的企业可以从这十大忠告中得到什么启发?

▌习题

1. 在 ERP 实施和应用过程中企业高层领导的作用是至关重要的。在下述的原因中哪一项是最确切的?(　　)

   A. 只有企业高层领导最了解 ERP 为企业带来的效益

   B. 在日趋激烈的市场竞争中,ERP 是很好的工具

   C. 对 ERP 项目负最终的责任,其决心和行动影响着员工思维方式和行为方式的改变

   D. 确定企业的愿景和市场目标以及成本和利润目标

2. ERP 项目的实施在企业的各项工作中应当具有怎样的优先级?(　　)

   A. 第 1 位　　　　B. 第 2 位　　　　C. 第 3 位　　　　D. 第 4 位

3. ERP 实施的关键因素有哪些?(　　)

   A. 企业领导的决策和实施顾问的指导

   B. 人、数据和计算机技术

   C. 计算机软件、硬件和网络设备

D. 资金、厂房和机器设备

4. ERP 实施可以划分为三个阶段，它们是（　　）

   A. 计算机试点、会议室试点和现场试点

   B. 实现基本 ERP、实现财务管理以及供应链集成、持续不断的改进和提高

   C. 成本效益分析、确定业绩目标、定期的检测评估

   D. 先行教育、项目进行过程中的教育和培训、持续不断的教育和培训

5. 下面哪些不属于 ERP 实施可靠路线中的步骤？（　　）

   A. 初始评估、先行教育、企业愿景、成本效益分析

   B. 降低成本、提高质量、确定安全库存、评估供应商业绩

   C. 制定项目公约、项目组织、软件选型、实现数据完整性

   D. 需求管理、计划和执行流程的定义

6. 如何选择 ERP 实施的项目负责人？（　　）

   A. 选用计算机技术人员

   B. 从企业外部招聘一位懂 ERP 的专门人才

   C. 让企业内工作量不饱满的人员来担任

   D. 从企业内部选择一位有经验、有威信的管理人员

7. 在 ERP 实施过程中，为什么需要专家的指导？（　　）

   A. 为了节约时间　　　　　　　B. 为了降低成本

   C. 为了避免错误　　　　　　　D. 以上所有原因

8. 在 ERP 实施过程中，有三种试点，即（　　）

   A. MRP 试点、MRP Ⅱ试点和 ERP 试点

   B. 计算机试点、会议室试点和现场试点

   C. 计划试点、采购试点和生产试点

   D. 单仓库试点、多仓库试点和供应链试点

9. 在 ERP 应用过程中，工作方针和工作规程的作用是什么？（　　）

   A. 定义业务流程，规范行为方式

   B. 为进一步提高企业管理水平奠定基础

   C. 指导机器设备的操作

   D. 降低产品成本，提高产品质量

10. 一个企业在实施 ERP 获得成功之后，应当如何做？（　　）

   A. 保持清醒的认识和有效的组织

   B. 坚持认真的检测，继续进行教育和培训，并做好软件维护工作

   C. 坚持改善，不满足于已有的成绩

   D. 以上全部

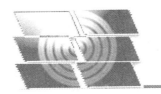

第14章

ERP实施应用评估方法——
Oliver Wight优秀企业业绩A级检测表

在激烈的竞争形势下，提高企业业绩水平和管理水平的问题越来越受到广大企业的高度重视。每个企业的管理者都会经常向自己提出以下问题：

我们现在所做的事情正确吗？

我们现在做得足够好吗？

我们是在朝着优秀企业业绩的目标迈进吗？

这些都是非常重要而严肃的问题。然而，正确地回答这些问题需要系统的指标体系。这正是国内许多企业所普遍关心的。国外在这方面已有了很好的工具，即 Oliver Wight 优秀企业业绩 A 级检测表(The Oliver Wight Class A Checklist for Business Excellence)。

这份检测表已有30年的发展历史，已经成为在全球广泛应用的实现优秀业绩的标准。它是 Oliver Wight 公司遍及全球的分支机构的实践经验的积累和总结，反映了数千客户的努力和取得的成就。

一份好的检测表不但能正确地反映企业的现状，而且可以帮助企业看清为了提高企业的竞争力和实现优秀企业业绩目标应当关注什么和做什么。定期使用优秀企业业绩 A 级检测表对企业进行检测，可以提前发现问题，及时地解决问题；还可以使企业目标明确，以更有效的方式持续改善，提高企业的竞争力，使企业朝着优秀业绩目标不断前进。

14.1 Oliver Wight 优秀企业业绩 A 级检测表的发展

最早的检测表由 ERP 的先驱者 Oliver Wight 于 1977 年给出，主要目的在于检测企业应用 MRP Ⅱ 的情况，共 20 个问题，称为 ABCD 检测表(按照企业应用 MRP Ⅱ 的业绩划分为 A、B、C、D 共 4 个等级)。这 20 个问题按技术、数据准确性和系统使用情况分成三组。每个问题均以"是"或"否"的形式来回答。

第 2 版的检测表扩充为 25 个问题，增加了一个分组内容：教育和培训。这一版的检测表在 MRP Ⅱ 时代流传甚广。

在 20 世纪 80 年代，ABCD 检测表得到了进一步的改进和扩充，推出了第 3 版。其覆盖范围已不限于 MRP Ⅱ，还包括了企业的战略规划和不断改进过程，但第 3 版的 ABCD 检测表流传不广。

1993 年，Oliver Wight 公司推出 ABCD 检测表第 4 版。这已经不是一个人甚至几个人的工作了，而是集中了十几年来数百家公司和实施应用人员的经验。这个检测表也已不再是几十个问题的表，而是包括了战略规划、人和团队、全面质量管理和持续不断的改进、新产品开发、计划和控制共 5 章在内的一本书。这一版的检测表内容已经相当宽泛，实际上，只有第 5 章是直接针对 ERP 的实施和应用的。

2000 年，Oliver Wight 公司推出了 ABCD 检测表第 5 版。第 5 版和第 4 版的结构相同，但有所扩充。第 3 版至第 5 版的名称都是《Oliver Wight 优秀企业运营 ABCD 检测表》(*The Oliver Wight ABCD Checklist for Operational Excellence*)。

2005 年，Oliver Wight 公司推出了第 6 版，检测的范围从传统的运营扩展到全部的业务流程，充分地体现了近年来企业管理思想、方法和工具的发展，并改名为《Oliver Wight 优秀企业业绩 A 级检测表(*The Oliver Wight Class A Checklist for Business Excellence*)》。内容分为 9 章：

(1) 战略计划管理。

(2) 管理和领导企业的人。

(3) 驱动企业改善。

(4) 集成的企业管理(销售与运营规划)。

(5) 产品和服务管理。

(6) 需求管理。

(7) 供应链管理。

(8) 企业内部供应管理。

(9) 外部资源管理。

在检测表的发展过程中，第 2 版和第 6 版是两个不同的里程碑。第 2 版检测表简明、易用，直接针对 ERP 项目的实施和应用。如果实施和应用 ERP 项目的企业希望对自己的项目状况做一个迅速的自检，那么这份检测表仍然具有实用价值。

为了在竞争中战胜对手、获得增长，对于任何一个企业来说，面向优秀业绩的持续改善都是至关重要的。只有优秀的企业才能在激烈的竞争中获胜。然而，世界在不断地变化，客户的要求在不断地提高，因此优秀业绩的标准也在不断地提高。

与此相适应，第 6 版 Oliver Wight 优秀企业业绩 A 级检测表的范围从传统的运营扩展到全部的业务流程和全部的业务职能，帮助企业从战略的高度建立和管理企业的愿景，以人为本，驱动持续的改善，做好产品和服务管理、供应链管理、外部资源获取的管理，并发展和供应商及客户的友好合作关系。

◎ 新的检测表定义了优秀企业业绩的标准，帮助企业发现现状和目标之间的差距，为企业提供了切实的评估基准。

◎ 新的检测表提供了指导企业持续改善的工具，即从宏观到微观的分层结构的指标体系，帮助企业在整个企业范围内，协调所有的业务过程和活动，实现优秀的企业业绩。

◎ 新的检测表为企业建立了一个没有终点的过程，帮助企业在竞争中发现客户和消费者真正需要什么，竞争对手在做些什么，从而能够在客户认为重要的事情上，比竞争者做得更好，持续地赢得竞争的胜利。

第 6 版检测表从第 3 版逐渐发展过来，内容不断地充实和提高。它已经不仅仅针对实施和应用 ERP 项目了，而是针对企业的整体业绩目标。因此，已经和第 2 版检测表不在同一个层面上了。从根本上来说，实施应用 ERP，应当使企业业绩得到改善。因此，通过检测企业的业绩目标当然也检测了实施应用 ERP 的效果，只是它对实施和应用 ERP 项目的检测不是直接的，但是这无疑是更本质、更深刻的。

下面，我们对第 2 版检测表和第 6 版检测表这两个里程碑作比较详细的介绍。

14.2 第 2 版 ABCD 检测表及其使用方法

第 2 版 ABCD 检测表的内容由如下 4 组共 25 个问题构成。

第 1 组：技术

(1) 主生产计划及物料需求计划的计划时区是周或更短。

(2) 主生产计划及物料需求计划至少每周运行一次。

(3) 系统具有确认和跟踪计划订单的能力。

(4) 主生产计划以可见的方式管理，而不是自动生成的。

(5) 系统包括能力需求计划。

(6) 系统包括日常派工单。

(7) 系统包括投入/产出控制。

第 2 组：数据完整性

(1) 库存记录准确度达到 95%或更高。

(2) 物料清单准确度达到 98%或更高。

(3) 工艺路线准确度达到 95%或更高。

第 3 组：教育和培训

(1) 至少有 80%的员工参加了初始教育。

(2) 有继续教育和培训的计划。

第 4 组：系统的使用

(1) 不再使用缺料表。

(2) 供应商按时交货率达到 95%以上。

(3) 使用供应商计划法。

(4) 车间按时交货率达到 95%或更高。

(5) 主生产计划完成率达到 95%或更高。

(6) 定期(至少每月一次)召开生产规划会议，总经理和生产、库存控制、工程、市场销售及财务部门的经理参加。

(7) 有以书面形式表述的主生产计划规程，并坚持执行。

(8) 系统不仅用于订单编制，也用于排产。

(9) 生产、市场、工程、财务各部门及决策层的关键人员充分理解 MRP。

(10) 高层领导确实使用 MRP 进行管理。

(11) 能有效地控制和实施工程改变。

(12) 在库存减少、生产率提高及客户服务水平 3 项中至少有 2 项获得明显改善。

(13) 运营系统用于财务计划过程。

这份检测表的每个问题的答案只有"是"或"否"。实施应用 ERP 的企业，可以应用这份检测表迅速地对项目的状况进行自检。自检可由 ERP 运行管理小组根据来进行。对于 25 个问题中的每一个问题，都应当取得一致的意见，而且对任何一个得到否定答案的问题，都应当分析原因、找出解决问题的方法并确定解决的时间，而不能放任拖延。

自检评分按 100 分计，每题 4 分。如果有的问题对企业不适用，可将其所占的分数分配到其他问题。根据评分结果，90 分以上为 A 级，71~90 分为 B 级，50~70 分为 C 级，低于 50 分为 D 级。

自检应当得到企业指导委员会的支持，并向指导委员会报告检测结果。

14.3　第 6 版 Oliver Wight 优秀企业业绩 A 级检测表

第 6 版 Oliver Wight 优秀企业业绩 A 级检测表共 9 章，分为两组。开始的 4 章，关注企业的基础流程。

1. 战略计划管理

在全企业范围内考察和评估关于企业愿景、战略和发展方向的流程，确保企业愿景、战略和发展方向在整个企业内形成共识，体现在持续改进的所有计划、项目和行动中。

2. 管理和领导企业的人

考察和评估企业文化和价值观，人的行为和团队精神，知识管理和领导能力。面对日趋激烈的竞争，人是最终把不同的企业区分开来的关键因素。随着公司的成熟，这将变得更加重要。珍惜、教育和发展企业的员工，他们是公司的未来。

3. 驱动企业改善

考察和评估企业的成熟程度，确定企业改善的优先级，建立完整的持续改善的架构，驱动企业的业绩达到优秀，确保企业的员工对流程的改善以主人翁的态度负责任，从而为持续的改善奠定坚实的基础。

4. 集成的企业管理(销售与运营规划)

这一章从熟知的销售与运营规划过程发展起来。考察和评估企业全面的决策过程，定期地在经营规划和战略规划的层面上检测企业业绩和战略目标之间的差距，控制和驱动企业每天的业务流程和决策。包括：产品和服务管理、需求管理、内部和外部供应链管理，以及企业运营和财务的集成管理。

这些明细的流程体现在下面的第 5~9 章中。

5. 产品和服务管理

考察和评估产品生命周期和文档的管理，确保产品和服务的销售能够实现经营规划的目标，从而以优秀的业绩创造竞争的优势。

6. 需求管理

对市场和客户需求理解得越深刻，赢得竞争的能力越强。考察和评估企业集成的需求管理流程，帮助企业计划并创造客户需求，管理市场营销和销售活动，实现企业的战略和经营规划的盈利目标。

7. 供应链管理

考察和评估企业建立快速反应的供应链、集成供应计划和执行活动的流程，帮助企业在获取优秀业绩的过程中增强竞争的优势。

8. 企业内部供应管理

虽然企业的焦点正在转移到扩展的供应链，但是企业内部的供应链活动，对于确保兑现客户承诺和满足需求仍然是至关重要的。考察和评估企业管理资源和能力的流程，

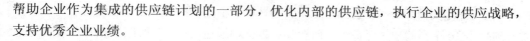

帮助企业作为集成的供应链计划的一部分，优化内部的供应链，执行企业的供应战略，支持优秀企业业绩。

9. 外部资源管理

考察和评估企业在选择和管理物料和服务的供应源，亦即在产品、零部件和原材料的不同级别上的制造还是购买的决策过程。对于获取资源以及计划和协调产品货物在供应链中运动的流程，建立评估标准。理解、管理风险与总体拥有成本(total cost of ownership)的平衡。

14.4　如何应用第 6 版 Oliver Wight 优秀企业业绩 A 级检测表

这份检测表可以作为一个实际的评估工具，用于最初的差距分析，规划、改善活动的优先级，划分改善的项目，并在实现全面的优秀业绩的过程中，对所取得的业绩进行评估。

对于大多数企业来说，希望同时开始 9 个方面的改进工作是困难的。因为，这将导致太多的工作，以至于每件事情都难以做好。Oliver Wight 优秀企业业绩 A 级检测表的分章结构使得企业能够选择其中的一章或几章作为企业业绩改善过程的开始。

正确地使用检测表的过程构成企业绩不断改善的过程，具体做法可以采取以下步骤。

1. 现状评估

使用 Oliver Wight 优秀企业业绩 A 级检测表改善企业业绩的过程从评估企业现状开始。许多企业选择他们最关心的问题来开始这个评估过程。当然，也可以选择 9 章的所有问题，对企业进行一个全面的评估。应当注意的是，如果选择了某一章，就应回答该章的所有问题，除非某些问题不适用于企业的情况。

为了得到一个中肯的评估结果，在对这 9 章作选择时，必须了解这份检测表是完整的和集成的，各章的内容是密切相关的。

许多企业把参加评估的人分成 5~10 人的小组来讨论检测表中的问题，通过讨论、争论和分析，对所关注的问题取得一致的意见。有一点很重要，就是应有不同层次的企业领导参加不同小组的讨论，并且应当邀请客户和供应商代表参加这样的小组讨论。

参加评估的人必须经过教育和培训，他们必须充分理解企业为什么应当按高标准来运行，他们应当具有丰富的知识，了解所评估的业务的定义和描述。而且，一定要注意避免先入为主的倾向或有意的曲解而使答案失真。

第 6 版检测表的每一章大约有 10 个主题,每个主题包括两个优秀业绩的定义,每个定义细化为 10 个小问题。对每个小问题都有详细的描述,因此,对照企业的实际情况对这些小问题评估打分是容易的。根据对这些小问题的评估分数,可以确定企业相对于优秀业绩定义的评估分数,综合各主题优秀业绩定义的分数,可以确定这一章的评估分数以及企业是否在这一章相应的业务流程中达到了 A 级优秀业绩的标准。

检测表对于每个问题的评估可以有 6 个不同的分值。

0 分(没有做): 该项活动是必须做的,但是目前没有做。

1 分(差): 在这方面做了一些实践,但是还没有对企业业绩的改善作出贡献。

2 分(一般): 单项的实践,获得了一些效益,但是没有集成到整个企业的流程中,尚未得到所期望的结果。

3 分(良好): 已有了良好的实践和效益,但尚未系统地实现持续改进的目标。

4 分(很好): 具有企业流程的完全集成的实践,满足了检测表的定义,达到了检测表描述的结果。

5 分(优秀): 在全公司范围内优秀和充分有效的实践。成功地实现了企业的目标,在业内居于领先水平。

平均分达到 4.5 分可以得到 A 级认证。

采取这种计分方法的原因在于: 在许多情况下,虽然企业尚未达到"优秀",但毕竟做了某些工作,因此应当指出所达到的水平以及还应做多少工作才能达到 A 级水平,从而提供不断提高的机会和手段。

我们应当注意到,第 6 版 Oliver Wight 优秀企业业绩 A 级检测表和前几版检测表最明显的不同,就是不再有 B 级、C 级和 D 级。这意味着,如果没有达到 A 级,就仍然必须继续作出艰苦的努力,而不能稍有松懈,更不能自我满足。这一点是很重要的,根据我们的实践,按照前几版的检测表,有些实施 ERP 的企业在开始制定项目公约时,所定的目标往往是"我们一定要至少达到 B 级或接近 B 级"。于是,一开始的目标就定低了。目标定得低,实施的结果肯定不会高。那么,为什么不能一开始就把目标定得高一些呢?

企业的评估必须以至少 3 个月的业绩数据为基础。这是因为短时间看来,可能事情不错,但是这并不意味着企业已经有了有效的工具,而且已经学会有效地使用它们进行管理,并进入了持续改善的状态。因此,短时间的观察不足以得出可靠的结论。

应当强调的是,即使一个企业在某些方面达到了 A 级,也不能认为企业的潜力已经发挥得很充分了。即使达到了 A 级,还可以做得更好。

2. 确立改善目标

下一个重要的步骤是根据评估的结果建立企业改善的目标,确定企业要在哪些领域得到改善,应当达到什么样的标准,要完成哪些任务,谁来负责以及计划何时完成等等。

3. 制定实施改善的计划

在建立了目标、确定了所要完成的工作和有关人员的职责之后，则应制定实施计划，指明如何达到目标，如何改善回答这些问题的能力，完成任务或实现改善的日期，等等。

4. 度量所取得的成绩

根据所制定的实施改善的计划记录和度量所取得的成绩。

5. 高层领导定期进行检查

企业高层领导应定期对企业业绩改善情况进行检查，一般每月检查 1 次。检查业绩改善的进展情况、所取得的成绩以及存在的问题。在高层领导进行检查时，以下问题都是应当考虑的：

是否已达到了预定的业绩目标？

如果尚未达到预定的业绩目标，那么原因是什么？如何解决？

必须排除哪些障碍或解决哪些问题才能继续取得进步？

正确地使用 Oliver Wight 优秀企业业绩 A 级检测表的过程就是企业持续改善的过程。

14.5 Oliver Wight 公司的认证

Oliver Wight 优秀企业业绩 A 级检测表的新标准的要求是更严格的，而且要求更长的改善时间。通过这套标准实现企业改善的程序，将由一系列实际的项目和里程碑组成。每一个改善项目应当在比较短的时间内给出明显的效益。而里程碑将作为认证的主要的标识点。为了认证改善过程中的进步。不再有先前版本中的 ABCD 4 个等级的认证。Oliver Wight 组织的认证只有 3 个等级。

1. Oliver Wight 优秀企业业绩 A 级里程碑认证(Oliver Wight Class A Milestone Award)

由最初确定的评估范围和整个改善程序中的各个改善项目的优先级确定。每一个可认证的里程碑都是朝着优秀企业业绩迈进的一个重要的步骤，也都表现出可度量的业绩。一般来说，这样的里程碑不应当超过 8 个，每个里程碑延续 6~8 个月，其中有些是并行的。

2. Oliver Wight 优秀企业单元业绩 A 级认证(Oliver Wight Business Unit Class A Accreditation)

这项认证是针对在规模较大的企业里在所确定的改善范围内，某个业务单元实现优秀企业业绩所做的努力和取得的成绩。

3. Oliver Wight 优秀企业业绩 A 级认证(Oliver Wight Class A Business Excellence)

这是对全面集成的优秀企业业绩的 A 级认证。

注：如果希望得到关于检测表的更多信息，可以登录网站 www.oliverwight.com。

■ **思考题**

1. 什么是 Oliver Wight 优秀企业业绩 A 级检测表？

2. Oliver Wight 优秀企业业绩 A 级检测表的作用是什么？

3. 第 2 版检测表和第 6 版检测表有什么不同？

4. 如何使用 Oliver Wight 优秀企业业绩 A 级检测表？

■ **习题**

1. 下面哪一项关于应用《Oliver Wight 优秀企业业绩 A 级检测表》的陈述是正确的？
（　　）

    A. 现状评估，确立目标，制定计划，度量成绩，定期检查

    B. 确立目标，制定计划，现状评估，度量成绩，定期检查

    C. 现状评估，确立目标，度量成绩，制定计划，定期检查

    D. 现状评估，定期检查，确立目标，制定计划，度量成绩

第15章

用友系统软件

15.1 ERP-U8 系统概述

15.1.1 总体介绍

用友 ERP-U8，以企业中端应用为主，是适应中国处于快速发展企业的管理软件。U8 产品，在总结客户的应用经验、吸取国内外先进管理理念、逐步融合先进企业管理实践的基础上，全面提供了具有普遍适应性的 ERP 软件。

用友 ERP-U8 帮助企业整合资源，拥有从容应对市场变化的快速反应能力以及灵活适应能力，保持企业持续的竞争优势。产品通过对及时发现问题、正确做出决策、严密制定计划、有效执行监控、快速分析评估 5 个关键要素的把握，以整合企业的人、财、物等内外部资源，整合企业的物流、资金流和信息流，整合企业的信息系统为基础，形成了用友 ERP-U8 "整合应用，驾驭变化" 的产品理念，为企业带来最佳的业务实践、最佳的应用体验、最佳的投资回报三大应用价值。

15.1.2 ERP-U8 系统构成

用友 ERP-U8 系统包括以下产品：财务管理、客户关系管理、供应链管理、生产制造、分销管理、零售管理、决策支持、人力资源、OA 以及集团财务。用友 ERP-U8 集成应用平台，如图 15.1 所示；用友 ERP-U8 企业应用套件整合业务的应用架构，如图 15.2 所示。

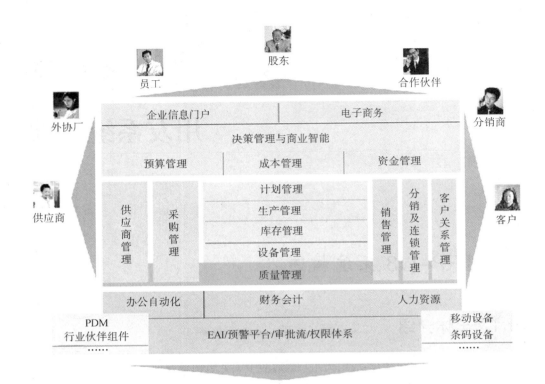

图 15.1　集成应用平台

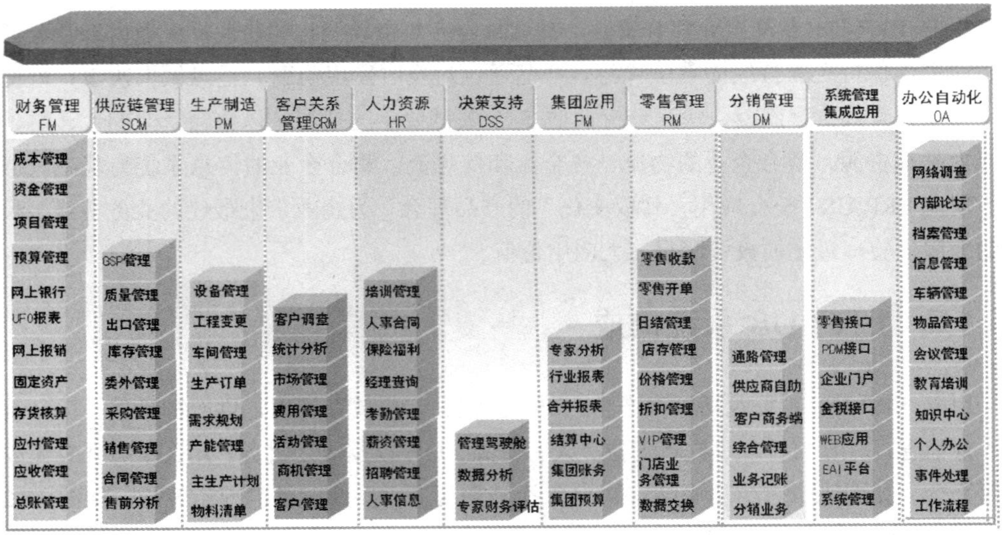

图 15.2　用友 ERP-U8 系统

15.1.3　应用特征

1. 全面应用，高度集成

◎ 用友 ERP-U8 满足不同的制造、商务模式下，以及不同的运营模式下的企业经营，实现从企业日常运营、人力资源管理到办公事务处理等全方位的产品解决方案。

◎ 用友 ERP-U8 充分考虑国外企业在华投资和国内企业向海外发展的国际化运营模式，提供多语言支持。

◎ 用友 ERP-U8 全面集成了财务、生产制造和供应链应用，延伸客户管理至客户关系管理(CRM)，并对于零售、分销领域实现了全面整合。通过实现人力资源管理(HR)，办公自动化(OA)，保证行政办公事务、人力管理和业务管理的有效结合。

2. 按需部署，快速见效

◎ 针对客户企业运作地域、应用模式、管理要求、应用层次进行按需部署产品、方案和应用。

◎ 通过快速实施工具，结合标准不失个性的应用方案，实现快速的企业应用实效。

◎ 信息化周期的低 TCO：低成本的应用、低成本维护、低成本升级。

3. 个性应用，交互友好

◎ 实现单据、报表、界面的全面自定义，从而实现客户操作平台的自定义。

◎ 产品展现一致化，交互全面微软化，界面展现更为友好。

4. 伙伴融合，个性凸现

◎ 开展伙伴策略，集成各类软件、硬件、服务提供商，为客户提供整体解决方案。

15.1.4　技术特征

ERP-U8 具备以下技术特征：

(1) 在 U8 系列产品的技术架构大量采用微软 Microsoft. Net 平台技术，凭借多种应用服务器的支撑，高端硬件产品的支持，极大地提升了高并发、高负载、高可用性等企业级应用指标。

(2) U8 是一个分布式的企业应用平台，全面支持多种分布式应用场景，如 Internet,

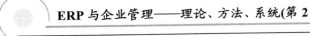

Intranet，Active Directory，VPN，Terminal Service 等。对 HTTP，SOAP，Web Service 的支持可以确保应用在各种复杂网络环境下的畅通无阻。

(3) 提供二次开发工具，面向二次开发人员提供开放的开发工具，进行客户自定义需求以及合作伙伴方的项目需求的开发。

(4) 提供了可靠的安全机制，对用户的数据、口令、身份验证都采取强大的加密机制，利用 Kerboros 验证机制，安全威胁模型，MD5 加密，降低了外界因素对企业应用的威胁和攻击风险。

(5) 集成 EAI 功能，利用 EAI 将整个产品的信息集成，使得不同产品之间信息可随意交换，利用复制技术，可有效实现多组织的信息共享。

(6) 大量采用 XML 技术，HTTP SOAP 协议，Web Service，SOA(面向服务的架构)模式，使整个系统拥有很好的扩展性和集成性。

15.1.5 系统面向合作伙伴的设计

企业在信息化建设过程中往往需要整合多个系统的应用。U8 系统面向二次开发伙伴、整合应用的产品提供设计了以下平台和特性。

◎ EAI——定义了用友 ERP-U8 产品的对外数据交换的标准格式，并提供多种接口模式，其他的软件产品可以和 U8 产品进行挂接。

◎ 二次开发平台——为增值开发商开放 U8 开发平台编程接口。

◎ U8 集成应用平台——为相关应用软件开发商提供集成使能服务，比如：提供消息传输服务、工作流程管理服务等。

15.2　ERP-U8 整体解决方案

15.2.1 制造业标准应用方案

1. 适用行业

制造业：电子、机械、电器、金属制品、仪器仪表、通讯设备制造业等。

2. 解决的应用问题(图 15.3)

当前客户关注的问题 U8ERP解决之道 客户收益

当前客户关注的问题	U8ERP解决之道	客户收益
部分料品由于无法及时到货,导致停工待料,同时仓库中还有多年存放的料品	适合于中小企业接单生产的模式,按照需求确定采购、生产料品的品种、数量、时间	**按需采购、按需生产**
原材料众多,产品规格变化多,成本计算困难,核算粗放	料、工、费的数据直接来源于各个业务系统,计算准确精细	**精细的成本核算,便于确定成本管理和控制的重点方向**
往往是既成事实后,各个部门才采取挽救措施;而供应商、客户的信息沟通不及时,导致交货延期	预报警信息,支持消息、邮件、手机短信的消息发送,与内部员工、供应商、客户实现重要信息的共享	**信息共享,应对变化**
缺乏决策依据	提供采购、销售、库存、应收账款、生产、资金等全方位信息	**全面信息掌握,准确决策**

图 15.3　制造业标准应用方案解决的应用问题

3. 产品解决方案

产品解决方案系统构成,如图 15.4 所示。

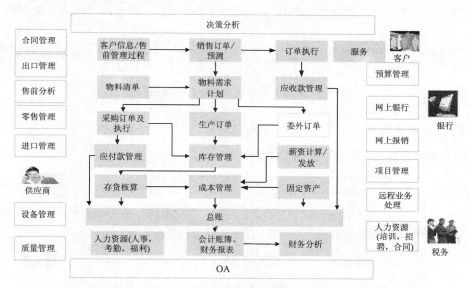

图 15.4　产品解决方案系统构成(制造业标准应用方案)

应用方案总体特征:

◎ 面向中小企业提供生产、计划为核心的一揽子应用方案。实现企业业务运作的全程管理与信息共享,实行企业内外资源优化配置。

◎ 快速响应市场需求。

◎ 支持多种生产类型和生产模式。

◎ 全面的成本控制体系。

15.2.2 制造业专业应用方案

1. 适用行业

制造业：电子、机械、电器等。

2. 解决的应用问题(图 15.5)

当前客户关注的问题	U8ERP解决之道	客户收益
客户需求多变，企业运营很难围绕订单组织，浪费很大	基于订单，进行计划、生产、采购，保证客户需求在各个业务部门得到及时反馈	提高市场应变能力
计划部门做计划难以把握实际库存、产能对于客户订单的满足程度，计划粗放，全凭经验	多段计划体系，实现多种混合制造模式的资源配置，包括关键资源、医疗资源，车间在制的统一协调	全面掌控并优化资源配置
客户订单一旦变更，几个部门碰头，协调会变成扯皮会，效率低下	系统根据客户订单，预测变动以及内部供应的变化适时提供供需情况分析，提供调整建议	灵活计划，操作可行
企业制度、规章难以贯彻，变成了纸面文章	基于角色建立企业权限体系，分工控制体系	将企业的制度和信息系统结合起来
业务问题暴露很慢，等到发现时候，已经火烧眉毛了	建立基于部门级别、企业级别、财务级别多级的控制体系，按角色、人员进行提示，预警，报告	业务控制严谨有序，收放自如

图 15.5 制造专业应用方案解决的应用问题

3. 产品解决方案

产品解决方案系统构成，如图 15.6 所示。

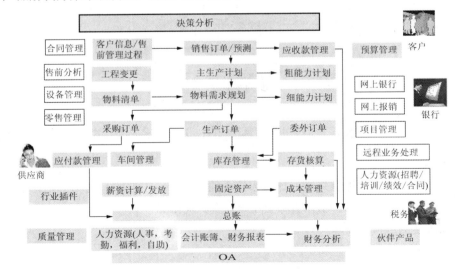

图 15.6 产品解决方案系统构成(制造业专业应用方案)

应用方案总体特征：

◎ 面向中小企业提供生产、计划、车间作业为核心的一揽子应用方案。

◎ 快速响应市场需求。

◎ 支持复杂生产工艺、BOM 变更管理，并实现 PDM 系统的数据接口管理，消除设计与制造之间的信息隔阂，保证制造和设计的继承。

◎ 从"企业—车间—工作中心"的三个级别提供资源需求计划，提供多层次全方面的能力管理，优化资源配置，发掘企业潜力。

◎ 支持多种生产类型和生产模式。

◎ 全面的成本控制体系。

◎ 有效的生产过程控制，细致的车间作业，全面监控车间在制情况，及时掌握车间生产数据。

◎ 通过对设备台账和设备运行的全方位信息的记录和过程控制，实现对设备相关业务的标准化、规范化管理，提升设备运行的可靠性、经济性。

15.2.3　商品流通业应用方案

产品解决方案系统构成，如图 15.7 所示。

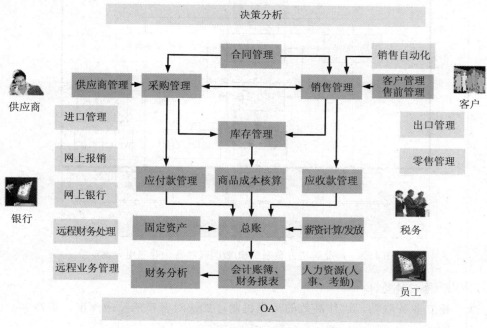

图 15.7　产品解决方案系统构成(商品流通业应用方案)

应用方案总体特征：

◎ 建立业务联动、运作高效的运作机制，加快对客户的反应速度，提高客户满意度。

◎ 建立销售计划管理体系，提高管理水平。

◎ 随时掌控销售部门、销售业务员的业绩，可以根据市场的变化适时调整策略。

◎ 保证销售政策的严格执行，包括：价格体系、信用政策、划区销售等。

◎ 支持多种销售模式，并且可以对异地分支机构的销售业务，远程仓库进行管理。

◎ 建立供货商评价体系，合理选择供货商，规避采购风险。

◎ 提高库存管理的准确性，加快库存周转速度；及时掌控库存状态，避免不必要的过期损失；实现商品的 ABC 管理，抓住重点，有的放矢。

15.2.4 医药经营企业应用方案

产品解决方案系统构成，如图 15.8 所示。

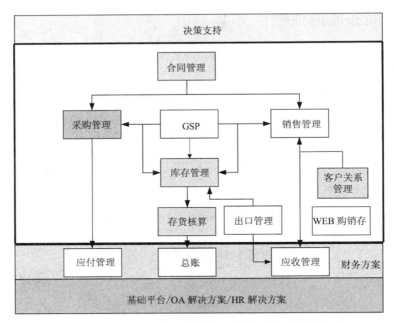

图 15.8 产品解决方案系统构成(医药经营企业应用方案)

应用方案总体特征：

◎ 建立业务联动、运作高效的运作机制，加快对客户的反应速度，提高客户满意度。

◎ 严格按照 GSP 规范要求，将质量管理规范落实到业务流程中。

◎ 建立销售计划管理体系，提高管理水平。

◎ 随时掌控销售部门、销售业务员的业绩，可以根据市场的变化适时调整策略，从而使保证企业销售目标的达成。

◎ 保证销售政策的严格执行，包括：价格体系、信用政策、划区销售等。

◎ 支持多种销售模式，并且可以对异地分支机构的销售业务，远程仓库进行管理。

◎ 提高库存管理的准确性，加快库存周转速度；及时掌控库存状态，避免不必要的过期损失；实现商品的 ABC 管理，抓住重点，有的放矢。

15.2.5　分销应用方案

1. 适用行业及企业特征

◎ 行业：服饰、制药/食品、电子电器。

◎ 组织形态：中小型集团性企业，需要跨区域集中管理库存或销售业务。

2. 产品解决方案

产品解决方案系统构成，如图 15.9 所示。

方案的总体特征：

◎ 集中管理全局库存与应收账款，降低经营风险。

◎ 商务处理协同化自动化，提升操作效率。

◎ 实时可视化：动态掌控全局库存与应收账款，强化通路管理，及时发现违规业务。

◎ 协同化：实现企业内部的多机构跨地域商务协同，同时为客户/供应商提供跨地域信息共享平台，提升整体处理效率。

◎ 集中化数据管理与维护，安全，成本低。

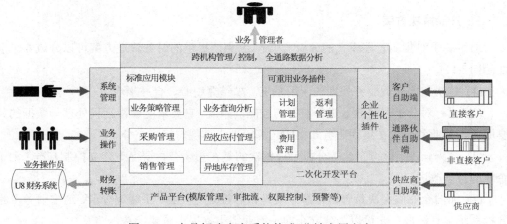

图 15.9　产品解决方案系统构成(分销应用方案)

15.2.6　集团管理应用方案

1.　适用企业

适用于集团型企业。

2.　解决的应用问题

集团企业价值管理链是由企业基础架构和企业运营架构组成(图 15.10)。其组织结构分为总公司、分公司、部门、责任中心等企业层次；纵向的业务活动分为经营活动、投资活动、融资活动三类，这三类活动产生整个集团企业的物流、资金流和信息流；横向的财务核算和报告系统分为全面预算、现金流量、经营业务循环、业绩管理、财务报告、战略决策 6 项；支持所有工作需要必不可少的两套系统：一套是下层的内部控制与风险管理系统，第二套是底层的管理信息系统。

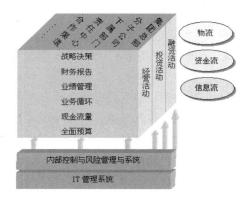

图 15.10　企业基础架构和运营架构

3.　产品解决方案

通过基于对集团管理模式的分析,用友 U8 集团提供的财务管理方案可以分成 4 个层面(图 15.11)。

(1) 解决集团企业业务处理的应用系统，如结算中心、合并报表。

(2) 进行对分子公司业务进行监督与控制的系统，它要求能解决远程处理与数据的共享服务，其业务要求在集团账务和集团预算管理中体现得极为充分。

(3) 数据仓库、虚拟企业等分析手段解决的是在集团公司层面上建立控制基准，利于企业的持续改进。

(4) 面向企业高层决策管理信息系统是依靠管理驾驶舱、平衡记分卡、通宝财务专家分析系统工具组成，它可以为建立企业关键业绩指标提供重要参考。

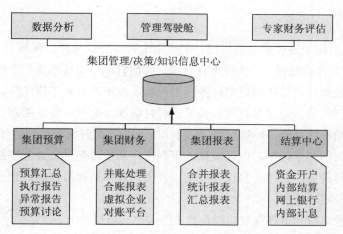

图 15.11　产品解决方案系统构成(集团管理应用方案)

用友 U8 所提供的集团管理应用方案旨在实现并支撑企业集团创造价值的方式，即：结合资本运作增强实力、业务协同增加效率、共享资源并拓展商业生存空间。

15.3　用友 ERP-U8 功能概述

15.3.1　财务管理

用友 ERP-U8 财务管理功能，如图 15.12 所示。

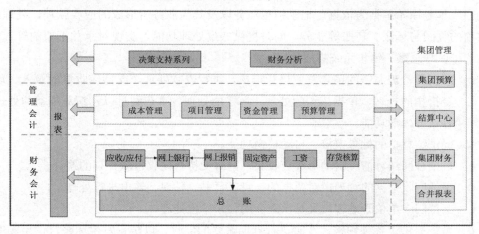

图 15.12　财务管理功能

1. 总账

总账系统是适用于各类企事业单位，主要用来进行凭证处理、账簿管理、同时还可处理客户及供应商往业管理、个人往来款管理、部门管理、项目核算和出纳管理，等等。

◎ 由用户根据自己的需要建立财务应用环境，设置适合本单位实际需要的专用模块。包括：自由定义科目代码长度、科目级次、汇率、凭证类别、凭证格式、提供辅助核算功能，包括对部门、个人、客户、供应商和项目的核算。

◎ 提供严密的制单控制，保证制单的正确性。制单时提供资金赤字控制、支票控制、预算控制、外币折算误差控制，并提供操作员权限控制，加强对发生的业务进行及时的控制。

◎ 提供批量审核和单张审核功能，并支持对照式审核。

◎ 提供明细账、总账、凭证、原始单据联查功能。

◎ 提供对辅助明细账的跨年度查询功能，同时可自定义账表的格式和可自定义查询条件。

◎ 自动完成月末分摊、计提、对应转账、销售成本、汇兑损益、期间损益结转等业务。

◎ 进行试算平衡、对账、结账、生成月末工作报告。

◎ 灵活的自定义转账功能可满足各类业务的转账需要。

◎ 支持国家标准《财经信息技术 会计核算软件数据接口》(GB/T 24589—2010)。

2. 应收款管理

应收款管理着重实现工商企业对应收款所进行的核算与管理。它以发票、费用单、其他应收单等原始单据为依据，记录销售业务以及其他业务所形成的应收款项，处理应收款项的收回与坏账、转账等业务，同时提供票据处理功能，实现对承兑汇票的管理。本系统可以与总账、销售系统集成使用。

◎ 对销售管理系统的销售发票进行审核，进行收款处理，支持应收单的录入、现金折扣的处理、单据核销的处理、坏账的处理、客户利息以及汇兑损益的处理等业务处理功能。

◎ 提供结算单的批量审核、自动核销功能。

◎ 根据合同结算情况自动形成应收款，同时支持合同收付款计划的统计。

◎ 提供应收票据的管理，对票据的计息、背书、贴现、转出进行处理。

◎ 支持同一单位既是客户又是供应商的往来单位处理。

◎ 系统提供了各种预警，及时进行到期账款的催收，以防止发生坏账，信用额度的控制有助于您随时了解客户的信用情况。

◎ 提供应收账龄分析、欠款分析、回款分析等统计分析，从而进行资金流入预测。

3. 应付款管理

应付款管理着重实现工商企业对应付款所进行的核算与管理。它以发票、费用单、其他应付单等原始单据为依据，记录采购业务以及其他业务所形成的往来款项，处理应付款项的支付、转账等业务，同时提供票据处理功能，实现对承兑汇票的管理。

◎ 对采购管理系统的采购发票进行审核，进行付款处理，支持应付单的录入、现金折扣的处理、单据核销以及汇兑损益的处理。

◎ 提供结算单的批量审核、自动核销功能，并能与网上银行进行数据的交互。

◎ 根据合同结算情况自动形成应付款，同时支持合同收付款计划的统计。

◎ 提供应付票据的管理，处理应付票据的计息、结算。

◎ 支持同一单位既是客户又是供应商的往来单位处理。

◎ 系统提供了各种预警，及时进行到期账款的支付。

◎ 提供应付账龄分析、欠款分析等统计分析，从而进行资金流入预测。

4. UFO 报表

UFO 报表是一个灵活的报表生成工具，用户可以自由定义各种财务报表、管理汇总表、统计分析表。它可以通过取数公式从数据库中挖掘数据，也可以定义表页与表页以及不同表格之间的数据钩稽运算、制作图文混排的报表，是广大会计工作者不可多得的报表工具。

◎ UFO 与其他电子表软件的最大区别在于它是真正的三维立体表，在此基础上提供了丰富的实用功能，完全实现了三维立体表的四维处理能力。

◎ 提供了多个行业的财务报表模板，可轻松生成复杂报表，提供自定义模板的功能。

◎ 组合单元为不规则报表的制作提供极大方便。

◎ 数据采集、汇总及独有的数据透视功能，可将几百张报表数据按条件取到同一页面显示，以方便数据对比分析。

◎ 强大的二次开发功能，可以开发出本单位的专用报表系统。

◎ 支持多个窗口同时显示和处理，可同时打开的文件和图形窗口多达 40 个，并有拆分窗口的功能，可以将报表拆分为多个窗口，便于同时显示报表的不同部分。

◎ 强大的数据处理功能：一个报表能同时容纳 99 999 张表页，每张表页可容纳 9999 行和 255 列。

◎ 根据行业可一次生成多张报表，支持联查明细账功能。

◎ UFO 报表系统开放性强，可直接打开和保存成多种格式的文件，如文本文件、DBASE、Access 数据库、Excel 和 Lotus 1-2-3 电子表格文件，并提供同其他财务软件报表引入和引出的接口。同时提供丰富的打印控制功能。

◎ 报表数据接口：提供与其报表的接口；支持国家标准《财经信息技术 会计核算软件数据接口》(GB/T 24589—2010)

◎ UFO 报表数据可以和微软 Office 进行数据交流。

◎ 分公司通过 UFO 从总部的合并报表模块下载报表格式，填报后通过 UFO 进行上报，总部在合并报表模块进行合并。

5. 网上报销

网上报销主要是处理各类企业、行政事业单位内部员工日常借款、报销业务，以及在报销时的费用控制。

◎ 方便快捷的网上填单、网上审批、网上款项划拨。

◎ 借款业务的处理，支持借款的录入、审核、预算控制、多种借款方式、信用控制以及超信用借款的多种后续处理方式。

◎ 报销业务的处理，支持报销单录入，支持报销单核销借款，支持核销同时现金收回和支出。

◎ 提供企业内部部门、员工借款的信用控制功能。

◎ 严格的费用控制，主要从报销标准的控制和费用预算的控制两个方面来对企业的费用进行控制，从而做到对各项费用进行控制，并为事后的分析考核提供数据。

◎ 支持多种应用模式：支持企业分散式应用、集中式管理的模式，满足用户信息充分共享、综合汇总、分析和远程应用的管理需求。

6. 网上银行

网上银行帮助企业出纳员足不出户即可享受中国工商银行、中国建设银行、中国招商银行、中国光大银行等银行优质的网上银行理财服务。

◎ 适应国内主流银行网上银行业务：深圳发展银行、中国建设银行、中国农业银行、中国银行、招商银行、光大银行、中信实业银行、中国交通银行、北京银行(原北京商业银行)、中国工商银行。

◎ 企业集团服务：集团用户可以通过网上银行服务查询集团各子公司的账户余额、交易信息，划拨集团内部公司之间的资金，进行账户管理等服务。

◎ 对公账户实时查询：企业可以实时查询对公账户余额及交易历史。

◎ 网上转账：企业可以通过互联网实现支付和转账。

◎ 银行账户余额查询：实现网上在线查询当天及昨天银行账户余额，并将当日余额和科目账余额进行比较分析。

◎ 在线统计查询：实现网上在线查询当天银行账户交易明细及银行账户历史交易明细。

◎ 付款单与银行交易明细对账：实现某时间付款单与银行返回的交易明细之间的对账功能。

◎ 支持多种接口方式：文件方式，银企直连。

◎ 按对有权限的操作员，可以指定每个账户的录入、审核、支付权限，可以指定审核、支付的金额。

7. WEB 财务

WEB 财务适用于各种工商企业的广域网与局域网应用，通过网络传递处理财务凭证查询账簿，支持企业财务集中管理模式和分散应用集中管理模式。通过 WEB 财务功能，企业实现完全的远程办公为企业提供一个及时掌握总公司和各个分支结构业务全貌的信息处理平台。适合与外地或者远程有分支机构的企业进行财务核算和管理。

◎ 支持两种应用模式。

- 分支结构通过浏览器登录总公司服务器，填制凭证后保存在总部，总部和分支机构共用一套账，实现集中式管理。
- 分支结构和总部使用不同账套，分支机构凭证保存在本地账套，总部实时登录分公司服务器实时查询分支公司账簿，掌握分支机构的运营状况，随时指导业务工作。实现分散应用集中管理。

◎ 支持远程凭证、收付单据的录入及审核、签字等处理。

◎ 实现总部与异地分支机构数据同步处理与查询。

◎ 提供各种标准报表，包括总账、明细账、现金日记账，还提供了账龄分析等收付账簿。企业可以及时查询各科目的最新余额，全面掌握业务动态。随时查询各科目的最新明细情况，真实了解业务的每一个细节。

◎ 与用友 ERP-U8 软件各系统之间链接，按业务单据—凭证—账—表—分析的手工业务流程设计，与各系统既能融为一体、共享信息，又能各自独立使用各业务功能。

8. 现金流量表

现金流量表是为报表使用者提供企业一定期间内现金流入和流出的信息，以便了解和评价企业获得现金的能力，并据以预测企业未来现金流量。

◎ 可对企业的现金流量进行按日、按月、按季、按年的准确反映。

◎ 可对已生成的期间现金流量表进行汇总。

◎ 对多借多贷的凭证提供了多种自动拆分方法，同时您也可以根据实际情况手工拆分。

◎ 对一借多贷、多借一贷的凭证提供全自动拆分。

◎ 对于项目的数据来源，提供了 4 种方法：凭证分析、查账指定、取自报表、取自总账。

◎ 对现金流量表及附表上的项目，可根据实际需要进行适当修改、增加。

◎ 可解决汇率变动对现金的影响，适用于有外币核算的企业。

◎ 对生成的分析表均提供另存为报表文件、文本文件、Access 文件、Excel 文件或 Lotus1-2-3 文件的功能，以便您进一步处理。

9. 公司对账

公司对账根据往来对账单与单位往来账逐笔核对发生额及余额，形成未达账项余额表。解决由于本单位与往来单位之间，由于记账、结算的时间差导致的往来记录不一致，防止差错和风险。往来对账包括内部单位间的往来账和非内部单位之间(客户、供应商)之间的对账。

公司对账可以将总账系统中的往来科目凭证记录按照一定条件导出系统，也可将往来单位的往来记录以文件形式导入系统。

10. 固定资产

固定资产适用于各类企业和行政事业单位进行设备管理、折旧计提等。可用于进行固定资产总值、累计折旧数据的动态管理，协助设备管理部门做好固定资产实体的各项指标的管理、分析工作。

11. 票据通

票据通是用友公司面向票据打印市场而提供的一款通用票据套打软件，广泛适用于财务、市场、商务、客服及行业纵深领域。

12. 报账中心

报账中心提供了报账单据录入、单据审核、预算控制、生成凭证、报表查询等基本功能，并实现与财务系统的无缝链接。

13. 项目成本管理

项目成本管理是以项目管理和成本会计为基础对项目进行成本核算管理。项目成本管理系统是根据企业的实际情况将具有相同特征(如用相同方法核算)的对象集合归集分类，进行符合特定需求的成本核算的管理系统。包括主要的功能模块有：项目组织与费用配置，项目预算，原始成本归集，项目成本计算、分配与结转，项目成本实际统计与预算分析 5 个方面。

项目成本管理系统适合建筑与施工行业、出版与发行行业、旅游服务行业；以及业务中有项目管理方式的其他各类企业(如工程设备安装项目)。

14. 预算管理

全面预算管理是全面实现企业管理的重要方法体系，主要包括规划、协调、控制及业绩考评四大职能。系统在应用过程中实现了对企业预算假设建立、预算体系搭建、预算编制、预算调整、预算控制、预算分析全过程的管理，并与 U8 业务系统和公共平台(如审批流)紧密结合。

15. 资金管理

资金管理系统提供了全面、灵活、实用、准确的资金预测功能，通过资金预测，能随时掌握企业未来的资金流向、流量和盈缺情况；同时资金管理系统还提供了资金风险预警功能，以帮助用户防范支付危机；除此之外，还可以进行筹投资规划和筹投资管理。

16. 成本管理

成本管理按照制造业的成本管理流程而设计，可以提供成本预测、成本核算、成本分析等功能，满足企业成本管理细化的要求，提供作业成本法的管理模式，满足会计核算的事前预测、事后核算分析的需要，从而达到降低成本、提高效益的目的。

◎ 成本管理适用于离散型制造企业，支持品种法(分步法)、完全分批法、部分分批法、分类法等多种成本计算方法。

◎ 成本计划：通过定义材料计划价、计划人工费用、服务计划价和产品单耗，系统自动生成产品计划单位成本，并根据完工数量生成标准成本。通过制定产品定额、计划成本实现了对成本的事前控制。

◎ 成本核算：系统根据用户对定义的产品结构，选择的成本核算方法和各种费用的分配方法，自动对从其他系统读取的数据或用户手工录入的数据进行汇总计算，输出用户需要的成本核算结果及其他统计资料。

◎ 成本预测：系统运用一次移动平均和年度平均增长率法以及计划(历史)成本数据对部门总成本和任意产量的产品成本进行预测。成本预测可以为企业提供决策信息及控制标准。

◎ 成本分析：根据计划成本和历史期间的实际成本，对一定期间的成本中心或目标产品进行成本分析。可提供"批次产品成本追踪分析、成本中心内部利润分析、产品成本差异分析、成本项目构成分析、材料消耗差异、成本控制报告"6种分析模式。

15.3.2　客户关系管理

用友 U8CRM 产品贯穿了从售前、售中到售后的一条十分清晰的业务主线，可以管理从客户向企业表达意向开始、到商机挖掘、销售过程追踪、交易达成直至管理决策的完整业务过程。U8CRM 系统功能流程图，如图 15.13 所示。

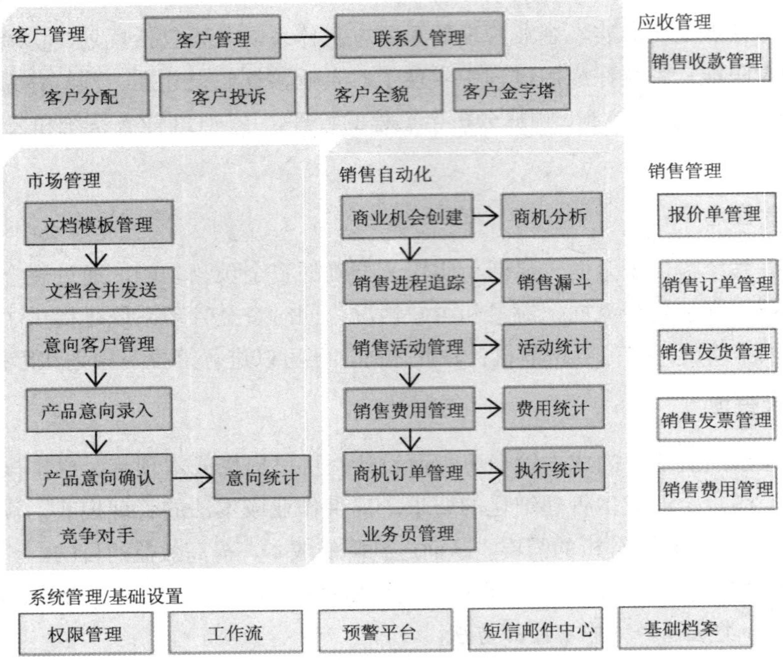

图 15.13　U8CRM 系统功能流程图

1. 客户管理

客户管理帮助企业建立客户档案，根据多种分类条件对客户进行差异化管理，客户管理是用友 U8CRM 的核心功能。

2. 销售自动化

即商机管理模块，主要使用对象是企业的销售经理和销售业务人员，他们采用商机管理的一系列功能跟踪客户销售过程。

3. 市场管理

市场管理模块主要包括意向管理和销售文档管理两个子模块。

◎　意向客户管理可以帮助企业建立意向客户档案。

◎　销售文档管理为企业的销售业务人员提供一种销售工具，帮助他们向客户、联系人、意向客户或者意向联系人发送销售文档。

◎　通过竞争对手基本资料的管理，便于分析企业和竞争对手商机竞争情况。

4. 统计分析

◎ U8CRM 统计分析模块包括销售分析、商机分析、客户分析、业务员分析、产品分析、投诉分析、意向分析和活动分析 7 个子模块。统计分析中最核心的应用是销售漏斗和客户价值金字塔。

◎ 销售漏斗是一种重要的销售管理工具，它通过漏斗状的图形真实反映企业当前销售状况。销售漏斗的使用者主要是负责销售的销售管理人员，他们通过销售漏斗快速了解销售状况，从而制定销售策略和管理决策。

◎ 客户价值金字塔是一种评估客户价值的有效工具，它通过金字塔的图形，形象的反映不同价值等级的客户，以及客户的历史价值变化趋势。为用户提供按照收入、利润、累计商机金额、累计欠款金额、累计费用金额和客户忠诚度 6 种价值指标，分析客户金字塔。

15.3.3 供应链

供应链管理面向单一企业，提供了涵盖企业内部物流全部流程的功能，整合财务和制造管理系统，实现对企业增值流的信息化管理(图 15.14)。

供应链系统关注企业实现盈利性成长的绩效变化(T：时间；Q：质量；C：成本；S：服务；F：柔性)，实现客户导向，订单驱动的市场型运营机制；为用户提供了业务"计划－下达－执行－监控－反馈－改进"的改进循环圈。为企业建立在统一运作平台上的柔性系统，集合预警平台，有效的把握各种异常、重要事件。

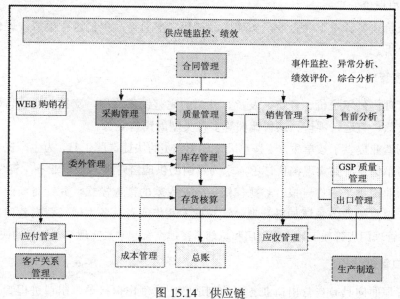

图 15.14 供应链

1. 合同管理

合同管理实现用户对商业合同的管理，包括对合同文本维护、合同变更、合同分析、业务合同执行、合同结算、收款、核销等一系列的业务处理。

- ◎ 合同管理覆盖了合同的整个生命周期：从合同签订、合同执行、收付款全程的合同管理。
- ◎ 支持主子合同的划分，同时提供子合同付款时参照主合同的参数控制。从而实现分包合同的有效处理。
- ◎ 自动化的合同处理，支持合同的自动生效、自动结案以及变更单的自动生效。
- ◎ 支持多种报警方式：合同生效报警、合同结案报警、合同执行报警、收付款报警，其中包括提前报警与滞后报警。
- ◎ 丰富的合同查询，提供合同的统计、执行、变更查询，以及合同明细执行情况追溯以及收付执行明细的分析。

2. 售前分析

售前分析提供了两种制造企业接单、新品研制前需要进行分析的工具：ATP 分析和模拟报价。

(1) ATP 模拟

ATP：就是在当前的生产安排和采购情况下，在(未来)既定的时间里，可用于交付的产品量。ATP 模拟就是实现企业在销售之前对可交付的产品量进行模拟，以分析销售占用对企业整体业务的影响。

(2) 模拟报价

模拟报价主要针对工业企业，实现产品销售之前对产品报价进行模拟，提供成本加成的报价分析。

3. 销售管理

销售管理提供了报价、订货、发货、开票的完整销售流程，支持普通销售、委托代销、分期收款、直运、零售、销售调拨等多种类型的销售业务。

针对制造业提供了按单生产、按单装配的 BOM 的快捷选配工具，为生产提供有效的客户物料清单信息，并实现销售订单需求为牵引的供应链管理的全程业务 管理。

针对商业提供了零售日报、委托代销、分期收款的销售模式，并针对商业重视的价格、信用、返点等业务领域加以管理，针对批零兼售或者具备本地经营自营门店的企业提供了零售管理门店管理工具，将门店和总部紧密地结合起来，实现终端信息的快速反馈。

4. 出口管理

出口管理面向具有自营出口业务权的制造业，实现出口接单，出口进程管理，出口

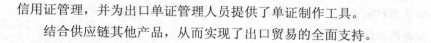

信用证管理，并为出口单证管理人员提供了单证制作工具。

结合供应链其他产品，从而实现了出口贸易的全面支持。

5. 采购管理

采购管理对采购业务的全部流程进行管理，提供请购、订货、到货、入库、开票、采购结算的完整采购流程。目前系统处理普通采购、受托代销、直运业务 3 种业务类型，整合销售、计划、库存、财务等系统，共同完成对物料供给的业务支持。

6. 委外管理

委外管理提供对委外商的管理、制定委外计划，对委外作业实现适价、适时、适质、适量的进程管理，并对委外物料的发补退以及余料进行管理。

委外业务以委外订单为核心，支持严格按照委外订单进行收发料的业务处理，支持严格按照委外订单开具委外加工费发票的业务处理。

7. 库存管理

库存既是企业满足生产、销售需要的缓冲，也是企业持有成本的主体。有效地配置库存结构，管理库存价值，以有效的信息代替库存，降低企业库存已经是企业竞争力提升的基础。细致严谨的库存管理系统包括库存业务、库存控制、库存分析三个方面，能够有效地跟踪库存的出入库情况，分析库存的异常状态，针对库存的短缺、超储、安全库存提供了预警机制，提供全面的动态的库存信息，结合管理驾驶舱为企业各个部门进行决策提供依据。

◎ 库存业务：提供全面的多方位的库存物料业务，支持多种收发料业务。

◎ 库存控制：提供多种不同的物料用量、物料批次、货位、保质期、不合格品的管理控制。

◎ 库存分析：系统提供了各种库存分析工具，供用户查询、分析、决策之用。

8. 质量管理

质量管理产品是供应链系列产品的有机组成部分，它保持与 ISO 9000/QS 9000 管理思想协调一致的精神，遵循戴明循环，可较好地实现质量检验、质量监控、质量分析和质量评估全过程的管理，有效地提升企业质量管理的规范化、标准化水平，健全和优化质量管理体系。

◎ 严谨全面的管理体系，实时高效的运作系统：产品贯彻 ISO 9000 标准，实现质量标准、资源配置、质量检验、质量监控、质量分析全过程的质量管理。

◎ 按照公认的国际标准，系统可以根据报检量自动计算抽检量，并能根据录入的样本不合格数量和合格数量自动判定检验结果。

◎ 支持不良品的多种处理方式,并就不良品作多方面的分析和图形统计。由系统
引导客户实现规范标准的质量控制和处理。

◎ 提供了质量成本的管理,帮助客户了解质量问题带来的成本浪费,提供质量监
控的力度。

◎ 规范不失灵活的检验处理,一次性送检,多次检验,简化作业量,支持辅计量
的抽检处理,并对分析图形方案提供便捷的保存处理。

9. 存货核算

存货核算系统主要针对企业存货的收发存业务进行核算,掌握存货的耗用情况,及
时准确地把各类存货成本归集到各成本项目和成本对象上,为企业的成本核算提供信息,
并可动态反映存货资金的增减变动情况,提供存货资金周转和占用的分析,在保证生产
经营的前提下,降低库存量,减少资金积压,加速资金周转,具有及时性、可靠性和准
确性。

◎ 适应多种业务情形的成本核算:全月平均、移动平均、先进先出、后进先出、
个别计价、计划价核算/售价核算 6 种成本计价方式。提供按仓库、部门、存货
3 种核算方式。支持普通采购、暂估业务、受托代销、普通销售、分期收款发出
商品业务、委托收款发出商品业务、假退料业务、直运销售业务、其他业务成
本核算。

◎ 支持暂估入库成本处理:提供月初回冲、单到回冲和单到补差 3 种暂估处理
方式。

◎ 假退料管理:车间已领用的材料,在月末尚未消耗完,下月需要继续耗用,则
可不办理退料业务,制作假退料单进行成本核算。

◎ 灵活及时的业务调整:利用出入库调整单、系统调整单调整当月已记账单据,
同时登记明细账或差异账/差价账。

◎ 产成品成本分配:随时按存货或存货分类对产成品入库单进行批量成本分配,
也可从"成本核算系统"取得产成品的单位成本,填入入库单。

◎ 提供了计提存货跌价准备。

10. GSP

药品 GSP 认证是国家依法对药品经营企业实施监督检查并取得认可的一种制度,是
贯彻《药品法》,获得药品经营许可的首要条件。U8 GSP 质量管理系统结合药品经营企
业的特点,将 GSP 规范融于医药商业企业日常管理的业务流程中。

GSP 质量管理主要功能包括质量检验管理、不合格管理、库存养护管理、GSP 日常
办公管理、特殊药品销售管理、设施管理和管理文件。GSP 医药质量管理系统的主要业
务可分为采购质量检验、销售退货检验、出库复核、库存养护、不合格药品处理、首营

企业和首营品种审批等环节。

◎ 全流程的 GSP，将 GSP 的标准规范渗透到 GSP 质量系统的建立、首营企业的审批、采购入库的检验、退货处理、药品养护、出库复检以及不合格品管理每一个环节、每一个流程中，形成全过程的质量管理。

◎ 全员参与的 GSP，将 GSP 作业贯穿于整个组织机构的每个岗位之中，从企业经理到销售代表，从化验员到仓库保养员，满足企业全员参与质量管理的要求。

◎ 全企业的 GSP，系统为企业各个部门参加质量管理，充分发挥各自的业务职能、质量职能，提供了全方位的管理和控制，帮助企业实行全企业的 GSP 质量管理。

15.3.4 生产制造

生产制造部分包括物料清单、主生产计划(MPS)、需求规划(MRP)、产能管理、生产订单、车间管理、工程变更和设备管理 8 个模块(图 15.15)。

图 15.15 生产制造模块

1. 物料清单

物料清单作为基础性模块，为 MPS/MRP 等其他多个模块提供基础信息。

◎ 支持多种类型 BOM：提供计划品、模型类、选项类、ATO 非模型和标准 BOM。

◎ 支持多种供应类型：系统提供领料、入库倒冲、工序倒冲、虚拟件 4 种供应类型。

◎ 支持多版本 BOM：用户对主要和替代 BOM 都可以设置多个版本和各版本的生

效日期。

- ◎ 支持结构化和非结构化自由项，物料由"存货+结构性自由项"共同标识。
- ◎ 支持标准成本、计划成本：在物料清单中对子件指定是否进行子件成本累计。
- ◎ 可以更加灵活全面地支持产品选配。
- ◎ 支持联副产品。
- ◎ 提供公用物料清单：系统可以只建立一个公用物料清单为一些产品共享。
- ◎ 多种快速创建物料清单的方法：可以使用物料清单拷贝功能，快速创建新物料清单。
- ◎ 提供物料清单差异比较表：包括主要 BOM 与替代 BOM 本身以及他们之间的比较。
- ◎ 可以方便地用新物料取代旧物料：按时间和 BOM 类别确定取代范围。
- ◎ BOM 有多种展现方式：多阶式和单阶式，正向和反向等查询。
- ◎ 精细管理原材料耗用量：在 BOM 中可以将子件用量以分子/分母的方式来准确表达。

2. 主生产计划(MPS)

主生产计划(MPS)主要用于定义关键物料的预期生产计划。有效的主生产计划是销售承诺提供基准，并用以识别所需资源(物料、劳力、设备与资金等)及其所需要的时机。

- ◎ 灵活设定 MPS 的需求来源：既可以是需求预测、也可以使客户订单、或需求预测与客户订单的灵活组合。
- ◎ 支持重复制造计划：系统可自动生成 MPS 件的建议重复制造计划。
- ◎ 多版本的产品需求预测资料：可指定某一版本的需求预测作为 MPS 需求来源。
- ◎ 通过时格设定，可自定义重复计划的计划期间。
- ◎ 限制不合理插单，最大可能保证准时交货率：通过设定冻结期，若生产订单及委外订单的开工日期落在冻结期间内，系统将提示"冲突"。
- ◎ 对产品的关键部件进行排产：可在 BOM 的任意层建立 MPS 物料的需求预测。
- ◎ 支持按物料或销售订单及预测订单，查询 MPS 计划的供/需资料及 MPS 的计算过程。
- ◎ 支持 MPS 计划维护功能：维护 MPS 自动生成的或者手工维护的计划供应。

3. 需求规划(MRP)

需求规划(MRP)系统针对 MRP 件，依据客户订单或产品预测订单的需求和 MPS 计划，通过物料清单展开，并考虑现有库存和未关闭订单，而计算出各采购件、委外件及自制件的需求数量和日期，以供采购管理、委外管理、生产订单系统计划执行。

- ◎ 可设定 MRP 的需求来源：按时栅设定 MRP 物料在不同时间段其独立需求来源，是需求预测或客户订单或需求预测与客户订单的某种组合。

◎ 多版本的产品需求预测资料：可选择某一版本的需求预测作为其需求来源。

◎ 支持重复制造计划：通过时格设定，可自定义重复计划。

◎ 限制不合理插单，最大可能保证准时交货率：通过设定冻结期，若生产订单及委外订单的开工日期落在冻结期间内，系统将提示"冲突"。

◎ 对产品的关键部件进行排产，保证产品及时交货率：可在 BOM 的任意层建立 MRP 物料的需求预测。

◎ 提供 BRP 针对订单、依据 BOM 展开得到，支持制造企业完全采取批对批的生产方式。

◎ 支持按物料或销售订单及预测订单，查询 MRP 计划的供/需资料及 MRP 的计算过程。

◎ 支持查询未建立物料清单的物料： MPS 展开前查核。

◎ 支持 MPS 计划维护功能：维护 MPS 自动生成的或者手工维护的计划供应。

◎ MRP 计划支持替换料的处理。系统会根据选项决定是否将替换料纳入计算处理过程。

4. 产能管理

产能管理系统可以按工作中心计算资源能力，确保有足够的生产能力以满足企业的生产需求。本系统提供资源需求计划(RRP)，能力计划(RCCP)和细能力需求(CRP)三层能力计划。

◎ 资源需求计划(RRP)按产能管理参数中所设定的 MPS 物料的预测版本作为需求来源，以物料的资源清单生成各计划期间工作中心的资源需求，同时计算相关工作中心资源的可用产能。并提供各计划期间工作中心资源的产能/负载比较分析资料。

◎ 能力计划(RCCP)以 MPS 物料的独立需求(预测订单与客户订单消抵后的结果)为需求来源，依相关 MPS 物料的资源清单计算其负载，同时按工作中心的关键资源来计算可用产能，并提供各工作中心关键资源的产能/负载比较分析资料。

◎ 细能力需求(CRP)按产能管理参数设定的截止日期及生产订单状态，将选择范围内的生产订单按其工艺路线计算资源负载，同时按工作中心计算各资源的可用产能，提供各工作中心资源的产能/负载比较分析资料,并可及时调整订单资料,系统立即更新负载状况。

5. 生产订单

生产订单是针对制造有关的生产订单计划、锁定、审核、备料、关闭等作业的管理，协助企业有效掌握各项制造活动的信息。

◎ 支持建立标准、非标准生产订单和按生产线建立重复性生产计划。

◎ 可手工建立生产订单，或从 MPS/MRP/BRP 计算结果自动生成生产订单。

◎ 可根据销售订单建立按订单配置产品的总装生产订单。

◎ 生产订单建立可以选择生产产品的物料清单、工艺路线的版本和类型。

◎ 可关联生产产品的工艺路线，按工序指定生产订单子件的用料数量和需求日期。

◎ 可按生产订单设定子件用量为固定用量或为变动用量。

◎ 可定义生产订单用料清单中子件是否为产出品。

◎ 可指定生产订单用料清单中子件的领料仓库。

◎ 可临时修改生产订单的子件用料资料。

◎ 提供各生产订单缺料状况模拟功能，以便及时掌握缺料状况，避免发生缺料停工。

◎ 可与库存系统集成，并可设定是否允许超生产订单完成。

◎ 可与质量系统集成，即可以按生产订单生成产品入库报检单。

◎ 可按生产订单、销售订单等角度，查询生产订单的完工状况。

◎ 提供生产订单子件标准用量/成本与实际用量/成本比较分析资料。

◎ 提供生产订单自动关闭功能，也可手动强制关闭与还原生产订单。

6. 车间管理

车间管理通过车间事务处理，可随时掌握生产订单各工序在制品状态、完工状况，支持工序倒冲领料，收集生产订单各工序的实际工时作为成本计算依据，自动产生工序报检并随时掌握工序质量状况；可与工程变更系统集成，支持工艺路线的工程变更过程管理。

◎ 支持主要工艺路线和替代工艺路线，同时支持公用工艺路线。

◎ 主要工艺路线支持多版本及版本生效日期。

◎ 工艺路线的建立支持结构性自由项。

◎ 使用者可按实际需要，灵活建立资源资料。

◎ 建立工艺路线可包含委外加工工序。

◎ 工艺路线中可设定各资源的基准类型，即资源用量为批次用量或为基于物料用量。

◎ 建立工艺路线时，可按工序建立工序检验资料。

◎ 生产订单工序计划可支持顺排和逆排两种计划方式。

◎ 转入车间管理系统的生产订单，可个别修改其工艺路线、工序计划、检验资料、资源需求等，并可按班次、设备、员工分配工序的生产计划。

◎ 工序转移单支持在生产订单工序内和工序间移动物料(母件)，可以根据系统选项决定是否进行超量完工控制。

◎　生产订单工时记录单可提报生产订单工序各班次、员工或者设备实际完工数量及工时。

7. 工程变更

工程变更用于定义工程物料清单和工程工艺路线以及变更过程的管理与控制。

◎　可以实现工程变更的全程精细化管理：以工程变更单为唯一载体，提供工程变更单的申请、审核、审批、发行等全过程的管理和控制。

◎　简化操作、提高效率：支持同一工程变更单对多个物料的物料清单及工艺路线的变更。

◎　规范管理工程变更业务：工程变更单可以通过审批流完成审批过程。

◎　多版本的工程变更单：任一类型的工程物料清单均支持多版本及版本生效日期。

◎　自动逻辑校验：自动检查已建立的工程物料清单是否有逻辑上的错误。

8. 设备管理

设备管理主要提供企业的设备的使用信息管理、基础资料、辅助资料维护，统计日常运行情况和设备点检情况，制定保养和润滑计划，记录保养和润滑计划的执行情况，提供设备维修的作业管理，作业计划的制定，维修工单的执行情况，统计设备故障并分析原因，提出反馈等设备日常维护管理工作，实现用户维护设备的主要信息，根据设备运行、维修情况的统计数据进行分析，对设备进行预防性保养和维修，提高设备的使用寿命，从而降低成本提供企业的经济效益。

◎　设备台账管理，可以方便的查找设备档案。

◎　设备的预防性维修同事后修理相结合，建立起一个完整的设备管理系统。

◎　编制周期设备计划，并根据事先的计划或事故产生维修工单，形成维修记录。

◎　设备作业单和库存系统集成，及时反映备件的实际领用情况。

◎　提供故障记录。

◎　提供设备测量点记录，记载与设备运行状况相关的各种技术指标的变化。

◎　提供运行记录，以记录设备运行过程中的各种运行状态和时间。

15.3.5　人力资源

用友 U8-HR 系统包括人事信息管理、统计报表管理薪资管理、考勤管理、人事合同管理、保险福利管理、招聘管理、培训开发管理、绩效考核管理、员工宿舍管理、经理自助等(图 15.16)。

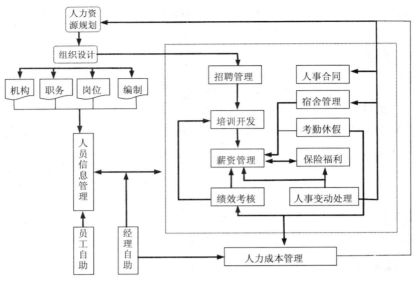

图 15.16　人力资源模块

15.3.6　分销管理

U8 分销是用友软件为解决企业异地跨公司实时管理与控制难题，实现内部机构业务协同、外部供应链网络协同目标。

U8 分销主要帮助销售快速增长的企业，集中管理全局库存与应收账款，降低经营风险，实现商务处理协同化自动化，提升操作效率，并实现与供应商、客户的业务协同(图 15.17)。

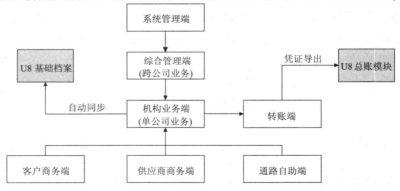

图 15.17　分销管理模块

1. 机构业务管理

1) 销售管理

处理企业内部机构的日常销售业务，包括销售订单、订单发货、销售退货、发货计

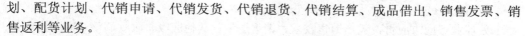

划、配货计划、代销申请、代销发货、代销退货、代销结算、成品借出、销售发票、销售返利等业务。

◎ 支持跨公司审批：分公司销售订单可以直接提交给总公司对应部门审批。

◎ 支持跨公司发货：从而支持商流物流分离管理模式，分公司订单可以直接从总公司所属仓库中发货，系统自动进行内部结算。

◎ 支持协同业务：分公司的采购订单自动转化为总公司的销售订单。

◎ 支持来自客户商务端的网上订单：客户可以直接查询订单的处理进度，并可根据要求修改订单。

◎ 支持指定审批流机制：由前一个审批人指定下一个审批人，更适合管理规则多变的企业使用。

◎ 订单审定项目锁定：实现多级分项目审批，某审批人审定一个项目后，可以对其进行锁定，如果在后续审批过程中，该项目被修改，则订单自动送回锁定人重新审批。

◎ 以订单为核心的收款核销管理：可以了解每个订单的实际收款状况，过滤掉账期、预收款等因素对客户信用的影响，使客户信用控制可以精确到订单。

◎ 支持订单交货可行性分析：利用 ATP 展望，展现该种商品在某个地点在未来一段时期内的所有预入预出数量，判断该订单是否可能在客户要求的期限内交付。

◎ 支持完整的商品借出追踪管理

◎ 服装行业特色：新品上市前的配货管理；支持配码装箱管理；支持矩阵式商品录入模式

2) 采购管理

处理内部机构采购相关业务，包括采购申请、采购订单、到货计划、采购退货、借入业务、受托代销、采购发票等。

◎ 支持跨公司审批：分公司采购订单可以直接提交给总公司对应部门审批。

◎ 支持协同业务：分公司的采购订单自动转化为总公司的销售订单。

◎ 采购订单及其处理状况可以直接被供应商查询。

◎ 支持完整的商品借入追踪管理。

◎ 支持单到回冲模式的采购暂估处理。

3) 库存业务

处理库存相关业务，包括产成品入库处理、产成品入库计划、采购入库准备、采购入库处理、受托入库准备、受托入库处理、出库确认、退货接受、调拨业务、盘点业务、库存成本调整、销售成本调整、移库业务、序列号修改、其他出入库业务、组装拆卸、拆装箱处理、仓库取货汇总、GSP 质检等业务。

◎ 支持协同业务：销售方的销售/代销出库单自动推送至采购方形成采购/受托入库准备单，既可以作为销售方的发货通知，也可以作为采购方的入库准备。

◎ 支持出库确认操作，作为发货指令得到执行的标志，也作为客户应收账的记账时点。

4) 应收应付

处理业务应收应付，包括销售收款、销售退款、其他应收、收款调整、冲应收业务、冲销售业务、采购付款、采购退款、采购冲应付等业务。

- ◎ 支持按订单收款并自动核销。
- ◎ 订单变动造成的多余收款可以自动回冲。
- ◎ 支持收款单确认操作，实现对实际尚未到账的销售货款进行追踪管理。
- ◎ 支持业务协同：分公司的付款单自动协同生成总公司的收款单。
- ◎ 销售冲减业务中，既支持冲减应收额不冲减销售额(冲应收)，也支持同时冲减应收额与销售额(冲销售)。

5) 价格折扣

集中调整商品价格，集中管理各类销售折扣，折扣类型包括地区、客户、批量、付款方式、促销时间、期货等。

- ◎ 对于经常需要调整价格的商品，可以自定义价格调整单模版，在价格调整时自动引用。
- ◎ 可以根据订单的付款方式，是否期货等条件设定折扣。

2. 综合管理

综合管理(跨公司综合分析)包括应收分析、销售分析、客户分析、采购分析、价格分析、库存分析等分析报表。

- ◎ 通路节点的定义：定义每个机构、部门、仓库、客户收货地址，以及客户的客户在通路体系中的位置。通路节点是分层管理的，不同层次的节点描述出网状的通路体系结构。
- ◎ 商品流向表：记录并保存每个通路节点商品的流入流出明细，并以此为基础推算出通路节点的库存量。
- ◎ 商品余额查询：查询指定商品在指定日期前在指定地区内所有通路节点的合计库存量，主要用于按地区分析通路库存量。
- ◎ 商品流向查询：查询指定商品在指定地区的所有通路流入流出明细。
- ◎ 序列号流向查询：查询指定序列号商品在系统中的所有通路节点的流动记录。
- ◎ 窜货检查：检查指定批次或者序列号商品是否应当出现在某个通路节点。

3. 客户商务

客户通过互联网登录该子系统，可以完成询价、下单、订单修订、订单状态追踪、订单删除、到货签收、对账、当前与历史状况查询等业务。

- ◎ 实现客户与企业的实时业务沟通与互动。
- ◎ 客户到货签收数据实时更新对应机构业务子系统中的订单签收量。
- ◎ 客户端可以填报商品流向表，自动送入通路管理模块。

4. 供应商商务

供应商通过互联网登录该子系统，可以完成：企业采购订单查询、采购付款与应付账款明细查询、采购发票查询、采购入库查询、待收货与停止收货商品查询、商品可用量查询、商品销售趋势查询、商品通路余额查询、商品通路流向查询等，从而实现对自己所供应商品在企业中的经营状况进行及时全面掌握。

5. 通路自助

客户的客户如果被定义为通路节点，可以通过互联网登录该子系统，直接填报商品流向表。

6. 转账子系统

财务会计可以在此定义每个机构业务系统中的每种单据根据何种规则生成财务凭证(即凭证模板定义)，然后选择需要处理的原始业务单据，系统可以根据事先设定的凭证模板以及转账设置自动生成财务凭证。凭证可以导入到总账中记账，并可以从总账跨系统联查到分销系统中的原始业务单据。

15.3.7　零售管理

用友 ERP-U8 零售管理模块功能如下：
- ◎　支持门店类型：直营店/加盟店/直营专柜/代销专柜。
- ◎　集中管理所有门店的基础档案与业务规则。
- ◎　实现总部与门店之间的协同商务。
- ◎　支持大数量门店的数据同时交换。
- ◎　门店系统易操作、易维护、易学习。
- ◎　高稳定性和效率。

后台系统为 U8 网络分销：
- ◎　支持门店类型：直营店/加盟店/直营专柜/代销专柜。
- ◎　拥有大量异地专卖店，希望实现完全集中或者部分集中管理的。
- ◎　制造业与商业企业(店面数量一般大于 20 个)。
- ◎　行业：主要有服饰、医药食品、电子电器。
- ◎　支持多零售总部。

后台系统为 U8 供应链：
- ◎　支持门店类型：直营店。
- ◎　规模比较小，专卖店集中在本地，店面数量一般在 20 个以内。
- ◎　中小型的服装企业、连锁专卖企业等。
- ◎　支持单零售总部。

15.3.8　OA

用友 ERP-U8/OA 主要包括日常办公、个人事务、行政管理、知识管理、信息中心、部门主页、网络调查、内部论坛、数字签章等模块。帮助企业规范日常办公流程，实现及时沟通与协同办公,保障了企业管理制度的高效执行。OA 帮助企业搭建知识管理平台，实现知识的收集、共享和利用，促使企业管理水平的提升。

1. 工作平台

工作流程实际上是每一个企业运作机制和管理机制的具体表现，每一个企业的流程都是不同的，即使同一个企业的工作流程也是随时都有可能发生变化。用友 OA 提供了动态可灵活定制的工作流平台，可以根据企业实际的工作流程需要，方便创建不同的业务工作流程，灵活地扩展各种应用。

工作平台(Workbench)作为 OA 系统业务流程的后台支撑，可定制各种工作流程及其角色和表单，并建立业务流程的执行机制，保证业务流程的正常执行。强大的自定义功能可以满足企业对于复杂工作流程的定义。工作平台中可自动实现与 U8ERP 基础数据的同步，保证系统集成应用的数据统一。

2. 消息平台

消息平台为系统内用户获取各种消息提醒提供了统一的平台。通过这个统一平台，各个模块发送的与用户密切相关的各种消息会按用户设置的提醒方式主动通知用户。用户再也不必费力地每个模块查找，而只需要根据消息提示直接操作相关工作模块。消息可以有 3 种方式：邮件、手机短信(配硬件手机短信发送机)、腾讯 QQ 进行通知提醒。

3. 数字签章

当企业实现网络化办公，大量的 Word、Excel 电子文件就以各种方式在局域网、互联网上广为传播，这些电子文件的权威性如何保证，如何保证别人不会伪造和篡改签署文件等，数字签章有效保证电子文件的安全性与权威性。数字签章与 Microsoft Office 完全融为一体，嵌入 Office 的系统功能中(界面加入按钮)，用户只需通过鼠标左右键即可完成全部操作。

4. 日常办公

日常办公系统是以流程为基础，支持对企业的日常工作的管理，包括收文管理、发文管理、企业工作流程、事件处理、网络会议和会议管理。

5. 个人事务

个人事务系统可完成个人的日常办公处理，其中主要包括电子邮件、通讯簿、日程管理、个人订阅、个人留言、个人设置、待办工作等模块。用户通过这些模块可完成与个人有关的办公事务，提高处理公务的效率，建立自己的办公体系。

6. 行政管理

行政管理能帮助用户管理公司的物品、车辆、设备等后勤方面的运作，为业务地开展提供了极大的保证。

7. 知识管理

知识管理对于企业中产生大量的知识通过知识库能够方便地进行归类和查询，支持员工方便的订阅和发布资讯，除一般档案管理外还可实现工作流程、信息、知识和会议记录的归档管理。另外，系统还专门提供了企业关注和常用的产品查询和客户案例管理，在线培训有助于企业实现知识的快速传播，降低培训成本。从而加速企业内部知识的收集、共享和利用，促使企业知识管理的提升，提高竞争力。系统能对各种知识进行严格的权限管理。

8. 信息中心

信息中心是企业信息发布的平台。用户可以通过查询、订阅和发布等多种方式处理各项信息，有助于用户方便、快捷、准确地获得各种共享信息。

9. 部门主页

部门主页可对一个部门或单位的信息进行网页化管理，可以把相关信息收集显示。当用户在执行系统登录后，部门主页显示的是该用户所属部门的信息和知识的内容。

10. 网络调查

网络调查系统可实现员工调研，调研内容、调研格式、涉及人员、反馈时间可由用户设计，调研结束后，可根据需求自动生成分类统计及比例示意图。

11. 内部论坛

内部论坛是企业所有员工公共的讨论区。员工通过内部论坛对公司内部或外部的各种观点、问题进行讨论。分享知识，寻求经验，为配合各业务部门的需要，指定人员可建立特殊话题讨论区(如业务交流、技术讨论等)，任何人员可在讨论区中提出问题和解答其他人员的问题。可以对内部论坛留言者留言数、提交部门、提交人、回复、讨论情况等进行统计。

15.3.9　决策管理

决策管理主要包括管理驾驶舱、数据分析、专家财务评估三个模块，通过对企业财务、资金、采购、销售、库存、生产、人力企业各个方面的监控、分析、评估、预测，为企业的中、高层管理者们提供一个可视化的管理监控、分析决策平台，辅助企业科学决策(图 15.18)。

1. 管理驾驶舱

　　管理驾驶舱基于数据仓库技术，面向中、高层管理人员，辅助管理者们分析、监控企业的财务、资金、人力、销售、采购、库存、生产各个业务的经营状况。为企业中、高层管理者提供管理信息平台，通过充分挖掘数据资源，捕获信息、分析信息、沟通信息。帮助决策者对企业的经营状况与未来经营目标进行量化的分析和论证，从而对企业经营活动做出科学的决策。

　　管理驾驶舱在对各业务的监控分析、报表查询时调用总账、应收应付、人力资源、销售管理、采购管理、库存管理、生产制造数据或报表。腾讯 RTX 平台集成，通过移动终端(PDA、手机)实现移动办公。

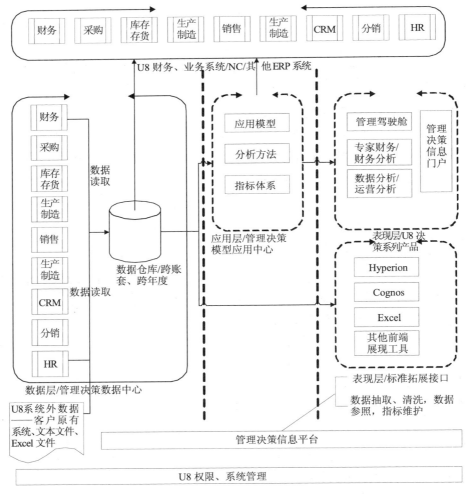

图 15.18　决策管理模块

◎ 提供丰富、灵活的指标中心管理平台，使用者随意定制、监控关注的指标。

◎ 对各种分析任意添加分析条件，多角度分析数据，结合多种分析方式对报表进行叠加分析及数据钻取分析。

◎ 利用数据仓库技术，多角度的查询、分析、监控企业整体的财务、人力资源、销售、采购、库存、生产制造状况。

◎ 集成 ERP 其他业务系统(总账、应收应付、库存、采购、销售)随时进行报表的查询、分析。

◎ 对企业存货进行销售、采购、库存、订单、生产加工的当前状态、历史趋势、未来预测进行全面汇总查询。

◎ 对企业销售订单进行跟踪，对目前交货、生产加工状态进行全面汇总查询。

◎ 企业的资金运营是企业的命脉，由于企业在运营当中有众多的业务环节多涉及资金的利用，可以对企业整体资金运营进行跟踪。

◎ 对企业资金、销售收入、销售订单的实时查询。

◎ 对各业务环节进行查询、分析、监控、预警。

◎ 建立完善的企业绩效记分卡管理体系及绩效分析展示。

◎ 集成腾讯 RTX 平台，通过移动终端(PDA、手机)实现移动办公。

◎ 各指标按集团组织机构多维查询，报表跨账套查询(集团版)。

◎ 可利用 U8 各业务系统数据进行分析，也可通过 Excel 表、Microsoft SQL Server 数据库倒入非 U8 数据进行分析查询。

2. 数据分析

数据分析面向企业中高层管理者及专职分析人员，利用国际技术最先进的数据仓库、OLAP 技术平台，结合业务特性，通过丰富的分析模型工具及系统预置的业务分析模型，为企业的决策提供预测数据的辅助信息。

数据分析利用数据仓库技术，从总账、应收应付、人力资源、销售管理、采购管理、库存管理、生产制造抽取基础数据。集成腾讯 RTX 平台，通过移动终端，实现信息的随时查阅。

◎ 提供灵活的报表分析和多维自由查询。

◎ 提供鼠标拖拽操作方式的报表创建，实现私有报表、公共报表的分类保存，分析报表的多种格式导出。

◎ 预置丰富的业务分析模型工具可以实现对业务的分析、预测，为业务决策提供。

◎ 预置丰富的销售分析应用模型，简化业务分析、预测模型的应用，提高产品的易用性。

◎ 预置丰富的生产分析应用模型，简化业务分析、预测模型的应用，提高产品的易用性。

◎ 预置财务杠杆效益分析应用模型，简化业务分析、预测模型的应用，提高产品的易用性。

◎ 集成腾讯 RTX 平台，通过移动终端(PDA、手机)实现移动办公。

◎ 各指标、报表跨账套多维查询、预测分析(集团版)。

3. 专家财务评估

专家财务评估主要依据账务报表数据，帮助企业进行财务报表的自动化分析和企业效绩考核，通过分析发现企业财务状况、经营成果和现金流量变化的原因，把财务管理的重点聚焦于"重大和例外的问题"的管理；通过分析和财务绩效的考核，充分挖掘企业的会计信息资源价值，为企业创造更多的价值服务。集团版可帮助用户从集团的角度实现对自身或下属的企业进行财务报表的分析和财务绩效的考核。

◎ 专家财务评估集成总账系统，实现对企业财务预算管理(科目预算)、现金收支分析、基础的财务对比分析。同时可以向管理驾驶舱系统上传评估报告。

◎ 灵活的报表数据导入格式(Excel、Rep)，具有广泛的适应性。

◎ 实现对财务比率的预决算值、行业标准值的对比和行业排名进行自动分析。

◎ 动态更新行业标准值和同业上市公司的财务数据，及系统在线升级维护。

◎ 分析流程向导化，简化使用操作。

◎ 通过预制分析模板，系统自动生成图文并茂、具有专业水准的财务评估报告，通过横向、纵向分析了解企业在行业中的竞争优、劣势。

◎ 通过预制绩效模板，系统自动生成绩效评价报告，实现全面的绩效评价分析。

◎ 多条件下的查询、对比分析，报表信息挖掘及灵活的图形展示。

◎ 方便简洁地按部门或项目实行科目预算管理。

◎ 支持从集团角度对所属企业进行财务评估(集团版)。

15.3.10　集团财务管理

集团财务管理系统包括集团财务、集团报表、集团预算、结算中心等子系统，所有的数据最终汇入集团管理、决策与知识中心，在此基础上完成面向决策的数据分析与企业运营监控(图 15.19)。

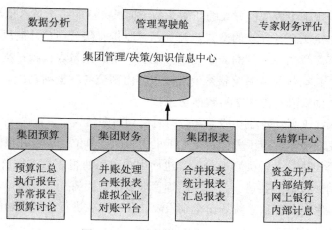

图 15.19　集团财务管理功能结构

1. 集团财务

集团财务以分布集中方式形成集团账务数据基础。子公司财务数据可定期汇入集团公司账套，财务数据可以被重新分类，从而构建出灵活的虚拟组织。例如，按实际的法人进行分组，也可以按业务区域分组，还可以按用户自定义的标准进行重新分类，从而实现业务分布、财务集中的管理方法。通过集团财务数据平台，可以及时监控整个集团公司的财务状况。

◎　支持分布集中财务管理方式。分子公司的会计科目与集团是分离的，但通过对应形成关系，这样，分公司的财务数据会自动转换成集团公司的数据格式，使得两者既分离，又有关系，互不影响。

◎　支持集团并账，提供集团或总账、明细账、日记账与结构账。

◎　支持从凭证—分公司账—集团账的穿透查询。

2. 集团报表

U8 集团报表以 Web 方式快速布置实施，重点解决集团公司合并报表与统计汇总分析需要，无论这样的需求是来自法定的合并业务还是来自管理意义上的合并。

◎　提供在线申报功能。对于网络环境较差的用户，提供离线采集个别报表与内部交易数据，在线传输或磁盘传报的方式。

◎　轻松解决集团内多元化投资、复杂控股关系涉及的权益性资本投资、内部投资收益、利润分配等有关权益类项目的自动抵消。

◎　既支持个别报表按权益法核算，也支持个别报表按成本法核算的权益类项目自动抵消。

◎　提供内部往来类交易的自动抵消。并且根据用户对内部交易数据的精度要求，

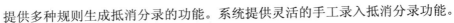

提供多种规则生成抵消分录的功能。系统提供灵活的手工录入抵消分录功能。

◎ 可以自由定义合并样表的格式，并且以《股份有限公司会计制度》为蓝本，提供合并资产负债表、利润表、利润分配表、现金流量表模板；提供通过定义用友函数，自动从财务系统获得个别报表与内部交易数据的功能。同时也提供手工录入个别报表与内部交易数据功能。

◎ 提供内部往来自动对账功能，并且同时得到对账结果。

◎ 提供委托功能，解决了大合并模式下集团中间层单位生成合并报表的问题。

◎ 支持对公司进行多种类别的分类，进而用户可以将报表数据按公司分类统计和管理，例如按地区类别、公司性质等管理多棵集团树。

◎ 提供向专家财务评估系统导出个别报表，合并报表进行分析的功能；提供导入、导出 Excel 的功能。

◎ 提供完善、易用的简易应用流程与方案模板。在产品中预制了一个简易的标准应用方案，如果用户是一个很标准的应用，就可以使得 U8 合并报表快速实施交付和应用。

3. 集团结算中心

U8 集团资金管理重在支撑集团结算中心或内部银行的业务，即集中管理各成员公司的现金收入；统一拨付各成员所需的货币资金，监控货币资金的使用；统一对外筹资，确保整个集团的资金需要；计算各分公司相应的资金占用成本或者利息收入。

◎ 完成常见存贷业务及利息计算。

◎ 资金预算和资金计划的确定、执行控制、上报下批、结果分析。

◎ 提供信用评价指标定义，评价模型设置、信用评价和贷款额度设置功能，并在单据上进行控制。

◎ 提供网上银行接口。

◎ 提供业务流程与报告功能。包括：项目定义、资金预算申报表、资金预算审批表、资金使用计划申报表、资金使用计划审批表、资金使用计划分类汇总表、资金使用情况分析表、预算执行情款分析表。

◎ 提供内部结算预付功能；提供内部结算拒付、强行收款功能。

◎ 提供银行收款、付款、转账结算功能。

◎ 内部拆借功能；提供快速定义账户功能。

◎ 银行交易明细导入功能；提供发票导入生成内部结算单功能。

◎ 内部结算单导入导出功能。

◎ 自动还款功能。

◎ 提供结算手续费计算功能。

4. 集团预算

U8 预算管理支持预算管理循环的全过程，即预算目标下达；预算的编制、预算的汇总审批、预算的执行与财务结果的对比、预算的分析调整流程、预算的考核与评价。

U8 预算管理是基于全面预算管理的需要来设计的，它经过客户化后，可以具体体现：销售计划、采购计划、库存计划、生产计划、人力资源计划、设备计划、费用计划、资金计划、财务计划、其他计划等。

通过 U8 预算管理，支持集团企业建立责权利相结合的法人治理结构，形成控制、激励、评价相结合的目标管理机制。

- ◎ 具有完整的预算编制、预算上报和下发、预算审批和调整、预算执行与控制以及预算分析的预算管理体系，能提供针对集团单位的预算管理平台。
- ◎ 提供集团预算目标下达与分析功能。预算目标是根据企业确定的发展目标的驱动因素定出一些企业最关键的指标，它可以是非财务指标，经过对实际结果的统计与对比，完成对关键指标的分析。
- ◎ 提供多角度的预算口径，并可将预算指标细化到责任中心与业务区域、也可以按时间维度细化到年、季、月。
- ◎ 为适应集团多级组织对预算的差异，允许分层细化责任中心和预算内容。
- ◎ 支持预算表格自由灵活的定义和设置；能够支持多种预算编制方法，支持自上而下、由下至上相互结合的预算编制流程等。
- ◎ 提供预算调整流程，能够根据经营业务实际状况与经营环境的变化，可以进行某项预算的调整与审批。
- ◎ 能够提供对预算执行情况进行分析，并提供多种分析方法；如预算绩效评价、多维预算分析与考核、单一期间与多期间的预算分析、企业与部门的预算分析考核、预算指标监控与分析、预算数与执行数比较分析、异常因素监控与分析、预算结构分析，等等。

思考题

1. 用友 ERP-U8 系统的产品理念和应用价值是什么？
2. 用友 ERP-U8 系统包括哪些产品功能？
3. 用友 ERP-U8 系统的应用特征有哪些？
4. 用友 ERP-U8 系统的技术特征有哪些？
5. 用友 ERP-U8 系统有哪些典型的应用方案？
6. 用友 ERP-U8 系统的财务管理功能有哪些？
7. 用友 ERP-U8 系统的客户关系管理功能有哪些？

8. 用友 ERP-U8 系统的供应链管理功能有哪些？

9. 用友 ERP-U8 系统的生产制造管理功能有哪些？

10. 用友 ERP-U8 系统的人力资源管理功能有哪些？

11. 用友 ERP-U8 系统的分销管理功能有哪些？

12. 用友 ERP-U8 系统的零售管理功能有哪些？

13. 用友 ERP-U8 系统的 OA 管理功能有哪些？

14. 用友 ERP-U8 系统的决策管理功能有哪些？

15. 用友 ERP-U8 系统的集团财务管理功能有哪些？

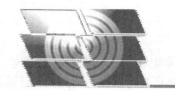

第16章

SAP系统概述

1972 年，5 位从 IBM 离职的工程师在德国曼海母创建了 SAP 公司。1976 年总部迁至德国沃尔多夫(Walldorf)。公司的名称 SAP 是德文 Systeme Anwendungen und Produkte in der Datenverarbeitung 的缩写，巧合的是，其对应的英文 Systems Applications and Products in Data Processing 的缩写也是 SAP。

SAP 成立后，在标准应用软件上进行了大量的研发和营销工作。在 1992 年推出基于 C/S 架构的 R/3 系统之后，SAP 成为标准应用软件领域世界领先的供应商。目前，SAP 是全球最大的企业管理和协同商务解决方案供应商、全球第三大独立软件供应商。SAP 在全球 70 多个国家设有分支机构，在 120 多个国家有超过 24 000 家用户正在运行着 84 000 多套 SAP 软件。其最新的主要产品称为 mySAP 商务套件，是一个灵活、开放、集成的系统。

16.1 SAP 的产品

16.1.1 SAP 产品的演变

1973 年，SAP 推出第一个标准软件产品——财务会计软件 RF，在 RF 的基础上，又推出 R/1 系统。

1975 年，物料管理系统(RM)已经成熟，其数据可以直接传输到财务会计系统中，集成性已经相当明显。

1978 年，IBM 数据库和交换控制系统的全面推进催生了 SAP 第二代标准软件 R/2 系统。该系统于 1981 年在德国慕尼黑博览会上第一次亮相。SAP R/2 系统的稳定性比第一代产品有很大的提高，性能不断提升的主机系统也为 SAP 市场的发展提供了帮助。

1989 年，计算机技术进一步更新，软件产品的标准化进一步发展。SAP 为 R/2 系统推出了新的用户友好的界面，编程语言 ABAP/4 等新工具也促进了新的开发工作，R/3 系

统开始初现雏形。

1992 年，SAP R/3 系统全面推向市场。客户机/服务器概念、统一显示的图形界面、关系型数据库的兼容以及可以在不同厂商的计算机上运行等优点使 SAP R/3 系统迅速获得市场的广泛认同。

1994 年，基于 Windows NT 系统的 SAP R/3 系统全面推向市场。

1999 年，SAP 公司宣布了 mySAP.com 协同化电子商务解决方案。

2000 年，SAP 宣布了新的电子商务架构——mySAP 技术。

2003 年，SAP 宣布将其产品名称从 mySAP.com 更名为 mySAP 商务套件(mySAP Business Suite)。同时宣布了有关 ERP 的新的解决方案——mySAP ERP。

16.1.2　SAP 产品概述

SAP 为不同行业和不同规模的企业提供了可供选择的巨大的产品组，同时，SAP 的产品支持用户公司因业务发展而发生的组织机构和业务流程的变化。

SAP 的产品可以分为以下三类。

1. mySAP 商务套件

mySAP 商务套件将全部相关的人员、信息和流程集成在一起，为用户提供基于整个企业业务网络的统一信息，可以满足基于互联网的跨公司、跨部门的业务，为企业应对当今多变的经济环境提供了强大、灵活和开放的解决方案。

事实上，SAP 商务套件是多个解决方案的集成，mySAP ERP 是其核心。此外，还包括了 mySAP SCM、mySAP CRM、mySAP SRM、mySAP PLM 等解决方案。

解决方案(solutions)是从客户的角度来描述 SAP 的产品，而组件(components)则是指构成 SAP 产品的技术构件。为了区分解决方案和组件，解决方案以 mySAP 为前缀，而组件则以 SAP 为前缀。

mySAP 商务套件作为解决方案，如图 16.1 所示，而其组件如图 16.2 所示。

(1) mySAP ERP

mySAP ERP 将企业的财务管理、物流管理和人力资源管理等核心业务功能集成在一起，为企业总部及其分支机构提供了业务系统。mySAP ERP 是 mySAP 商务套件的核心。后面我们还将对其功能作进一步的介绍。

(2) mySAP SCM

mySAP SCM(mySAP 供应链管理)为用户跨企业的供应网络提供了计划和优化的功能。

(3) mySAP CRM

mySAP CRM(mySAP 客户关系管理)将客户放在第一位，是一个管理客户和多种客户渠道的解决方案。

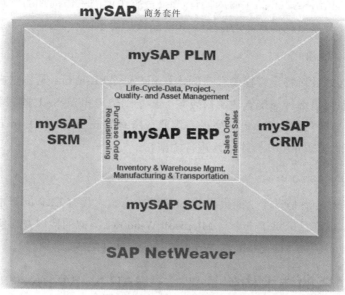

图 16.1　mySAP 商务套件

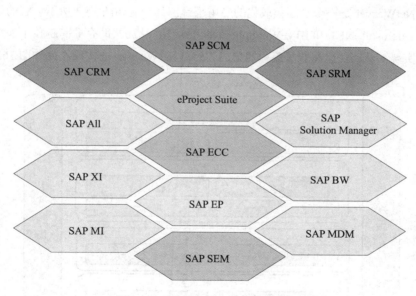

图 16.2　mySAP 商务解决方案组件

(4) mySAP SRM

mySAP SRM(mySAP 供应商关系管理)对企业的供应商进行管理，并为企业提供了互联网采购和电子商务市场采购两种新型的采购方式。

(5) mySAP PLM

mySAP PLM(mySAP 产品生命周期管理)支持整个产品生命周期的管理,包括产品开发、产品生产、产品质量管理、产品安全和产品维护等不同阶段。

2. mySAP ALL-in one

软件系统必须针对特定规模的客户群体。mySAP ALL-in one 是那些规模较小但业务相对稳定的企业可以选择与配置的解决方案,其基础架构和 mySAP 商务套件是相通的。该产品是 SAP 与其合作伙伴一起开发的。因此,所有的 mySAP ALL-in one 解决方案都需要经过 SAP 的认证并由其合作伙伴进行实施。

3. SAP Business one

SAP Business one 是一个全面集成的 ERP 解决方案,具有 ERP 的基本功能,适合规模较小的企业。该产品提供了一个与 Microsoft Windows 类似的接口及简明的浏览和数据下载功能。该产品可与 Microsoft 的 Word 和 Excel 软件集成。

16.1.3 SAP 的技术构架基础——SAP NetWeaver

SAP NetWeaver 是一个全面集成化的应用平台,其功能如图 16.3 所示。它的设计全面实现了与 Microsoft .NET 和 IBM WebSphere 的互操作,从而帮助企业跨越技术和组织机构的界限,实现人员、信息和业务流程的集成。SAP NetWeaver 的构成组件如图 16.4 所示。

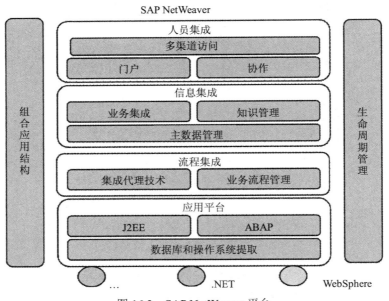

图 16.3 SAP NetWeaver 平台

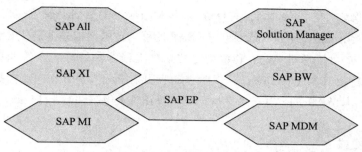

图 16.4　SAP NetWeaver 组件

1. SAP NetWeaver 的功能

(1) 全面集成化的应用平台

SAP NetWeaver 是一个全面集成的应用平台。它的一个重要组件是 SAP 的 Web 应用服务器,该服务器将 SAP 的 ABAP 和 SUN 的 Java 开发环境集于一身,完全适应 J2EE 平台的要求,并全面支持具有平台独立性的 Web 服务和基于开放标准的技术开发。

SAP NetWeaver 中的 SAP Java 连接器和 SAP .NET 连接器提供了灵活易用的应用编程接口。通过这些连接器,SAP NetWeaver 支持 SAP 系统与其他平台系统之间的双向交流。这些平台可以是基于 J2EE 的,也可以是基于.NET 的。于是,使用 J2EE 和.NET 平台的用户可以非常容易地访问现有的商业对象,将现有的系统与任何 SAP 系统整合。在支持 XML、SOAP、WSDL 和 UDDL 等 Web 服务开放标准的基础上,SAP 的 Web 应用服务器结合.NET 连接器、J2EE 连接器、Java 消息服务共同实现了与 Microsoft .NET 和 IBM WebSphere 的全面互操作。

(2) 人员集成

SAP NetWeaver 使用彼此相连的技术手段,通过企业门户、协同工作和多渠道访问,为相应的人员提供相应的功能和信息。

企业门户——将来源各异的信息和应用集中到统一的基于角色的用户界面。通过支持 WSRP 和 JSR168 标准,企业门户使得开发人员可以随意调用在其他开发环境中开发的门户构件。而且,SAP 还将为 Microsoft .NET 和 IBM WebSphere 平台提供门户开发工具包。这个工具包超越了简单的 HTML 集成,使得应用 Microsoft .NET 和 IBM WebSphere 开发环境的开发人员可以得到 SAP 的企业门户服务,如用户管理、用户角色和个性化数据等。这样,开发人员就可以使用原有的开发环境来开发前端服务,而使用其他技术平台的人员可以通过企业门户调用这项服务。

协同工作(collaboration)——SAP NetWeaver 通过协同工作室和实时协同,实现人员之间的实时同步交流。本地管理员不但可以管理共享的电子邮件、日历和文件,还可以独立地更新会员资格和权限。SAP NetWeaver 的设计还包括了群件以及和其他协同工具之间的信息交互，例如可与 Lotus Notes 的 Domino 和 Microsoft 的 Exchange 互相交流信息。

多渠道访问(multi-channel access)——SAP 的移动技术架构提供了高度的灵活性和可扩展性，使用户可以通过 Web 和移动方式访问在线和离线环境中的业务系统。SAP NetWeaver 支持用 IBM WebSphere 开发的移动应用系统，借助 IBM DB2 数据库在移动设备上的广泛应用，SAP 的移动技术架构已经可以在掌上电脑和基于 Linux 的移动设备上使用。

(3) 信息集成

SAP NetWeaver 可以实现对结构化信息和非结构化信息的管理，包括商务智能、主数据管理和知识管理。

商务智能(business intelligence)用于提取、汇总和分析企业中的结构化信息。mySAP 的商务智能核心是 SAP 商业数据仓库，它的可扩展性结构和对开放标准的支持使得用户可以整合、分析和报告相关的实时信息。

主数据管理(master data management)可以解决多系统、多地点和不同系统供应商之间普遍存在的数据集成问题，它允许各公司对不同 IT 环境中的数据进行合并、协调和集中管理，以确保信息的完整性。

知识管理(knowledge management)支持对来源多样的非结构化信息的获取、交流和传递。SAP 知识管理的知识库结构提供了开放式接口，可以和任何形式的知识库相连接，例如，可以通过微软的文档系统终端访问存储在 SAP 知识库中的文件。

(4) 流程集成

SAP NetWeaver 支持跨越系统的设计、执行和监控业务流程的能力及完整的业务流程管理。这些性能通过 SAP 交换架构来实现。

SAP 交换架构包含了基于开放标准的集成中介，它提供一个整合 SAP 或非 SAP 的应用和服务以及企业内部或外部的应用和服务的解决方案。同时，SAP 交换架构还提供一系列技术适配器，实现与其他企业的应用集成和 B2B 解决方案的互操作性。

SAP 交换架构还提供适配器框架。通过适配器框架可以使用第三方开发的资源适配器，实现与非 SAP 的后台应用系统(如 Oracle、PeopleSoft 等)的集成。通过资源适配器还可以实现不同协议之间的信息转换，从而实现信息层面上的企业应用集成。

SAP 交换架构将知识和内容集中到 SAP 交换架构的集成知识库和集成目录，这些知识和内容可以来源于 SAP 系统，或来源于非 SAP 系统。

(5) 其他功能

除了以上四大功能之外，SAP NetWeaver 还包括复合应用框架(composite application framework)和生命周期管理(life cycle management)。

通过复合应用框架所提供的工具，可以组合已有的应用程序来生成新的应用程序，或开发新的应用程序，用于跨模块的业务流程。例如，通过复合应用框架的对象访问层，可以把异构对象从底层抽象出来，从而建立统一的开发环境。

生命周期管理为企业解决方案的整个周期提供支持，不但支持系统安装、使用、升级和缺陷修补等环节，还可以支持系统安全性要求、商业模式建立、企业系统蓝图的测试和管理。

2. SAP NetWeaver 使 mySAP ERP 获得飞跃

mySAP ERP 是建立在 SAP NetWeaver 这个开放式集成应用平台基础上的。SAP NetWeaver 的强大功能，使 mySAP ERP 的功能获得了飞跃，成为 ERP 诸多产品中的佼佼者。

(1) 提高企业效率

SAP NetWeaver 既提供关于企业业务的全面信息，又提供支持业务流程改变的 IT 延伸架构，为 mySAP ERP 的分析和计划功能奠定了基础，使 mySAP ERP 成为涵盖整个商业企业业务流程的解决方案，使整个企业的业务流程得以改善，提高了企业效率和生产力。

(2) 以人为本的解决方案

mySAP ERP 的设计强调以人为本、以客户需求为中心。SAP NetWeaver 中的企业门户提供基于角色来定义用户界面的功能，使企业员工、客户和供应商，都能够使用 mySAP ERP 的功能。于是，相关人员很容易参与业务流程，以更有效地工作。

(3) 强化 mySAP ERP 的企业管制和法制依从功能

mySAP ERP 支持所有符合法律规定和行业标准的文档及其管理。SAP NetWeaver 的企业门户和交换架构提供了对 mySAP ERP 相关文档信息便捷的访问途经和具有监控透明度的技术平台。通过商业智能，确保企业更好地根据法定规章制度实施相应的业务流程。

(4) 提供可扩展的最佳业务实践

SAP NetWeaver 支持 mySAP ERP 提供可扩展的最佳业务实践。SAP NetWeaver 帮助企业将 mySAP ERP 业务流程与其他系统相集成，包括 mySAP 系列解决方案、SAP R/3 系列或第三方解决方案。这种集成可以是通过企业门户实现的人员集成，也可以是通过商业智能实现的信息集成，还可以是通过交换架构实现的流程集成。而且，原有的 SAP 技术知识，如 ABAP 或 SAP 基础技术，在 SAP NetWeaver 环境下都可以继续使用。

16.1.4　SAP R/3

SAP R/3 系统是 SAP ERP 产品发展过程中一个重要的里程碑，在相当长的一段时间内是 ERP 市场上最优秀的系统之一，占据了大部分的 ERP 市场，而且是 SAP 新一代 ERP 产品 mySAP ERP 的核心。因此，有必要对 R/3 系统作一个概括的介绍。

R/3 系统是一个可靠的标准应用软件系统，包括大量的经营过程和功能，可以支持多种需求。而另一方面，R/3 系统可以根据用户特定的需求，在多个经营领域进行功能配置，既可为经营过程的改变提供所需的灵活性，又为新过程的出现留有余地。

R/3 系统包括数百个预定义的经营过程，其功能涉及 3 个密切相关的业务领域：财务、物流管理和人力资源管理。此外， 还有一些专用构件，它们和标准模块交互，应用于特定行业，通常称作"行业解决方案(industry solution，IS)"。R/3 系统的模块如图 16.5 所示。

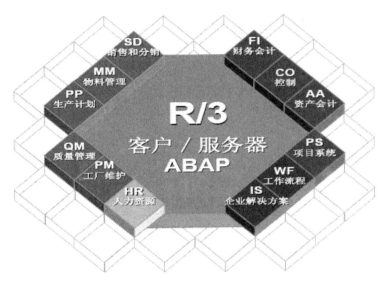

图 16.5　SAP R/3 系统

1．R/3 财务管理模块

该模块为用户提供财务和会计的完整功能，包括信息系统和报表生成器。既可以满足中小企业的需求，也可以满足跨国集团公司的需求，支持多种语言，并支持在不同的国家使用不同货币的用户同时使用系统。财务管理模块包括以下主要的应用程序。

1) FI——财务应用(总账)

FI 模块提供管理公司总账和财务信息所需的功能与过程。FI 与其他财务应用程序，如现金和日常开支成本控制，以及人力资源控制部分的薪资管理、差旅管理等，紧密联系并集成在一起。应收款(AR)和应付款(AP)则直接和销售与配送模块(SD)以及采购程序相集成。FI 模块的组成如下：

◎　FI-AA——资产统计(资产管理)

◎　FI-AP——应付款

◎　FI-AR——应收款

◎　FI-GL——总分类账

◎　FI-LC——统一法律

◎　FI-SL——特定用途账簿

2) CO——成本核算

CO 模块用于管理公司的成本结构以及影响这些成本的因素。这里所说的"成本核算"也称为内部核算，以区别于外部核算，外部核算是税务部门所要求的，其功能包括在 FI 模块中。

CO 模块涵盖的领域包括产品成本核算、日常开支成本控制、盈利能力分析以及基于活动的成本核算等。

CO 模块的应用程序可以回答与产品或服务的成本相关的关键问题。CO 模块使用各种评价策略和量化结构，可以用真实和准确的形式来规划产品的成本。

CO 模块的主要组成如下：

◎　CO-OM——日常开支成本控制

◎　CO-PA——盈利能力分析

◎　CO-PC——产品成本计算

◎　CO-ABC——基于活动的成本计算

3) EC——企业控制

EC 模块负责监控企业演化过程中的关键因素以及财务审计人员认为关键的数据。

执行信息系统(EIS)是此模块的构件之一，这是一组用于过滤和快速分析公司的重要数据的工具，利用这些工具可以获取公司经营状态最新和最重要的信息，并将这些信息以标准的或定制的图形或报表表示出来。

通过统一管理系统(EC-MC)，可将来自公司不同分支机构(可以来自不同国家)和不同法律规范的信息和数据传输给系统，便于公司统一应用。

EC 模块还可以分析独立经营单元的盈利情况。

EC 模块的组成如下：

◎　EC-EIS——执行信息系统

◎　EC-MC——统一管理

◎　EC-PCA——利润中心核算

4) IM——投资管理

IM 模块用于规划和管理预算及资本投资项目，还可以用于监控与订单、投资项目中的在建工程资产有关的记账功能。

此模块的主要构件是"资产投资管理(程序)"和"有形固定资产(方法)"

5) TR——现金财务

TR 模块将预测和现金资源管理与财务和物流管理的应用程序集成在一起，提供了分析预算、电子账目结算处理、外汇市场分析处理等方面的工具。

TR 模块的组成如下:

◎ TR-CM——现金管理

◎ TR-FM——基金管理

◎ TR-TM——财务管理

◎ TR-MRM——市场风险管理

2. R/3 物流管理模块

R/3 物流管理模块管理企业从物料获取到产品交付并为客户开发票的整个供应链过程,其中所包括的经营过程和应用程序数量最多。物流管理模块包括大量的标准经营过程、分析工具和帮助决策过程的预定义报表。这些应用程序与财务管理模块和人力资源模块紧密集成。主要的物流管理应用程序如下。

1) LO——一般物流管理

LO 应用程序包括 R/3 物流管理信息系统,用于分析和管理公司的物流状态,以及对供应链的预测。这些应用程序要通过其他物流管理应用程序来使用。

LO 模块的组成如下:

◎ LO-ECH——工程革新管理

◎ LO-LIS——物流管理信息系统

◎ LO-MD——主数据

◎ LO-PR——预测

◎ LO-VC——变量配置

◎ LO-EHS——环境管理

2) MM——物流管理

MM 模块实现对物流的管理和运作,如物料的获取、采购、需求计划、库存管理、物理仓储管理以及票证的验证等。

MM 模块的组成如下:

◎ MM-PUR——采购

◎ MM-IM——库存管理

◎ MM-WM——仓储管理

◎ MM-IV——票据验证

◎ MM-IS——信息系统

◎ MM-CBP——基于消耗的计划

◎ MM-EDI——电子数据交换

3) PM——工厂维护

PM 模块用于工厂控制系统维护,支持对工厂的图形化表达,并可与地理信息系统(GIS)相连接。

PM 模块支持工厂操作和维护的管理，以及对设备、成本和采购订单需求的管理。完整的信息系统可以快速地发现存在的问题，并规划预防性维护。

PM 模块的主要组成如下：

◎ PM-EQM——设备和技术对象

◎ PM-IS——PM 信息系统

◎ PM-PRM——预防性维修

◎ PM-PRO——维护对象

◎ PM-SM——服务管理

◎ PM-WOC——维护指令管理

4) PP——生产规划

PP 用于规划、管理和控制生产的经营过程，是一个相当复杂的模块。

PP 模块的构件和 R/3 其他模块的程序，如销售与配送(SD)、物料管理(MM)、质量管理(QM)以及人力资源模块等紧密集成。

PP 模块的主要组成如下：

◎ PP-ATO——组装订单

◎ PP-BD——基础数据

◎ PP-CRP——能力需求计划

◎ PP-IS——信息系统

◎ PP-KAB——看板管理

◎ PP-MP——主计划

◎ PP-MRP——物料需求计划

◎ PP-PDC——工厂数据采集

◎ PP-PI——流程工业生产规划

◎ PP-REM——重复制造

◎ PP-SFC——车间任务控制

◎ PP-SOP——销售与运营规划

PP 模块的应用包括以下几个方面。

◎ 销售与运营规划(SOP)。SOP 提供一系列建立生产计划的工具。生产计划的建立可以基于销售预测，也可以基于销售订单，还可以使用其他信息，如采购请求、商品配送、库存水平等。SOP 可以从多个层次来设计计划，也可以不同规划水平设计不同的计划方案，并对不同方案进行比较。

◎ 预测。这项功能的目标是基于历史数据来预测未来的需求。所依据的随机模型有多种，如移动平均、指数平滑等。

◎ 主计划。此应用程序包括需求管理、生产规划和主生产计划(MPS)等功能，还有管理主数据的功能。工作中心、物料清单和工艺路线是构成 PP 主数据最主要的来源。

◎ 物料需求计划(MRP)。此应用程序的目标是确定每种物料的需求量和需求时间，以生成计划的生产订单。此应用程序的输入信息包括物料的库存信息、物料清单信息、物料的采购计划以及产品的生产订单信息等。

可采用全局的或选择性的 MRP 运行方式，可以为单个物料、一组物料或工厂的所有物料作需求计划。

◎ 分销资源计划。可对多个分销环境作出需求计划。

◎ 长期规划。此应用程序使用库存、销售预测以及资源瓶颈信息来预测未来的供应需求。可以根据不同的条件给出不同的长期规划方案，并对不同的方案进行模拟分析和比较，以便确定长期规划。这对于采购部门非常有用。

◎ 能力需求计划(CRP)。此应用程序可为每个工作中心计算能力和负荷并作出评价，可以图形方式显示能力计划的结果。

◎ 生成生产指令。生产指令的生成基于计划的生产订单，在预定的时间将计划的生产订单转化为生产指令。生成生产指令的过程需要库存信息和工作中心能力信息。一旦生成了生产指令，系统就会根据物料清单预留生产指令所需的物料，并通过工艺路线指明要将物料送达的工作中心。

◎ 发布生产指令。在发布生产指令之前，系统按照物料清单确认库存中有所需的物料，按照工艺路线确认工作中心有足够的能力。生产指令的发布可以单独进行，也可成批地进行。一旦发布指令，就可以打印所有相关的文档，并开始执行生产指令。

◎ 确认生产指令。通过确认指令来通知系统指令已经完成。产生并传送的信息包括生产数量、物料消耗量、废料、完成时间等。这些信息一部分进入成本控制(CO)应用程序，一部分进入人力资源系统，并同时更新产品和所用物料的库存记录。

◎ 支持多种生产类型。包括面向订单装配、重复制造、面向订单设计的项目系统以及准时制和看板生产。

5) QM——质量管理

QM 模块提供与质量管理和控制有关的管理功能，如质量规划、控制、检查等功能，以及与国际标准化的质量标准有关的功能。

QM 模块涵盖的领域包括销售和配送(向客户交付)、物料管理(物料和商品的质量控制数据、供应商认证和评价等)、工厂维护(工厂设备的质量检查、维修材料的质量控制等)和生产规划(产品生产过程的质量控制、完工产品的质量检查等)。

QM 模块的主要组成如下：

◎ QM-PT——质量规划

◎ QM-IM——质量检查

◎ QM-CA——质量认证

◎ QM-QC——质量控制

◎ QM-QN——质量通知书

6) SD——销售与配送

SD 模块支持与销售活动相关的经营领域的需求，如销售订单、商品推销、竞争、报价、呼叫管理、营销规划、市场推广等。

通过 SD 模块可以实时获取关于产品可用性的信息，支持快速报价；客户也能够通过邮件、传真或其他媒体来访问订单信息，从更好和更快捷的服务中获益。

SD 模块的功能还可用于定义和管理价格结构及条件，与财务核算和控制的链接支持及时更新应收款和相关票据。

SD 模块的主要组成如下：

◎ SD-BIL——票据

◎ SD-CAS——销售支持

◎ SD-EDI——电子数据交换

◎ SD-GF——一般销售功能

◎ SD-SIS——销售信息系统

◎ SD-MD——主数据

◎ SD-SHP——运输

◎ SD-TR——传输

◎ SD-SLS——销售

7) PS——项目系统

从经营过程的角度来看，任何类型的项目都必须经历如下阶段：

◎ 概念和设计

◎ 结构

◎ 成本和日期规划

◎ 预算

◎ 实现

◎ 结束

PS 用于管理和监控项目中各个阶段涉及的每个任务，支持在整个项目生命周期中对项目的管理，是一个全局的、独立于部门的解决方案。在定义和实现特定项目之前，即可通过 PS 定义标准结构作为项目模型，或创建新运行结构作为项目运行的起点。

PS 可用于任何类型的项目，如投资、市场、研发、安装等。

PS 包括一些图形化工具，它们支持使用一些标准技术，如甘特图和网络图，来创建项目结构。PS 还引入了支持工厂数据收集(PDC)和流行 PC 应用程序的标准系统接口，这些程序有 GRANEDA、Microsoft Project、Microsoft Access 和 Microsoft Excel 等。

有两种基础结构是 PS 所特有的，即 WBS 结构(工作分解结构)和网络。前者用于为项目制定层次化结构，后者则用于在最详细的级别上定义项目的所有任务、关系和所需资源。

PS 模块的主要应用程序如下：

◎ PS-BD——基础数据

◎ PS-OS——运行结构

◎ PS-PLN——规划

◎ PS-APP——预算

◎ PS-EXE——实现

◎ PS-IS——信息系统

3．R/3 人力资源管理模块(HR)

HR 模块用于有效管理人力资源需求的全过程，包括求职申请人的筛选、薪资管理和账目、人力开发、时间管理，以及差旅费管理等。HR 的数据可为其他相关应用程序所共享，如会计、工厂维护或经营工作流等。

HR 模块及其相关经营过程必须遵循特定国家关于雇员、税务、薪资收入等方面的法律。因此，该模块包括一些不同的程序和事务处理，以适应不同国家的企业需求。

HR 模块分为两个主要的应用领域，即人力管理(PA)和人力开发(PD)。

PA 模块的组成如下：

◎ PA-APP——申请者管理

◎ PA-BEN——收益

◎ PA-EMP——雇员管理

◎ PA-INW——激励工资

◎ PA-PAY——工资单

◎ PA-TIM——时间管理

◎ PA-TRV——差旅费

PD 模块的组成如下：

◎ PD-OM——组织管理

◎ PD-PD——人力资源开发

◎ PD-RPL——预留职位规划

◎ PD-SCM——会议管理

◎ PD-WFP——生产力规划

4．SAP 行业解决方案

虽然企业的运作有其相似性，但不同的行业也有其特殊的需求，某些不同行业所要求的解决方案甚至完全不同。

SAP 在提供标准系统和解决方案的同时，也提供了不同行业的解决方案。这样的行业解决方案，目前已多达 20 多个，涉及如下不同行业：

◎　航空及国防制造行业

◎　汽车行业

◎　银行业

◎　化工行业

◎　工程建筑与施工行业

◎　消费品行业

◎　卫生保健行业

◎　高科技行业

◎　高等教育及研究机构

◎　工业机械及零部件行业

◎　保险行业

◎　生命科学行业

◎　物流行业

◎　石油及燃气行业

◎　开采行业

◎　邮政服务行业

◎　公众事业

◎　铁路行业

◎　零售行业

◎　电信行业

◎　分销行业

◎　公用事业

……

16.1.5　mySAP ERP

mySAP ERP 是新一代企业资源计划解决方案，是由 SAP R/3 逐步发展起来的。SAP R/3 实现了客户端/服务器环境中的业务流程标准化，而新一代产品 mySAP ERP 则实现了网络及异构环境的集成，极大地提高了软件的可扩展性，将 ERP 的功能延伸到企业的所有用户。

从 R/3 到 mySAP ERP，并非 R/2 到 R/3 那样简单的系统升级，而是一个从系统到解决方案的飞跃。mySAP ERP 是 mySAP 商务套件众多解决方案中最基本的解决方案，它赋予了企业更大的灵活性。在 mySAP ERP 的基础上，企业可以根据自身需求进一步增加和实施其他解决方案。从这个意义上说，mySAP ERP 扩展了 ERP 产品的概念，成为一个完全的解决方案。

从技术发展方面来看，R/3 4.6 以前的版本都是运行在被称为 SAP 基础技术(basis)的应用平台上。在 R/3 升级到 R/3 Enterprise 时，随着 Web 应用的发展，SAP 在 Basis 的基础上增加了许多 Web 应用技术，如 Java 引擎等，技术平台逐渐发展成 Web 应用服务器(WAS)，它已经是一个集成的技术平台。而 mySAP ERP 的技术核心则提升到了一个开放式的集成平台——SAP NetWeaver，它包括了 Web 应用服务器、企业门户、商业智能和交换架构，实现了强大的人员、信息和流程的集成。

从应用发展来看，R/3 4.6 以前的版本有两大主要组成部分，即 SAP 基础技术和 SAP 应用(application)。为了适应行业的特殊需求，SAP 对核心应用进行修改，推出了行业解决方案。但这使得核心应用的兼容性降低，且维护费用很高。因此，发展到 R/3 Enterprise(4.7 版本)时，SAP 推出三层的系统结构，在核心应用的基础上增加了扩展集(Extension Set)和 Unicode 的加强功能。在保持核心功能不变的基础上，SAP 开始以扩展集的形式进行功能扩展。这样，无需进行产品版本的升级，客户就可以使用新的扩展功能。

2003 年，SAP 推出 mySAP ERP，向客户提供了更多的支持新业务流程的组件，SAP R/3 Enterprise 只是 mySAP ERP 的一个应用功能组件。mySAP ERP 还包括许多新增加的应用功能组件，例如，企业战略管理(SEM)、员工自助服务(ESS)等。mySAP ERP 在 SAP R/3 Enterprise 核心应用的基础上，推出扩展集的新版本，并通过开放式集成平台 SAP NetWeaver 和新的应用功能组件延伸商业应用功能。

通过 mySAP ERP 的推出，SAP 为 ERP 系统重新定义了标准。在这个新的解决方案中，不但包括了企业运营的基本功能，还包括了 mySAP ERP 财务管理和 mySAP ERP 人力资源管理。

mySAP ERP 作为一个全面的运营管理解决方案，其功能如图 16.6 所示，其组件如图 16.7 所示。

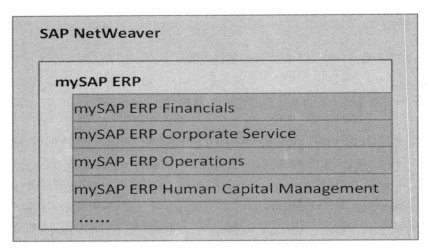

图 16.6　mySAP ERP 解决方案

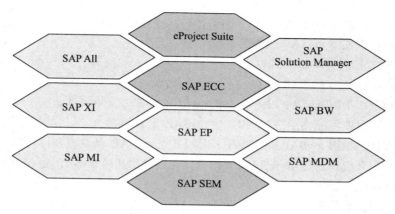

图 16.7　mySAP ERP 组件

　　这个解决方案具有极高的商业优势。其核心功能由侧重点不同的两部分构成，前者的侧重点在于价值创造(value generation)，后者的侧重点在于运营支持(operation support)。

1. mySAP ERP 的商业优势

(1) 完整的企业资源计划套件

　　mySAP ERP 是 SAP R/3 逻辑上的延伸。它捆绑了目前所有 SAP R/3 用户已获得的 SAP 许可证的组件。这些组件不但包括了 SAP R/3 的核心功能，还包括了企业战略管理、员工自助服务、经理自助服务(manager self-service，MSS)、自助采购、在线招聘、知识管理和财务供应链等。所有解决方案都建立在 SAP NetWeaver 技术平台上，因此，mySAP ERP 也包括了 SAP NetWeaver 技术方面的组件。例如，SAP 业务信息仓库(BW)、SAP 交换架构、SAP 企业门户(enterprise portal，EP)。mySAP ERP 跨越机构组织，为客户、供应商和其他商业伙伴提供了协同工作的环境和安全的、基于角色的访问途径。

(2) 企业全面实施业务解决方案的第一步

　　mySAP ERP 和其他解决方案如 mySAP CRM、mySAP SRM 以及 mySAP SCM 一样，是 mySAP 商务套件的组成部分，是众多解决方案中的一个。当企业仅仅寻求全面的 ERP 功能时，mySAP ERP 是一个理想的选择；当企业因业务的增长而提出超越 ERP 的功能要求时，可以将 mySAP ERP 和 mySAP 商务套件中的其他解决方案集成，来满足企业业务的扩展。如果企业业务发展要求更广，则可以升级为 mySAP 商务套件。因此，mySAP ERP 是一个企业全面实施业务解决方案的第一步。

(3) 为原有用户提供平稳转换和渐进式升级

　　mySAP ERP 以最优方式保护企业的 IT 资源，允许企业根据自身的需求逐渐增加系统功能，帮助企业在实现信息化过程中节省投资。

　　对于已经拥有 SAP R/3 系列产品的客户，可为这些客户将 R/3 转换为 mySAP ERP。转换包括了系统的升级、实施和许可证的转换。SAP 提供了四种转换方法，客户可以根据自身的情况进行选择。

◎ 选择一：mySAP 商务套件许可证

客户可以使用 mySAP 商务套件

◎ 选择二：mySAP ERP 许可证

客户可以使用 mySAP ERP

◎ 选择三：捆绑 mySAP ERP 和其他 mySAP 解决方案许可证

客户可以使用 mySAP ERP 和其他 mySAP 解决方案

◎ 选择四：捆绑 mySAP R/3 Enterprise 和其他 mySAP 解决方案许可证

客户可升级到 mySAP R/3 Enterprise，并可以使用其他 mySAP 解决方案以及 SAP NetWeaver

(4) 可以更好地管理延伸的企业资产

mySAP ERP 提供了一系列范围更广泛、更深入的企业应用功能，包括运营管理报表合并、佣金管理、房产管理及差旅管理等，帮助企业更好地管理和调控延伸的企业资产。这些是传统的 ERP 产品所不能做到的。

(5) 降低总体拥有成本

在 SAP NetWeaver 技术支持下，mySAP ERP 为集成现有的 SAP 业务应用和非 SAP 业务应用提供了更大的灵活性和可扩展性。

mySAP ERP 具有和第三方技术(如 Microsoft .NET 和 IBM WebSphere)的互操作能力，从而可以跨越企业内外的组织机构，为整个商业流程提供端到端的物流方案，无缝地整合采购、库存管理、生产、销售、服务等企业运营功能。

强大且灵活的管理与分析工具为企业提供了更好的洞察力、更完善的计划能力、更准确的流程控制能力，帮助企业更好地平衡供需，快速适应多变的市场需求。

基于角色的用户界面和灵活的门户环境，使得各级雇员都能方便地获得所需的信息和应用支持，也对商业伙伴和客户的活动起到了协调作用。

所有这些，降低了总体拥有成本。

(6) 提高市场适应性，提高客户满意度

mySAP ERP 支持以客户为中心的措施，快速响应客户需求及其变化，帮助企业提高客户满意度，从而获得更大的收益。

互联网销售等应用功能可以提高企业和客户等外部实体打交道的效率，而其技术平台 SAP NetWeaver 更是通过集成人员、信息、流程和应用，为企业带来意想不到的价值提升。

(7) 提高员工工作效率

mySAP ERP 通过员工自助服务为企业的所有员工提供服务，将耗时的手工工序转化为流水线的网上功能，简明友好的用户界面和自助式服务功能保证了员工可以及时地获取所需的信息和工具的支持，帮助他们提高工作效率。

mySAP ERP 还包括报表分析功能、差旅管理、人力资源管理等企业内部服务功能，可以提高企业的管理效率。例如，一个从未用过企业管理软件的员工可以使用员工自助服务提出年假申请，系统会自动记录申请，并发给负责审批的经理人员和人事部门，从而降低人力资源管理部门的工作成本，并提高效率。

2. mySAP ERP 的运营管理——价值创造

mySAP ERP 通过诸多关键领域的功能实现价值创造。

1) 采购(procurement)

mySAP ERP 通过计划驱动和专门的采购方法、完整的库存管理和对所有采购活动的监控和报告，改进了采购过程。

mySAP ERP 不但提供供应商管理的工具，而且提供供应商筛选和资质认定、供应商合约谈判、投标邀请和评估等功能。

mySAP ERP 帮助企业准确地确定物料需求，准确地监控物料供应状况，从而降低采购成本。

mySAP ERP 不但支持传统的采购流程，如采购申请、采购订单管理和发票确认，还支持新功能，如维修与操作物料和服务的自助式服务申请。支持以最适当的方式采购不同的物料和服务。

mySAP ERP 通过日常任务自动化、自动确定资源需求并将需求转换为采购订单，以及不间断的评估，使得采购过程得到优化。

2) 库存与仓库管理(inventory and warehouse management)

mySAP ERP 支持所有库存与仓库管理的功能，包括批量确定、订单合并、条形码扫描、资源控制、监测预警报，资源优化配置等。

mySAP ERP 将仓库信息、物料配送信息、供应商信息、物流服务商信息集成在一起，向所有的运营伙伴提供所需的准确信息，提高采购过程的可见度，减少差错。

mySAP ERP 支持互联网的协作功能，加快交易过程，降低成本，增强贸易伙伴之间的透明度。

mySAP ERP 通过快速、准确的数据访问和实时报告功能，为管理者提供决策所需的可靠数据。

3) 生产计划

mySAP ERP 将物料管理、仓库管理、成本会计、人力资源管理、工厂维护和质量管理等各方面的信息集成在一起，支持生产计划的开发和执行。

mySAP ERP 提供各个层次的生产计划，包括销售与运营规划(SOP)、主生产计划(MPS)、物料需求计划(MRP)、粗能力计划(RCCP)、详细能力计划(CRP)以及分销需求计划(DRP)和长期生产计划。限于篇幅，下面只对前五种计划分别进行概述。

(1) 销售与运营规划。销售与运营规划过程从预测和预算开始，为企业制订协调和切合实际的计划。销售与运营规划确定了企业的销售计划以及为支持销售计划所需的制造、工程和财力资源，并促进企业各职能部门之间的沟通和协作。

销售与运营规划接受和调整销售预测，将其从高层次的计划分解到产品计划。系统

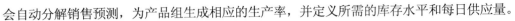

会自动分解销售预测，为产品组生成相应的生产率，并定义所需的库存水平和每日供应量。

销售与运营规划的可行性和合理性要通过粗能力计划来检验。通过粗能力计划对工作中心组和瓶颈工作中心的产能与负荷进行分析，用户还可以从销售与运营规划看到对其他资源的需求情况。然后，用户可以根据所得到的生产率生成独立需求计划，即主生产计划(MPS)。

(2) 主生产计划。传统的生产计划包括销售与运营规划、需求管理、主生产计划和物料需求计划等不同层次的计划。由于 mySAP ERP 的灵活性，用户可以根据自身需求来组合这些计划层次。

主生产计划过程利用销售订单、销售预测、计划库存可用量以及销售和运营计划所确定的生产率生成产品和关键零部件的生产计划。一旦主生产计划员确认了主生产计划，系统在运行物料需求计划(MRP)时，就会展开产品的物料清单，计算相应的非独立需求。

mySAP ERP 的主生产计划支持面向库存生产(MTS)、面向订单生产(MTO)、面向订单装配(ATO)和面向与批量及库存相关的订单生产等不同的生产策略。最后一种生产策略和通常的面向订单生产策略的区别在于，不是对每一份客户订单单独组织生产，而是根据客户订单的需求日期合并在一个批次中进行生产。批次的大小由生产中的各种因素决定。这对于那些主要为大客户生产，但也需要少量库存的企业是很有用的。

需求管理的对象是独立需求，包括预测和客户订单。需求管理在独立需求和主生产计划之间起到桥梁作用，它把在销售与运营规划中对于产品组生成的生产率分配到单独产品的主生产计划。需求管理既可以在产成品层次上进行，也可以在零部件层次上进行，这由用户根据自己的需求来决定。

可用性检查(ATP 检查)是制定和应用主生产计划过程中的重要概念。用户在执行可用性检查时，系统会读取与每一项交易相关的物料库存和收发数据，计算现有库存量是否可以覆盖所有的需求量。如果需求量不能被满足，系统会计算按照现有的计划何时才有足够的产品来满足需求。

(3) 物料需求计划(MRP)。物料需求计划的主要功能在于在什么时候需要什么物料以及需要的数量，并自动生成相应的计划订单建议。

在运行物料需求计划时，系统将可用库存量和来自采购或生产的计划接受量之和与计划需求相比较，如果出现了净需求，亦即上述两项之和小于计划需求量，系统就会自动生成一份计划订单建议，以避免物料短缺的出现。

计划订单是物料需求计划的重要工具，用来表示计划生产或采购的物料数量和日期。只有在用户对计划订单满意、进行确认并将其转换为生产订单或采购订单之后，才会启动实际的生产或采购活动。

mySAP ERP 提供了两种运行物料需求计划的方式，即重生成方式和净改变方式。通常是在一个工作日结束时对工厂内所有与 MRP 有关的物料项目以净改变方式运行物料需求计划。净改变式仅对那些库存或需求状况相对于原有计划发生了变化的物料来运行。

这一方式运行时间比较短，从而可以使物料管理人员以短暂的时间间隔来运行物料需求计划。

(4) 产能需求计划(CRP)。对任何一家制造企业来说，产能需求计划和排产都是非常重要的功能。产能管理不善会对企业的运营造成极大的问题。企业必须用最少的缓冲次数为量小而多变的生产批量完成可靠的排产。mySAP ERP 可以帮助企业实现产能管理透明化、改善瓶颈管理、满足客户的计划进程。

粗能力计划通过检查关键资源的可用性来检查销售与运作计划的合理性。粗能力计划的对象通常不是产品，而是产品组或产品族。

一旦用户确定了主生产计划并运行物料需求计划生成了新的计划订单，用户就可以知道所需的物料数量及时间。然后就可以制定详细的产能计划，系统会将计划订单、生产订单所要求的产能分配到相应的工作中心，形成工作中心的产能负荷。

每个工作中心的可用产能都是确定的。在分配负荷的过程中考虑或不考虑中作中心的可用产能，就形成了两种不同的排产方法，即无限产能计划和有限产能计划。使用前一种方法可能在某些工作中心出现超负荷的情况，需要人工加以调整。而后一种方法在为一份新订单分配产能时，是将先前已经分配了产能的订单考虑在内的。因此不会出现超负荷的情况。

mySAP ERP 的有限产能计划与主生产计划、物料需求计划以及车间控制计划无缝整合，因而在计划更新时，可以避免信息延迟。在以客户为中心的 ERP 环境中，每一份新订单或订单的修改或取消，都会立即影响车间操作。延迟或提早的交货或非计划的维护都可以导致生产计划的改变。mySAP ERP 系统可以将这些信息直接传递到有限产能计划。

4) 生产(manufacturing)

在制定了生产计划之后，工厂就要按照生产计划开始生产过程。

mySAP ERP 支持离散的生产行业、流程的生产行业和消费品行业等所有不同类型的生产策略，提供以客户为中心的生产管理要素，并且和及时生产(JIT)与看板(kanban)管理方式完全兼容。

mySAP ERP 支持车间作业控制(shop floor control)、重复生产(repetitive)、流程制造以及产品定制和项目管理型的面向订单设计等不同生产形式。

通过 mySAP ERP，在整个企业内共享生产信息，确保有关人员在任何时候都能够获得准确全面的信息。从工厂流程控制和数据采集系统所获取的数据为计划的监控和执行提供了依据。

mySAP ERP 在设计、计划和执行之间构建了连续的信息流控制，提高设计和生产过程控制的可见度。mySAP ERP 的订单变更功能有助于跟踪客户订单的变更以及物料清单(BOM)的修改，确保随时可以获取生产过程中的实时信息，为管理者提供决策所需的依据。

mySAP ERP 支持标准成本法。成本核算与生产过程同步，在生产完成之后即形成产品的成本，并对所产生的成本差异进行分析，系统会在总分类账的差异科目中作相应的记录。

5) 销售订单管理(sales order management)

mySAP ERP 提供了支持销售的后方办公室(backoffice)的独特功能，如查询与报价、客户订单生成和管理以及合同和开票流程管理。

mySAP ERP 支持互联网销售，支持移动装置如掌上电脑的销售输入，支持基本的呼叫中心功能。

mySAP ERP 销售订单管理功能使销售订单管理人员可以实时地访问所有与客户订单相关的信息，及时回复客户的问题，提供关于订单和报价的最新信息。

mySAP ERP 对多种销售流程的支持有助于满足客户的特定需求，在线的可行性检查为客户订单提供准确的发货信息。

mySAP ERP 提供对销售订单和金融的有效管理，支持对客户的信用检查和信用卡处理，可以识别超过信用额度的销售订单，及时采取冻结或其他相应的措施，为降低金融风险提供了保证。

mySAP ERP 提供了开票门户，对所有客户信息进行集中输入，并提供了处理票据、生成凭证的功能。

mySAP ERP 的分析工具可以帮助企业快速地获取客户关系的状态信息，帮助企业快速调整改善客户关系的程序和措施，加强和客户的关系，正确评估机会和风险，提高企业的市场反应能力。

6) 运输(tansportation)

mySAP ERP 帮助企业制定切实可行的运输计划，有效地满足运输要求，管理和报告运输流程，提供各种灵活的运输合并，包括基于规则的自动化合并、手工合并和互联网上的协作订单合并。

mySAP ERP 供应链管理中的最优化逻辑可以改善运输选择。

mySAP ERP 支持协作招标，使企业招标直接进入运输服务供应商系统，从而更好地调控运输计划。

mySAP ERP 帮助企业开发准确详尽的运费计算，完成双向的核实，提高票据准确度。

mySAP ERP 支持多个运输供应商的成本确定，支持运输成本的精确管理，从而降低运输成本。

mySAP ERP 的外贸管理功能可以处理欧盟、北美自由贸易组织(NAFTA)、欧洲公平贸易协会(EFTA)以及日本的贸易组织的声明，帮助企业选择适当的贸易伙伴，进行可以获利的贸易。而商业交易模拟可以帮助企业分析可能出现的潜在问题，如禁运或联合抵制。

7) 客户服务(customer service)

mySAP ERP 支持从产品安装、持续的支持服务到开票和收益核实的整个客户服务过程。

mySAP ERP 为员工提供了简明易用的系统界面，使客户代表很容易获取全面的客户和商品信息，包括在客户现场提供服务所需的信息和工具，从而提高客户服务质量，改善企业和客户的关系。

mySAP ERP 提高了客户服务流程的可见度,有助于企业管理和跟踪所有产品的生产、销售和服务信息，从而改进产品维护、产品回收以及新产品设计开发等流程。

通过移动技术，mySAP ERP 支持客户现场的技术人员的数据录入，随时报告服务活动的进展状况，优化了服务流程，加快了服务、报告、开票和资金回收的过程。同时，降低了开支，提高了员工的工作效率。

3. mySAP ERP 的运营管理——运营支持

mySAP ERP 提供了强大的运营支持解决方案，确保企业运营平稳，满足产品和服务的质量要求，并符合所有强制的规章和标准。

mySAP ERP 运营支持解决方案促进决策制定、优化工厂设备性能、增强客户忠诚度、提高产品和服务的质量、降低成本、缩短产品上市准备时间，支持企业所有的运营活动。

mySAP ERP 提供运营支持的关键领域如下。

1) 生命周期数据管理(life-cycle data management，LDM)

mySAP ERP 提供对产品相关数据的管理，包括产品结构、文档、配方和相关配置管理与变更管理，可以与诸如计算机辅助设计(CAD)之类的产品开发技术整合，并与文档应用软件和分析工具相兼容。

mySAP ERP 新的增强型生命周期数据管理工具简化并加快了产品开发过程与文档管理，使得产品生命周期每一步的协作得到改善，降低了成本。

2) 程序与项目管理(program and project management)

mySAP ERP 帮助企业规划、管理并控制所有程序与项目的参数，包括不同行业、不同规模的项目的结构、时间安排、成本和所需资源等，还支持实时文档交换，提供项目状态信息及整体项目概览。

mySAP ERP 中的项目管理增强功能可以促进商业伙伴之间更好的合作，实现更好的金融透明度和更低的成本，改善项目模型并加速产品开发，降低培训与软件整合的成本。

3) 质量管理(quality management)

mySAP ERP 使公司用统一的方法进行全面质量管理，覆盖从产品评估、设计开发、验证到产品投产的整个产品生命周期中的所有质量工程活动；对采购、生产、最终检查和存储以及销售、分销和服务过程进行了有效的质量保证和控制。

mySAP ERP 在质量管理方面的增强功能支持现代最优的实践操作，支持货物制造实践(good manufacturing practice，GMP)和货物试验实践(good laboratory practice，GLP)的指导方针，改善数据管理与数据整合，简化和加速产品研究和设计开发过程。

4) 企业资产管理(enterprise asset management，EAM)

为了保持竞争优势，企业必须优化资产的利用。mySAP ERP 企业资产管理以资产的优化利用为目标，服务于企业的管理人员、维护工程师以及所有涉及实物资产的管理人员，确保资产在其整个生命周期内，从最初的投资理念、规格设计、采购配置、运作使用、维护保养直到运作终止的最后处置，都能制定和执行有效的决策。

mySAP ERP 企业资产管理通过编制维修计划、预防性维修以及对设备维修需求的快速识别，帮助企业改善工厂和设备性能，最大限度地优化资产的利用，减少设备停工时间，并降低用于维护和维修的零部件库存量。

mySAP ERP 在企业资产管理上的加强功能可以帮助企业实现资产管理的自动化、标准化流程，提供灵活的资产数据录入与编辑方式，从而降低资产的管理和运营成本。

mySAP ERP 企业资产管理帮助企业更好地制定资产管理计划、更好地执行相关措施，从而也更好地遵守关于环境和安全方面的法规和行业标准。

16.2 SAP 的开发和增强技术

16.2.1 SAP 软件实施过程中的开发

1. SAP 开发语言 ABAP

ABAP(advanced business application programming)是第四代编程语言，产生于 20 世纪 80 年代，当然这个第四代在今天看来已是相当古老了，但与其他同时期的语言不同的是，ABAP 一直在与时俱进。今天的 ABAP 除了兼容其古老的语法外，也支持了面向对象(OO)和 Web 开发技术(BSP & WebDynpro ABAP)。

ABAP 是一种面向过程、以数据处理为主要特长的语言，其独创性的内表类型，可以方便高效地处理大量数据。除了基本语法外，还包括以下技术：

◎ ABAP List 报表技术，可以实现数据的显示、编辑和打印，缺点是格式控制功能较弱，不能单独调整字体、颜色和表格线。

◎ ABAP ALV 报表技术，可以实现数据的显示、编辑，用户可以方便地实现排序、汇总、图表和数据导出功能，是 SAP 报表开发中最常用的技术之一。

◎ Dynpro 技术，也称作 Dialog 编程，即 SAP 的屏幕编程技术，类似于 VB 中的表单。SAP 有独立的屏幕控件和布局工具，以及独立的屏幕事件流语言。

◎ Form 技术，包括传统的 Scriptform 和 Smartform，是 SAP 系统的专用打印控制技术，实现数据的显示和精确打印，可以控制所有的打印细节，缺点是数据不能与用户交互和编辑。

2. SAP 软件实施过程中的开发任务类型

在 SAP 的软件实施过程中，我们通常把开发任务称为 RICEFW，即六种开发任务的缩写，现分述如下。

◎ R，即 Report，报表。SAP 中的报表一般只起数据显示的作用，并可与用户进行交互操作。这与其他语言的报表有所不同，在 SAP 中真正的打印功能是靠 Form 实现的。报表程序是 SAP 中最常见的开发类型，由 TCODE：SE38 创建。

◎ I，即 Interface，接口程序。Interface 程序本质上也是报表程序，一般执行数据

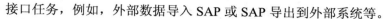

接口任务，例如，外部数据导入 SAP 或 SAP 导出到外部系统等。

◎　C，即 Conversion，数据转换程序。这种程序本质上也是报表程序，同样由 SE38 创建，其功能大多是一次性的，主要任务是完成 SAP 上线前的初始数据导入工作。

◎　E，即 Enhancement，增强程序。广义的增强程序是指能够完成所有 SAP 标准程序不能完成的功能的程序。狭义的增强是指在 SAP 标准功能基础之上所进行的扩展。

◎　F，即 Form，表单程序。这是 SAP 特有的打印报表开发类型，也就是其他语言中的报表，包括 Scriptform 和 Smartform 两种类型。Form 程序不能单独实现打印功能，必须被 Report 或增强程序调用。

◎　W，即 Workflow，工作流程序。通过 SAP 标准业务对象的事件实现自定义工作流，如通知审批、自动后续功能处理等。

16.2.2　SAP 的主要增强开发技术及其应用选择

1．SAP 的主要增强开发技术

SAP 系统在自身的发展过程中，始终考虑到系统的兼容和扩展性，随着 SAP 技术的发展和软件版本的升级以及不同客户差异化功能的需要，产生了多种增强技术来支持定制化功能的实现，SAP 系统可以通过以下三类增强技术来增强 SAP 的标准功能。

1) 个性化(personalization)

如业务变式(transaction variants) 通过改变某些特定字段的全局属性(如默认值)，在某些屏幕上只读、可写或隐藏等，或创建用户自己的特定菜单来实现特定的客户需求。这部分一半可由 SAP 业务顾问实现，一半则必须有开发人员参与才能实现。

2) 修正(modification)：在 SAP 升级时会被覆写

在客户系统中对 SAP 标准对象进行修改，包括 SAP 发布的各种补丁(notes & path)和解决方案。

◎　利用修改助手(modification assistant)修改标准程序。4.5 版本后，SAP 提供了专门的修改助手来帮助用户完成这一操作。

◎　用户出口(user exits)。

需求注意的是，修正可能会引发一系列问题：在应用了更新后，新版本的 SAP 对象可能会覆写已经应用的修正，因此，对 SAP 的更新应用要有足够的评估，并对原有修正对象进行备份。因此，只能在下列情况下使用修正：定制或个性化无法满足需要；没有发现相似的增强或用户出口；无法把 SAP 对象复制到客户命名空间。

3) 增强(enhancement)

参考 SAP 标准对象创建新的对象来完成特定用户的特定功能。在 SAP 升级时会保留。在 SAP 提供的多种增强技术中，有用于标准业务功能增强的，有用于界面增强的，

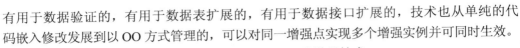

有用于数据验证的，有用于数据表扩展的，有用于数据接口扩展的，技术也从单纯的代码嵌入修改发展到以 OO 方式管理的，可以对同一增强点实现多个增强实例并可同时生效。

在实际项目中，开发人员常用的主要是以下几种增强技术：

◎ ABAP 数据字典增强(ABAP dictionary)，包括数据库表格(table)和数据元素(data elements)层次上的增强。

◎ 出口技术，包括用户出口、客户出口(customer exit)、字段出口(field exit)、菜单出口(menu exit)、表格出口(table exit)、屏幕出口(screen exit)等，主要功能是在标准程序预留的出口中实现功能扩展，如数据验证、数据替换、功能触发、自定义字段存取、自定义屏幕处理等功能。

◎ BADI 技术，即业务附加(business add-ins)，相当于面向对象的出口技术，所能完成的功能也类似，每个 BADI 提供不同的接口供用户灵活选择。

◎ 增强点。增强点主要可以分为以下两大类，即显示增强点和隐式增强点。

    ■ 显式增强点对应的英文术语是 explicit enhancement points and sections，其中 explicit enhancement points 是 SAP 事先准备的允许开发人员插入自定义代码的地方，而 explicit enhancement sections 是 SAP 事先准备的允许开发人员替换标准代码的地方。

    ■ 隐式增强点对应的英文术语是 implicit enhancement points and options，SAP 允许开发人员可以在任意 SAP 标准程序、函数和类方法、子程序的开始位置和结束位置插入增强代码。

◎ BTE(business transaction event)，即业务交易事件，可以在 SAP 标准业务交易事件实现自定义的功能，比如物料创建、凭证过账等。

◎ Validation and Substitution，验证和替代，这两种增强技术主要应用于财务模块的增强，可以实现财务凭证过账时的数据验证和替换。

◎ Coding Block，这也是财务模块的专用增强，可以在 SAP 标准财务凭证的前台和后台增加自定义字段，从而满足客户的特定需求。

2. SAP 的主要增强开发技术的选择

在 SAP 的实施过程中，面对一个客户需求，可以按照如下流程选择适当的增强技术对 SAP 的功能做出调整和修改。

(1) 首先考虑定制化和个性化。

◎ 定制化(customizing)，即根据 SAP 的系统实施指南(TCODE：SPRO)建立具体的业务流程和功能。只要有可能，所有的需求应该以此途径实现。这部分工作一般由 SAP 业务顾问分析和实现，和开发人员无关。

◎ 个性化(personalization)，即通过改变某些特定字段的全局属性(如默认值、在某些屏幕上只读、可写或隐藏等)或创建用户自己的特定菜单等来实现特定客户需求。这部分工作有些可由 SAP 业务顾问实现，有些则必须有开发人员参与才能实现。

(2) 如果不能用定制化或个性化的方法满足客户需求，但存在一个类似的 SAP 功能，就考虑通过增强或修正的方法来满足客户需求；如不能通过增强或修正的方法满足客户需求，则进行客户开发。

(3) 如果不能用定制化或个性化的方法满足客户需求，且不存在一个类似的 SAP 功能，则考虑使用补充软件产品(complementary software product，CSP)解决方案(在 SAP Service Marketplace 的 alias/softwarepartner 目录下列出了 SAP 认证的 CSP 解决方案清单)。如不能通过 CSP 满足客户需求，则采用客户开发(customer development)的方法，即在客户系统中不同的客户命名空间(namespace)下创建唯一的 SAP 对象来完成特定的功能。

上述流程如图 16.8 所示。

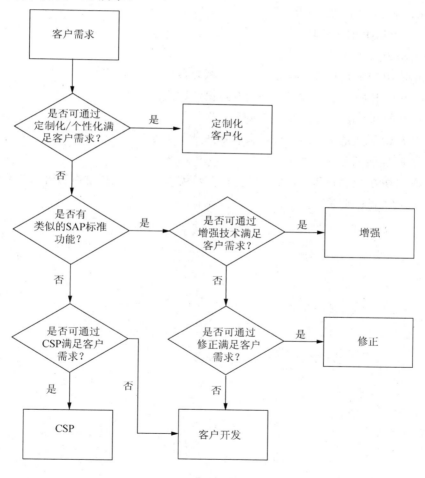

图 16.8　SAP 增强技术选择流程

思考题

1. SAP 的产品分为几类？各是什么？

2. SAP 产品的技术架构基础是什么？

3. SAP NetWeaver 有哪些功能？

4. SAP R/3 系统的功能涉及哪些业务领域？

5. SAP R/3 系统财务管理模块包括哪些主要的应用程序？

6. SAP R/3 系统物流管理模块包括哪些主要的应用程序？

7. SAP R/3 系统人力资源管理模块包括哪些主要的应用程序？

8. SAP 有哪些行业解决方案？

9. mySAP ERP 的主要功能模块有哪些？

10. mySAP ERP 有哪些商业优势？

11. mySAP ERP 可以在哪些运营管理领域为客户创造价值？

12. mySAP ERP 可以在哪些方面为客户提供运营支持？

13. SAP 的开发语言是什么？它包括哪些技术？

14. 在 SAP 系统的实施过程中，会有哪些开发任务？

15. SAP 提供了哪些增强技术？

16. 在 SAP 的实施过程中，面对特定的客户需求，如何选择适当的增强技术对 SAP 系统的标准功能做出调整？

第17章
ERP的相关论题

在这一章里，我们将简单地介绍与 ERP 有关的各种管理思想。很容易发现，这些管理思想的许多原则实际上都是相通的，各种管理思想的融合是一种趋势。在 ERP 的基础上，尽可以把这些好的管理思想融合进来，使企业的管理水平不断提高，使企业在激烈的竞争中立于不败之地！

17.1　及时生产(JIT)

近年来，及时生产(just-in-time，JIT)已成为制造业管理领域的热门话题。在日本、美国和欧洲，不少企业通过 JIT 赢得了竞争。在我国，JIT 也受到企业的广泛关注。下面将对对 JIT 的基本原理以及 JIT 和 ERP 的关系进行讨论。

17.1.1　概述

按《APICS 字典》的解释："JIT 是使制造业达到卓越的一种哲理，其基本点是有计划地消除所有的浪费，持续不断地提高生产率。这贯穿于成功地执行为生产最终产品所要求的所有活动之中。 包括从工程设计到发货的整个过程以及从原材料到产成品进行转变的各个阶段。强调零库存，即只在需要时才有必要的库存；以零缺陷为目标改善产品质量；通过减少准备时间、队列长度和批量缩短提前期；改进操作过程；并且以最小成本来实现这些目标。从广义来说，JIT 可应用于各种类型的制造业。车间任务型、流程式以及大批量重复生产型的企业均可应用。"

由以上定义可以看出，JIT 并不神秘。与之相反，它的许多基本要素早已在制造企业中存在着。然而，问题在于除此之外，还有一些不合理的东西存在于传统之中，多少年来，不但没有得到改变，反而成为制造业所崇尚的信条。例如，"越多越好"。在这种信条的支配下，库房中存货经常很多，甚至堆积到走廊里，而物料搬运工和催货人员却在经常地搜寻着所需的零件。

在车间里，工人们以他们所能得到的所有的物料进行着生产活动。大于需求的批量造成了机器准备时间过长。然后，这些物料被送到了仓库，或推到了下一个工序，加入在制品行列堆积在机器前面。

供应商越多越好，从供应商那里订购的货物数量越大，则价钱越好。但某些供应商在按时交货或保证质量的问题上是不可信的，所以必须保存大量的安全库存。然后，一旦得到供应商的交货，则必须检验，以确保质量可以接受。

按 JIT 的观点，任何活动，只要不为产品增值就是浪费，任何物料的存在，只要没有需求就是浪费。而 JIT 每项要素的终极目标都集中在消除浪费。这实在是再朴实不过的观点了。所以，在一定意义上说，JIT 是"返璞归真"。

以丰田为代表的某些日本企业通过向传统挑战实现了 JIT。JIT 在日本的应用引起了许多令人关注的结果。质量的度量不再用百分比，而是按照每百万件产品中有多少件有缺陷来度量。存货不再是静止的，而是流动的。一位数的年库存周转率被两位数的年库存周转率所取代。原材料可能在上午进厂，而下午就以产成品发运出去，等等。日本人通过向传统挑战、改变他们的思维方式而实现了这一切：他们否定大的经济订货批量，他们不再按照常规接受长时间的机器准备时间，他们否定传统的质量观点(允许废品率，就是允许浪费)，他们减少供应商基数并与供应商建立伙伴关系来改善采购过程，他们缩减了仓库和车间的存货，他们重视全体员工在整个生产过程中的积极参与。他们重新审查了制造过程的每个方面，于是实现了 JIT。

丰田关于 JIT 系统的定义是只在必要的时间以必要的数量生产必要的物料。丰田的这个生产系统通常被称作"看板管理"。"看板"在日语中是"标记"或"可视记录"的意思 。尽管丰田生产系统的确使用看板卡作为物料移动状况的反映，但是，JIT、丰田生产系统和看板卡并非同一个东西。丰田生产系统和 ERP 系统的目标是相同的，都是为企业提供一个有效的计划工具。他们有基本相同的计划层次，它们都强调从经营规划到销售与运营规划，然后生成切实可行的主生产计划的过程。它们的不同在于物料计划方面。由于丰田是高度重复生产的环境，它所使用的物料计划方法是库存补充的方法。其手段是双料箱系统——物料存放在两个料箱中，任何时候都用其中一个料箱中的物料来满足生产需求，一旦该料箱变空，则对其进行物料补充，同时开始用另一料箱中的物料来满足生产需求。所以该系统本质上是一个订货点系统。

在实现 JIT 的过程中，有几项重要的基本因素。每个打算实施 JIT 的企业都必须考虑这些因素。

1. 基本因素 1——人的参与

如果问一个成功的 JIT 用户，什么是使其获得成功的最重要的因素，所得到的回答必将是："人！"实施 JIT 是一个自底向上和自顶向下相结合的过程。JIT 认为，第一线的员工，在他们的工作领域中就是专家。他们怎么想，不但有关，而且有本质的重要性。没有广大员工的积极参与和献身精神，JIT 只能停留在理论上。

2. 基本因素 2——高质量

运行 JIT 而没有好的质量是不可能成功的。JIT 主张在正确的时间有正确的零件。于是，质量成为本质的问题。坏的零件意味着，当需要时却没有可用的零件。当生产批量减少时，没有可用的零件就会导致生产线关闭。在 JIT 环境中，质量并非仅仅意味着正确地生产零件，还意味着每个人都对质量负责。这就是所谓"质量在源头"。质量过程涉及每个人，质量是一个责任问题，应当关注它的每个细节。把质量的概念从产品质量扩展到工作质量，这是 JIT 的本质。但长期以来，我们建立了一个不言而喻的低标准。允许百分之几的废品率，实际上就是允许废品、默认浪费。而质量检验的观点则把质量问题从源头移到了产品，责任也从操作人员那里移走了，关注质量成了质量检验人员的事情。事实上，质量检验只能证明产品质量有问题，而不能保证产品质量没有问题。当以较小的批量进行生产时，问题更容易发现，责任更容易界定。员工们可以在一起工作，通过消除质量低劣的原因，从源头上消除低劣的质量 。把废品率从百分之几变为百万分之几，目标是 100％的质量合格。因此，JIT 和全面质量管理(TQM)的思想是相辅相成的。

3. 基本因素 3——有效的计划和控制系统

运行 JIT 的另一项绝对必要的因素是有效的计划和控制系统。

经验告诉我们，制造业所面临的挑战并不在于简单的计划能力，而在于重新计划的能力。计划是展望未来，而重新计划则是对多变的现实世界的及时反应。在制造企业中，首先应制定正确的计划反映企业的需求，而当需求发生变化时，又必须能够对计划进行维护来适应这种变化。于是，制造企业的问题在于："面对永恒的变化是否可以保持有效的计划。"回答是肯定的。那么，如何实现有效的计划呢？通过考察日本和美国的制造企业，人们发现，虽然他们在计划和控制方面有许多不同，但更多的却是相似性。虽然每逢谈到 JIT 总是把它和丰田生产系统联系起来，但是，那些在美国、欧洲，甚至日本应用 JIT 取得最好效果的企业大多是应用 ERP 来处理他们的计划和控制问题。

在制造业中，不论生产环境如何，产品类型如何，都普遍存在着如下的基本方程：

$$A \times B - C = D$$

式中：　A ——我们要生产什么？

　　　　B ——用什么来生产？

　　　　C ——我们有什么？

　　　　D ——我们还应再得到什么？

如何解决这个基本方程？大多数企业选择了 ERP，因为 ERP 已被证明在多种环境中是最有效的。

关于 JIT 和 ERP 的关系常有一种误解。就是认为 JIT 是拉式的，ERP 是推式的。其实这是一种误解。事实上，当批量减小时，"推"和"拉"可以得到统一。从实践上说，不少成功地实施 JIT 的制造企业是以 ERP 作为其有效的计划系统的。从理论上说，JIT 是如何运行一个制造企业的哲理，而 ERP 则是制造企业计划和控制的工具。JIT 消除浪费的核心思想也包容在 ERP 的处理逻辑之中。因此，可以说，ERP 支持 JIT，而 JIT 也支持 ERP。它们的关系是相辅相成的。

JIT 的核心是持续不断地消除浪费。这引起人们对生产过程的全面思考，并已从以下几个方面进行变革，从而实现消除浪费的目标：

(1) 重视产品质量、信息质量和工作质量。

(2) 简化物料清单，改进生产过程。

(3) 改善工厂的布置，力求形成均衡的流动型生产过程。

(4) 减少库存，减少生产批量，缩短提前期。

(5) 鼓励员工的参与，持续不断地改善企业经营的所有功能。

在下面的几段中，我们将讨论实现 JIT 所涉及的一些重要领域。

17.1.2　需求拉动和看板管理

JIT 向工厂环境的每项功能挑战，但在它的各项技术中最为高度可见的当数物料移动的方式，即所谓需求拉动。需求拉动对车间管理系统有重要的影响。需求拉动是物料移动通过生产线的一种很好的方法，而不论企业使用什么样的计划和控制系统。

需求拉动是由需求者启动的物料移动技术，它允许下游的工作中心当需要物料时从其先前的上游工作中心去拉动物料。下游工作中心的需求作为授权上游工作中心进行加工的依据。在所有的需求拉动系统中，无论企业决定生产什么，仅当有一个信号时，物料才能移动。如果没有来自下游的需求，则不应生产任何东西。需求拉动回答何时生产的问题。在这种情况下，"何时"是由下游工作中心的需求来决定的。

这听起来的确很简单。使用需求拉动技术的主要原因之一就在于它是如此的简单。使用需求拉动可以有各种方法，最基本的方法是通过"看板"类的信号来授权物料移动。"看板"已经成为许多不同技术的总称。在需求拉动的最简单的情况，把各个加工链接起来，使得前面的操作工序可以看到下游的工作中心何时需要更多的物料。这种方法是容易实现的。通过使用卡片、工作中心之间地面上的空格、手推车等都可以有效地执行需求拉动。使用这些方法的原因取决于前面的工作中心是否能物理地看到下游工作中心的需求，即要生产物料的量。许多初次的观察者总是注意到卡片、空格或手推车，而没

有注意问题的实质是指明需求。所有这些方法本质上都达到同样的结果。

需求拉动的优点是很多的。首先，它操作简单，易于维护。如果因为在生产线上的物料出现了问题而要停产，那么由于所有的需求是连在一起的，整个生产线就随之关闭。这对于发现质量问题，或在生产过程的某个特定环节上的问题是特别有帮助的。每个人的注意力都立刻集中到有关的问题上，他们可以共同努力来解决问题。

需求拉动的另一个优点是它可以帮助企业进行可见的能力控制。有的企业使用卡片进行能力控制。通过减少或增加卡片来调整能力。每个人都可以通过"看板"清楚地了解每项操作在加工什么零件，可以知道有多少个零件正在加工过程中以及它们在哪里。从而确保每项工作都能平滑地运行。

另外，需求拉动还可以帮助控制加工队列。使用需求拉动的方法，可以对每道工序建立最小批量。一旦建立了这样的标准，则加工件只能积累到这个水平。例如，在某道工序最小批量是 3，那么操作工必须有三张卡片才能进行该道工序的加工。通过控制加工队列，可以减少排队库存，从而减少与之相关的费用与空间。但更大的好处是可以极大地缩短物料的提前期。

17.1.3　供应商业绩

JIT 的实现要有良好的供应商业绩作为支持；否则，要运行 JIT 几乎是不可能的。引导供应商按 JIT 的原则进行合作的责任在企业本身。企业必须改善与供应商的关系，与供应商建立相互信任、共同协作、共同受益的关系。为此，首先应向他们提供关于未来需求的准确信息。这就要求有有效的计划、良好的预测、及时的信息交流。这也意味着只要供应商能够满足交货计划而且质量得到确认，那么他们就有生意可做。为了实现这种互惠互利的联合，必须和供应商建立密切的合作关系。而这种关系是不可能和成千上万的供应商来建立的，因为这将引起太多的管理工作并占用太多的时间。另外，从供应商这方面来说，他们会认为得到今天的生意并不意味着还能得到明天的生意。所以，他们不可能为加强合作而进行认真的投资。于是，他们的产品质量和交货期都难以得到最好的保证。

当施乐公司开始他们的 JIT 程序时，他们意识到了这一点。施乐要从外部采购他们所需零件的 80%，他们过去在世界范围内大约有 5 000 家供应商。他们原来认为，如此众多的货源，可以确保他们的需求得到满足。但是，他们很快就认识到，和 5 000 家公司建立密切、积极的合作关系实际上是不可能的。于是，他们从可管理的水平出发，把他们的供应商数量减少到约 300 家。

为了和供应商建立长期合作关系，供应商教育活动是必不可少的。施乐公司的作法是，把供应商的决策者请来，进行一天的研讨，说明施乐公司正在做什么，以及对供应商的要求和供应商可以从中得到的好处。然后研讨双方如何按 JIT 的原则进行合作的细节，参加人是供应商方面的销售、生产、工程、质量控制等部门的经理。

在和供应商的合作过程中，要对供应商业绩进行评估，内容包括交货时间和数量的准确率以及产品质量等，从而使供应商业绩不断改善。

17.1.4　缩短机器准备时间，减少加工批量

JIT 的目标是消除浪费。那么，当工人生产了多于需求的产品而把它们存起来，或未生产任何产品而失去了时间，这都是在增加浪费。由此，大的加工批量及其基本原因——机器准备时间长的问题，受到了人们的关注。

在大多数制造企业中，机器准备所占用的时间是作为一个规定的时间而被接受的。这个规定的时间成为一种固定成本。如果为生产某种特定的零件所需的机器准备时间是 8 小时的话，那么当然需求比较大的加工批量。因为企业不能担负频繁地更换加工零件，因而频繁地进行机器准备所产生的费用。

对此，日本人的做法是"向每件事情挑战"。为什么把机器准备时间作为一个规定的时间而接受呢？他们的专家(新乡重夫，Shigeo Shingo)和机器操作工人共同工作，去寻找如何才能使机器准备时间更短、更有效的方法。他们实现了一个称为以分计时的模具交换(single minute exchange of die，SMED)过程。这个过程要求全部准备时间不超过 10 分钟。由于缩短了机器准备时间，从而减少了加工批量。"推"和"拉"也更接近了。随之而来，在制品存货可以降低，提前期可以缩短，质量问题的反馈可以更快，从而产品质量可以得到改善。

17.1.5　单元生产

单元生产(cellular manufacturing)是 JIT 的又一个组成部分。每个制造企业都应对其进行评估，以确定这种方法是否适合于自己企业的生产过程。概括地说，单元生产是根据各种零件、产品和加工过程的相似性将加工过程连接起来，亦即将用来进行加工的机器和工作站连接起来。这和传统的加工机器分组方法是不同的，后者是根据机器的功能和能力来分组的，例如车床在一个车间，而钻床在另一个车间，等等。

某些制造企业，通过实现单元生产，形成了从原材料到零件、到子装备件或产品的完整的生产过程。

实践证明，单元生产对于缩短物料搬运时间、消除排队以及由此而产生的缩短交货提前期是一个很好的方法。

另外，单元生产对于计划过程、工艺路线文件以及车间占地面积都有直接的影响。通过单元生产，可以有效地简化计划过程和工艺路线文件，减少其中的很多文档工作。

可以有效地减少车间占地面积，通常可以减少 30%(图 17.1 和图 17.2)。

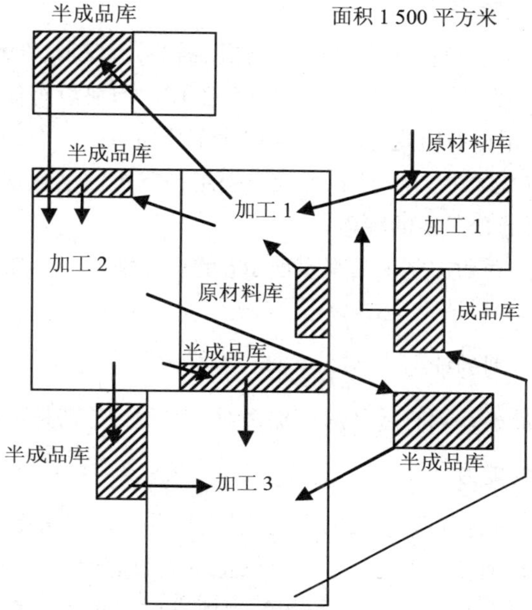

图 17.1　通常的物流图(文献[8]) 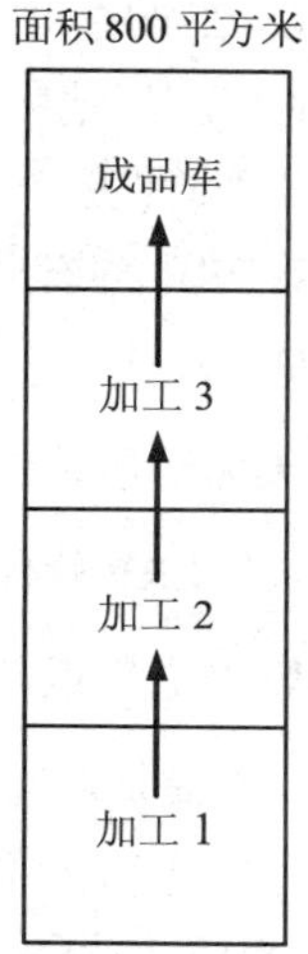　　　图 17.2　单元生产物流图(文献[8])

　　单元生产的第三项好处是简化物料清单的结构。由于使用连接起来的机器和操作，零件和子装配件可以直接地按给定的工艺路线进入最终装配，而不必再用不同的物料代码在物料清单中对它们进行标识。这样，物料清单的层次就减少了。于是，也就减少了覆盖物料清单各个层次的生产订单数。这种思想的核心是，任何可能简化的地方都要进行简化。由于各加工处理过程、零件和物料移动过程都连接起来了，这就减少了出入库等事务处理、减少了文档工作、提高了生产率、降低了库存、减少了浪费，这又转化为对计划和控制过程的简化。

　　值得注意的是，单元生产的实现并不需要更多的投资。所有的东西都是工厂里原有的。仅有的成本是把机器设备移动到一条线上的工时成本。还有的企业把这种单元生产线设计成"U"形，这样就可以缩短操作工走动的距离，而且，如果生产线上出现了问题，每个人都可以更快地介入去帮助解决问题。JIT 的持续不断地消除浪费的思想体现在生产过程中，那就是消除生产过程中物料移动的弯路，缩短从原材料到产成品的移动路程。

　　任何准备实现生产过程改变的企业都应首先考察其加工流程的布局。一旦他们看到了他们的物料如何在生产过程中运动，他们就可以考虑单元生产如何应用于他们的生产环境中。然后再来检查产品的设计，看看产品如何更容易制造。把设计和加工密切联系起来，这是产品设计工程师的任务。他们必须考虑生产过程中的每个步骤，以确保没有物料移动的浪费。工程师可以看到能否合并或消除某些步骤，以使得产品更容易制造。

17.1.6　软件

在复杂的制造业环境中，为了全面实现 JIT 的效益，需要计算机软件系统作为工具。虽然，从逻辑上说，没有计算机和软件也可以开始这项工作，但还没有任何一个完全成功地实施了 JIT 的企业会说不用计算机也行。即使丰田汽车公司也是一个积极的计算机用户，尽管他们广泛地应用手工的看板卡。毋庸置疑，使用计算机，运行正确的软件，对于成功地实现 JIT 是一项必要的和重要的因素。

对于以 ERP 系统作为其计划和控制工具来实现 JIT 的企业来说，对 ERP 软件包的基本要求有如下几项。

1. 以天为时区单位进行计划的能力

如果一个 ERP 软件包的最小计划时区是周，那么对于实现 JIT 则是不够的。

2. 频繁地进行重新计划的能力

对于一个企业来说，计划的能力是重要的，而及时进行重新计划的能力是更重要的。这就要求所使用 ERP 软件系统对 MRP 的运行既提供重生成的运行方式也提供净改变的运行方式。因为如果只有重生成的运行方式，要想频繁地进行重新计划是不可能的。

3. 处理多个库存位置以及"倒冲"的能力

在 JIT 环境下，库存物料的使用点往往就在车间或车间附近，这些使用点上的库存记录也必须是准确的。因此，软件系统必须能够维护这些库位上的库存记录，而且能对这些库位进行倒冲处理以实现对库存记录的后减处理。所谓"倒冲"，是指在产品完工之后再从库存记录中减除所用子项物料的过程。当物料清单准确、产品生产时间相对比较短时这种方法是可行的和适用的。

4. 对供应商的计划能力

供应商计划影响到供应商按 JIT 的原则按时交货的能力。所以，软件系统应有供应商计划的能力。把供应商作为自己的外部工厂来管理，才能保证供应商按时交货。

17.1.7　JIT 没有特定的起点，更没有终点

JIT 是整个企业的改善过程，它不是线性的，而是一个环。而且不存在一个进入这个环的特定起点。每个企业都有自己的需求和自己关注的焦点。这个环的本质意味着企业必须详尽地考察所有的操作环节，很好地确定哪里是他们的着重点。有的企业从减少加工批量开始，有的企业首先把注意力集中在与他们的供应商打交道上，有的企业从改善物流开始，有的企业从改善他们的计划和控制系统开始。

这些企业都是把他们的努力直接指向出现问题最多的地方，而且在这些地方他们也有最丰富的经验和知识，或者，他们认为可以得到最大的回报。无论一个企业从哪里开始这个过程，前面谈到的那些基本因素对于 JIT 的成功都是必要的。

对于实现 JIT 这样的重要项目，一方面需要积极的行动，另一方面也必须有耐心。因为，在这个过程中要向传统挑战，要改变人的思维方式和行为方式。所以，一些深有体会的企业提出了这样的口号："我们已经发现了敌人，那就是我们自己。"

JIT 是一个不断提出挑战和不断改进的过程。JIT 是一个长途征程，而不是目的地。无论一个企业认为他们现在做得多么好，JIT 都可以使他们做得更好。

17.2 全面质量管理(TQM)

17.2.1 概述

质量管理的发展是整个社会生产发展的客观要求。同时，它同科学技术的进步、管理科学的发展也是密切相关的。质量管理的发展过程可以分为三个阶段，即质量检验阶段、统计质量管理阶段和全面质量管理阶段。

1. 质量检验阶段

质量管理最早的阶段是质量检验阶段。质量检验作为一项专门职能或工种从生产操作中分离出来，是社会生产发展中专业分工的必然结果。这一点可以追溯到 18 世纪产业革命时期。这段时期正是资本主义的工厂取代原来分散经营的家庭手工业作坊、并逐步发展到建立大机器工业的时期，劳动者集中在一起同时进行劳动，产品的生产过程分为不同的阶段，出现了工序，各个生产阶段(或工序)由不同的工人或小组来完成，前后各工序之间需要在时间上、空间上、数量和质量上相互衔接和配合，这自然就出现了专职的企业管理，其中包括质量管理。但此时质量管理还没有摆脱小生产经营方式或手工业作坊式的生产经营的影响，产品质量主要依靠工人的实际操作经验，工人既是操作者，又是检验者、管理者，经验就是标准，也没有准确的量具，企业的质量管理还处于萌芽状态。

随着生产的发展，由于市场的竞争，对质量要求越来越高，产品的结构也越来越复杂，前后工序之间的加工质量相互影响，因而需要对各工序的加工质量进行准确的测量和评定，同时生产的速度也越来越快，所有这些都要求有质量标准，有专门的检验人员，有精确的、专门的测量工具，而且要有专门的检验技艺，因而就出现了专业的检验活动和检验机构。从 1840—1870 年间，为了保证产品在一定范围内质量的一致性和互换性，开始发明和出现了简单的量规；从 1870—1904 年世界上许多国家先后制定和颁布了公差制度，开始出现了统一的质量检验标准。这些都是质量管理中的重大进展。到了 20 世纪初期，美国工程师 F. W. Taylor 根据 18 世纪产业革命以来工业生产管理的实践和经验，在 1911 年发表了专著《科学管理》，提出了"科学管理"的理论。这个理论主张计划与执行分开，在执行中要有检查和监督。因此，专职检查便在工厂中进一步得到了推行。

质量检查阶段的特点是强调事后的终端把关，检查人员的职责，无非是把已经生产出来的产品进行筛选，把不合格品和合格品分开。也就是通过检查，判断产品是否合乎质量标准，合乎标准的判为合格品，予以通过；不合乎标准的判为不合格品，予以报废或返修处理。作为把关性质的质量检查，对于保证不使不合格品流入下一工序或出厂送到用户手中，是必要的和有效的，至今在工厂中仍然不可缺少。

2. 统计质量管理阶段

从 20 世纪初到 40 年代之前，基本上是属于检验阶段。由于对合格品与不合格品起到分离作用的事后把关检查，是基于废品已经出现的事实，而废品既已出现，即使被检查出来也已经造成了损失，因此从质量管理的观点来看，它毕竟还不是一种积极的方式。

统计质量管理(statistical quality control，SQC)是一种积极的质量控制方式，其思想是把废品消灭在发生之前，防止出现废品而带来损失。由被动的事后把关，变为积极的事前预防，从质量管理的指导思想上看，这是一个很大的进步，也是统计质量管理区别于一般质量检查的重要标志。因为，毕竟质量是设计、制造出来的，而不是检验出来的。积极预防的思想，随着生产的发展显得越来越重要、越迫切，因为生产的效率不断提高，每分钟都可能产生废品，废品带来的经济损失，将大得难以承受。

怎样实现预防废品产生的目标呢？这就需要借助数理统计的方法。1924 年，美国贝尔实验室的 W.A.Shewhart 应用数理统计学的原理，提出了控制产品质量的方法，继而建立了第一张工序质量控制图，作为预防生产过程中出现废品的重要工具。1931 年，W.A.Shewhart 发表了《工业产品质量的经济控制》一书，对统计质量管理做了系统的论述，从而奠定了统计质量管理的理论基础。根据数理统计方法所建立的工序控制图，对于预防生产过程中废品的出现，起到了重要作用。它不是等到一个工序整批零件加工完了，才去进行事后检查，而是在生产过程中，定期地进行抽查，并把检查结果作为反馈信息，通过控制图发现或测定生产过程是否出现了不正常情况，以便及时发现和消除不正常的原因，防止废品的产生，这个过程称为工序控制。

数理统计方法在质量管理中的另一个应用，是验收抽样检查。因为有时检查带有破坏性，全数检查是不可能的；有的产品生产效率很高，检验工作量和检验费用很大，进行全数检查是不经济的，或者时间是不允许的，所以在验收检查中，抽样检查得到了迅速的推广应用，而这种抽样检查又必须有数理统计的理论做指导。美国的 H. F. Dodge 和 H. G. Romig 一起发明了挑选型抽样检查方法，得到了广泛的应用。统计质量管理是质量

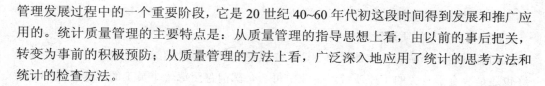

管理发展过程中的一个重要阶段，它是 20 世纪 40~60 年代初这段时间得到发展和推广应用的。统计质量管理的主要特点是：从质量管理的指导思想上看，由以前的事后把关，转变为事前的积极预防；从质量管理的方法上看，广泛深入地应用了统计的思考方法和统计的检查方法。

3. 全面质量管理阶段

20 世纪 50 年代美国通用电气公司的 A. V. Feigenbaum 和质量管理专家 J. M. Juran 提出了全面质量管理(total quality management，TQM)的概念。概括地说，全面质量管理就是把生产技术、经营管理和数理统计等科学方法结合起来，建立一整套有效的质量工作体系，以保证最经济地生产出满足用户要求的高质量产品。

全面质量管理的特点可以概括为以下三个方面。

(1) 全面的质量概念

狭义的质量通常主要指产品的技术性能(如精度、耐用度、操作安全等)，而全面质量管理中的质量是广义的，除了技术性能以外，它还包括服务质量和成本质量(即价格低廉)。认为质量和成本无关或高质量与低成本相对立的观点都是不正确的。如果降低产品成本而不能保证产品质量，那就可能发生大量的索赔现象。事实上，这种情况并不少见。从另一方面看，价廉物美，是人们购买商品时不可分割的原则。质量再好，如果价钱太贵，超过社会上一般的购买力，这种质量也难以受到欢迎。服务质量就是事先要把产品真实的质量情况如实告诉用户，准时交货，售后要有方便的维护修理，及时地提供配件，以及帮助用户解决安装、操作和使用中的问题。在处理同用户的关系时，态度要热情、主动和积极。现代企业质量管理中，服务质量具有重要的地位。有人认为，产品本身的质量是取得用户信誉的前提，但良好的服务质量，可以征服用户的心。而且服务质量可以在一定程度上补偿产品本身的某些质量的不足。所以提高服务质量是加强市场竞争能力的一种重要手段。

(2) 全过程的质量管理

全面质量管理认为，产品质量是企业中一切工作质量和工序质量的结果，产品的质量决定于设计质量、制造质量和使用质量(如合理的使用和维护等)等全过程。必须在市场调查、产品选型、研究试验、设计、制造、检验、运输、储存、销售、安装、使用和维修等各个环节中都把好质量关。在全过程质量管理中，除了基本生产过程以外，还要重视辅助生产过程的质量管理，如工具、动力、机修等生产过程中的质量管理。这些都是保证工序质量的重要条件，产品质量不好也常常是由于这些辅助部门的问题造成的。

反映全过程中各个环节相互配合的信息反馈是非常重要的。例如，制造过程中可以反映设计过程中的质量问题，使用过程中又可以反映设计和制造过程中的质量问题，及时地把这些信息反馈到有关的部门，是现代企业质量管理中的重要环节，是不断提高产品质量、促进产品质量良性循环不可缺少的条件。

(3) 全员参与的质量管理

如前所述,产品的质量是企业一切工作质量和工序质量的综合反映,而工序质量最终也还是决定于有关的工作质量。企业中每一个部门甚至每一个员工的工作质量都必然直接或间接地影响到产品的质量。所以全面质量管理的一个重要特点就是要求企业的全体人员都参与到质量管理工作中来。首先,就是每一个人都把自己的本职工作做好,上至企业高层领导,下至企业一般员工都不例外。事实上,现代企业的生产过程如此复杂,前后工序、前后车间之间的工作相互影响,相互制约,只靠少数人检查把关是不能解决问题的,只有真正调动广大员工的积极性,人人关心质量,工作认真负责,树立质量第一的观念,才能真正保证产品质量。

全员参与质量管理,首先要求企业的领导重视并参与到质量管理工作中来,同时在生产过程中,动员广大员工参加改善产品质量的活动,组织各种形式的质量管理小组,及时从技术上和组织措施上解决生产现场所出现的各种质量问题,特别是关键的质量问题。日本一些企业认为,TQM 的真正目的在于使员工养成如下素质:

(1) 善于发现问题。

(2) 重视计划。

(3) 重视过程。

(4) 抓住关键问题。

(5) 全员参与质量管理。

其中又特别强调"全员参与质量管理"这一条。有没有"全员参与"是衡量 TQM 开展好坏的一个重要标志。

17.2.2　今天的制造业在质量方面还需作出多大改善

质量管理在日本的企业中受到了高度和普遍的重视。20 世纪 50 年代日本就引进美国的统计质量管理。1950 年日本聘请美国质量管理专家 W. E. Deming 到日本讲学,其内容包括控制图和抽样检查法。在此基础上开始训练工厂管理人员,对在日本企业推行和宣传质量管理起了很大的作用。所以,Deming 通常被认为是过去多年来在日本广泛应用的质量程序之父。在日本有一个面向制造商质量业绩的 Deming 奖。虽然质量管理的原理起源于美国,但是在日本得到了应用,并结合本国的国情,形成了日本式的全面质量管理,对日本的经济振兴和工业发展起到了重要作用。后来又反过来引起了美国制造业的关注,也引起了世界各国制造业的关注。他们为质量建立了高标准,从过去的用百分比度量废品数,变成用百万分比度量废品数,例如每百万件产品中废品不超过 50 件,即 50ppm(parts per million)。

那么，当今大多数的制造企业情况如何呢？尽管多年来对质量问题说得很多，但对一般制造企业来说，必须把他们的产品质量提高 100 到 1000 倍，才能满足今天的质量标准。大多数制造企业的废品率是 5%~10%，亦即 50 000ppm 到 100 000ppm。要达到世界级的质量标准就必须把他们的质量提高 2~3 个数量级。

近年来，在质量领域所发生的最大的变化是客户不断对质量提出更高的要求。客户关于他们所买的产品有了更多的知识，从而也对产品的质量提出更高的期望值。此外，对大多数人来说，生活的节奏加快了。从而他们几乎没有时间把他们买的有质量问题的产品寄回去修理，甚至他们对常规的交货期和服务都等不及。低劣的产品质量将产生高成本、高投资、低生产率、无效的计划和许多其他无效因素，最终要失去客户，危及企业的生存。因此，可以说低劣的质量使企业面临内忧外患。

那么，为什么质量问题多年来在众多的企业中得不到显著的改善呢？原因在于质量改善的过程是一个艰苦细致、坚持不懈的长期过程，在这个过程中涉及企业的高层领导和每个员工，既有对质量的态度问题，对 TQM 指导原则的认识问题，也有推行 TQM 的方法问题。这些都是我们下面要讨论的。

17.2.3　用户至上的观念

在全面质量管理中，用户至上，是最重要的观念。也就是要树立以用户为中心、为用户服务的思想。为用户服务就是要使产品的质量和服务质量尽量满足用户的要求，产品质量的好坏，最终应以用户的满意程度为标准。需要指出的是，这里所说的"用户"，有它特定的含义，它不只是指企业产品出厂后的直接用户，而且包括企业内部前后工序、前后工段或车间，以及任何一件工作的执行者与工作结果的接受者之间的关系。下工序是上工序的用户，下工段或下车间是上工段或上车间的用户，工艺和设计部门的用户就是车间或车间的生产工人，如此等等。

对于每个员工来说，首要的任务是要知道他们的用户，即在生产经营过程中，哪个部门以及哪些人要在自己工作的基础上继续工作。要建立经常的联系，了解他们的希望，以及现在他们认为自己做得如何。在企业内部的运作过程中，建立"用户—供应者"关系是十分重要的。"供应者"必须把下一个人看作自己的"用户"，而"用户"必须把前一个人看作自己的"供应者"。建立以事实为基础的对话，建立信任和伙伴关系。每个员工都必须了解本公司的产品，而且以外部用户的观点来看待他们的产品。另外，广义来说，产品质量的好坏，还可能影响到社会，如产生环境污染等社会公害，所以"社会"也是一个用户。美国质量管理专家 J.M.Juran 把用户分为以下 4 类：

(1) 加工者，他们可能是本企业的各个生产部门或进行再加工的其他企业。

(2) 从事买卖的中间商人。

(3) 最终用户,即产品的直接使用者。

(4) 全社会。

面对激烈的全球市场竞争,企业要求生存求发展就必须追求利润。但是,如果产品的质量不能满足用户的需要,不能在用户中取得信誉,也就无法达到实现利润的目标,最终将导致企业的失败。

17.2.4　更广泛的质量观点

早期的质量管理专家,如 P.Crosby、J.M.Juran 和 W.E.Deming 所给出的质量定义为"满足需求"或"适于使用",即产品是否能做要求它做的事情或能否满足用户需求。1988 年,David Garvin 给出了一个质量定义,他列出了质量的 8 个属性:

(1) 性能——产品的主要功能和操作特性。

(2) 特点——补充基本功能的附加特点。

(3) 可靠性——一件产品在一个特定的时间段内损坏的概率。

(4) 符合标准——一件产品的设计和加工与预定标准相符合的程度。

(5) 耐用性——产品寿命的度量。

(6) 服务能力——容易维修,包括维修的速度、维修人员的态度和技能。

(7) 审美特点——产品的外观、声音、味道、气味等用户的感觉所涉及的产品属性。

(8) 认知特点——一项产品给人的总的印象,经常是受到主观因素而不是客观因素的影响。

这 8 项属性可以作为一个企业定义其产品质量的起点。在今天的生产经营环境和激烈的全球竞争中,对于产品及其质量问题需要一种新的思维方式。这体现在 Tito Conti 在 1989 年给出的质量定义中:"今天,质量不再只是满足用户的需求。它要在竞争中为客户寻求增值,亦即寻求满足用户尚未表示出来的需求。"

许多的思想蕴含在这个极好的定义中,首先,我们已经了解用户的需求,这些需求在我们和用户的交流中得知。其次,我们必须改变"质量"这个术语的应用,从只应用于有形的、物理的产品改变为不仅应用于物理的产品,还应用于连同产品提供的或能够提供的服务。于是,以新的方式来定义的"产品"则包括了有形的产品和伴随的服务。第三,我们希望清楚地了解我们的用户,从而甚至可以在他们发现或向我们提出他们的需求之前,预见他们的需求并使他们感到满意。一个企业必须持续不断地为他们向用户提供的产品和服务寻求增值的方法。

这种新观点的一个很好的例子来自于美国南部的一家铁管制造商,他们的铁管可以用在建筑、地铁以及其他地方。但是建筑物的主人通常并不关心谁的管子用在他的建筑物中。通常是由建筑承包商选择这种管子的供应商,或许一开始就由建筑设计师给出了建议。这家铁管制造商想出一个伴随其产品的增值服务方法。当这个铁管公司准备向建筑承包商发货时，他们把全部的订货按将被使用的楼层分组并分别捆扎起来。这样，建筑承包商就不必派人把收到的管子重新分类和包装。而且可以根据建筑工程的进展情况来发货。于是，铁管制造商的增值服务为建筑承包商节约了时间、人力和存储空间。同时，他们也从建筑承包商那里得到了回报——得到更多的订单。

17.2.5　质量和成本的关系

高质量和低成本通常被看作是相互对立的。换言之，一个制造企业要想得到产品的高质量，就必须付出高成本。但是现在人们逐渐认识到，一个企业达到低成本的最好的方法是追求高质量。换言之，低成本是高质量的结果。如果一个企业在推出产品之后又必须以额外的人力、物力去进行产品的检验、返工、处理废品、处理客户抱怨、退货和索赔，甚至重新设计，那么这个企业的成本不可能是低的。实际上，不能一次把事情办好是最大的浪费，而越是严肃认真地追求高质量的企业，成本越低。

那么为什么多年来企业的高层领导对于低质量造成的成本缺乏清醒的认识呢？原因之一在于当前的会计系统不去反映低质量造成的成本。

大量的研究工作表明，对于一般的制造企业，低质量造成的总成本至少达到销售收入的 20%~25%，最坏的情况甚至达到 40%。

当把这样的数据拿给企业的高层领导人看时，他们首先是感到吃惊。他们怎么也不能相信一个企业的质量成本会如此之高。然后，在对废品、返工、客户退货以及其他一些和低质量有关的成本(积压的库存以及额外的车间空间、设备和人)的详细估算之后，他们对低质量的问题关注了，甚至惊恐了，特别是当他们认识到所有这些浪费都是可以避免的时候。

17.2.6　时间和批量对质量的影响

JIT 和 TQM 相互加强它们对质量的影响。JIT 意味消除浪费，包括时间上的浪费。许多竞争是基于时间的。而减少准备时间就意味着工厂可以以比较小的批量来进行加工。在下面的例子中，我们将看到 JIT 对质量改进的影响。

假定加工批量为 300。每个零件的加工需用 20 分钟，每件成本 10 元。于是要用至少 100 小时来加工这 300 个零件，即大约用 12.5 个工作日。假定存在一个设计上的问题，直到这批零件用于装配之前才能发现。那么这个质量问题至少要存在 12.5 个工作日才会被发现。但是，我们毕竟已经制造了 300 个坏零件，其成本是 3 000 元，如果这些零件不能返工，则全部都是废品。

如果加工批量为 30，我们将在 10 个小时之后，也就是第二天就会发现问题。于是由坏零件造成的成本风险仅仅是 300 元。如果我们以 3 为加工批量，则将在 1 小时之内发现质量问题并解决问题，于是节约了可能浪费掉的 12.5 个工作日的生产时间和相应的生产物料。

值得注意的是，这里所谈到的由质量改善和提前期减少带来的效益是不反映在任何经济订货批量的计算之中的。

由此得到的启示很清楚。以小批量进行内部生产或采购意味着更快地发现和解决问题，从而可以有效地节约资金。

17.2.7　全面质量管理的 4 根支柱

全面质量管理是一种科学的质量管理体系。有人把它比喻为一座大厦，要使这座大厦牢固地树立起来，就必须有 4 根强有力的支柱，即质量教育、QC 小组、 PDCA 循环和标准化，现分述如下。

1. 质量教育

既然产品的质量决定于企业全体员工的工作质量，那就必须要求全体员工参加质量管理。因此，就必须不断地对全体员工进行质量教育，使他们在思想上重视质量，在管理行为上掌握与自己的工作相适应的质量管理方法，并有高度的技术操作水平，以保证产品质量。这样才能达到推行全面质量管理的目的。

质量教育的内容从广义来说，应包括以下方面：首先是思想上的教育，教育全体员工从思想上重视质量，严格遵守工艺纪律和技术标准，搞好相互协作，使产品质量水平不断得到提高。其次是组织各个岗位的员工，根据工作需要，学习现代质量管理方法。最后就是要加强员工的技术培训，提高员工的文化和科学技术水平。要搞好全面质量管理，员工没有文化和科学技术知识是不行的。如果员工不掌握先进的工艺、先进的科学方法和管理技术，就不可能生产出先进的、高质量的产品。市场的竞争是质量的竞争，而质量的竞争归根到底又是技术和人才的竞争。加强技术培训就是培养掌握现代科学技术的人才。员工培训是一种智力开发，但这种教育和培训不是一劳永逸的。"一生一次"的教育概念，是一种陈旧的概念，而必须代之以"继续教育"的概念。由于现代管理技术和生产技术的高速发展，使人们已有的知识不断陈旧和老化。另外，如果人们只靠工作经验来增加和积累知识，那将是很有限的，在现代社会中，将远远不能满足工作的要求。因此，人们需要不断的学习。而企业也必须不断地对其员工进行教育和教训，才能适应工作的需要和发展的需要。

2. QC 小组

在日本，QC(quality control)小组是员工参加质量管理的一种组织形式， 也是全员参加质量管理的重要内容之一。据报道，在日本各企业中活动着上百万的 QC 小组，参加的人数已达一千多万。通常，QC 小组是自愿组合，利用业余时间进行活动的。他们经常研究和提出改进生产技术、提高产品质量和降低生产成本的各项建议和措施。QC 小组建立的方式，可以各不相同，既可在一个班组内建立 QC 小组，也可以跨班组建立 QC 小组，也可以按产品或零部件组成 QC 小组。同样，QC 小组的活动方式也是多种多样的，除了经常在小组内的业务活动外，还可以组织车间、公司直至全国性的经验交流会、成果发布会、QC 小组代表大会等。通过这些活动，不仅交流了经验，而且起到鼓励和动员广大员工参加 QC 小组的作用。

工人参加管理(包括参加质量管理)，在我国企业中早就实行过，可以对在企业中实行全面质量管理起到了积极推动和鼓励作用。

3. PDCA 循环

因为美国著名统计学家沃特·休哈特在他关于统计质量控制的书中讨论过 PDCA 循环的概念，所以也称为休哈特环。而因为美国质量管理专家爱德华兹·戴明首次把这个概念介绍到了日本，所以日本人称之为戴明环，它是有效地进行任何一项工作的合乎科学逻辑的程序，特别是在质量管理中得到了广泛的应用。PDCA 所代表的含义如下：

◎ P(plan)——计划：包括方针和目标的确定以及活动计划的制定。

◎ D(do)——执行：实地去干，实现计划中的内容。

◎ C(check)——检查：总结执行计划的结果，看看哪些做对了，哪些做错了，注意效果，找出问题。

◎ A(action)——行动(或处理)：对总结检查的结果进行处理，成功的经验加以肯定，并予以标准化，或制定作业指导书，便于在以后工作中遵循；对于失败的教训也要总结，以免再次出现。对于没有解决的问题，应提交下一个 PDCA 循环中去解决。

为什么称它为 PDCA 循环呢？这是因为这 4 个过程不是运行一次就完结，而是要周而复始地进行。一个循环完了，解决了一部分问题，可能还有问题没有解决，或者又出现了新的问题，再进行下一次循环，依此循环下去，使问题不断得到解决。

PDCA 循环还有三个明显的特点。

(1) 大环带小环

如果全厂的工作比喻为一个大的 PDCA 循环，那么，各个车间、小组或科室还有各自的小的 PDCA 循环。大环带动小环，有机地构成一个运转的体系。

(2) 阶梯式上升

PDCA 循环不是停留在一个水平上的循环，每循环一次，就解决一部分问题，取得一部分成果，工作就前进一步，水平就上升了一步。到了下次循环，就有了新的目标和

内容，更上一层楼。

(3) 统计的工具

PDCA 循环的一个重要特点，就是它应用了一套科学的统计处理方法，作为进行工作和发现、解决问题的有效工具。通常所谓 4 个阶段(PDCA)、7 种工具、8 个步骤构成了 PDCA 循环的具体内容。其中，7 种工具是直方图、控制图、因果图、排列图、相关图、分层法与统计分析表。8 个步骤是：

① 分析现状，找出问题。

② 分析影响质量问题的各种因素或原因。

③ 分析影响质量问题的主要原因。

④ 针对主要原因，制定解决问题的措施计划。

⑤ 执行，按措施计划的要求去做。

⑥ 检查，把执行结果与要求达到的目标进行对比。

⑦ 标准化，把成功的经验总结出来，制定相应的标准。

⑧ 把没有解决的或新出现的问题转入下一个 PDCA 循环中去解决。

4. 标准化

标准化是组织和管理现代化生产的重要手段，也是全面质量管理的重要支柱。标准化的内容很广泛，但可以概括为两类：一类是技术标准，另一类是质量体系标准。

长期以来，判断产品质量好坏的标准是以对实物的质量检验和测试为基础的技术标准；所提供的质量保证证据是以对实物的质量检验和测试的结果为依据的。但是，这种以技术标准作为判断产品质量好坏的唯一标准的做法，经实践证明存在着明显的局限性：

(1) 任何技术标准都不可能反映全部质量要求。

(2) 单靠各种测试，未必能揭示出由于设计和生产制造体系中存在的缺陷所形成的全部质量隐患。

这些质量隐患可能要在产品使用过程中，耗费多年的时间和精力才能发现。换言之，检验和测试只能说明产品质量有问题，而不能确保产品质量没有问题。所以，作为判断产品质量好坏的标准，任何的检验和测试都是不充分的。

(3) 多数顾客没有足够的测试手段，往往无法核查；即使有，其测试结果也缺乏与专业生产厂家提供的测试结果相抗衡的权威性。

(4) 为了取得具有统计意义的检验测试结果必须抽取较大样本，这无疑将造成较高的检验测试成本。

(5) 即使进行了产品检验和测试，也无法控制其后的包装、储存、运输、使用、服务等环节对产品质量的影响。

由于上述局限性，人们逐渐认识到，把技术标准及其测试结果作为判断产品质量好坏的唯一准则的做法是不够的。既然产品质量有一个产生、形成和实现的过程，就必须重视和控制这个过程，这正是质量体系的任务。自 20 世纪 70 年代以来，世界发达国家逐渐建立了质量体系标准，用以弥补技术标准的不足。建立质量体系，通过对质量产生、形成和实现的全过程进行控制，可以有效地消除设计制造中所产生的质量隐患；对质量产生、形成和实现全过程的控制，包括了对包装、储存、运输和使用等环节的控制，因此，可以避免由此所引起的质量损失。此外，质量体系又是可以被顾客或第三方进行核查的，从而消除了单纯用技术标准判断产品质量所产生的弊端。

由国际标准化组织(ISO)制定的 ISO 9000 系列标准是一套精心设计、结构严谨、定义明确、内容具体、实用性强、应用广泛的质量管理标准，也是一套发展中的标准。其最早的版本是 1987 年制定的，以后又有 1994 年版、2000 年版和 2008 年版。2008 年版是迄今为止最新的版本。

有些人认为标准就意味着官僚主义和政策手册的堆积，于是寻求任何改变都必须经过多方批准，都要经过很长时间。但实际上并非如此。标准是工作的纪律。它要求我们每天按同样的标准的方法做事，直到发现更好的方法，则形成新的标准。这不仅意味着必须遵守标准，还意味着要不断地寻求更好的方法。

17.3　计算机集成制造系统(CIMS)

计算机集成制造系统(computer integrated manufacturing system，CIMS)是我国国家高技术研究发展计划，即"863 计划"的一个主题。本节介绍 CIMS 的基本概念和方法。

17.3.1　CIM 和 CIMS

CIM 是计算机集成制造(computer integrated manufacturing)的英文缩写，是 1974 年美国约瑟夫·哈林顿(Joseph Harrington)博士针对企业所面临的激烈市场竞争形势而提出的组织企业生产的一种哲理。此后，CIM 在世界各工业国的推动下，经历了百家争鸣的概念演变而进入蓬勃发展时期。

CIM 概念包括两个基本观点：

(1) 企业的各个环节，即从市场分析、产品设计、加工制造、经营管理到售后服务的所有生产经营活动是一个整体，互相紧密关联，不可分割。

(2) 整个生产经营活动是一个数据采集、传递和加工处理的过程。最终形成的产品是数据加工的物质表现。

这两个基本观点是紧密联系的。CIM 是用全局观点(即系统观点)对待企业的全部生产经营活动，包括市场分析、产品设计、加工制造、管理及售后服务等方面。显然，那种不管市场需求而单纯追求产量、产值的生产方式不是 CIM。企业追求效益便要做到全局优化，信息集成是支持企业总体优化的重要手段。计算机技术的进展使企业的整个生产经营过程的信息集成变成可能。信息集成主要是通过计算机(硬件、软件)来实现的。因此，CIM 的通俗解释是"用计算机通过信息集成实现现代化的生产制造，求得企业的总体效益"。

在激烈的市场竞争中，各种企业要求生存、争发展，就要用 CIM 的概念组织生产。要达到企业的总体优化，不仅要正确处理加工制造过程的自动化，而且必须使设计过程、管理和决策过程采用先进技术，更加重要的是企业的体制、运行机制必须作深刻的变革。因此，CIM 是一种组织现代化生产的哲理。

CIM 的出现一方面是由于企业外部环境变化，特别是市场的迅速变化引起企业对 CIM 的强烈需求；另一方面是由于科学技术的长足发展，特别是各种计算机辅助的单元技术的发展，成为 CIM 的技术来源，为 CIM 的出现提供了技术准备，即技术可能性。

制造业长期以来一直是工业发达国家国民经济的主要支柱，约占整个国民生产总值的 60%以上。但最近 20 多年来，由于宏观环境因素，特别是经济、技术、自然和社会环境的影响，世界制造业已进入了一个巨大变革时期，这一变革主要有以下 3 个特点。

(1) 生产能力(包括资本，信息)在世界范围内迅速提高和扩散已形成全球性的激烈竞争格局。

(2) 先进生产技术的出现正在急剧地改变着现代制造业的产品结构和生产过程。

(3) 传统的管理、劳动方式、组织结构和决策准则都在经历新的变化。

这些既为制造企业带来了市场竞争压力又带来了机遇，具体体现在以下 3 个方面。

(1) 产品生命周期缩短，产品更新加快。

(2) 产品品种增加，批量减少。

(3) 产品的质量、价格和交货期是增强企业竞争力的 3 个决定性因素，特别是缩短和信守交货期日益受到重视。

制造企业为了适应这些市场特点，求得生存和发展，必须采取高柔性和高生产率相结合的生产战略，以实现多品种，小批量，保证质量、降低成本和缩短交货期的综合目标。

科学技术的进步，特别是信息、计算机和网络技术的迅速发展及其与生产技术的密切结合，开阔了柔性自动化的道路。1974 年 CIM 的提出从企业生产战略的高度、从生产系统的整体上解决了高柔性和高生产率的矛盾。CIM 的技术基础源于过去一系列单元技术和系统集成技术。

CIM 的技术来源于 3 个方面，即产品开发与设计、生产管理以及车间制造。每一方面又有多种独立发展起来的单元技术组成。它们都是过去几十年内随着计算机的出现和

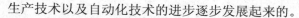

生产技术以及自动化技术的进步逐步发展起来的。

如前所述，CIM 是组织现代化生产的一种哲理，CIMS——计算机集成制造系统便是这种哲理的实现。

由于企业类型不同，实现 CIMS 的过程和结果也必然是不同的。即使是同一行业的企业，由于它们的生产经营目标不同，企业的基础条件不同(如技术水平、人员素质、资金能力等)，其实现 CIMS 的过程和结果也是不同的。当然，就技术而言，其中许多是有共性的。

我国国家高技术研究发展计划("863 计划")把 CIMS 作为主题是强调我们的研究开发不停留在哲理上，而要把重点放在实现上；通过实现去带动解决关键技术，形成高技术产业，另一方面是强调要用系统观点指导整个 CIMS 的研究开发，即系统的目标、结构、组成、约束、优化、实现等方面，这一点与 CIM 概念本身强调总体、强调系统是一致的。

CIMS 可以由工程设计自动化分系统、管理信息分系统、制造自动化分系统、质量保证分系统以及计算机网络和数据库等分系统组成；也可以由上述部分分系统集成组成 CIMS。

17.3.2　实施 CIMS 的效益

一个制造企业采用计算机集成制造系统可获得效益，概括地讲是提高企业的整体效率。具体地讲可包括以下 3 方面。

(1) 在工程设计自动化方面，采用现代化工程设计手段，如 CAD / CAPP / CAM，可提高产品的研制与生产能力，便于开发技术含量高和结构复杂的产品，保证产品设计质量，缩短产品设计与工艺设计周期，从而加速产品更新换代速度，满足用户的需要。

(2) 在加工制造上，FMS、柔性制造单元(FMC)或分布式数控(DNC)的应用可提高制造过程的柔性与质量，提高设备利用率，缩短产品制造周期，增强生产能力。

(3) 在经营管理上，使企业的经营决策与生产管理科学化。在市场竞争中，可保证产品报价的快速、准确、及时；在生产过程中，可有效地解决生产"瓶颈"，减少在制品；在库存控制方面，可使库存减少到最低水平，减少制造过程所占用的资金，减少仓库面积，从而可有效地降低生产成本，加速企业的资金周转。

总之，计算机集成制造系统通过计算机网络和数据库将企业的产品设计、加工制造、经营管理等方面的所有活动有效地集成起来，有利于信息及时、准确地交换，保证数据的一致性，提高产品质量，缩短产品开发周期，提高生产效率，最终带来更多的效益。

早在 1985 年，美国科学院对美国在 CIMS 方面处于领先地位的 5 个公司——迈克唐纳·道格拉斯飞机公司、迪尔拖拉机公司、通用汽车公司、英格索尔铣床公司和西屋公司进行了调查和分析，发现采用 CIMS 可以获得以下效益：

◎ 产品质量提高 200%～500%。

◎ 生产率提高 40%～70%。

◎ 设备利用率提高 200%～300%。

◎ 生产周期缩短 30%～60%。

◎ 在制品减少 30%～60%。

◎ 工程设计费用减少 15%～30%。

◎ 人力费用减少 5%～20%。

◎ 提高工程师的工作能力 300%～500%。

日本对 CIMS 的效益也做了调查，日本富士通一家工厂经过 1~1.5 年的考察与分析认为其效益为：

◎ 生产率提高 60%。

◎ 直接生产率提高 2 倍。

◎ 生产人员减少 50%。

◎ 库存资金减少 35%。

◎ 废品率降低到原来的 1/3。

17.3.3　CIMS 的核心在于集成

CIMS 的目标在于企业总体效益最大化，而企业能否获得最大的效益，很大程度上取决于企业各种功能的集成程度。只有各种功能有机地集成在一起才可能共享信息，才能在较短的时间里作出高质量的经营决策，才能提高产品的质量、降低成本、缩短交货期。单纯地使用计算机，提高自动化程度而不考虑各种功能的集成，不可能使企业整体优化，也不可以有效地提高企业对市场的快速响应能力。只有集成才能使"正确的信息在正确的时刻以正确的方式传到正确的地方"。因此集成是导致整个企业成功的关键因素，而 CIMS 的核心在于集成。

按集成的范围划分，CIMS 的集成可以分为全局集成和局部集成。全局集成是指信息技术和生产技术在整个企业范围内综合应用的集成；而局部集成是指一个分系统或企业一个部门内的集成。全局集成进一步细化可分为：工作流程集成、物流集成和信息流集成。信息流集成是企业集成的集中反映，是 CIMS 集成的基础。

按企业的组织层次划分，CIMS 的集成又可分为纵向集成和横向集成。纵向集成是指从企业基层直至企业高层领导在业务、组织和信息方面的集成；横向集成是指各日常运营系统的集成。

17.3.4 CIMS 的构成

CIMS 通常是由管理信息系统、产品设计与制造工程设计自动化系统、制造自动化(柔性自动化)系统、质量保证系统，以及计算机网络和数据库系统 6 个部分有机地集成起来的。所以一般说 CIMS 是由 4 个功能分系统和 2 个支撑分系统组成。但是，这并不意味着实践中任何一个企业、工厂实施 CIMS 都必须实现这 6 个分系统，而应根据具体需求、条件；在 CIM 思想指导下分步实施。下面对此 6 个分系统做一简要介绍。

1. 管理信息系统

它是以 ERP 为核心，包括预测、经营决策、各级生产计划、生产技术准备、销售、供应、财务、成本、设备、工具、人力资源等管理信息功能，通过信息的集成，达到缩短产品生产周期、降低流动资金占用、提高企业应变能力的目的。

2. 产品设计与制造工程设计自动化系统

它是用计算机辅助产品设计、制造准备及产品性能测试等阶段的工作，即通常所说的 CAD/CAPP/CAM 系统，目的是使产品开发活动更高效、更优质、更自动地进行。

3. 制造自动化或柔性制造系统

它是 CIMS 中信息流和物流的结合点，是 CIMS 最终产生经济效益的聚集地，可以由数控机床、加工中心、清洗机、测量机、运输小车、立体仓库、多级分布式控制计算机等设备及相应支持软件组成。根据产品的工程技术信息、车间层的加工指令，完成对零件毛坯加工的作业调度及制造，使产品制造活动优化、周期短、成本低、柔性高。

4. 质量保证系统

质量保证系统包括质量决策、质量检测与数据采集、质量评价、质量控制与跟踪等功能。系统保证从产品设计、制造、检验到售后服务的整个过程，以实现产品的高质量、低成本、提高企业竞争力的目的。

5. 计算机网络系统

它是支持 CIMS 各个分系统的开放型网络通信系统。采用国际标准和工业标准规定的网络协议，可以实现异种机互联，异构局部网络和多种网络的互联。以分布为手段，满足各应用分系统对网络支持服务的不同需求，支持资源共享、分布处理、分布数据库、分层递阶和实时控制。

6. 数据库系统

它是支持 CIMS 各分系统、覆盖企业全部信息的数据库系统。它在逻辑上是统一的，在物理上可以是分布的全局数据管理系统，以实现企业数据共享和信息集成。

17.3.5 CIMS 的实施

1. 实施 CIMS 的要点

CIMS 是经营、人和技术三者集成的产物，所以实施 CIMS 的要点也要从这 3 方面来考虑。

(1) CIMS 是多种技术支持下的一种新经营模式，所以首先要改造原有经营模式、体制和组织，以适应市场竞争需要。

(2) 经营模式的变化必然涉及人的认识、知识、技能以及组织机构的调整和人为的阻力等一系列人的因素问题，这些问题必须在一开始就给予充分重视，逐步妥善处理。

(3) 从技术上来说，CIMS 是一个复杂的大系统，要按 CIM 概念改造企业，整个实施过程必须有正确的方法论指导和规范化实施步骤，以保证减少盲目性，减少疏漏，整个进程都能不断取得效益。

2. 企业实施 CIMS 必须具备的条件

企业实施 CIMS 最关键的条件有 3 条：

(1) 要有实施 CIMS 的客观需求。在进入市场经济的今天，企业都希望自己在同行中具有强有力的竞争能力，这种提高市场竞争能力的紧迫感是企业脚踏实地实施 CIMS 的基础。目前我国实施 CIMS 的企业、产品均进入国际市场并参与了国际、国内市场的激烈竞争。谁的质量好，谁的交货期短,谁就是市场的占有者，严酷的现实迫使他们不得不在技术、组织、人员方面优化企业的素质，最终走上实施 CIMS 的道路。

(2) 有技术改造和技术进步的计划，有一定的资金保障。企业针对自身弱点制定了技改计划，必然要投入资金。这为企业采用 CIMS 提供了计划和资金保证。同时企业还要将技术改造计划与实施 CIMS 结合起来，有领导、有组织地认真制定切合本厂实际情况的 CIMS 目标以及有利于实施 CIMS 的政策和措施。

(3) 有企业领导对 CIMS 的了解和对实施 CIMS 强有力的支持以及全体人员的积极参与。CIMS 的实施只有技术人员的愿望和努力是不行的，还要有企业领导真正理解 CIMS 对企业发展的重大意义才可能真正、有效地领导 CIMS 实施，才有可能在组织、人员、物力和资金上提供保障。同时还需要企业全体人员密切配合、共同努力，才能使所实施的系统取得最佳总体效益。(本节取材于文献【32】)

17.4　供应链管理(SCM)

17.4.1　什么是供应链

近 20 多年来，世界经历了翻天覆地的变化，科技水平迅速提高、全球经济逐步形成、市场竞争日益激烈。

面对日益多变和苛求的客户需求，企业经营者逐步认识到，只关注企业内部管理水平的提高是不够的，来自供应商的物料与服务的质量对企业自身满足用户需求的能力存在着重要的影响。这使得企业把关注的重点从企业内部扩展到企业的供应策略。

企业经营者也充分意识到，单纯注重内部管理和协调已经不足以应对激烈的市场竞争，唯一可行的方法是企业必须参与了"上游企业"和"下游企业"的管理。从而改变了传统的 "纵向一体化"的经营模式，随之兴起的是"横向一体化"的思想。

企业经营者认识到，任何一个企业都不可能在所有业务上成为世界上最杰出的企业。只有优势互补，才能共同增强竞争实力。因此，国际上一些先进的企业摈弃了过去那种从设计、制造直到销售都由自己来做的经营模式，转而在全球范围内选择最好的供应商和经销商，与他们建立最佳合作伙伴关系，结成利益共同体，形成长期的战略联盟。在运行形式上，形成一条从供应商、制造商、经销商到最终用户的物流、资金流和信息流网络。

由于这一庞大网络上的相邻节点企业之间都是供应和需求的关系，因此称之为供应链(supply chain)。为了使加盟供应链的企业都能受益，就必须加强对供应链的构成方式和运作方式的研究，由此形成了供应链管理这一新的经营与运作模式。

1. 供应链的概念

对于供应链，早期的观点认为供应链是制造企业内部的运作过程，是指把从外部采购的原材料和零部件，通过生产转换和销售等活动，传递到批发商、零售商以及用户的过程。

随着世界经济的飞速发展，企业与供应商、销售商的联系愈发紧密。这就使得传统的供应链概念表现出局限性，新的供应链概念应该将企业自身、上游企业(为企业提供资源输入的企业或企业网络)、下游企业(为企业提供分销、售后服务的企业或企业网络)联系起来。

基于这种背景，可对供应链给出如下定义：供应链是围绕核心企业，通过对信息流、物流、资金流的控制，从采购原材料开始，制成中间产品以及最终产品，最后由销售网络把产品送到消费者手中，将供应商、制造商、分销商、零售商、直到最终用户连成一个整体的功能网链结构模式。

根据这个定义，供应链是一个范围更加广泛的企业结构模式，它包含所有加盟的节点企业，从原材料的供应开始，经过链中不同企业的制造加工、组装、分销等过程直到

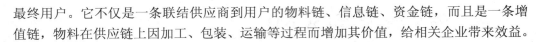

最终用户。它不仅是一条联结供应商到用户的物料链、信息链、资金链,而且是一条增值链,物料在供应链上因加工、包装、运输等过程而增加其价值,给相关企业带来效益。

2. 供应链的结构模型

根据以上定义,供应链是由所有加盟的节点企业构成的网络,其中一般有一个核心企业,这个核心企业可以是产品制造企业,也可以是大型零售业。所有这些企业共同负责与一类或多类产品相关的采购、生产以及最终将产品送达客户等各项活动;从运行机制来看,供应链是一个根据客户订单,通过原材料的供应和存储以及产品的生产销售,最后使产品送达客户手中的一个过程。在此过程中,存在着物流、资金流和信息流。其中物流从上游向下游流动,资金流从下游向上游流动,而信息流的流动则是双向的。这三种流贯穿了企业的全部活动。供应链既存在于制造行业,也存在于服务行业。供应链中的实体包括供应商、制造商、仓库、分销商和零售商,其产品也可以是某种服务。供应链有时也称为"需求链"或"价值链"。

3. 供应链的特征

从供应链的结构模型可以看出,供应链是一个网链结构,由围绕核心企业的多级供应商和分销商、零售商、用户组成。一个企业是一个节点,节点企业和节点企业之间是一种与供应与需求的关系。供应链主要具有以下特征:

(1) 复杂性

因为供应链节点企业组成的跨度(层次)不同,供应链往往由多个、多类型甚至多国企业构成,所以供应链结构模式比一般单个企业的结构模式要复杂得多。

(2) 动态性

由于用户需求变化的复杂性,使得为提高客户满意度而建立的供应链中的每个企业节点都应该具备一定的动态更新能力。

(3) 面向用户需求

供应链的形成、存在和重构等活动,都是基于一定的市场需求而发生的。用户需求是供应链中物流、信息流、资金流运作的动力源泉。

(4) 交叉性

供应链中的每个节点企业都有可能是另外一条供应链的成员,因此现实世界中的供应链是互相交叉的。

17.4.2 什么是供应链管理

1. 供应链管理的概念

最初,人们把供应链管理(supply chain management, SCM)的重点放在管理库存上,把它作为平衡有限的生产能力和适应用户需求变化的缓冲手段,通过各种协调手段,寻求迅速可靠地把产品送到用户手中所需要的费用与生产库存管理费用之间的平衡，从而确定最佳的库存投资额。因此，其主要的工作任务是管理库存和运输。

现代的供应链管理要对由供应商、制造商、分销商、零售商到客户所构成网络中的物流、信息流、资金流进行管理，计划和协调与上述三流相关的所有活动，使其成为一个无缝的过程。供应链中的活动包括：订单处理、原材料和在制品存储、生产计划、作业排序、货物运输、产品库存、顾客服务。有效的供应链管理要求面对市场迅速协调供应链上各节点企业的所有活动，提高产品或服务的质量、提高客户满意程度并降低成本。

现代供应链管理是一种集成的管理思想和方法，它把供应链上的各个企业连接起来，使它们分担的采购、生产和销售等各项职能协调发展，使整个供应链成为一个有机的整体。由此，以前在企业与企业之间的竞争，将变成供应链与供应链之间的竞争。

2. 供应链管理的内容

供应链管理涉及 4 个主要领域，即供应、生产计划、物流和客户需求。供应链管理正是以客户需求为驱动，以同步化、集成化的生产计划为指导，以信息技术为依托，围绕上述 4 个领域的活动来实现的。供应链管理的目标在于提高用户服务水平并降低总的交易成本。

供应链管理关心的并不仅仅是物料实体在供应链中的流动，除了企业内部与企业之间的实物流动和运输问题以外，供应链管理还包括以下主要内容：

(1) 战略性供应商和用户合作关系管理。

(2) 供应链产品需求预测和计划。

(3) 供应链的设计(全球节点企业、资源、设备等的评价、选择和定位)。

(4) 企业内部与企业之间物料供应与需求管理。

(5) 基于供应链管理的产品设计与制造管理、生产计划、跟踪和控制。

(6) 基于供应链的用户服务和物流(运输、库存、包装等)管理。

(7) 企业间资金流管理(汇率、成本等问题)。

(8) 基于信息技术的供应链信息管理。

供应链管理注重物流总成本(从原材料到最终产品的费用)与用户服务水平之间的关系，为此要把供应链各个节点企业有机地结合在一起，从而最大限度地发挥供应链整体的力量，达到供应链企业群体获益的目的。

17.4.3　供应链管理的信息技术支持

1. 信息技术在供应链管理中的重要性

现代信息技术的发展和全球信息网络的兴起，促进了信息时代的到来，促进了全球经济的形成，使得全球的产业结构乃至整个社会的管理体系都在发生深刻的变化。对于企业来说，信息技术已经成为在激烈的市场竞争中获得优势的基础工具。这可表现在缩短产品开发周期、内部职能部门的业务流程重组、扩展销售渠道等众多方面。至于实现有效的供应链管理，信息技术的应用更是至关重要的。

在某种程度上说，供应链系统中每个企业组织利用信息技术都是为了一个目的，那就是将供应链中的企业组织连接成为一个统一的、协作的大系统，实现整个供应链系统中各企业组织间的充分的信息共享。这个系统将面对客户的需求进行动态的、实时的调整，以最快捷的、最有效的方式向用户提供所需要的一切产品与服务。

今天，由于市场竞争越来越激烈，实时而准确的信息对企业来说比历史上任何时候都更加重要。这种重要性主要体现在以下三方面。

(1) 满足顾客需求

对于现在的企业组织来讲，以最有效的方式及时满足用户的要求变得愈发重要，而且向顾客提供有关订单状态、产品可靠性、发货计划，以及库存状况等信息也已经成为满足顾客需求的必要部分。

(2) 降低成本

使用有效的信息技术，可以使企业组织将产品的库存降低到必要的水平，而且可以减少以前由于使用纸张作为信息载体带来的错误与成本，并减少人力资源的各种浪费。

(3) 提供决策支持

供应链企业组织间的信息流对于每个企业组织确定适当的发展战略提供了可靠的信息资源，供应链中的每个企业组织可以根据共享信息互相协调、彼此协作以提高供应链的整体绩效。

为了使集成化供应链实现有效的运作，必须做到在供应链内部各企业组织之间建立真正的、无缝的连接。这就意味着要建立一种组织间的流程与连接以方便快捷地传递各种不间断的信息，这些信息不但在各企业的市场、销售、采购、财务、生产、分销以及运输等部门之间传递，并且在客户、供应商、承运商以及零售商等企业组织间传递。利用信息技术，使供应链中的各企业组织能够实现信息共享，并在信息共享的基础上进行远期目标的协调，以实现供应链整体的共同目标。

2. 利用信息技术，消除供应链中的"长鞭"效应

(1) "长鞭"效应产生的原因

所谓"长鞭"效应，是指信息在供应链系统中进行传递的过程中发生的扭曲、放大现象，以及随着错误信息的传递与使用产生的库存过剩、订单延迟、计划变化频繁等一系列后果。"长鞭"效应最早是由 P&G 公司的后勤主管发现的，当他们在检查公司销路最好的一种产品的订单变化情况时，发现产品订单在零售商阶段的变化幅度是比较小的，然而在分销商一级的变化幅度却变得很大，最后，当他们追溯到公司向供应商发出的采购订单时，发现这种变化幅度大得非常惊人。P&G 公司将这种现象称为"长鞭"效应。

　　"长鞭"效应是供应链系统中从零售商到供应商的每个节点企业自身的理性行为的结果。他们都希望自己在整个供应链中做得"最好"，即保证用户的需求得到最好的满足，并确保意外发生时也能够应付自如。这种理性行为却引起了"长鞭"效应的结果。主要原因可以归结为 4 点，即需求预测变化、订单批量、价格变动、配给与短缺博弈。下面我们分别进行讨论。

　　① 需求预测变化

　　每个企业在制定生产、库存以及能力计划时都必须进行需求预测，而预测往往是不准确的。在供应链系统中，当一个下游企业 A 把一份产品订单发给它的上游企业 B 时，企业 B 将及时根据这份订单的需求数量去调整它自身的需求预测结果。假设企业 B 在进行预测时采用的是指数平滑的方法，那么，输入数据的一个小的变化将会引起输出数据的一个很大的变化。这时，企业 B 为保证供应，将向它的上游企业 C 发出新的需求订单，假设企业 C 也使用指数平滑法进行预测，那么，企业 B 的变化将被企业 C 进一步放大。于是，"长鞭"效应出现了。

　　② 订单批量

　　供应链中的每个企业都要依据需求和库存的变化对其上游企业产生新的订单。但是，订单量往往不是真实的需求量，而常常是把真实的需求量向上调整到某个批量作为向上游企业的订货量。这一方面是因为企业要以此节约多次发放订单的成本；另一方面是因为批量运输的成本低于零散运输的成本。采用订单批量的结果也将引起"长鞭"效应。

　　③ 价格变动

　　供应链中的制造商为了扩大销量往往采取各种各样的促销手段，最常见的是价格折扣。这些措施虽然可以提高销量，但是却使产品价格经常发生非正常的波动。当制造商降低某种产品的价格时，用户会趁机大量购买，虽然当时他们可能并不需要那么多；当制造商的价格恢复正常时，用户的购买量将大幅度降低，因为他们已经有了足够的存货。这就使得用户的购买量不能真正的反映他们的实际需求情况，购买量的变化幅度要比需求量的变化大的多，这也将产生"长鞭"效应。

　　④ 配给与短缺博弈

　　当产品供不应求时，制造商将按一定的比例向用户配给产品，而不是足量的保证供应。用户为了避免在供应短缺时不能获得足量的产品，通常会在下订单时将自身的需求夸大，这反过来又加剧了产品的供不应求。当用户的需求逐步降低时，那些为了补充短缺的订单将被用户毫不犹豫地取消，而制造商就将承担库存积压带来的成本。产生这种博弈的原因就是在产品生产的早期，制造商对用户的需求信息知之太少。

　　从以上讨论可以看出，在供应链中产生"长鞭"效应的根本原因在于未能实现充分、

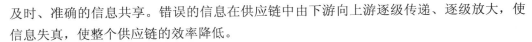

及时、准确的信息共享。错误的信息在供应链中由下游向上游逐级传递、逐级放大，使信息失真，使整个供应链的效率降低。

(2) 消除"长鞭"效应

① 关于需求预测变化

采用信息技术，可以使得下游企业的信息为上游企业共享，于是所有企业都可以根据相同的原始需求数据进行预测。除此之外，上游企业还可以访问下游企业的库存与需求信息，并根据获得的信息对生产进行及时的调整以满足下游企业的需求。

② 关于订单批量

利用信息技术可以使供应链系统中上下游企业之间的信息传递彻底摆脱纸张的束缚，可以使信息传递更加快捷、成本更低，这样企业就可以不必通过将订单积累为一定的批量再集中发送来降低发送成本了。有了信息技术，企业就可以即时获得用户端的信息并将信息即时与其他企业共享，这样就可以消除与订单发送周期性相关的订单批量。

对于运输批量的问题，信息技术可以作为第三方物流管理组织的有效支撑，有了第三方物流管理组织，企业就可以不必自己组织产品运输，也不必等待积累运输批量以降低成本，因为第三方物流管理组织可以将供应链中的所有企业组织的产品统筹安排，使运输总成本降低。从而不必特别关注运输批量。

③ 关于价格变动

利用信息技术，下游企业可以将用户的需求信息及时地向上游企业传递。基于信息共享，上下游企业之间可以建立稳定的供销关系，这样上游企业就可以根据实际销售情况作出正确的需求预测并制定合理的价格政策，进一步可以消除价格的变化。

④ 关于配给与短缺博弈

企业之间存在博弈的根本原因，在于下游企业对上游企业的生产能力、生产进展情况以及库存情况等信息知之甚少，甚至一无所知。有了信息技术，上游企业将自身的库存信息、生产信息与下游企业进行共享，使得下游企业可以实时地掌握上游企业产品的生产情况与状态，这样下游企业就没有必要夸张需求情况来保证正常需求了。

综上所述，利用信息技术，可以为供应链中的每个成员企业提供及时、准确的共享信息，从而消除产生"长鞭"效应的根本原因。

17.4.4　供应链绩效评估

从事任何工作，都要对其进行度量和评估，以判断其绩效和存在的价值。同样，在供应链管理中，为了使供应链能够健康地发展，科学、全面地评估供应链的运营绩效就成为一个非常重要的问题。

根据供应链管理运行机制的基本特征和目标，供应链绩效评估应能恰当地反映供应

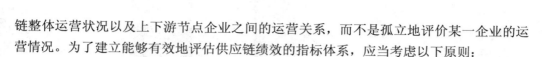

链整体运营状况以及上下游节点企业之间的运营关系，而不是孤立地评价某一企业的运营情况。为了建立能够有效地评估供应链绩效的指标体系，应当考虑以下原则：

(1) 突出重点，对关键绩效指标进行重点分析。

(2) 指标体系应能反映供应链业务流程。

(3) 指标体系应能反映整个供应链的运营情况，而不是仅仅反映单个节点企业的运营情况。

(4) 指标体系应要求采集反映供应链实时运营的信息，并采用实时分析与评价的方法。

(5) 指标体系要能够反映供应商、制造商和用户之间的关系，评估的对象包括供应链上所有相关企业。

17.4.5　供应链激励机制

1. 供应链激励的重要性

激励是一个心理学范畴。在管理学的应用中，激励一般限于个人行为的范围。激励机制也不是一个新话题，在组织行为学中就包括了对激励机制的专门讨论。一个重要的观点是：人人需要激励，人人可以激励。于是，只有了解人的需要和动机的规律性，才能预测、引导和控制人的行为，才能达到激励员工、调动员工积极性的目的。这就是"需求—动机—行为—目的"激励模式。

作为众多企业的集合，供应链系统也存在同样的问题。一个企业如同一个人一样，也有需要、动机、行为和目的，也有心理活动，也有惰性，因此也需要激励。

供应链企业间的关系实际上是一种委托—代理关系。在委托—代理过程中存在多种风险形式，其中最为常见的是不完全信息条件下进行决策的风险、代理人的道德风险等。

从供应链企业的委托—代理特征来看，委托人拥有一个价值标准，或一项社会福利目标，这些标准或目标可以是最小个人成本或最小社会成本约束下的最大预期效用，也可以是某种意义上的最优资源配置。委托人希望达到这些目标，然而，对委托人来说，只有使代理人行动效用最大化，才能使其自身利益最大化。那么，如何才能使代理人采取效用最大化的行动呢？或者说，如何使代理人从其自身利益效用最大化的目的出发，最后结果与委托人的利益一致呢？这就是激励机制所要解决的问题。供应链激励机制，对保证供应链的整体效益是非常重要的。

2. 供应链激励的规则——供应链协议

供应链激励需要一个好的规则来评判好与坏。供应链协议(supply chain protocol，SCP)起到了这样的作用。供应链协议使供应链管理工作程序化、标准化和规范化，为供应链绩效评估和激励的实施提供了一个工作平台，为供应链绩效评估和供应链激励的目标和方式的确定提供了基本依据。

供应链协议的内容应当包括企业加入供应链的条件、享受的权利、应尽的义务、承担的风险，供应关系的确立与解除，信息的收集、传递、共享与发布，供应、生产与分销的操作，资金结算，纠纷仲裁与责任追究等。

在供应链协议环境下，企业以期货形式在供应链协议网上发布订单和接受订单，寻求供应商和销售商。这种灵活的机制，保持了企业的主动性，并将不适应的企业从供应链中淘汰。供应链由于有供应链协议的严格规定而实实在在地存在着，并广泛地形成供应链与供应链之间的竞争。

3. 供应链激励机制的内容

从一般意义上讲，激励机制的内容包括激励的主体与客体、激励的目标和激励的手段。

(1) 供应链管理模式下的激励主体与客体

供应链管理环境下激励的主体与客体主要涉及以下几对：核心企业对成员企业的激励；制造商(下游企业)对供应商(上游企业)的激励；制造商(上游企业)对销售商(下游企业)的激励；供应链对成员企业的激励；成员企业对供应链的激励。

(2) 供应链管理模式下的激励目标

供应链激励的目标主要是通过某些激励手段，调动委托人和代理人的积极性，兼顾合作双方的利益，消除由于信息不对称和道德行为带来的风险，使供应链的运作更加顺畅高效，实现供应链企业共赢的目标。

(3) 供应链管理模式下的激励手段

供应链管理模式下的激励手段有多种多样。一般而言，有以下几种激励手段可供参考：价格激励、订单激励、商誉激励、信息激励、淘汰激励、组织激励和新产品/新技术共享激励。下面将分别叙述。

① 价格激励：在供应链环境下，各企业在战略上相互合作，但是，各企业的利益不能忽视。供应链上各企业间的利益分配主要体现在价格上。价格包含供应链利润在所有企业间的分配、供应链优化而产生的额外受益或损失在所有企业间的均衡。价格激励对企业的作用是显然的。但价格激励本身也隐含着一定的风险。例如，制造商在选择供应商时，过分关注价格，往往选中报价低的供应商而把整体水平高的企业排除在外，其结果可能影响产品的质量、交货期等。因此，使用价格激励手段时要慎重，不可过分强调低价策略。

② 订单激励：一个制造商常常拥有多个供应商，多个供应商竞争来自制造商的订单。订单意味着利润，对供应商是一种很大的激励。

③ 商誉激励：商誉是一个企业的无形资产，对于企业极其重要。商誉来自供应链中

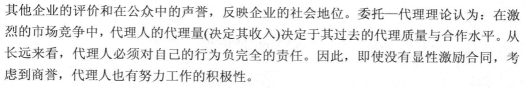

其他企业的评价和在公众中的声誉，反映企业的社会地位。委托—代理理论认为：在激烈的市场竞争中，代理人的代理量(决定其收入)决定于其过去的代理质量与合作水平。从长远来看，代理人必须对自己的行为负完全的责任。因此，即使没有显性激励合同，考虑到商誉，代理人也有努力工作的积极性。

④ 信息激励：在信息时代，信息对于企业就意味着机会、资源和企业的生存。从而，企业在获得多的信息的同时，自然获得了激励。信息激励是一种间接的激励手段，但是它的激励作用不可低估。如果一个企业能够迅速地获得合作企业的需求信息，这个企业就能够主动采取措施提供优质服务，必然使合作方的满意程度大为提高。这对在合作方建立起信任有着非常重要的作用。因此，在新的信息不断产生的条件下，企业始终保持着获取新信息的欲望，不断探求解决新问题的方法，从而达到对供应链企业激励的目的。信息激励手段的使用，也在一定程度上克服了由于信息不对称而使供应链中的企业相互猜忌的弊端，消除了由此带来的风险。

⑤ 淘汰激励：优胜劣汰是世间事物生存的自然法则，供应链管理也不例外。为了使供应链的整体竞争力保持在较高的水平上，供应链必须建立对成员企业的淘汰机制。同时，供应链自身面对竞争，自然也面对淘汰。淘汰弱者是市场规律之一，保持淘汰对成员企业和供应链自身都是一种激励，使得在供应链系统内形成一种危机激励机制，使所有企业都有一种危机感。这样，企业为了能在供应链管理系统获得群体优势的同时自己也获得发展，就必须承担一定的责任和义务，对自己承担的供货任务，如成本、质量、交货期等负全部的责任。这对于防止短期行为给供应链群体带来的风险起到一定的作用。

⑥ 组织激励：在一个较好的供应链环境下，企业之间的合作愉快，供应链运作通畅，效率高。所以，良好的组织对供应链和供应链企业都是一种激励。减少供应商基数，并与主要的供应商和经销商保持长期稳定的合作关系是制造商采取组织激励的主要措施。有些制造商对待供应商与经销商的态度忽冷忽热，零部件供不应求时和供过于求时对供应商态度两个样；产品供不应求时和供过于求时对经销商的态度两个样。因此得不到供应商和经销商的信任与合作。产生这种现象的根本原因，在于企业管理者的短期行为，缺乏与供应商和经销商建立长期的战略合作的思想和意识。如果不能从组织上保证供应链管理系统的运行环境，供应链的业绩必然受到影响。

⑦ 新产品/新技术共享激励：新产品/新技术共同开发和共同投资也是一种激励机制。在传统的管理模式下，制造商独立地进行产品的研究与开发，只是根据最后的设计结果把零部件交由供应商制造。供应商没有机会参与产品的研究开发过程，只是被动地接受来自制造商的信息。这种合作方式最理想的结果也只是供应商按期、按质、按量地交货，不可能使供应商积极主动地关心供应链管理。因此，在供应链环境下，制造商应将供应商、经销商甚至用户结合到产品的研究开发过程中来，以团队工作方式展开全面合作，包括共同投资。在这种环境下，合作企业都会关心产品的研究与开发，这也起到对供应

链企业的激励作用。

17.4.6　ERP 系统向供应链管理的扩展

现代企业的集成供应链管理经营模式对于传统的 ERP 系统提出了更高的要求，为了适应新的要求，传统的 ERP 系统的功能需要进行必要的扩展。

1. 生产计划功能的扩展

由于供应链管理要求将供应商、分销商、零售商等联结起来，所以新的生产计划已不局限于企业内部，而是把供应链内的供应商等外部资源也都看作是受控对象而集成进来，根据供应链系统内部的所有企业的资源与能力进行计划的平衡，并将时间作为一种十分重要的要素加以管理，这种新型的计划模式称为同步化供应链企业计划，它涉及了供应链系统内部各个层次的集成，从而增添了新的内容：

(1) 经过供应链企业粗能力平衡的主生产计划。

(2) 经过供应链企业细能力平衡的生产计划。

(3) 经过对上游企业生产进度进行分析后产生的车间作业计划。

以上这些信息均是整体供应链信息流的一部分，它们在供应链系统内部循环流动，并不断地得到修正，从而得到最为准确的结果。

2. 库存管理功能的扩展

为了避免整体供应链系统内部的库存量过高、资金占用过大、需求信息不真实等现象，出现了一种新的供应链库存管理方法——供应商管理的库存(vendor managed inventory，VMI)。

VMI 要求以系统的、集成的管理思想进行库存管理，使供应链系统能够进行同步化的运作。实施 VMI 要求建立功能强大的销售网络管理系统，使得信息在供应链系统中是共享的，尤其是订单信息，供应商、批发商使用同样的系统处理方式，同样的信息模式，这样就可以保证库存状态的全局透明性，减少需求的不真实程度，从而降低整体库存量。

3. 高效的消费者反应

高效的消费者反应(effective customer response，ECR)是在分销系统中，分销商和供应商为消除系统中不必要的成本和费用，给客户带来更大效益而进行密切合作的一种战略。传统的"腰鼓形"企业组织将重点放在了生产与库存上，忽视了消费者在竞争中的特殊而又重要的作用。而供应链管理的目标是"顾客最终满意"。为了实现供应链管理，企业必须向"哑铃形"组织转变。这也正是 ECR 所要实现的目标。

ECR 的最终目标是建立一个基于客户需求的快速反应系统，使零售商及供应商以业务伙伴方式合作，提高整体供应链的效率，而不是单个环节的效率，从而大大降低整个供应链系统的成本、库存和物资储备，同时为客户提供更好的服务。实施 ECR 这一战略思想，必须联合整个供应链所涉及的供应商、分销商以及零售商，利用各种先进的信息技术，改善供应链中的业务流程，使其最合理有效，以进一步降低供应链的成本和时间。具体地说，实施 ECR 需要在供应链系统内部建立一个无纸系统，以确保产品能够不间断地由供应商流向最终客户。同时，信息流能够在开放的供应链中循环流动，这样才能向客户提供最优质的产品和适时准确的信息，从而满足客户对产品和信息的需求。(本节取材于文献【30】)

17.5　电子商务

17.5.1　概述

随着 21 世纪的到来，集成化供应链管理将成为企业适应全球化竞争的有效途径。在供应链中，所有的节点企业基于为用户提供质量最好的产品和服务的共同目标而相互紧密地链接在一起，不管链中那一点出现失误，都可能导致整个供应链出现产品或服务的质量问题。随着计算机、网络、通信技术的日益发展和融合，以及 Internet 的普及应用，电子商务应运产生。它作为商贸领域中一种先进的交易方式，已风靡全球，并对该领域中传统的观念和行为方式产生着巨大的影响和冲击。

电子商务的出现，将市场的空间形态、时间形态和虚拟形态结合起来，将物流、资金流和信息流汇集起来，使企业经营者在市场上发现和创造更多的机会、发挥最佳的作用、得到最大的效益。

在发达国家，电子商务的发展非常迅速。通过 Internet 进行交易已经成为潮流。基于电子商务而推出的商品交易系统方案、金融电子化方案和信息安全方案等已形成了许多新的产业，给信息技术带来许多新的机会，并逐渐成为国际信息技术市场竞争的焦点。

在我国，电子商务处于起步阶段，但已引起人们的广泛关注。随着网络建设和应用的发展，电子商务必将获得迅速的发展，并为我国商品经济的发展带来巨大的效益。

17.5.2　电子商务的特点

传统商务的本质特点是，在生产者和消费者之间，存在一个物理空间上的中间第三方，即商场。而电子商务则使得生产者和消费者可以建立直接的关系，对中间环节和中间成本进行彻底的消减，把"两点之间只有直线距离最短"的数学理念变成商务理念，把工业时代形成的"只有拉长迂回路径，增加中间环节，才能提高附加值"的传统观念，变为"只有快速拉近与顾客的距离，减少中间环节，才能提高附加值"的信息价值观。

电子商务是一种存在于企业与客户之间、企业与企业之间以及企业内部的联系网络，它利用 Internet 、Intranet 和 Extranet 技术，将企业、用户、供应商以及其他商贸环节链接起来，彻底改变了现有的业务方式和手段。从而不但能够实现充分利用有限的资源、减少商业环节、缩短商业周期、提高效率、降低成本、提高用户服务质量等目标，而且这种全新的方式提出了全新的规则，产生了全新的需求、机会和挑战，这是更重要的。因此，电子商务必将成为 21 世纪全球经济与社会发展的"朝阳"领域。

电子商务作为一个新兴的概念，可以从广义与狭义两方面进行理解。广义上说，电子商务是指在计算机与通信网络基础上，利用电子工具实现商业交换和商业作业活动的全过程。狭义地说，电子商务就是利用 TCP/IP 公众网络和技术，进行的在线交易和商业作业活动。

17.5.3　电子商务的流程

电子商务不同于网络的其他应用服务，电子商务的流程应当适用于所有的企业和个体。电子商务的最终目标是物资和资金的转移，根据物资和资金的转移方向，电子商务活动主要涉及三种类型的对象，即客户、厂商和职能机构。

客户可以是个体，也可以是群体，包括需要原料的企业等，在电子商务活动中，通常是物资的接受者和资金的付出者。

厂商是供货者，包括物资的制造者和销售商，在电子商务活动中，通常是物资的付出者和资金的接受者。

在现实的供应链中，一个企业可能根据不同的对象(或者贸易伙伴)同时扮演客户和厂商两种角色。应当说，客户和厂商是电子商务的真正受惠者，只要提供适当的环境，他们会踊跃进入电子商务领域。

职能机构在商务活动过程中主要起着管理和辅助作用，如金融、海关、税务、商检、运输等机构。毫无疑问，缺乏这些机构的支持，电子商务的效益将难以实现。而如何使得这些机构真正进入电子商务领域是目前迫切需要解决的问题。

此外，电子商务活动中的一类客体不容忽略，这就是网络的增值服务提供者，包括电信部门和一些高新技术企业。通常这些企业均以推销自己的产品和服务为目的，协助其他企业开展电子商务活动。

图 17.3 表示了客户和厂商之间为了完成一次跨国贸易应当与各个职能机构之间交换的业务单证和工作流程。

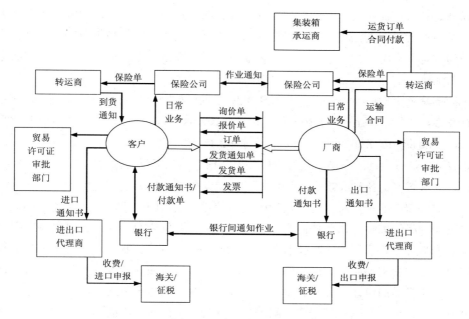

图 17.3　电子商务的流程

参加交易的买卖双方在做好交易前的准备之后，通常将根据电子商务标准开展电子商务交易活动，其工作流程简述如下：

(1) 客户方向供货方提出询价，并询问想购买的商品信息。

(2) 供货方向客户方给出报价，说明该商品的有关信息，如有无此商品以及它的规格型号、品种、质量等信息。

(3) 客户方向供货方发出商品订购单，说明要购买的商品数量、需求日期等信息。

(4) 供货方向客户方发出对商品订购单的应答，并说明承诺交货日期等信息。

(5) 客户方根据供货方的应答，确定是否对订购单有所变更，向供货方说明最后确定的商品购买信息，并向供货方提出商品运输要求，说明运输工具、交货地点等信息。

(6) 供货方向客户方发出发货通知，说明运输公司、发货地点、运输设备、包装等信息。

(7) 客户方向供货方发回收货通知，报告收货信息。

(8) 客户方发出汇款通知，供货方报告收款信息。

(9) 供货方收到货款并出具电子发票，完成全部交易。

17.5.4　基于电子商务的供应链模式

知识经济时代的到来，信息成为提高生产力的主要因素。而企业用于提高决策水平的信息更多地来源于电子商务。供应商通过 EDI 给其用户发出发货通知单，通知用户什么时间发运什么产品,用户利用这条信息更改其库存水平。而分销商把销售点和预测信息传送给他们的供应商,供应商根据这些信息进行计划和生产。当供应链中节点企业能很好地通过电子商务达到信息共享后,企业就可以提高生产力,提高质量,为产品提供更大的附加值。

供应链系统中的核心企业将企业本身的 Extranet 网络与供应商、分销商的 Intranet 网络进行互连,并在此基础上开展企业面向用户(business to customer,B2C)和企业面向企业(business to business,B2B)的电子商务。有了 B2B,核心企业可以对传统的通讯手段,如电话、传真,进行全面的革新,通过上网浏览,核心企业可以快速的选定合适的供应商、分销商,并通过网上招标和投标商谈价格、优惠条件等,以最快的速度签订采购或销售合同,这就比传统的谈判桌上讨价还价的过程节约了大量的时间,使传统的采购,生产等关键流程的时间缩短,从而提高产品的生产效率,降低库存,同时可以与供应商、分销商建立战略合作关系,使采购成本进一步降低。有了 B2C,核心企业在企业与最终用户之间建立一种紧密的联系。用户的需求信息可以直接进入企业的开发部门,这样企业就可以加速新产品的设计、开发速度,实现客户定制化的生产模式。电子商务可以作为供应链系统中各节点企业以及用户之间的联系纽带,将供应链中的物流、信息流、资金流汇集成开放的、良性循环的环路,使供应链的集成度更高,最终实现整个供应链作为一个虚拟企业应对用户的需求,整合生产、销售流程,并最终降低整体库存水平,提高顾客满意度。

图 17.4 是基于电子商务的集成供应链模式示意图。

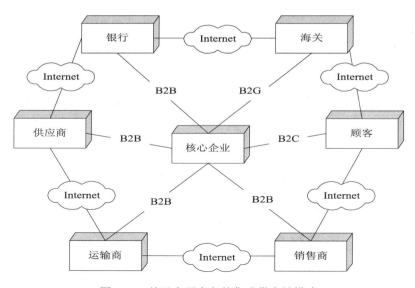

图 17.4　基于电子商务的集成供应链模式

17.6　客户关系管理(CRM)

17.6.1　CRM 的概念

从管理科学的角度来考察，客户关系管理(customer relationship management，CRM)源于市场营销理论；从解决方案的角度考察，CRM 是将信息技术与市场营销的科学理念相结合，以计算机软件作为载体，在全球得以大规模的普及和应用。作为应用软件的 CRM 系统，凝聚了市场营销的管理理念。市场营销、销售管理、客户关怀、服务和支持构成 CRM 的基石。

虽然不同的研究机构从不同的角度对 CRM 给出了不同的定义，但是都强调以客户为中心的思想。因此可以认为，CRM 是一种以客户为中心的经营策略，它以信息技术为手段，对相关业务功能进行重新设计，并对相关工作流程进行重组，以达到让已有的客户满意并增加新的满意的客户的目的。

CRM 首先是一种管理理念，其核心思想是将企业的客户(包括最终客户、分销商和合作伙伴)作为最重要的企业资源，通过完善的客户服务和深入的客户分析来满足客户的需要，实现客户的价值。

CRM 也是一种旨在改善企业和与客户之间关系的新型管理机制，它应用于企业的市场营销、销售、客户与技术支持等与客户相关的领域。通过向企业销售、市场和客户服务的专业人员提供全面、个性化的客户资料，并强化跟踪服务、信息服务能力，使他们能够协同建立和维护一系列与客户和生意伙伴之间卓有成效的一对一关系，从而使企业得以提供更快捷和周到的优质服务，提高客户满意度，吸引和保持更多的客户，进而增加营业额。另外，通过信息共享和优化商业流程来有效地降低企业经营成本。

CRM 又是一种管理软件和技术，它将最佳的商业实践与数据挖掘、数据仓库、一对一营销、销售自动化以及其他信息技术紧密结合在一起，为企业的销售、客户服务和决策支持等领域提供一个业务自动化的解决方案。同时它也是一个基于电子商务的面对客户的系统，可顺利实现由传统企业模式到以电子商务为基础的现代企业模式的转化。

CRM 的核心思想是以客户为中心。CRM 要求企业从传统的"以产品为中心"的经营理念解放出来，确立"以客户为中心"的企业运作模式。通过富有成效的交流沟通，理解并影响客户行为。在一个将客户信息转化成积极的客户关系的反复循环过程，实现让已有的客户满意并增加新的满意的客户的目的，为客户创造利润，也为企业本身创造利润。

17.6.2　CRM 的功能

CRM 功能可以归纳为 3 个方面:

(1) 对销售、营销和客户服务业务流程的信息化。

(2) 与客户进行沟通所需手段(如电话、传真、网络、E-mail 等)的集成和自动化处理。

(3) 对上面两部分功能产生的信息进行加工处理,为企业的战略决策提供支持。

CRM 软件的基本功能包括客户管理、产品管理、时间管理、联系人管理、营销管理、潜在客户管理、销售管理、电话销售和电话营销、客户服务,有的还涉及了工作流程管理、呼叫中心、合作伙伴关系管理、知识管理、商业智能、电子商务等。现分述如下:

1. 客户管理

客户管理的主要功能有:客户基本信息、与此客户相关的基本活动和活动历史、联系人的选择、订单的输入和跟踪、建议书和销售合同的生成。

2. 联系人管理

联系人管理的主要作用包括:联系人概况的记录、存储和检索;跟踪同客户的联系,如时间、类型、简单的描述、任务等;客户的内部机构的设置概况的查询等。

3. 时间管理

时间管理的主要功能有:工作日历的维护、活动的计划和实现、冲突的提示、团队事件的计划和查询、活动备忘录管理等。

4. 潜在客户管理

潜在客户管理的主要功能包括:业务线索的记录、升级和分配,销售机会的升级和分配,潜在客户的跟踪等。

5. 销售管理

销售管理的主要功能包括:

(1) 组织和查询销售信息(如客户、业务描述、联系人、时间、销售阶段、业务额和可能结束的时间等)。

(2) 产生各销售业务的阶段报告,并给出业务所处的阶段、还需要的时间、成功的可能性、历史销售状况评价等信息。

(3) 对销售业务给出战术、策略上的支持;维护地域信息(省市、邮编、地区、行业、相关客户和联系人等)。

(4) 把销售员归入某一地域并授权;地域的重新设置。

(5) 根据利润、领域、优先级、时间和状态等标准,定制关于将要进行的活动、业务、客户、联系人和约会等方面的报告。

(6) 提供类似公告板的功能，可张贴、查询和更新销售经验和销售技能；销售费用管理；销售佣金管理。

6. 电话营销和电话销售

电话营销和电话销售的主要功能包括：

(1) 电话簿维护。

(2) 生成电话列表，并把它们与客户、联系人和业务建立关联。

(3) 把电话号码分配到销售员。

(4) 记录电话细节并安排回电。

(5) 电话营销内容草稿的存储。

(6) 电话录音、统计和报告等。

7. 营销管理

营销管理的主要功能包括：

(1) 产品和价格管理。

(2) 进行营销活动(如广告、邮件、研讨会、网站和展览会等)时，获得预先定制的信息支持。

(3) 把营销活动与业务、客户、联系人建立关联；显示任务完成进度。

(4) 提供类似公告板的功能，可张贴、查找和更新营销资料，实现营销文件、分析报告等信息的共享。

(5) 跟踪特定营销事件。

(6) 安排新事件(如研讨会和会议等)并加入合同、客户和销售代表等信息。

(7) 信函书写和批量邮件，并与合同、客户、联系人和业务等建立关联。

8. 客户服务

客户服务的主要功能包括：

(1) 服务项目的快速录入，服务项目的安排、调度、和重新分配。

(2) 事件报告，查询和跟踪与某一业务相关的事件。

(3) 服务协议和合同的管理和跟踪。

(4) 出现的问题及解决方法的记录等。

9. 呼叫中心

呼叫中心的主要功能包括：

(1) 呼入呼出电话处理，互联网回呼，呼叫中心运行管理，呼入呼出调度管理。

(2) 电话转移，路由选择。

(3) 报表统计分析。

(4) 通过传真、电话、IP 电话、电子邮件、打印机等自动进行资料发送。

10. 合作伙伴关系管理

合作伙伴关系管理的主要功能包括：

(1) 合作伙伴通过标准的 Web 浏览器以及密码登录的方式对客户信息、公司数据库以及与渠道活动相关的文档进行存取和更新。

(2) 合作伙伴可以方便地存取与售货渠道有关的销售机会信息。

(3) 合作伙伴通过浏览器使用预定义和自定义的报告。

(4) 产品和价格配制等。

11. 知识管理

知识管理的主要功能包括：

(1) 在站点上显示个性化信息。

(2) 文档管理。

(3) 对竞争对手的 Web 站点进行检测和报告。

(4) 根据用户定义的关键词对 Web 站点的变化进行检测等。

12. 商业智能

商业职能的主要功能包括：

(1) 预定义查询和报告功能，用户定制查询和报告功能，利用 SQL 进行查询和报告的功能。

(2) 以报告或图表形式查询潜在客户和潜在业务可能带来的收入的功能。

(3) 系统运行状态显示以及预警功能等。

13. 电子商务

电子商务的主要功能包括：

(1) 网站服务管理，网上订单和业务处理。

(2) 销售空间拓展，客户自助服务。

(3) 网站运行情况的分析和报告等。

17.6.3　CRM 的体系结构

CRM 的体系结构如图 17.5 所示。

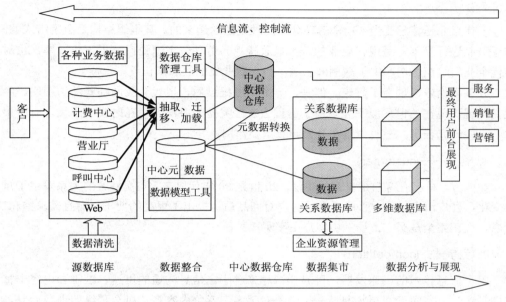

图 17.5　CRM 体系结构(文献[29])

首先收集企业与客户间已发生的业务处理记录等运营数据，连同市场数据经过整合和变换，装入数据仓库。

然后，通过 OLAP(联机分析处理)工具和数据挖掘技术从数据中分析和提取相关规律、模式或趋势。

最后，利用企业信息系统和报表工具，共享客户的信息和知识，并转化为企业的战略和战术行动，提高同客户交互的有效性，把适当的产品和服务，通过适当的渠道，在适当的时候，提供给适当的客户。

17.6.4　CRM 的实施

一般说来，CRM 的实施过程和 ERP 的实施过程极为相似，包括 总体规划、立项启动、产品选型、实施应用、持续改进等阶段。而 CRM 实施成功的关键因素也和 ERP 实施成功的关键因素极为相似，诸如高层领导的支持、高度重视人的因素、切实可行的计划、关注流程、正确地运用信息技术以及组织良好的实施团队都是 CRM 实施成功的关键因素。(本节取材于文献【29】和【31】)

17.7 企业流程重组(BPR)

17.7.1 企业管理面对新的形势

现代企业是基于亚当·斯密劳动分工的理论建立起来的。其组织结构是金字塔式的。按层级制进行管理，是现代企业的一个显著特点。劳动分工理论提高了工作效率，也对现代企业的组织结构产生了深刻的影响，一支职业化的经理队伍逐渐形成。

分工理论曾经创造了辉煌。但是，一个多世纪过后，现代企业面临着新的困惑。经理们发现，现在的世界似乎完全变了。过去曾经灵验的办法，现在时灵时不灵，有时根本不灵。研究表明，三股力量在今天起着重要作用。

1. 客户——(customer)

在西方，早已有客户是皇帝的说法。20 世纪 80 年代以来，买卖双方的关系发生了重要变化，客户消息灵通、百般受宠，客户对商品质量提出了更高的要求，而且需求饱和，所以，现在完全是买方市场，由客户主宰买卖关系。

2. 竞争——(competition)

由于信息技术的飞速发展，世界变得越来越小。信息沟通的迅速、准确和内容丰富加剧了竞争。竞争变得更加复杂——竞争对手多、竞争内容多、机会稍纵即逝。而且，一个企业要生存，就要直接面对世界级的竞争。特别是我国加入 WTO 之后，世界级的企业要竞争到我们的"家门口"来，企业要生存，就必须赢得竞争，而无所谓"过得去"。

3. 变化——(change)

我们已经从"客户"和"竞争"看到了变化。在今天的信息时代，变化节奏加快，新技术问世越来越快，创新活动和技术进步互相促进，互为依托，产品生命周期缩短，新产品更新换代加快。

企业流程重组(business process reengineering，BPR)就是在这种形势下出现的。

17.7.2 两种企业观

1. 旧的信条应当抛弃

200 多年来，亚当·斯密的分工理论一直支配着美国企业的管理理论和管理方式。亚当·斯密认为，为了提高生产效率，应当把制造产品的过程分为一连串的简单动作。

分工理论也是古典组织理论的核心，与分工理论成表里关系的是金字塔形的官僚体制。这种体制在工业社会经济高速发展时期是最富效率的，它使美国这个劳动人口由文盲组成的移民国家发展成为世界上最强的经济大国，也曾使美国企业在世界市场上所向

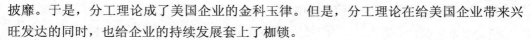

披靡。于是，分工理论成了美国企业的金科玉律。但是，分工理论在给美国企业带来兴旺发达的同时，也给企业的持续发展套上了枷锁。

首先，被分割得支离破碎的业务流程使企业员工在生产经营活动中"见树不见林"，企业管理者各自为政，甚至争权夺利，企业内部的竞争更甚于与其他企业的竞争。

其次，在金字塔式的官僚体制下，高级经理要协调和管理中层经理的工作，中层要管理下层。信息要一层层下达，再一层层反映上去。加长了决策过程，而且使得信息传递失真。有两个故事，可以形象地说明这两方面的弊端。

(1) 关于"每个人"、"某些人"、"任何人"、"没有人"的故事

有一件重要的事情要做，"每个人"都认为"某些人"一定会去做。"任何人"都能做这件事情，但却"没有人"去做。于是"某些人"生气了，因为那是"每个人"的责任。"每个人"都想"任何人"都能做，但是"没有人"知道"每个人"都不去做。结果是，"每个人"都在责备"某些人"，但"没有人"去做"任何人"都可以做的事情。

(2) 哈雷彗星的故事

一位美军营长对值班军官下达了如下命令："明晚 8 点，哈雷彗星将在本地区出现。这种情况每隔 76 年才能看到一次。命令所有士兵，届时身着野战服到操场集合，我将向他们解释这一罕见的现象。如果下雨的话，就到礼堂集合，我将为他们放映一部有关彗星的电影。"但是，当经过连长、排长和班长传达给士兵的时候，这条命令却变得五花八门，一种说法是："在明晚 8 点下雨的时候，76 岁的哈雷将军，将在营长的陪同下，身着野战服，乘坐'彗星'牌汽车，经过操场前往礼堂去看电影。"

2. 建立新的企业观

在信息社会，企业的领导必须建立新的企业观，并以此来建设和发展企业。新的企业观包含下面一些基本观念。

(1) 企业的使命是为顾客创造价值

在当今社会，企业必须把为顾客创造价值放在首位，努力地为顾客创造价值就是企业的成功之路。

(2) 能为顾客带来价值的是公司的各种流程

每个流程由一系列能为顾客创造价值的活动组成。每项活动是由员工来完成的。只有各种活动组合在一起构成一个完整的流程才能为客户创造价值。

(3) 公司的事业成功来自优异的流程绩效

优质的产品和服务、杰出的人才和优秀的战略对企业必不可少，但这些并不能保证企业的成功。只有把产品和服务、人才和战略融会在为客户带来价值的流程之中，才能对企业的成功作出贡献。高绩效的流程，是公司优势的集中体现。

(4) 优异的流程绩效

通过科学的流程设计、适当的人员配置和良好的工作环境才能获得优异的流程绩效。

科学的流程设计能够灵敏地对客户的需求变化作出反应，它是流程有效性的根本保证。适当的人员配置能获得集体战斗力。良好的环境则能激发员工的工作热情，促使员工各尽所能，不断进步。

17.7.3　BPR 的概念

1993 年，Michael Hammer 和 James Champy 发表了《公司重组》一书，正式把企业流程重组学说介绍给全世界。

企业流程重组，就是对业务流程从根本上再思考，要脱胎换骨，重新设计，从而使公司业绩在成本、质量、服务和速度等关键的方面有显著的提高。在企业流程重组的定义中，有如下 4 个关键词：

(1) 业务流程

企业是由业务流程(business process)组成的。业务流程是指我们怎样做事，是一组共同为客户创造价值而又互相关联的活动。它不同于产品和产品的功能，企业创造财富的基础是业务流程。

(2) 显著提高

显著提高(dramatic improvement)指不是略有改进或稍有改进，不是 5%或 10%的增长，而是极大的、"戏剧性"的提高，有突破，有大飞跃。

(3) 脱胎换骨

脱胎换骨(radical)指不是修修补补，不是稍做改良，而是要治本，要根本改变思路重新做，是一个从"熟悉"走向"未知"的过程。

(4) 重新设计

重新设计(redesign)是企业流程重组定义的核心。要抛开旧框框，从提高客户服务水平出发，重新设计业务流程。

为了帮助理解企业流程重组的概念，我们举一个生活中的例子。

一位先生每天早晨到公司上班的过程如下：

从家步行到公交车站(7 分钟)；

等公交车、乘公交车到地铁站(20 分钟)；

等地铁、乘地铁到另一公交车站(10 分钟)；

等公交车、乘公交车到公司附近(20 分钟)；

步行到公司(8 分钟)

共约 65 分钟。

问：有什么方法可以把上班所用的交通时间减到一个小时以内？

答：步行快一点，或者跑步，也许可以减少到 55 分钟。

问：可以减少到 30 分钟吗？

答：那就乘出租车。

问：可以减少到 10 分钟吗？

思忖良久，答曰：那只好搬家了！

这里，步行加快、跑步、乘出租车都不改变原来的流程，只是改进、改良，搬家则是"流程重组"。

17.7.4 不合理的业务流程比比皆是

由于人们长期以来只关注功能，而不关注流程，致使不合理的流程比比皆是。下面是几个例子。

1. 中心站、地区站互不协调的销售网络

某公司有如下的产品销售网络，它把产品送到中心经销站，中心经销站再把产品分送到地区经销站，地区站各自接客户订单并向客户发货。

其中有一个地区经销站和中心经销站位于同一地区、同一座建筑物。按理说，该地区经销站应该是"近水楼台先得月"，在紧急缺货时应当很容易从中心经销站得到货物补充。但是，烦琐的手续一件也不能少，地区经销站要向中心经销站提出申请，中心经销站审核批准后，取货、发货给地区经销站；地区经销站收货、上架、取货、发货给客户，整个过程前后共需 11 天。

在这种情况下，该地区经销站宁肯与另外的地区经销站联系。每年空运费高达数百万美元。而且，久而久之，该地区站有了一个专门与其他地区站联系的机构。

事情为什么会这样呢？因为公司的规矩历来如此，一直这样做，人们也就认为应当这样做了。经过分析可以发现他们的绩效考评标准不同。对于地区经销站，要考核他们的销售量和响应客户订单的速度，而对于中心经销站，则要考核其库存成本、库存周转率和劳力成本等。如果中心经销站帮着地区经销站为其客户的紧急订单奔忙，就要增加中心经销站的成本，其本身的业绩就要受到影响。但这是表面的原因，实质的原因却是，原本是为满足客户需求的一个流程，却人为地划为两截，部门的功能掩盖了流程，流程被割裂了。即使两级经销站的业绩考核都不错，对于整个企业来说却不见得好。

2. A 机场、B 机场——拣了芝麻，丢了西瓜

如果我们问，"100 美金和 100 万美金哪个多？"人们一定会说我们在开玩笑。可是在现实生活中，把 100 美金看得比 100 万美金"多"的人却时常会有。这里有一个真实的故事。某航空公司一架波音 747 飞机因故障降落在 A 机场。能够排除故障的机械工程

师在 B 机场，B 机场到 A 机场需要几个小时的汽车路程。B 机场经理于下午接报，如果让机械工程师下午去 A 机场，当晚必须宿于 A 机场，宿费 100 美元要由 B 机场负担。于是，B 机场经理让机械师第二天早上去 A 机场，省下了 100 美金的宿费。而这架波音 747 飞机的等待却使航空公司损失上百万美元。

3. 事关赚钱，也无人着急的医药公司

医药公司推出一种新药，申请上市需要提供 30 名患者服药 1 周的实际研究报告。但是，研究方案、批准方案、实施方案、取得数据、修改数据……整个过程却需要 2 年。其中：

(1) 研究人员提出研究方案，明确需要获得的数据，4 个月。

(2) 研究人员提出实施方案，2 周。

(3) 请专家评审方案并回收评审结果，14 周。

(4) 寻求合作医院和实施药物试验的医生，2 个月。

(5) 收齐各医生的表格，2 个月。

(6) 将数据输入计算机中，但发现 90%的资料有这样那样的问题，退回修正，复又收拢，往返数次……

按医药业的常规推算，医药公司提前一年推出一种新药，利润在 100 万美元以上。然而，医药公司没有人自始至终关注整个流程。每个环节都只想到本环节的目标，没有人想到整个流程的目标，事情当然拖沓。人们对流程意识的淡漠可见一斑。

17.7.5 BPR 的确有效

BPR 的确有效吗？让我们用实例说明。

1. IBM 信贷公司的流程重组

IBM 信贷公司为购买 IBM 公司产品的顾客提供贷款。他们贷款的步骤如下：

(1) IBM 公司现场销售代表接到客户贷款申请，打电话给 IBM 信贷公司， IBM 信贷公司有 14 名员工专门接听电话并做详细记录。

(2) 有人把电话记录送到楼上的信贷部，由一名专家把信息输入计算机，并核查客户的信用状况。把结果写在一份表格上，派人送到商务部。

(3) 商务部根据客户的实际要求，修订标准的贷款合同。把贷款合同送到核价员。

(4) 核价员把各项数据输入计算机，计算出适当的贷款利率，再把利率写在纸上，连同其他文件送到文秘科。

(5) 文秘科的一位行政主管把所有信息汇总，写成一份报价信，经由联邦捷运公司，寄给现场销售代表。

这个流程一般 6 天，最长 14 天。作为销售过程的一部分，这个过程太长了。夜长梦多，顾客会在这 6 到 14 天内改变主意，或另找渠道贷款，或另寻条件优惠的供应商，或干脆取消订单。现场销售代表会着急得不时打电话，询问他那个贷款申请办得怎么样了，但是谁也说不清办得怎么样了，唯一的办法是耐心地等待——在等待中，眼睁睁地看着失去机会。

IBM 信贷公司为了提高办理贷款申请的速度，动过不少脑筋。先是设一个控制台，让各个部门办完一道手续立即交到控制台，再传递给下一个部门。这样一来，回答现场销售代表的询问是很方便了，但就整体办案过程来说，却又增加了时间。

IBM 信贷公司的两位高级经理想搞清楚问题究竟出在哪里。他们突发奇想，两人亲自拿着一份贷款申请，一个部门、一个部门地跑。每到一处，都要求立即办理。结果，他们发现，全部手续办完只用了 90 分钟。问题终于搞清楚了，问题就出在各部门互相交接的拖沓上。或者说，问题出在流程上，而不是处在单个步骤上。找到了问题，办法也就随之产生。IBM 信贷公司下决心重组了业务流程。他们建立了专家系统。在专家系统的支持下，一个专案员，取代了各部门的专家。从而使得办理申请贷款的速度取得了"戏剧性"的提高。

2. 福特汽车公司的应付账款部

福特汽车公司是美国三大汽车巨头之一。但是到了 20 世纪 80 年代，福特像许多美国大企业一样面临着日本竞争对手的挑战，正在想方设法削减管理费和各种行政开支。福特公司的应付账款部(北美)有 500 多名员工，负责审核并签发供应商供货账单的应付款项。工作过程如下：

(1) 采购部门在向供应商订货时给应付账款部送去采购订单副本。

(2) 供应商把货送到福特公司指定的码头或仓库，福特公司的收货员工填写收货单，验收并记录货物名称、规格和数量，把收货单送应付账款部。

(3) 供应商把发票寄到应付账款部。

(4) 应付账款部的员工根据"三证合一"的原则进行审核，凡是订货单、收货单和发票相符的，就签发支票，向供应商付款。三证不符的，设法理清头绪，然后付款。

福特公司应付账款部的工作完全符合 80/20 原理，即 80%的工作由 20%的三证不符的账款造成的。

人们经常认为，一直在做的事似乎就是正确的，特别是对于自己熟悉的事物更是不会怀疑，正所谓"熟视无睹"。福特公司也不例外，从福特公司的规模来说，500 名员工处理应付账款也不为过。促使福特公司认真考虑应付账款工作的是日本的马自达汽车公司。马自达汽车公司是福特公司参股的一家公司，尽管规模远小于福特公司，但毕竟有一定规模了。马自达汽车公司负责应付账款工作的只有 5 人。5：500，这个比例让福特公司的高层经理无法处之泰然。

应付账款部本身的工作只是负责核对"三证",符合则付款,不符则查,查清再付。整个工作围绕"三证"展开,自动化也帮不了太大的忙。处理应付账款不是一个流程,采购才是一个流程。思绪集中到流程上,重组的火花产生了。

重组后的业务流程完全改变了应付账款部的工作和应付账款部本身。重组从采购订单开始。新的流程如下:

(1) 采购部的采购员给供应商下订单时,将订单输入联网的计算机数据库。

(2) 供应商收到订单后照常发货。

(3) 货物送抵码头或仓库时,收货员不再填写订货单,而是打开计算机,根据运到的货物,找到原先由采购员输入的采购订单。如果收到的货物和采购订单相符,就在数据库中记录"货已收到",否则拒收,退给供应商。

(4) 只要是收到货的,计算机数据库会自动显示付款指令,应付账款部员工可以根据合同和有关要求付款。

重组后应付账款部只有 125 人。这里有两点要特别说明:第一,应付账款部的工作变化实际上是改变了一条规则的一小部分,以前的规则是凭发票付款,重组后的规则是到货付款;第二,应付账款部不再负责付款的授权。企业流程重组就是要从习惯的规则上找突破口。福特的例子是一个典型的例子。

3. 联邦莫格汽车零部件公司的零件样品研制

"样品研制"流程是:汽车制造商给出新车型设计中一个零部件的规格尺寸,由联邦莫格公司和其他汽车零部件公司设计并造出样品,汽车制造商根据样品测试结果决定与哪家公司签单。

重组前,联邦莫格汽车零部件公司的做法是:

(1) 销售代表拜访汽车公司,得到零部件规格尺寸。

(2) 销售代表把规格尺寸转交设计部门。

(3) 设计部门设计图纸。

(4) 根据下属厂的生产能力选择生产样品的下属厂,把图纸邮寄给该厂。

(5) 下属厂收到图纸后,先由工具车间设计和制作生产零部件所需的模具。

(6) 下属厂使用工具车间制作的模具生产零件样品。

联邦莫格汽车零部件公司研制样品的流程一般要 20 周,而其竞争对手少则 6 周,多则 10 周就可以拿出汽车公司要求的样品来。有些速度快的竞争对手未等联邦莫格公司拿出第一个样品,他们已经根据汽车公司的要求修改好几次了。可想而知,联邦莫格公司很多时候都争不到订单。

这种局面使联邦莫格公司痛下决心对整个业务流程重新考虑。流程重组后,联邦莫格汽车零部件公司的零件样品研制流程有明显的改变：

(1) 销售人员和设计工程师同访客户。

把一切技术规格数据都弄得准确无误，避免了含糊不清或误解；

(2) 计算机联网，充分利用信息技术的优势。

原来设计人员接到样品研制任务后要从头构思，设计、画图、反复修正，直到最后定稿，至少要 2~3 天。流程重组后，设计人员很容易利用原有技术数据，从计算机数据库中找出近似的零部件设计，可能略作修正就可以得出新的设计。原来 2~3 天的工作，可能只需要几分钟就可以完成。原来的图纸需要通过邮局寄到下属厂，流程重组后，通过联网的计算机系统就可以传递了。

(3) 在制造模具和生产样品的安排上新流程有了明显的改进。

原来的做法是在哪里生产就在哪里做模具，有的工厂有生产能力但其工具车间未必能及时制出所需的模具，拖延误期是常有的事。现在想法变了，制作模具和生产零部件不必是同一家下属厂，完全根据需求和下属厂的能力来安排。这样简单的道理在过去却是不可思议的。灵活的安排来自观念的转变，而不单纯是技术问题。

(4) 统一了评价和奖励的标准。

无论是销售人员、工程师，还是模具制作、生产制造人员，都根据样品研制全过程的实绩进行考核，大家的目标是一致的。

流程重组的结果，使样品研制流程由 20 周缩短为 18 天，订单获得率提高了 4 倍。

17.7.6　什么样的公司要做 BPR

根据美国的经验，有 3 类公司想实施企业流程重组，它们的处境和打算不同。

第一类公司，身陷困境，走投无路，迫于形势，准备背水一战。若能借助"重组"，冲出困境那就能使企业获得新生，柳暗花明又一村。这里所谓"困境"，可能是成本太高，或废品率太高，或客户抱怨太多，到了忍无可忍的地步。于是，"重组"是唯一出路，关系到企业的生死存亡。

第二类公司，当前过得去，财政状况还可以满意，公司并未遇到真正的麻烦。但公司领导似乎预感暴风雨要来，可能给他们带来严重的问题，甚至威胁他们成功的基业。这些公司有远见，未雨绸缪，把决心下在紧要关头，与其走入逆境，不如着手"重组"。

第三类公司，正处于巅峰时期，不要说眼前没有困难，就是看得见、想得到的将来也不会有问题。这些公司的领导不是安于现状，而是雄心勃勃，勇于进取，把"重组"看作提高竞争水平的手段，要把竞争对手抛得更远。有人感到不理解的是，这些公司明明处于优势，为什么又去冒险"重组"呢？有一句话颇费思量：真正卓越的公司，其标志是舍得丢弃长时间有效的东西。细细思量，这话很有道理。世界在变，环境在变，一个卓越的公司不满足于现状，要取得更出色的成绩，就必须求变。故步自封，抱住已有的东西不放是不行的。

这样粗线条的划分，已经使我们看到，"重组"并不一定要到走投无路时才做，不同水平的企业都能做，关键在于看清形势，下决心去做。

17.7.7　把握企业流程重组的机会

如何找到"重组"的突破口，无疑是企业流程重组的一大难点。根据经验，人们提出了"问题—规则—理念"三层次认识论，以期有效地把握重组机会，取得重组的成功。

1. 问题

问题是指流程中一个具体的缺陷，是改进的对象。例如，IBM 信贷公司批准贷款太慢；福特汽车公司应付款工作太烦琐。

2. 规则

流程设计中所遵循的某项规则，是它造成了所出现的问题。例如，IBM 信贷公司的规则是每项工作必须由各部门的专家来完成；福特汽车公司应付款部的规则是凭发票付款。

3. 理念

理念是指对事物的认识，是规则的依托。例如，IBM 信贷公司的理念是，复杂的事情要由专家来做。信贷审核是复杂的，因此要由专家来做。流程重组涉及理念的转变。发现问题比较容易，质疑理念则需要胆识。

17.7.8　BPR，谁主沉浮

实践使人们认识到，要取得重组的成功，人的因素是至关重要的。

1. 企业领导

如果没有企业领导来领导流程重组，要发起"脱胎换骨"的重组，几乎是不可能的。领导者不仅要有远见卓识，还要有足够的魄力和威望来推动变革。否则，即使创意再好、设计再完美，也不可能取得成功，有时可能连付诸实施都不可能。所以，领导者的重要作用无论怎样强调都不会过分。

(1) 领导者的能力素质：远见+沟通+决心

领导者要有远见，这是首要条件。重组要达到什么目标，具体怎样组织，领导者都要考虑。领导者自己不主张做的事情，别人是不会去做的。领导者应当对公司有全面的了解，重组最理想的领导者是公司的总经理或副总经理。

领导者要善于沟通。要把公司的目标和设想告诉员工，让员工充分了解，并鼓励大家积极投入重组的实施。许多经历过企业流程重组的公司经理都说，沟通太重要了，而他们开始却估计不足。

领导者要有决心。领导者在认清远大目标时要有决心发动重组，要有充分的思想准备去面对来自各个方面的阻力，为重组排除障碍。

(2) 领导者的工作方法：以诚待人+言行一致+奖惩有方

以诚待人是指要向员工讲明真相，给出明确的信号。对于企业流程重组，他们会认为目的是要裁员。为了打消疑虑，只有如实讲。百事可乐的总经理在开始流程重组时对员工开诚布公地说："我不清楚会不会有人要被辞退，但是，我可以保证，如果有的话，我们会公平对待。"

对于领导者，员工会遵循"听其言，观其行"的原则。只有领导者的行动证明了他们所申明的重组的目标和决心，广大员工才会积极投身于重组。

领导者还要有有效的考评和奖励方法，以强调重组的意义和价值，鼓励员工进行变革和创新。评价和奖励直接关系到人们的态度、影响人们的行为。

(3) 领导者的工作职责：发起重组+创造良好的环境+完成重组

发起重组是领导者的第一步。

创造良好的环境是领导者的一项重要职责。其中既包括舆论、态度和思维模式等企业文化方面的内容，也包括规章制度，从体制上保证重组工作的开展。

领导者虽说不能专职搞流程重组，但要密切关注重组。直到重组完成。

2. 流程负责人

发起重组靠领导者，实施重组靠流程负责人。每个公司都会有几个主要业务流程(一般 7 个左右)。进行流程重组时，每个流程都要有一个流程负责人。流程负责人通常是从与重组的流程相关的某一部门的管理人员中选定。流程负责人不仅要有管理能力，而且要通晓第一线的业务。他的任务是组织一支队伍(流程重组小组)去实施流程重组，并为小组成员顺利开展工作创造条件。流程重组完成以后，流程负责人仍然坚守岗位继续工作。

3. 流程重组小组

流程重组小组是企业流程重组的实施者。根据经验，流程重组小组需要两种人，即内部成员和外部成员。

内部成员是指在流程所涉及的部门或地区工作的人员，他们了解流程。内部成员了解流程，这对于流程重组既有利也有弊。他们可能帮助找到问题的症结，如果他们认为新的流程可行，那么往往真的相对易于推行。但是，他们也习惯于原来的流程。所以，流程重组小组全是内部成员是不行的，他们难于冲破原来的框架。

外部成员是指原来和流程不相干的人。他们会有许多问题要了解，看问题的角度也和内部成员不一样，客观性强一些。外部成员可以是企业员工，也可以是咨询公司的人员或其他人员。外部成员必须善于学习、善于沟通、善于分析。内部成员和外部成员的比例应为 2:1~3:1。整个流程重组小组的人数为 5~10 名。流程重组小组的成员，无论是内部成员还是外部成员，至少应当投入 50%的时间和精力开展流程重组，100%的时间和精力更好。

流程重组小组可以有一位组长，组长可以推选产生，也可以由流程负责人指定。组长的最基本的职责是通过他的协调，充分发挥每个小组成员的作用。

4．重组指导委员会

由企业的高层领导和流程负责人组成，从总体上把握整个企业的重组活动，由总经理或他的副手担任指导委员会的主席。指导委员会支持流程负责人和重组小组的工作，协调整个公司的重组活动，必要时排出障碍，推进重组项目的进展。

17.7.9　企业流程重组的实施过程

没有两家公司的经营情况会完全相同，所以不同公司进行流程重组的具体方法也不相同。但总体来说，企业流程重组可以分为 4 个阶段。

1．流程的识别

在绝大多数企业中，人们总是处于某一职能部门，从事某一具体工作。尽管这些工作都是某一流程的一部分，但往往并不意识到流程的存在。要重组流程，就要改变思维的习惯，树立企业运营的流程观，把流程识别出来，用流程的观点描述企业。

流程是由活动组成的，活动之间有着特定的流向，有明显的起始活动和终止活动。识别流程可以通过绘制流程图来实现。通过流程图可以直观地反映各个流程中各项活动的关系以及各个流程之间的关系。

2．关键流程的选择和认识

有了企业的流程图，流程重组就有了初步的依据。还要在企业众多的流程中选择出关键流程。依据以下三条原则容易选择出关键流程进行重组：

(1) 问题严重、机能失调的；

(2) 举足轻重、影响巨大的；

(3) 切实可行的。

选择出关键流程，指定了流程负责人，组织好流程重组小组后，并不意味着可以进行流程重组。因为重组小组的外部成员可能不熟悉现行流程，内部成员可能对现行流程缺乏深刻的认识。所以，在重组流程之前，先要认识现行流程，认识现行流程"是什么"、"为什么"、"做什么"和"怎样做"。

3. 流程重新设计

选择出关键流程并认识了关键流程之后，就要对现行流程进行"脱胎换骨"的重新设计，获得一个全新的流程。这是流程重组过程中最困难和最富挑战性的工作。

企业流程的基本构成要素包括 4 项，即活动、活动之间的逻辑关系、活动的实现方式和活动的承担者。

重新设计流程，就要对现行流程进行根本性的思考和分析，通过对其构成要素重新组合，产生更有价值的结果。在这个过程中，识别流程的瓶颈是非常重要的，流程的瓶颈是对流程运作起决定性作用的问题。流程重组一定要解决好瓶颈问题。

经过以上的工作得出新的流程的备选方案，然后评估备选方案的代价和收益，确定最适宜的实施方案。

4. 实际运行

将实施方案在小范围内试验，谨慎从事，发现问题，随时调整。经过审慎的实验之后，新的业务流程才可以投入实际运行。

17.7.10　企业流程重组的一点体会

企业流程重组的理念是诱人的，无疑也是正确的。但实施的结果却未必总能尽如人意。这一点和 ERP 的实施有些类似，但时机的把握却更重要。即使一个企业有明显的流程重组的客观需求，但如果企业的人还没有认识到这一点，那么贸然实施流程重组是一定要失败的。如果是在 ERP 实施应用过程中实施 BPR，那一定先做 ERP，待企业意识到原有的流程不能适应 ERP 的需求时，也就是人们开始质疑原有的理念时候，BPR 的时机就来到了。

近年来，人们感觉 BPR 这个词过于激烈，人们对它也更敏感，因而常用 BPI(business process improvement)。虽然本质上都是要改变和优化流程，但却有时机和处理方式的不同。(本节主要取材于文献【28】)

▌ 思考题

1. 什么是 JIT？它的基本点是什么？能为企业带来什么好处？
2. 实现 JIT 的关键因素是什么？
3. 什么是需求拉动的物料移动方式？它的优点是什么？
4. 为什么供应商业绩对于实现 JIT 是非常重要的？应当如何处理好和供应商的关系？
5. 缩短机器准备时间有什么意义？
6. 单元生产有什么好处？

7. JIT 是一个快速改善企业的过程吗？

8. JIT 和 ERP 是什么关系？

9. 什么是全面质量管理(TQM)？

10. TQM 的发展经历了哪几个阶段？

11. TQM 的特点是什么？

12. 如何理解用户至上的观点？为什么用户至上的观点是非常重要的？

13. 质量和成本的关系是什么？为什么说一个企业达到低成本的最好的方法是追求高质量？

14. 加工批量对于质量控制有什么影响？

15. TQM 的 4 根支柱是什么？

16. TQM 使用哪些统计工具？

17. CIMS 的核心是什么？

18. CIMS 由哪些分系统构成？

19. 什么是供应链？什么是供应链管理(SCM)？

20. 为什么说信息技术在供应链管理过程中是非常重要的？

21. 为什么在供应链中会出现"长鞭效应"？如何利用信息技术来消除"长鞭效应"？

22. 如何对供应链绩效进行评估？

23. 为什么说供应链激励机制对于保证供应链的整体绩效是非常重要的？

24. 供应链激励机制有哪些手段？具体内容是什么？

25. ERP 系统如何向供应链管理扩展？

26. 什么是电子商务？

27. 电子商务特点是什么？电子商务的流程是什么？

28. 电子商务对于供应链管理有什么影响？

29. 什么是客户关系管理(CRM)？

30. CRM 的功能是什么？

31. CRM 的体系结构是什么？

32. CRM 解决方案的主要特点是什么？

33. CRM 在企业管理中的定位以及与其他系统的关系是什么？

34. 如何实施和应用 CRM？

35. 两种不同的企业观的区别是什么？

36. 什么是企业流程重组(BPR)？

37. 举例说明不合理的企业业务流程。

38. 举例说明 BPR 的成效。

39. 什么样的公司应当作 BPR？

40. BPR 会对企业引起哪些变化？

41. 在 BPR 的过程中，企业领导的作用是什么？企业领导的能力素质、工作方法应当具备什么条件？企业领导的工作职责是什么？

42. 在 BPR 的实施过程中，除企业领导之外还涉及哪些重要人员？他们的职责是什么？

43. BPR 的实施包括哪几个阶段？

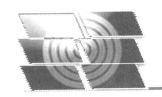

附 录
常用名词解释

ABC Classification　ABC 分类

根据全年货币价值(即单价×预计用量)或其他准则，把企业的物料按降序排列，然后划分为三类，分别称为 A 类、B 类和 C 类。A 类通常包括物料项目数的 10%~20%，但是要占预计货币价值的 50%~70%。B 类通常包括物料项目数的 20%，占预计货币价值的 20%。C 类通常要包括物料项目数的 60%~70%，但是只占 预计货币价值的 10%~30%。ABC 原理指出，通过加强对高价值物料的控制、降低对低价值但数量多的物料的控制，可以节省精力和金钱。ABC 原理可以应用到库存管理、采购、销售等方面。

Abnormal Demand　异常需求

一种没有预料的客户订单。这种订单可能不在销售计划之中，或者来自某个出乎预料来源，也可能是某个不寻常的大订单，它要消耗用来满足其他订单的可签约量。

Acknowledgment　订单回执

由供应商发给购买者的通知。通知购买者，已收到采购订单，并意味着供应商接受了这份订单。

Action Message　行为信息

系统的一类输出信息，用来指明为了纠正当前的或潜在的问题应当采取某种行动。例如，"下达订单"，"将计划日期提前"，"将计划日期推后"，以及"取消"都是 MRP 系统中的行为信息。同义语：例外信息。

Active Inventory　现用库存

在给定的期间内使用或销售的原材料、在制品、最终产品。

Activity-based Costing(ABC)　作业成本核算

一种成本会计系统，这种系统首先根据所完成的活动累积成本，然后按成本动因把

成本分配到产品或 其他基础，诸如，客户、市场、工程项目，等等。传统的成本核算方法是以直接劳力或机时作为分配基础，而作业成本核算方法则试图以更为真实的基础来分配制造费用。

Actual Cost　实际成本

在生产过程中完成一项作业任务所发生的劳力、物料和相关的制造费用。

Advanced Planning and Scheduling(APS)　高级排产

对短期、中期和长期的物流和生产制造进行分析和计划的技术。APS 用来描述使用高级的数学算法或逻辑来实现对有限能力排产、货源供应、资金计划、资源计划、预测、需求管理和其他问题进行优化或模拟的任何计算机程序。这些技术同时考虑约束的范围和经营规则，提供实时地进行计划和排产、决策支持、可承诺能力、可承诺量的能力。APS 经常评估多个方案，然后管理层选择其一作为"正式的计划"。APS 系统的最主要的 5 个组成部分是

- ◎　需求计划
- ◎　生产规划
- ◎　生产排产
- ◎　分销计划
- ◎　运输计划

Allocation　已分配量

(1) 指一项物料的数量已经分配到某一份订单，但是物料尚未从库房里领出，是一种未兑现的库存需求。

(2) 在短期供应中分配物料的过程。

Annual Inventory count　年度库存盘点

每年一次通过实际的库存盘点确定库存数量。

Anticipated Delay Report　拖期预报

一种由生产和采购部门向物料计划部门发出的报告，说明哪些生产任务或采购订单不能按时完成、原因何在以及何时可以完成。拖期预报是闭环 MRP 系统的基本组成部分，通常是由人工完成的。

APICS　运作管理协会

APICS 最初是"美国生产库存管理协会"(American Production and Inventory Control Society)的英文缩写。该协会成立于 1957 年。作为一个组织，"APICS"现已改名为"APICS 运作管理协会"(APICS The Association for Operations Management)。该协会通过面向个人

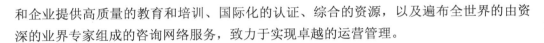

和企业提供高质量的教育和培训、国际化的认证、综合的资源，以及遍布全世界的由资深的业界专家组成的咨询网络服务，致力于实现卓越的运营管理。

Assemble-to-Order　面向订单装配

在接到客户订单之后装配产品的一种生产环境。所有用于装配和最后加工过程的关键的子项(大量物料、半成品、介质、部件、自制件、外购件、包装物等)，都按预计的客户订单来制定计划和存储。接到订单则开始最终产品的装配过程。这在可用公用子项装配出大量最终产品的情况下是非常有用的。同义语：面向订单完成。

Automatic Rescheduling　自动重排产

允许计算机系统当它发现交货日期和需用日期失效时，自动改变预计入库量的交货日期。

Available Inventory　可用库存量

现有库存量减去已分配量、保留量、未交付的客户订货量以及通常因为质量问题而封存的数量，得到可用库存量。同义语：初始可用量，净库存量。

Available-to-Promise(ATP)　可承诺量

一个企业的库存或计划生产量中尚未匹配到客户订单的部分。这个数量在主生产计划中进行维护，作为承诺客户订单的依据。第一时区的 ATP 数量即为可用库存量，对于每个有主生产计划预计接收量的时区都要进行计算。第一时区的 ATP 等于现有库存量减去到期和过期的客户订单。在任何包含主生产计划接收量的时区内，ATP 等于主生产计划量减去该时区内以及该时区之后、下一个有主生产计划接收量的时区之前的所有客户订单。负的 ATP 减少先前时区的 ATP。

Backflush　倒冲法

根据已生产的装配件数量，通过展开物料清单求得用于该装配件或子装配件的子项零部件数量，然后从库存记录中减掉该数量。

Backlog　未发货的客户订单

所有已收到但尚未发货的客户订单。也称为未结订单。

Backorder　未实现的客户订单

未实现的客户订单或对客户的承诺，对于库存量不足以满足需求的物料来说，为实现的订单是立即应当满足或已经过期的需求。

Back Scheduling　倒序排产

计算开工日期及完工日期的一种方法。排产计算由订单交货日期开始，进行倒序计算，以确定每道工序的开工日期和完工日期。

Benchmarking　目标测评，或竞争力目标测评

将一个公司的成本、产品和服务和与一个具有优秀业绩的公司进行比较。目标测评的目标通常是一个竞争者。但是，不一定总是同行业的公司。目标测评有以下七种。

(1) 竞争目标测评(competitive benchmarking)：将产品和服务与目标公司比较。和业绩目标测评是同义语。

(2) 财务目标测评(financial benchmarking)：将财务成果与目标公司比较。这类测评可以直接利用目标公司公开发布的财务报告信息。

(3) 职能目标测评(function benchmarking)：只在某一个职能领域中和目标公司进行比较，而不是进行整个公司组织的比较。

(4) 业绩目标测评(performance benchmarking)：与竞争目标测评是同义语。

(5) 流程目标测评(process benchmarking)：将公司流程和目标公司进行比较，包括公司的流程、运营系统和流程技术等。

(6) 产品目标测评(product benchmarking)：将新产品开发或者产品的更新与目标公司比较。通常包括对竞争者同类产品的设计和制造进行分解和评估，从而确定其优缺点的过程。

(7) 战略目标测评(strategic benchmarking)：从竞争战略上和其他公司进行比较。这通常是跨行业的目标测评。

Best Practices　最佳实践

用于目标测评过程中的度量标准，或业绩标准。按照这样的标准可以评估相似的对象。通过最佳实践可以识别改善和提高企业业绩的机会。将公司的实际结果和最佳实践相比较的过程可以应用于资源的获取和利用、运营活动或成本目标。

Bill of Capacity　能力需求清单

是资源清单的同义语。

Bill of distribution　分销清单

是分销网络结构的同义语。

Bill of Labor　劳力清单

制造、装配和测试一个父项所要求的所有劳力的一个有结构的表。

Bill of Material(BOM)　物料清单

构成父项装配件的所有子装配件、零件及原材料的清单，其中要指明制造一个父项装配件所要求的每个子项的数量。物料清单和主生产计划结合起来，确定对哪些物料必

须下达采购订单或生产订单。物料清单有各种显示格式，包括单层物料清单、缩排式物料清单、模块(计划)物料清单、瞬时件物料清单、矩阵物料清单以及成本核算物料清单等。在某些工业领域中，可能称为"公式"、"配方"、"配料表"或其他名称。

Bill of Resources　资源清单

关于能力和关键资源的一个表，这些能力和关键资源是为生产所选定的一单位物料项目或一单位产品族所需要的。资源需求进一步通过一个提前期偏置来确定，以便按时区预测所计划的项目和产品族对关键资源负荷的影响。粗能力计划用这些清单去计算主生产计划的近似的能力需求。资源计划可以用这种清单来计算来自生产规划的长期的资源需求。

Blanket Purchase Order　一揽子采购订单

一种向供应商采购物料的长期承诺，根据这种承诺产生短期的采购订单来满足需求。通常，一揽子采购订单只包含一种物料项目，要有预定的交货日期。

Bottleneck　瓶颈

一种设备、功能、资源或一个部门，其能力等于或小于对它的需求。例如，在作业处理速率比要求的速率慢的地方，则存在一台瓶颈机床或工作中心。

Bottom-up Re planning　自底向上重排计划

在 MRP 中，用反查数据来解决物料可用性或其他问题的过程。这一过程由计划员而不是由计算机系统来完成，并评价各种可能方案的影响。可能的解决方案包括：压缩提前期、消减订货数量、物料替换以及改变主生产计划等。

Branch Warehouse　分仓库

一个分销中心。

Bucketed　System　时段系统

在物料需求计划 MRP、分销资源计划 DRP 或其他时间坐标系统中，所有关于时间的数据都按时段累加。如果累加的时段为一周，那么，就说这个系统以周为时段。

Bucketless System　非时段系统

在物料需求计划 MRP、分销资源计划 DRP 或其他时间坐标系统中，所有关于时间的数据都是按日期而不是按时段来进行处理、存储和显示。

Business Plan　经营规划

关于长期战略以及预计收入、成本和利润目标的表述文件，通常还包括预算、计划的资金平衡表以及现金流量表(资金来源和资金运用)。通常用货币单位和产品族来表述。

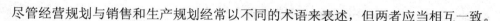

尽管经营规划与销售和生产规划经常以不同的术语来表述，但两者应当相互一致。

By-product 副产品

生产过程中剩余的或伴随生产加工过程产生的有价值的物料。副产品对主产品的比例通常是可预知的。副产品可以循环使用、销售或作其他用途使用。

Capable-to-Promise(CTP) 可承诺能力

是一个根据可用能力和库存量来处理客户订单的过程。这个过程可以涉及多个生产制造和分销场所。可承诺能力用来确定何时一份新的或尚未发货的客户订单可以发货。可承诺能力使用制造系统的有限能力排产模型来确定一项产品何时可以发货。这个过程包括任何可能限制生产的约束条件，例如资源的可用性，原材料或采购件以及物料清单低层上的子项物料或子装配件的提前期。最终得出的交货日期还要考虑到生产能力、当前的生产制造环境，和未来的客户订单承诺。目标是减少生产计划员由于不准确的交货日期承诺而造成的催促订单和调整计划所花费的时间。

Capacity 能力

(1) 一个系统完成它所期望的功能的能力。

(2) 一个工人、一台机器、一个工作中心、工厂或组织在单位时间内的产出能力。需求的能力表示为制造一个给定的产品组合(在设定的技术、规格说明等条件下)所需要的系统能力。作为一项计划功能，对于可用的能力和需求的能力都可以进行度量，短期的度量可通过能力需求计划来进行，中期的度量可通过粗能力计划来进行，长期的度量可通过资源计划来进行。能力控制通过短期计划的投入/产出控制报告来实现。能力可以分类为理论能力、标定能力、实际能力、计划能力、保护能力、生产能力、专用能力、预算能力、固定能力以及最大能力等。

Capacity Available 可用能力

一个系统或一项资源在一个特定的时区内产出的数量。

Capacity Control 能力控制

这个过程要度量生产产出量并将它与能力需求计划相比较，从而确定偏差是否超出预定容限，如果已超出容限，则确定是否需要采取校正措施以便回到计划的轨道。

Capacity Management 能力管理

为执行所有生产计划所需要的建立、度量、监控和调节能力限制和水平的功能，这些生产计划包括：生产规划、主生产计划、物料需求计划和派工单。能力管理在四个层次上进行：资源计划、粗能力计划、能力需求计划和投入/产出控制。

Capacity Requirements Planning(CRP)　能力需求计划

详细地确定为完成生产任务需要多少劳力和机器资源的过程。在 MRP 系统中，已下达的车间订单和计划订单是 CRP 的输入。CRP 将这些订单转换成不同时区、不同工作中心上的工时数。

Capacity Simulation　能力模拟

使用"模拟的"主生产计划或物料计划，而不是真实的数据，来做粗能力计划的过程。

CASE　计算机辅助软件工程

计算机辅助软件工程(computer-assisted software engineering)的英文首字母缩写。

Cellular Manufacturing　单元生产

在一条生产线或机器单元中生产零件组的一种生产制造过程，这种生产线或机器单元由专门人员操纵。

Closed Loop MRP　闭环物料需求计划

围绕物料需求计划而建立的系统，包括生产规划(销售与运作规划)、主生产计划和能力需求计划。一旦这个计划阶段完成并且作为实际可行的计划而被接受以后，执行阶段随之开始。这包括投入/产出(能力)控制、详细的排产计划和派工单以及来自车间及供应商的拖期预报和采购计划。"闭环"一词所指的，不仅包括整个系统的这些组成部分，并且还包括来自执行部分的反馈信息，目的在于使计划在任何时候都保持有效。

Collaborative Forecasting　协同预测

为了得到一项需求的预测而从企业组织内部和外部收集信息并取得一致意见的过程。

Component　子项

一个应用范围广泛的术语，用来标识某种原材料、配料成分、零件或子装配件。它们组成更高一级的装配件、部件或其他物料项目。这个术语也可以包括用于最终项目的包装物料。

Co-Products　联产品

一些产品，由于它们本身或加工工艺的相似性，而一起或顺序地制造出来。

Cost Center　成本中心

企业组织中进行成本核算的最小单位，通常是一个部门。定义成本中心的准则为该中心的成本是不可忽略的而且其职责范围很明确。成本中心可以不同于工作中心，通常它可以包括多个工作中心。

Costed Bill of Material　成本核算物料清单

物料清单的一种形式，它不但提供子项的数量信息，同时还提供子项的成本信息。

Critical Path Lead Time　关键路径提前期

是累计提前期的同义语。

Critical Path Method(CPM)　关键路径法

一种网络计划编制技术，用于编制工程项目计划并控制工程项目中的各项活动。根据这些活动及其相关的时间，确定关键路径，即识别那些限制了工程总时间的因素。

Cumulative Lead Time　累计提前期

完成某项活动的最长计划时间。对于任何一项由 MRP 计划的物料项目来说，其累计提前期可以通过遍历该项物料的物料清单中各条路径来得到，即将各路径上所有低层项目提前期的最大累计值定义为该项物料的累计提前期。也称为合成提前期或关键路径提前期。

Customer Relationship Management(CRM)　客户关系管理

以客户第一的理念为基础的市场哲学。搜集和分析关于销售和市场决策支持的信息(和 ERP 的信息不同)去理解和支持现有的和潜在的客户需求。包括客户管理、产品目录和订单录入、支付处理、信用管理以及其他功能。

Cycle Counting　循环盘点

一种库存准确度审核方法。库存按计划定期盘点，而不是一年才盘点一次。库存循环盘点通常按确定的规律进行(对价值高或流动快的物料盘点次数多，对价值低或流动慢的物料盘点次数少)。大多数有效的循环盘点系统要求对每项物料规定一个盘点频率，而每个工作日清点一定数目的物料。循环盘点的主要目的在于发现有错误的物料项目，然后寻找、分析和消除出错的原因。

Dedicated Capacity　专用能力

一个专门设计的工作中心，用来生产单一的项目或有限的一组相似的项目。专用设备可以是特殊设备或一组专门用来生产某种组合零件的通用设备。

Delivery Lead Time　交货提前期

从收到客户订单到交付产品的这段时间。

Delphi Method　德尔菲法

一种定性的预测方法，在一系列迭代的调查过程中把专家的意见结合起来。每一轮

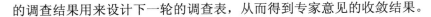

的调查结果用来设计下一轮的调查表，从而得到专家意见的收敛结果。

Demand　需求

对指定产品或零部件的需求，这种需求可有多个来源，例如，客户订单或预测、内部工厂或分库对维修件的需求或生产其他产品的需求。在产成品这一层次上，"需求数据"和"销售数据"通常是不同的，因为需求不一定导致销售，例如，没有库存则没有销售。需求可以表现出 4 种特性：周期性、随机性、季节性和发展趋势。

Demand Lead Time　需求提前期

潜在的客户对于交付一项产品或服务愿意等待的时间量。

Demand Management　需求管理

指认识和管理对产品的全部需求，并确保主生产计划反映这些需求的功能。需求管理包括：预测、订单录入、订单承诺、分库需求、非独立需求、厂际订单及维修件需求等。

Demand Pull　需求拉动

只有当一个工作中心完成了一项作业和(或)准备开始下一项作业时，才发出指令将物料移到该工作中心。事实上它消除了一个工作中心入口的队列，但可能导致前一个工作中心出口的队列。

Demand Time Fence(DTF)　需求时界

主生产计划中的一个时间点。主生产计划的展望期被分为三个时域。在主生产计划中需求时界设在当前日期和计划时界之间，从而划分出了两个时域。在当前日期和需求时界之间的为第一时域，在此时域内订单是冻结的，亦即，未经分析和批准不能改变主生产计划。第二个时域在需求时界和计划时界之间，在此时域内，实际的订单可以消耗预测。

Deming Circle　戴明环

由计划－执行－检查－处理(plan-do-check-action，PDCA)构成一个概念的轮子，这个轮子持续不断地转动，从而表明在市场研究、设计、生产和销售诸领域中需要进行的相互作用，以便改进质量。

Demonstrated Capacity　实际能力

由实际产出数据计算出来的经过证明的能力，通常表示为产出项目的平均数量乘以每个项目的标准工时。

Dependent Demand　非独立需求

当对一项物料的需求与对其他物料项目或最终产品的需求有关，亦即可从其他物料项目或最终产品的物料清单结构导出时，则称为非独立需求。因此，这些需求是计算出来的，而不是预测的。对于一个给定的物料项目，有时可能既有独立需求又有非独立需求。例如，一个零件可以是一个装配件的子项，同时又可以作为维修件销售。

Direct-deduct Inventory Transaction Processing　　直接增减库存处理法

指一种库存记账方法，当物料出库时，减少该项物料的账面(计算机　内)库存数；当物料入库时，增加该项物料的账面库存数。账面数据随物料的出入库同步更新。因此，账面的库存记录就是实际库存的反映。

Discrete Manufacturing　　离散制造

不同项目，如汽车、工具设备、计算机等的生产。

Dispatch List　　派工单

按优先级顺序排列的生产订单一览表。利用书面或电子介质将派工单发给生产车间。派工单中包括生产订单的优先级、物料存放地点、数量及能力需求的详细信息，所有这些信息都是按工序排列的。派工单通常每天按工作中心产生。

Distribution network structure　　分销网络结构

将存货从一个或多个货源点分配到地区仓库，并最终分配到客户的计划渠道。分销网络的层次可以使1层的或多层的。同义语：分销清单。

Distribution Requirements Planning(DRP)　　分销需求计划

(1) 为分仓库确定补充库存的需求的功能。可以使用时段式订货点法来实现分仓库的库存补充，分仓库一级的计划订单用MRP逻辑展开形成供应源的毛需求。在多级分销网络的情况下，这个展开过程可以通过各级地区仓库(主仓库、工厂仓库等)逐级进行，最终形成主生产计划的输入。对供应源的需求按相关需求处理，并应用MRP的标准逻辑。

(2) 更一般的来说，是补充库存的计算，可以根据其他计划方法，诸如"时区订货量"，或"恰好补充所用的物料"，而不限于时段式订货点法一种方法。

Distribution Resource Planning(DRP II)　　分销资源计划

分销需求计划的扩充，把包含在分销系统中的关键资源，例如，仓库空间、搬运能力、资金、运输工具等，纳入计划系统中。

Electronic Data Interchange(EDI)　　电子数据交换

贸易文件的无纸(电子)交换。这些文件使用标准的文件格式，可以包括诸如采购订单、发货批准书、提前发货通知以及发票等。

Engineering Change　工程改变

为了修改某个零件而由工程部门作出的关于图纸或设计的修改称为工程改变。改变的请求可能来自客户，或者来自生产、质量控制以及其他部门或供应商。

Engineer-to-Order　面向订单设计

要按客户要求作独特的工程设计或按客户要求作较大修改的产品。每一个客户订单会导致唯一的一组零件编号、物料清单和工艺路线。

Enterprise Resources Planning(ERP)　企业资源计划

组织、定义业务流程并使之标准化的框架，这些流程是为有效地计划和控制一个组织，从而使得该组织能够利用内部的知识来寻求外部的优势所必需的。

Fabrication　制造

制造零件的加工操作，和装配操作相对应。

Final Assembly Schedule(FAS)　最终装配计划

在面向订单生产或面向订单装配环境中，为满足特定的客户订单需求而制定的产品装配计划。有时，这个过程所涉及的工序可能并非最终装配，例如，最后的混合、切割或包装，所以，它也可以是产成品的排产计划。在接到一份受到可用物料和可用能力约束的客户订单之后，开始准备 FAS，并对所需要的工序进行排产，从库存的层次或主计划的层次开始，完成最终产品的生产。

Finite Forward Scheduling　有限能力向前排产

是一种对机械设备的排产技术，这种技术从开始时区到最后时区顺序地进行排产，排产过程中服从能力的限制。甘特图可用作这项技术的表示工具。

Finite Lording　有限负荷

在给定的时区内，不对工作中心分配比可以期望完成的工作量更多的工作量。这个术语，通常指为了使负荷均衡而为各个工序计算工序优先级的计算机技术。

Firm Planned Order　确认的计划订单

指在数量和时间上已确认的计划订单。这种订单不能由计算机自动改变，而只能由计划员改变。利用这种方法，通过有选择地确认计划订单，可以帮助计划员使用 MRP 系统对物料和能力问题作出反应。此外，确认的计划订单还是表述主生产计划的通常的方法。

Fixed Order Quantity 固定订货批量

一种用于 MRP 系统或库存管理的确定订货批量的方法，每次产生的计划订单或实际订单的订货量都采用预先确定的固定数量，或者是这个固定数量的倍数——当一个时区的净需求量超过这个固定订货批量时即是如此。

Flow Shop 流水车间

一种生产组织形式。在这样的车间里，机器和操作工通常处理标准的、连续的物流。操作工对每批生产任务总是进行同样的操作。流水车间一般是大批量生产车间或具有连续生产布局的车间。车间的布局，即机器、工作台及装配线等等的排列方法，是为便于产品流动而设计的。某些流程工业(如化工、石油加工、油漆等)是流水车间的极端的例子。每种产品，尽管材料规格不同，整个车间总是采用同样的流程。生产按给定的速率进行，产品总是以大批量生产。

Focus Forecasting 调焦预测

允许用户通过模拟众多的预测技术的效果，从而选出最有效的预测技术的系统。

Follow-up 跟踪

监控作业进程，检查操作是否按计划执行，或者采购的物料能否按期收到。

Full Pegging 全面的需求反查

系统的一种自动追溯能力，可以追溯对一个子项物料有需求的其他物料，直到最终物料、客户、或合同号。

Generally Accepted Manufacturing Practices(GAMP) 通用生产管理原则

指一套不受具体技术影响、阐明制造企业应该如何进行管理的原则。其中包括如下要素：对数据准确性的要求，市场部门与生产部门的经常沟通，高层领导对生产计划过程的控制过程(销售与运作计划过程)，以及将上层计划有效地转换为各种详细计划的系统能力，等等。今天，通用生产管理原则还包括及时生产、约束理论、全面质量管理、企业流程重组以及供应链管理等。

Gross Requirement 毛需求

在减去现有库存量和预计入库量之前，对一个子项的独立需求和非独立需求的总和。

Group Technology 成组技术

一种工程设计和制造的基本原理，用来识别零件在物理上的相似性(共同的工艺路线)并为它们建立有效的生产过程。它有助于快速修改已有的设计方案和促进实现生产设备的单元生产布局。

Independent Demand　独立需求

当对某项物料的需求与对其他物料的需求无关时，则称这种需求为独立需求。例如，对成品或维修件的需求，对零件的破坏性试验的需求，都是独立需求。

Infinite Loading　无限负荷

在一定的时区内，对所需要的工作中心计算所需要的能力的计算方法，在这个计算过程中，不考虑完成作业的可用能力。

Input/Output Control　投入/产出控制

一种能力控制技术，它监控每个工作中心的计划投入和实际投入以及计划产出和实际产出，计划的投入和产出由能力需求计划产生并由生产部门批准。将实际投入与计划投入相比较，以检查何时工作中心的产出会由于得不到加工作业而偏离计划。也将实际产出与计划产出相比较，以发现这个工作中心本身的问题。

Intermittent Production　间断生产

一种生产组织形式，其中，各种生产资源按功能来组织。作业以批量方式经过各个功能部门，而每批作业可以有不同的工艺路线。

Interplant Demand　厂际需求

将物料发送到同一公司内的其他工厂或部门，虽然不是客户订单，但主生产计划通常以同样的方式处理。

Inventory Turnover　库存周转次数

一年中库存流动或循环的次数。计算库存周转次数的常用方法是用全年售出货物成本除以平均库存价值。例如，平均库存价值为 300 万元，全年售出货物成本为 2100 万元，那么，库存周转次数为 7 次。

Item　物料项目

任何一种唯一确定的自制的或采购的零件、材料、半成品、子装配件或产品。

Item Record　物料项目记录

即物料项目的主记录，一般包括标识数据和描述数据以及控制参数(提前期、订货批量等等)，还可以包括库存状态、需求、计划订单及成本等数据。物料项目记录通过物料清单(或称产品结构文件)记录联系在一起。

Job Shop　加工车间

(1) 一种生产组织形式，把功能相似的设备组织在一起，每项作业按不同的工艺路线通过车间。

(2) 一类生产过程，根据每个客户的规格说明来生产产品。生产过程可以处理范围很宽的产品设计，使用通用设备，在固定的工厂位置进行加工。

Just -in-time(JIT)　及时生产

制造业的一种哲理，其基本点是有计划地消除所有的浪费，持续不断地提高生产率。这贯穿于成功地执行为生产最终产品所要求的所有活动之中。包括从工程设计到发货的整个过程以及从原材料到产成品进行转变的各个阶段。强调零库存，即只在需要时才有必要的库存；以零缺陷为目标改善产品质量；通过减少准备时间、队列长度和生产批量缩短提前期；改进操作过程；并且以最小成本来实现这些目标。从广义来说，JIT 可应用于各种类型的制造业，车间任务型、流程式以及大批量重复生产型的企业均可应用。

Kanban　"看板"

一种 JIT 生产方法，这种方法使用带有一个卡片的标准容器或批量来控制物料的流动。这是一种需求拉动系统，工作中心用卡片发出信号表明它希望从前一个工作中心或供应商那里得到零件。Kanban 在日语中是"卡片"、"广告牌"或"标记"的意思。这个术语经常用作日本丰田公司开发的一个特定的计划系统的同义语。

Lead Time　提前期

(1) 完成一个过程(或一系列操作)所需要的时间。

(2) 从认识到一份订单的需求到接收到货物之间的时间。提前期的单项构成包括：订单准备时间、排队时间、加工时间、搬运时间以及接收和检测时间。

Lead Time Offset　提前期偏置

在 MRP 中，为了使一份计划订单在某个时区内收到，要根据物料的提前期在某一个较早的时区内下达。这个处理过程称为提前期偏置。

Lean Production　精益生产

一种生产的哲理，强调用于企业的各项活动中的所有资源(包括时间)的最小化。在设计、生产、供应链管理以及为客户服务等各个领域都要识别和消除不增值的活动。精益生产的企业要在企业组织的各个层次上雇用多技能的员工，使用高柔性的、自动化程度越来越高的机器设备来生产满足多样化需求的大量的产品。它包括了通过坚决地消除浪费和简化整个的制造和支持过程而降低成本的一系列原则和实践。

Level　层

在产品结构中，每个零件或装配件都被指定一个层次代码，用来标识该零件或装配件在产品结构中的相对层次。通常，最终产品项目被指定为 0 层，直接组成它的子项或

子装配件被指定为 1 层，依此类推。MRP 展开过程从 0 层开始，每次向下展开一层。

Load　负荷

在指定的时间跨度内，对一项设备、工作中心或操作的计划工作量和实际下达的工作量。通常以标准工时表示，或者在产品以相同的速率消耗类似的资源的情况下，以生产的单位表示。

Lot for lot　按需订货

MRP 的一种订货技术，所生成的计划订单在数量上等于每个时区的净需求量。

Lot Size　订货批量

从车间或供应商那里对一项物料的订货数量，或者发放到生产过程中的一个标准数量。同义语：订货量。

Low-level Code　低层代码

在所有出现某子项的物料清单中，标识出该子项出现的最低层次的代码。对给定的子项，当所有的毛需求计算到该层时，才计算其净需求。通常，低层代码由计算机软件自动进行计算和维护。

Maintenance，Repair，and Operating Supplies(MRO)　维护、维修与操作物料

用于支持一般维修和操作的项目。例如，维修用料、备用件以及制造过程中所使用的消耗品等。

Make-to-order　面向订单生产

一种在收到客户订单之后才完成产品的生产环境。最终产品通常由某些标准项目和满足客户特定需求的定制项目组合而成。为了缩短向客户的交货期，对于具有较长提前期的子项要在订单到达之前作出计划。对于在客户订单到达之前已经把选件或其他子装配件存放在仓库里的情况，通常称为"面向订单装配"。

Make-to-stock Product　面向库存生产的产品

一种在接到客户订单之前产成品已经完成的生产环境。一般来说，客户订单由库存直接满足，而生产订单是为了补充库存。主生产计划在成品层上进行。

Manufacturing Cycle　制造周期

从一份订单下达到车间到向最终客户发货或成品接收入库之间所用的时间。同义语：制造提前期，生产周期。

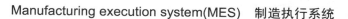

Manufacturing execution system(MES) 制造执行系统

关于车间作业控制的程序系统，包括用于生产设备监控的逻辑编程控制器和过程控制计算机；收集历史绩效信息生成报告的过程信息系统；图形显示器；通知操作人员将要发生什么的警报器。收集质量控制信息的功能以及实验室信息管理系统也可以包括在这个架构中，从而把过程条件和所产生的质量数据联系起来。因此，可以确定因果关系。质量数据会随时动态地或离线地影响用于满足产品规格的控制参数。

Manufacturing Resource Planning(MRP II) 制造资源计划

对于制造企业的所有资源进行有效计划的一种方法。在理想的情况下，MRP II 包括以产品单位表述的运营计划、以货币单位表述的财务计划以及可以用来回答"如果……将会……"之类问题的模拟能力。MRP II 许多相互关联的功能构成：经营规划、销售与运作规划、主生产计划、物料需求计划、能力需求计划以及关于能力和物料的执行支持系统。这些系统的输出与各种以货币单位表述的财务报告，诸如经营规划报告、采购计划报告、发货预算、库存计划等集成在一起。MRP II 是闭环 MRP 的直接发展和延伸。

Master Production Schedule(MPS) 主生产计划

(1) 对于由主生产计划员负责的项目预先建立的、由主生产计划员负责维护的一份计划。主生产计划是驱动物料需求计划的一套计划数据，它以具体的产品结构、数量和日期反映企业打算生产什么。主生产计划不是销售预测，后者是一种需求表示。主生产计划必须考虑预测、生产规划和其他重要因素，诸如未完成的客户订单、可用物料、可用能力、管理方针和目标等等。

(2) 主计划过程的结果。主计划是关于需求、预测、未完成的客户订单、主生产计划、预计库存量以及可签约量的表述。

Master Schedule Item 主计划项目

要由主计划员对其进行计划的项目。这些项目是重要的，因为它影响较低层次上的子项或资源，例如技术工人、关键设备、资金等。因此，要由主计划员而不是计算机来维护这些项目的计划。主计划项目可以是最终项目、子项、虚项，或具有计划物料清单的项目。

Material Requirement Planning(MRP) 物料需求计划

是指利用物料清单、库存数据和主生产计划计算物料需求的一套技术。物料需求计划产生下达补充物料订货的建议，而且由于它是有时间坐标的，当到货日期与需求日期不同步时，MRP 会建议重排未结订单。时段式 MRP 从列在主生产计划中的项目开始并确定以下信息：

(1) 制造这些项目所需的所有子项和原材料的数量。

(2) 需要这些子项和原材料的日期。

时段式 MRP 的实现过程包括展开物料清单求出毛需求量，用现有的和在订的库存量调整得到净需求量，根据提前期给出计划订单的建议下达日期。

Material Review Board(MRB)　物料检查委员会

企业内部的一个组织，通常是常设委员会，其职责是决定如何处理质量或其他属性有问题的物料项目。

Matrix Bill of Material　矩阵物料清单

由同一个或类似的产品族中的若干产品的物料清单构成的一个矩阵，子项按列排列，父项按行排列，或反之，使得可以很方便地汇总公用件需求。

Modular Bill of Material　模块化物料清单

一种计划清单。这种清单是按产品的模块或选项排列的。在产品有多个可选特征的企业中，例如，在汽车制造之类的面向订单装配的企业中，常用这种物料清单。

Net Change MRP　净改变式 MRP

物料需求计划的一种处理方法。使用这种方法要将物料需求计划连续地保留在计算机里。当需求、未结订单、库存状态或物料清单等有变化时，则仅对受这些变化影响的零部件进行部分的需求展开重排。

Net Requirement　净需求

在 MRP 里，物料的净需求是通过毛需求减去现有库存量和预计入库量计算出来的。根据净需求、订货批量和提前期偏置即可形成计划订单。

On-hand Balance　现有库存量

库存记录所显示的实际存储在仓库里的物料数量。

On Order Stock　在订库存

所有尚未完成的补充订货之和。当一份新订单下达时，在订库存增加，当接收到一份订单的物料或取消一份订单时，在订库存减少。

Open Order　未结订单

(1) 已下达的生产订单或采购订单。

(2) 尚未完成的客户订单。

Order 订单

一个使用广泛的术语，可以指不同的对象，例如，采购订单，车间订单，计划订单等。

Order Entry 订单录入

接收客户订单并把客户所需要的东西转换为制造商或分销商的惯用术语的过程。客户订单的承诺要依据主生产计划中的可承诺量行的数据。最简单的情况是在面向库存生产的情况下生成产成品的发货文件，较为复杂的情况则是一系列活动，包括面向订单生产产品的工程设计工作。

Order Point 订货点

这是一个库存水平。当现有库存量加上在订库存货量低于订货点时，则应采取措施补充订货。订货点通常如下计算：补充订货提前期内的预测使用量加上安全库存量。

Order Promising 订货承诺

给出交货承诺的过程。回答诸如什么时候可以发货之类的问题。对于面向订单生产的产品，订货承诺通常涉及对可用物料和能力的检查，这种检查通常通过检查主生产计划中的可承诺量来实现。

Order Quantity 订货量

订货批量的同义语。

Order Quantity Modifiers 订货量修正因子

在按某一批量规则计算出订货量之后，由于某些特殊的考虑(例如残料，包装，测试等)，可能需要调整计算出的批量。这些对计算出的订货量的调整量称为订货量修正因子。

Pareto's Law 帕累托定律

由意大利经济学家 Vilfredo Pareto 建立的概念，指出在一群事物中总有一个占很小百分比的子群却有最大的影响，或占了最大部分的价值。例如，20% 的库存项目可能占了 80% 的库存价值。

Pegging 反查

在 MRP 和 MPS 中，对于某个指定的物料项目，识别其毛需求及已分配量的来源的能力。

Picking 领料，提货

为制造产品从库房中领取原材料或零部件，或者为向客户发货从库房中提取完工产品的过程。

Picking List　领料单

标识所需要的零部件或完工产品名称及数量，作为领料或提货依据的文件。

Plan-Do-Check-Action(PDCA)　PDCA 循环

一个包括 4 个步骤的质量改善过程。在第 1 步(plan)，建立一个致力于质量改善的计划。在第 2 步(do)，小规模地执行计划。在第 3 步(check)，观察计划的效果。最后一步(action)，研究计划的结果，确定学到了什么以及可以预料什么。PDCA 环有时称为休哈特环，这是因为沃特·休哈特在他关于统计质量控制的书中讨论过这个概念。而由于是爱德华兹·戴明首次把这个概念介绍到了日本，因此日本人称之为戴明环。

Planning Bill of Material　计划物料清单

以物料清单格式表示的对物料或事件的人为的分组，用于主计划和物料需求计划的制定。其中每个分组和一个百分比相关联，或者是各种选项在某个可选特征中所占的百分比，或者是各个特定的产品在产品族中所占的百分比，这些百分比是从历史的平均需求数据得到的。

Planning Time Fence　计划时界

主生产计划中的一个时间点。主生产计划的展望期被分为三个时域。需求时界是第一时域和第二时域的分界线，而计划时界是第二时域和第三时域的分界线。第一时域包含实际订单。第二时域包含实际订单和客户订单预测，接到的实际的客户订单将取代预测量。第三时域只包含客户订单的预测并延伸到计划展望期末。计划时界表示了一个时间点，指出在计划时界之内，对计划的改变将对子项物料的计划、能力计划、向客户的交货计划以及成本产生不利的影响。所以，在计划时界之内对计划的任何改变必须由主生产计划员手工进行。

Planned Order　计划订单

当出现净需求时，MRP 即生成关于订货数量、下达日期和交货日期的建议，即计划订单。计划订单由计算机生成并且仅存在于计算机中，如果条件发生变化，下次运行 MRP 时可能改变或删除原来的计划订单。处在某一层次上的计划订单将分解成下一个较低层次上的子项的毛需求。计划订单和已下达订单作为能力需求计划的输入，用以计算出对每个工作中心在未来时区的能力总需求。

Post-deduct Inventory Transaction Processing　后减库存处理法

一种库存记账方法。子项物料的账面(存于计算机中的)库存量是在其父项的活动完成之后才由计算机根据物料清单和已分配量记录所指明的、应当使用了些什么，而从库存

记录中自动地减掉。这种方法的缺点是账面记录与实际库存经常不一致。同义语：倒冲。

Pre-deduct Inventory Transaction Processing 前减库存处理法

一种库存记账方法。子项物料的账面(存于计算机中)库存量在发料之前，亦即在对其父项产生预计入库量时即由计算机根据物料清单算得的需求量从库存记录中自动地减去。这种方法的缺点是账面记录与实际库存经常不一致。

Process Manufacturing 流程生产

通过混合、分离、成形或化学反应实现产品增值的生产过程。可以用批处理或连续生产方式来进行。

Production Forecast 生产预测

指在面向订单生产或面向订单装配的环境中，产品的某项可选特征的客户需求的预期水平。用于两级主生产计划中。其计算是，先将产品族的主生产计划减去未交付的客户订单，得到产品族的可承诺量，然后利用计划物料清单中关于可选特征的百分比分解产品族的可承诺量而得到。

Production Planning 生产规划

通过编制生产规划的过程，确定企业产出的整体水平以及最好地满足当前计划的销售水平 (销售计划或预测)的其他活动，同时要满足在经营规划中表述的利润能力、生产率、有竞争力的客户提前期等企业总体目标。通过比较销售和生产的能力，建立企业经营战略，包括生产规划、预算、财务报表以及关于物料和劳力需求的支持计划。这个过程的主要目的之一在于建立适当的生产率，并通过维护、增加或降低库存或未完成的客户订单以及保持相对稳定的劳力队伍，来达到满足客户需求的管理目标。这个计划影响到企业的许多功能，它的准备过程需要来自市场、生产、工程设计、财务、物料等部门的信息，并相互协调。

Projected Available Balance 预计可用量

在 MRP 中，预计未来可用的库存。它是一个动态的结果，计算公式是：

$$预计可用量=现有库存量-需求量+计划接收量+计划订货量$$

Protective Capacity 保护能力

在系统能力限制之上额外给定的能力。用以预防统计波动(停机、物料接收推迟、质量问题等)带来的问题。保护能力为产量和完成日期提供了"保护"能力。
同义语：安全能力。

Pull System　拉式系统

(1) 在生产中，仅当需要用到某种物料或需要补充被用掉的某种物料时，才进行该物料项目的生产。

(2) 在物料控制中，按照所用工序的需求来进行库存提取，直到用户发出信号，才发放物料。

(3) 在分销中，通过一个系统，由分仓库自己决定它的补充进货，而不是由中心仓库或工厂来决定。

Push System　推式系统

(1) 在生产中，按提前安排好的生产计划中给出的时间进行物料项目的生产。

(2) 在物料控制中，根据给定的排产计划发放物料或在作业任务开始时随同任作业单发放物料。

(3) 在分销中，系统对于分仓库进货的决定是集中控制的，通常是由生产地或中心供给部门来决定的。

Quality　质量

满足需求或适于使用。质量可以通过五个主要的方法来定义：

(1) 卓越的质量是企业的理想和达到卓越的条件。

(2) 基于产品的质量以产品的属性为根据。

(3) 基于用户的质量是适于使用。

(4) 基于制造的质量是满足需求。

(5) 基于价值的质量是相应于可接受价格的卓越程度。

也可以通过两个主要的组成部分来定义质量：

(1) 质量的一致性——通过无缺陷来定义质量。

(2) 设计质量——通过客户对产品特性和特征的满意程度来度量质量。

Queue　队列

等待队列，指在生产过程中，在某一工作中心等待处理的那些作业。当队列增大时，平均排队时间和在制品库存也将增大。

Queue Time　排队时间

作业得到处理之前，在一个工作中心等待的时间。排队时间是整个生产提前期的一部分。排队时间增加会直接导致生产提前期和在制品库存的增加。

Regeneration MRP　全重排 MRP

一种 MRP 处理方式。它将主生产计划依照物料清单全部重新展开，以维护优先级的

有效性。此时，新的需求和计划订单完全是重新生成的。

Repair Parts　维修件

同义语：Service Parts。

Rescheduling Assumption　重排假设

MRP 的基本逻辑之一，它假设在短期内重排现存的未结订单比下达和接收新订单容易得多。因此，将所有计划接受量全部用于覆盖毛需求之后，才生成新的计划订单。

Resource Planning　资源计划

在经营规划级别上进行的能力计划。资源计划的建立、度量和调整的过程对长期的能力起到限制和均衡的作用。资源计划过程通常基于生产规划，但超出生产规划展望期则由更高的计划层次，即经营规划来驱动。资源规划要考虑哪些需要长时间才能获取的资源。资源规划要经过企业高层领导的批准。

同义语：长期资源计划，资源需求计划。

Resource Requirements Planning　需求计划

同义语：资源计划。

Rough Cut Capacity Planning(RCCP)　粗能力计划

将主生产计划转化为对关键资源的需求的过程，关键资源通常包括劳动力、设备、库存空间及供应商的能力，有时还考虑资金能力。资源清单常用来实现这个目的。通常，对每项关键资源，要把主生产计划项目所要求的能力与可用能力进行比较。RCCP 帮助主计划员建立一个合理可行的主生产计划。

Routing　工艺路线

详细描述一项物料的制造过程的文件。包括要进行的加工及其顺序、涉及的工作中心以及准备和加工所需的工时定额。在有些企业里，工艺路线还包括工具、操作工技术水平、检验及测试的需求等等。

Safety Capacity　安全能力

使可用能力超过当前生产能力的计划数量。这部分能力为诸如资源冲突、预防性维修等计划活动以及资源损坏、质量低劣、返工、任务延迟等非计划活动提供了保护。安全能力、生产能力与闲置或过剩能力之和等于 100% 的能力。

同义语：保护能力。

Safety Lead Time　安全提前期

为了确保某项订货在其实际需求日期之前完成，而在通常提前期的基础上再增加一段提前时间作为安全提前期。如果采用安全提前期,MRP 系统将按安全提前期,把订单的下达日期和完成日期设置得比不采用安全提前期的相应日期更早。

Safety　Stock　安全库存

(1) 一般是指为应对由于供需波动而产生的意外需求而设置的库存量。

(2) 在主生产计划中,为应对预测错误以及短期的未完成客户订单的变化而多计划出的库存或能力。

同义语:缓冲库存,保留库存。

Sales and Operations Planning　销售与运营规划

一个制定战术计划的过程。这些战术计划向企业的管理层提供确定企业战略导向的能力,通过集成面向客户的关于新产品和现有产品的市场计划和供应链的管理,使企业获得持续的竞争优势。这个计划过程把关于企业运作的所有活动——销售、市场、研发、生产、资源、和财务——集成在一组计划中。这个计划过程每月至少做一次,并由企业的高层领导在综合的级别(产品族)上进行审查。这个计划过程必须既在综合级也在明细级上协调所有的供应、需求和新产品计划,并和企业的经营规划联系在一起。这个计划过程是企业近期到中期计划的描述,所覆盖的计划展望期足以做好资源计划来支持年度的经营规划过程。很好地执行销售和运作规划过程可以把企业的战略规划及其执行过程连接起来,并可以审查关于持续改善的业绩度量。

Scheduled　Receipt　计划接收量

已下达的生产订单和采购订单。

Scrap Factor　残料率

表示一项特定物料在从供应商那里接收时、生产完工时或者装配到某个装配件时的预期损失的一个数值,通常以十进制小数或百分数表示。其目的在于增加该项物料的毛需求。对于一项给定的操作,残料率和产出率之和等于 1。如果残料率是 30%(或 0.3),那么产出率就是 70%(或 0.7)。在生产计划与控制系统中,残料率可以在物料主文件中指派给一项物料,也可以在产品结构文件中指派给某一个子项。例如,如果客户要求某种产品 50 件,而该产品的残料率是 30%(产出率 70%),那么开始就要制造 72 件(50 除以 0.7)。

Service Parts　维修件

用于维修产成品的组件或零件。在产品运行维护期间,可用这些维修件取代原来的部分。

Service Parts Demand　维修件需求

这种需求来源于零部件的销售。区别于生产中为制造高层产品对零部件产生的需求。

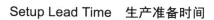

Setup Lead Time　生产准备时间

在生产过程开始之前的准备工作所需要的时间(小时或天数),生产准备时间可以包括第一件产品的生产和检验时间。

Setup Time　准备时间

一台特定的机器、资源、工作中心或生产线从生产一种产品的最后一件合格品到生产另一种产品的第一件合格品所需要的时间。

Shop Floor Control　车间作业管理

利用来自车间的数据,维护和传送生产订单和工作中心的状态信息的系统。车间作业管理的功能包括:

(1) 为每个生产订单分配优先级。

(2) 维护在制品的数量信息。

(3) 把生产订单状态信息传递到办公室。

(4) 为能力控制提供实际产出数据。

(5) 为在制品库存管理和财务核算提供按地点及生产订单分类的数量信息。

(6) 衡量劳动力和机器设备的有效性、利用率和生产率。

车间作业管理可通过订单控制或物流控制来监控物料在设备间的运动。

Shrinkage Factor　损耗系统

用于物料主记录中的一个百分数,用来弥补生产过程中预计的物料损耗,通过增加毛需求量或减少计划订单和未结订单的预期完工产品数量来实现。这个损耗系数与残料率不同,前者影响到所用的全部物料项目,包括这项物料本身和它的子项,而后者只关系到某一项物料。

Simulation　模拟

(1) 这是一种技术,利用有代表性的或人工的数据,建立一个模型,用以再现系统实际运行过程中可能出现的各种情况。经常用来测试一个系统在不同操作规程下的运行结果。

(2) 在 MRP II 中,使用运行数据对备选方案进行评估,以确定该方案是否可行。如果可行,则以财务方式再次运行模拟过程,帮助决定是否真的使用该方案。

Single Minutes Exchange of Die (SMED)　以分计时的模具交换

是指小于 10 分钟的准备时间的概念,是由 Shigeo Shingo 于 1970 年在丰田提出的。

Stock Keeping Unit(SKU)　库存单位

(1) 一个库存项目。例如，一种衬衣有 6 种颜色和 5 种尺寸，则这种衬衣表示为 30 个不同的 SKU。

(2) 在分销系统中，存放于某一特定地理位置的一种物料项目。例如，某种产品存放于工厂和 6 个不同的分销中心，那么，这种产品将被表示为 7 个 SKU。

Supplier Scheduler　采购计划员

主要工作是与供应商打交道、负责确定什么时候需要采购什么物料的人员。采购计划员直接与 MRP 和供应商接触，对他们所管理的物料制定采购计划，提交给有关供应商并追踪其表现，解决出现的问题，当预见到所采购的物料不能按时到货时，要及时通知其他计划员和(或)主计划员。和采购员一样，采购计划员通常是按商品组织起来的。有了采购计划员，就可以使采购员从天天接单、发单的工作中解脱出来，从而有时间去做降低成本、谈判、选择供应商和货源等工作。

Supplier Scheduling　供应商计划法

是一种采购方法。它提供给供应商一份采购计划而不是一份份的订单。通常，采购计划系统包括与每个供应商的合同、按周(或更频繁地)表述的对每个供应商未来一段时间的采购计划以及采购计划员。使用这种方法，定期向供应商提供有效的交货日期是至关重要的，所以，必须有一个工作得很好的正规的优先级系统。

Theoretical Capacity　理论能力

最大的产出能力，不考虑预防性维修、非计划的停机等活动。

Time Bucket　时段

数据汇总显示的天数。如果以周为时段，则按周汇总所有相关的数据。一般认为，以周为时段是有效地运行 MRP 所允许的最大可能的时段(至少从近期和中期来看是如此)。

Time Fence　时界

指明操作规程中的各种约束条件或改变将会发生的时间界限。例如，对主生产计划的改变如超出累计提前期进行则是容易的，而在累计提前期之内进行则是困难的。为此，设定一个时界来限制这些改变。MRP 系统所用的时界有计划时界和需求时界。

Total Cost of Ownership(TCO)　总体拥有成本

在供应链管理中，供货系统的总体拥有成本是所有与供应流中各项活动相关的成本之和。供应链管理者由此认识到物料的获取成本通常是总体拥有成本中很小的一部分。

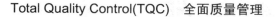

Total Quality Control(TQC)　全面质量管理

最初由费根堡姆(A. V. Feigenbaum)和朱兰(J. M. Juran)于 20 世纪 50 年代提出的概念，今天已受到企业的广泛重视。其基本思想是把生产技术、经营管理和数理统计方法结合起来，建立一套有效的质量管理体系，以保证以最低的成本生产出满足客户要求的高质量产品。其主要特点是全面的质量观点、全过程的质量管理以及全员参与的质量管理。

Two-bin System　双料箱系统

使用两个料箱装运库存物料的一种定量订货系统。当把第一个料箱中的物料用光时，即发出补充物料的要求。在物料补充提前期内，则使用第二个料箱中的物料，其中的物料数量为提前期内的需求加上某个安全库存量。在接到物料之后，则把第二料箱重新装满，剩余的部分放入第一料箱。从此时起，又使用第一料箱中的物料，直到用光。这个术语也常用来笼统地描述其他定量订货系统，即使有时物理的"料箱"并不存在。

Vendor-Managed Inventory(VMI)　供应商管理的库存

允许供应商访问客户的库存数据并负责维护客户所要求的库存水平，从而优化供应链绩效的一种方法。采用这种方法，供应商要定期地检查客户现场的库存量并作出供货决定；要盘点客户现场的库存，要清除损坏的和过期的存货，把库存补充到预定的水平；得到客户对于补充货品的收据，然后向客户开具发票。

Work Center　工作中心

一种特定的生产能力，由一个或多个人以及具有相同能力的机器设备组成，能够看作能力需求计划和明细排产计划的一个单位。

Work in Process(WIP)　在制品

产品生产过程中各个阶段上的产物，可遍及工厂各处，从已下达进行粗加工的原材料直到加工完毕、等待最后的检验和接收的产成品都包括在内。许多财务系统将半成品和部件也包括在这个范畴内。

Zero Inventory　零库存

JIT 的同义语。

参 考 文 献

[1] Arnold J R T, Chapman S N. Introduction to Materials Management. Fifth Edition. Pearson Prentice Hall, 2004

[2] Chase R B, Aquilano N J. & Jacobs, F. R. Production and Operations Management. Eighth Edition. McGRAW-Hill Companies, Inc., 1998

[3] Clement J, Coldrick A, Sari J. Manufacturing Data Structures, Building Foundations for Excellence with Bills of Materials and Process Information. Oliver Wight Publications, Inc., 1992

[4] Corrrell J G, Edson N W. Gaining Control, Capacity Management and Scheduling. John Wiley & Sons, Inc., 1990

[5] Crepeau E A. Production Activity Control(Certification Review Course). American Production and Inventory Control Society, Inc., 1991

[6] Farley G A. Defining Enterprise Resource Planning. APICS-The Performance Advantage, March 1997

[7] Garwood D. Bills of Material: Structured For Excellence. Dogwood Publishing Company, Inc., 1988

[8] Goddard W E. Just-in-Time, Surviving by Breaking Tradition. Oliver Wight Limited Publications, Inc., 1986

[9] Gray C D. The Right Choice. A complete Guide to Evaluating, Selecting, and Installing MRPII Software. John Wiley & Sons, Inc., 1987

[10] Gunn T G. 21st Century Manufacturing, Creating Winning Business Performance. Oliver Wight Publications, Inc., 1992

[11] Hamilton S. Maximizing Your ERP System, A Practical Guide for Managers. McGraw-Hill Companies, 2003

[12] Landvater D V, Gray C D. MRP II Standard System. John Wiley & Sons, Inc., 1989

[13] Luber A D. Solving Business Problems with MRPII. Digital Press, 1991

[14] Oliver Wight International. The Oliver Wight Class A Checklist for Business Excellence. Sixth Edition. John Wiley & Sons, Inc., 2005

[15] Orlicky J. Material Requirements Planning. McGraw-Hill Book Company, 1975

[16] Proud J F. Master Scheduling, A Practical Guide to Competitive Manufacturing. John Wiley & Sons, Inc., 1994

[17] Richard C L, Goddard W E. Orchestrating SUCCESS, Improve Control of the Business with Sales and Operations Planning, John Wiley & Sons, Inc.,1988

[18] Sandras W A. Just-in-Time: Making It Happen, Unleashing the Power of Continuous Improvement, John Wiley & Sons, Inc.,1989

[19] Smith B T. Focus Forecasting and DRP, Logistics Tools of the Twenty-First Century. Vantage Press, Inc., 1991

[20] Blackstone J H. APICS Dictionary，Thirteenth Edition. The Association for Operations Management(APICS)，2010

[21] The Association for Operations Management（APICS）. Detailed Scheduling and Planning, Participant Workbook, Version3.0, August, 2004.(CPIM Certification Course)

[22] Wallace T F，Kremzar M H. ERP: Making It Happen, The Implementer's Guide to Success with Enterprise Resource Planning. John Wiley & Sons, Inc., 2001

[23] Ware N, Fogarty D W. Master Schedule/Master Production Schedule: The same or different? Production and Inventory Management Journal, First Quarter 1990； pp34-38

[24] Wight O W. MRPII: Unlocking America's Productivity Potential. Revised Edition. Oliver Wight Limited Publications, Inc., 1984

[25] Wight O W. The Executive's Guide to successful MRPII. Oliver Wight limited Publications, Inc.,1982

[26] 陈启申. ERP——从内部集成起步. 北京：电子工业出版社，2004

[27] 周玉清，刘伯莹，周强. ERP 原理与应用教程. 北京：清华大学出版社，2010

[28] R.R.Arrow 主编.公司再造——企业流程的改造与实践. 北京：企业管理出版社，1999

[29] 吕廷杰，尹涛，王琦. 客户关系管理与主题分析. 北京：人民邮电出版社，2002

[30] 马士华，林勇，陈志祥. 供应链管理. 北京：机械工业出版社，2000

[31] 孟凡强，王玉荣. CRM 行动手册. 北京：机械工业出版社，2002

[32] 李芳芸.计算机集成制造系统 CIMS 问答. 北京：兵器工业出版社，1993

[33] 胡险峰. SAP 及 mySAP 商务套件. 北京：东方出版社，2006

[34] 曾晓华. mySAP ERP 运营管理. 北京：东方出版社，2006

[35] Hernandez J A，Elechiguerra J R S，Bueno E R，Servera S A 著. SAP R/3 技术与实现. 周旋等译. 北京：机械工业出版社，2000

[36] 王韧. SAP 系统增强技术研究与实现. 天津大学工程硕士论文，2012